中国上市公司协会合规系列丛书

上市公司股份合规交易与管理手册

第二版

中国上市公司协会董事会秘书委员会
深圳价值在线信息科技股份有限公司 编

中国财经出版传媒集团
中国财政经济出版社

图书在版编目（CIP）数据

上市公司股份合规交易与管理手册 / 中国上市公司协会董事会秘书委员会，深圳价值在线信息科技股份有限公司编. --2 版. --北京：中国财政经济出版社，2022. 4

（中国上市公司协会合规系列丛书）

ISBN 978－7－5223－1203－3

Ⅰ. ①上…　Ⅱ. ①中…②深…　Ⅲ. ①上市公司－股份制－研究－中国　Ⅳ. ①F279. 246

中国版本图书馆 CIP 数据核字（2022）第 031769 号

责任编辑：叶　彤　　　责任校对：胡永立
封面设计：北京兰卡绘世　　　责任印制：党　辉

上市公司股份合规交易与管理手册
SHANGSHI GONGSI GUFEN HEGUI JIAOYI YU GUANLI SHOUCE

中国财政经济出版社 出版

URL：http：//www. cfeph. cn
E－mail：cfeph@ cfemg. cn

社址：北京市海淀区阜成路甲 28 号　邮政编码：100142
营销中心电话：010－88191522
天猫网店：中国财政经济出版社旗舰店
网址：https：//zgczjjcbs. tmall. com
北京时捷印刷有限公司印装　各地新华书店经销
成品尺寸：170mm×240mm　16 开　27 印张　388 000 字
2022 年 4 月第 2 版　2022 年 4 月北京第 1 次印刷
定价：78. 00 元
ISBN 978－7－5223－1203－3
（图书出现印装问题，本社负责调换，电话：010－88190548）
本社质量投诉电话：010－88190744
打击盗版举报热线：010－88191661　QQ：2242791300

本书编委会

再版序言·致新·而立

《上市公司股份合规交易与管理手册》第一版出版后受到了很多上市公司的好评，也收到了不少反馈，感谢各位读者对本书的厚爱！

时隔四载，中国资本市场也走过了而立之年，30多年来，中国资本市场不断改革创新，发展壮大，已成为全球最重要的金融市场之一。近年来，随着沪港通、沪伦通、深港通的相继开通，科创板设立并试点注册制，开始接纳包容同股不同权架构，新三板分层改革、创业板注册制改革、北京证券交易所的设立以及新《证券法》的颁布等一系列资本市场改革举措的落地，中国资本市场基础制度不断健全，越来越多的A股上市公司被纳入全球各大指数，制度建设是贯穿其中的主线。

法治是资本市场善治的根基。2020年6月18日，刘鹤副总理在第十二届陆家嘴论坛开幕式上的书面致辞中提出：要加快发展资本市场，坚持“建制度、不干预、零容忍”。“九字方针”第一位的“建制度”，是落实中央加强资本市场基础制度建设的必然要求，对于规范市场秩序、强化规则导向、稳定市场预期十分重要。不断优化的市场制度体系，是资本市场治理能力和治理水平提升的重要标志。制度越定型，预期越稳定，市场活力也就越能够激发出来，进而打造一个规范、透明、开放、有活力、有韧性的资本市场。

近年来，证监会对推进依法治市、完善市场监管各项规则制度等资本市场法制建设工作高度重视，一系列的重磅基础制度建设密集推进。为落实新形势下“建制度”的根本要求，2020年，证监会分三批打包修改、废止了130件规章制度文件，对证券期货规章制度体系不断进行清理和更新；沪深交易所也持续深入开展业务规则清理评估和立改废工作。2020年，上交所全年共新增制定规则43项，修改21项，废止77项，废止业务指南134件，深交所共制定规则23件、修改51件、废止78件。2022年1月，证监会与沪深交易所同时发布修订后的上市公司监管法规体系，大幅减少了规则层级，监管规则归并整合后数量压缩60%，这是上市公司监管法规体系30年来的首次全面整合修订。整合后的体系包含信息披露、公司治理、并购重组、监管职责四大业务分类；在证监会层面形成基础规则、监管指引、规则适用意见3个层次；在交易所层面形成自律监管规则、自律监管指引、自律监管指南3个层次，实现行政监管与自律监管的有效衔接。另外，随着北交所的设立，截至2021年年末，北交所共计发布的50余件业务规则，涵盖发行上市、融资并购、公司监管、证券交易、会员管理以及投资者适当性等方面，形成了由基本业务规则、业务细则、业务指引、业务指南四类规则组成的北交所自律规则体系。

制度的更迭也带来了对上市公司的合规发展提出更高要求，2020年10月9日，国务院印发《关于进一步提高上市公司质量的意见》，提出对于上市公司及相关主体的违法违规行为，将加大处罚力度。近年来，在上市公司违规处罚中，股份的增持、减持、回购等以及在权益变动过程中存在的内幕交易、操纵市场、虚假信息披露、欺诈发行等违法违规行为占据了一定数量的比例。可以预见，随着注册制的全面推行、信息披露要求的持续强化、证券违法违规成本的显著提高、投资者保护制度的进一步完善，这一系列变化将为“而立之年”的中国资本市场搭建起一套更成熟、更完善的制度体系，而参与其中的上市公司、“关键少数”、投资者也必须积极主动地适应这些变化。

上市公司、大股东、经营者等市场主体应及时了解监管条例和不断更新的监管要求，不断增强“踏实、务实、诚实”意识，将“四个敬畏（敬畏市场、敬畏法治、敬畏专业、敬畏投资者）”“四条底线（不披露虚假信息，不从事内幕交易，不操纵股票价格，不损害上市公司利益）”作为自身的行为准则，做到守法合规、高效准确地完成合规交易管理，对自身、对股东和社会负责。

本书在第一版的基础上，吸纳了近四年来市场环境、监管要求和上市公司经营实际的情况，进行了相应的修订，主要体现在以下三个方面：

一是通过梳理近年来各部委、证监会、沪深北交易所颁布的新规、指引、指南，以及监管问询、处罚的实际情况，突出了市场与监管的新动向，对一些新的关注点进行了总结和提示，同时更新了部分披露实例和监管案例。

二是针对科创板、北交所上市公司这一新的市场群体，以及创业板注册制改革的新要求，增加了科创板、创业板、北交所股份合规变动管理的内容。

三是针对第一版中表述不够清晰、容易导致歧义的内容，进行了修改和完善。

希望本次修订能进一步协助上市公司及市场相关主体了解股份增持、减持、回购等权益变动及权益变动过程中的合规要求、披露要求、需要关注的风险点以及技术层面的实务操作。

制度建设是一个制定制度、执行制度并在实践中检验和完善制度的理论上没有终点的动态过程，这个过程也是证监会、沪深北交易所由“全面、依法、从严监管”向精准监管、分类监管、科技监管的理念转变。上市公司及“关键少数”对市场、对法治、对专业、对风险都应存有敬畏之心，主动担起高质量发展的主体责任，做到“知敬畏、守底线、尽责任”，共同推进，形成上市公司提质增效的内生动力和市场文化，进一步提升资本市场服务实体经济的能力！

中国上市公司协会执行副会长

2022年2月

目 录

第一部分
股权变动及相关信息披露

1. 权益变动概览

1.1 权益变动概述

在我国资本市场的发展过程中，增持、减持和回购作为权益变动的三大方式，是市场主体为实现特定目的并基于市场趋势而采取的市场行为。这三方面的行为能够调整上市公司存量股份的结构，改变市场存量资源的配置，同时能够以此改变二级市场的股票供求关系，进而影响市场的股价变动。增持、减持和回购既涉及市场交易的公平，也涉及市场的动态平衡。其交易的主体主要有上市公司控股股东、持股5%以上的股东（以下合称“大股东”）以及上市公司董事、监事、高级管理人员（以下合称“董监高”）等，与市场其他投资主体相比，上述市场主体能够掌握更丰富的公司信息，具有信息优势，其交易行为存在影响市场公平性原则的可能。另外，这三种交易行为通常发生在特定市场趋势（上涨或下跌）下，对市场的动态平衡会产生较大的影响。

截至目前，中国资本市场已逐步建立了规范上市公司股东增持、减持行为以及上市公司回购行为的制度，并在实践中不断修订和完善，对促进市场的公平和动态均衡发展发挥了一定的作用。

1.2 权益变动对资本市场的影响

1.2.1 增持的影响

上市公司重要股东的增持行为表明其对公司未来发展的信心，对股价有一定的正面影响。在市场出现大幅下跌时，不论是上市公司大股东、董监高，还是其他投资者在二级市场增持上市公司的股份行为，虽然不会完全抑制股价下跌，但可以提振投资者信心，大幅增持甚至会带动股价的上涨。

1.2.1.1 价值重置[①]

上市公司的股票价格如果持续被低估并呈现过度不稳定或异常波动状态，既会造成投资者特别是长期投资者利益的损失，又使股价不能准确地反映上市公司价值，损害上市公司利益，甚至可能吸引投机交易者进入，加大股价震荡，干扰公司股票的正常交易秩序。

控股股东作为上市公司最大的投资方，往往也是公司营运活动的直接参与人，能够更全面了解、更深刻理解公司经营状况和未来发展战略。因此，理性的大股东会将公司的内在价值所对应的预期价格与股票的市场价格进行比较，若被严重低估（有的甚至低于公司的净资产），大股东会选择增持。公司宣布大股东增持后，股价往往会发生正向反应，增持比例越大，股价涨幅越大，增持就能使大股东获得更多的超额收益。

1.2.1.2 巩固控制权

股票增持能实现上市公司股权结构的集中，而集中的股权结构使得大股东的控制力得到强化。股权分置改革后，全流通时代全面来临，上市公司控制权之争会更加激烈，潜在收购的威胁无处不在。大股东在资金充裕

① 刘一辰：我国上市公司大股东增持股票的动机和后果分析［J］. 财税金融，2015（6）.

且公司市场前景良好的条件下，通过增持股票来增加一定的持股比例，巩固控制权，有利于抵御可能发生的各种收购威胁：在外流通的股份的减少可增加收购难度；增持也可促进股价的上涨，从而令收购方不得不顾虑增加的收购成本，实现反收购效果。

1.2.1.3 向市场传递积极信号

市场通常认为，大股东对上市公司的经营情况、发展战略等信息更为了解，对公司股票真实价值的判断优于中小股东和市场其他各方。因此，大股东增持是其对公司未来投资价值和良好前景的有效反应，该行为往往会向市场传递积极的信号，带动市场对公司价值判断的提高，促进公司股价良好表现。

1.2.2 减持的影响

股票市场作为经济运行的晴雨表，客观上是经济运行状况的前瞻性体现，减持只是影响股票市场表现的因素之一。但是，特定股东的减持行为会增加市场上流通股的供给，往往会导致其市场价格的下跌。限制减持行为有时也会成为抑制股价下跌的一种政策手段。

2015 年，上证综指在冲高 5178.19 点后出现大幅下跌，最低到 2850.71 点，为了稳定股市，2015 年 7 月 8 日中国证券监督管理委员会（以下简称“证监会”）颁布《关于上市公司大股东及董事、监事、高级管理人员增持本公司股票相关事项的通知》（证监发〔2015〕51 号，现已失效）规范上市公司减持行为：从发文之日起 6 个月内，大股东及董事、监事、高级管理人员不得通过二级市场减持本公司股份。同时国务院国资委也下发通知，要求各有关中央企业在股市异常波动期间，不得减持所控股上市公司股票，上述措施起到了一定的稳定市场作用。

1.2.2.1 向市场传递消极信号

大股东以及董监高作为公司内幕信息知情人，掌握着信息优势，能够直接参与企业战略规划与日常经营；同时，具有持股数量优势的大股东往往会对公司决策产生较大的影响力。当大股东及董监高认为其持股的企业发展前景较好，未来盈利能力较强，企业风险小，市场估值低，一般不会减持企业股票，发生股份减持可能是出于其对于公司业绩前景不佳的考虑。

1.2.2.2 调整股权结构趋于合理

股份变动与公司控制权息息相关。在上市公司股权结构的评价中有股权集中度和股权制衡度两个指标，大股东持股比例越高，意味着公司的股权集中度就越高。第一大股东持股比例高于50%时，对公司拥有绝对控制权，在企业的决策中有着决定性影响。但股权集中度过高很可能会导致上市公司经营效率降低，甚至使公司发展受到严重影响。有些大股东会通过减持股票支持其他股东获取公司股权，以改善股权结构，平衡流通、非流通股权比例。同时，较为合理的股权集中度可以促进上市公司完善公司治理，从而获得市场其他投资人的好感。因此，大股东主动减持公司股份，能优化公司股权结构，促进上市公司提高治理能力，给市场和广大投资者以公司股权结构较为合理的好感。

1.2.3 回购的影响

1.2.3.1 有利于促进证券市场的高效、有序运作①

（1）实施反收购策略的有效工具和常规武器

向外部股东回购股份可提高原大股东的持股比例，加强控股权；如果公司的资产负债率较低，通过股份回购可以适当地提高资产负债率，增强公司的每股盈利预期，从而提升公司股价，抬高收购的门槛；如果公司现金储备比较充裕，就容易成为被收购的对象。在此种情况下，公司采用现金进行股份回购，可以减少被收购的可能性。

（2）平抑股价波动

通过股份回购将上市公司的闲置资金返还给股东，可以在一定程度上增强市场的流动性，有利于公司合理股价的形成。例如：1987 年10 月，纽约股票市场出现大幅下跌时，在两周之内就有 650 家公司发布股份回购计

① 李永森：上市公司股票回购分析［D］. 中国农业大学.

划，以抑制其公司股价的进一步下跌。

上市公司对本公司信息最知情，其确定的回购价格在一定程度上比较接近公司的实际价值（反兼并情形除外），使虚拟资本价格的变动更接近实物生产过程，从而抑制股市的过度投机。

（3）有利于建立员工持股制度和股权激励制度①

良好的股权激励能够充分调动上市公司的董事、高级管理人员及核心人员的积极性，将股东利益、公司利益和上述人员的利益结合在一起，从而促使他们长期创造价值，使其更加关心企业的长远发展。随着我国资本市场的逐步完善，股权激励已经成为我国资本市场不可或缺的组成部分。而随着我国上市公司逐渐重视对董事、高级管理人员及核心人员的股权激励，以回购本公司股票作为激励股份来源的案例也越来越多。

（4）视同上市公司现金分红

2018 年 11 月 9 日，证监会、财政部、国资委联合发布《关于支持上市公司回购股份的意见》，指出上市公司以现金为对价，采用要约或集中竞价方式回购股份的，视同上市公司现金分红，纳入现金分红的相关比例计算。上市公司可以通过股份回购来替代现金分红，这不仅可以为公司股东节省红利税，而且可以将其纳入现金分红指标计算，有利于上市公司再融资发行符合监管规定。

（5）享受“再融资”优惠政策

2018 年 11 月 9 日，证监会发布的《发行监管问答——关于引导规范上市公司融资行为的监管要求（修订版）》（现已失效）中提出，上市公司申请增发、配股、非公开发行股票的，本次发行董事会决议日距离前次募集资金到位日原则上不得少于 18 个月。前次募集资金基本使用完毕或募集资金投向未发生变更且按计划投入的，可不受上述限制，但相应间隔原则上不得少于 6 个月。上市公司实施股份回购后申请再融资，融资规模不超过最近 12 个月股份回购总金额 10 倍的，本次再融资发行股票的董事会决议日距前次募集资金到位日不受融资间隔期的限制，并且审核中对此类再

① 李永森：增持、减持和回购：基于市场动态平衡的制度设计［J］. 金融监管研究，2013（3）.

融资申请给予优先支持。

1.2.3.2 有利于形成上市公司和股东的“双赢”格局

（1）对上市公司而言

①通过股份回购，可以调整和改善公司的股权结构，为公司的长远发展奠定良好的基础。

②通过股份回购可以优化资本结构，适当提高资产负债率，更有效地发挥财务杠杆效应。

③股份回购作为一种股利政策，不会对公司产生派现压力。

④当股票价值被市场严重低估时，实施股份回购可以增加公司价值。

（2）对股东而言

①若公司拥有大量闲置资金，现金流比较充裕，在回购股份后不会出现现金流严重不足、资产负债率过高、营运资产明显减少的前提下，通过股份回购不仅可以减少公司被收购的可能性，还可以增加公司每股盈利，提高股票市值，有利于维护社会公众股股东的合法权益。

②股份回购减少了公司自由现金流，可以在一定程度上防止管理层盲目扩张，鼓励上市公司将资金用于主业经营，也起到了降低管理层代理成本的作用。

1.3 权益变动制度的发展历程

1.3.1 增持制度的发展历程

目前规范上市公司股东增持的法律法规、规章、规范性文件主要包括《中华人民共和国证券法》（主席令第三十七号，2019 年修订，以下简称《证券法》）、《上市公司收购管理办法》（证监会令第 166 号，2020 年修正）、《上市公司董事、监事和高级管理人员所持本公司股份及其变动管理规则》（证监会公告〔2022〕19 号，2022 年修订）、《上海证券交易所股票上市规则》(上证发〔2022〕1号,2022年修订)、《上海证券交易所科创板股票上市规则》(上证发〔2020〕101号,2020年12月修订)、《深圳证券交易所股票上市规则》(深证上〔2022〕12号,2022年修订)、《深圳证券交易所创业板股票上市规则》(深证上〔2020〕1292号,2020年12月修订)、《北京证券交易所股票上市规则(试行)》(北证公告〔2021〕13号)(以下合称沪深北交易所《股票上市规则》)、《上海证券交易所上市公司自律监管指引第1号——规范运作》(上证发〔2022〕2号)、《上海证券交易所科创板上市公司自律监管指引第1号——规范运作》(上证发〔2022〕14号)、《深圳证券交易所上市公司自律监管指引第1号——主板上市公司规范运作》(深证上〔2022〕13号)、《深圳证券交易所上市公司自律监管指引第2号——创业板上市公司规范运作》(深证上〔2022〕14号)(以下合称沪深交易所《规范运作》)等。我国上市公司股份增持的发展历程主要表现在以下几个阶段:

1.3.1.1 全流通带来的股东增持行为的改变①

股权分置改革前,上市公司大股东所持股份不能通过二级市场通道变现,因此这部分股份的价值只能通过净资产来衡量,在一级市场出售股份时定价也以净资产为衡量标准,二级市场上的股票涨跌基本上和大股东的财富没有太大关系,因此大股东改善经营业绩,提高上市公司价值的动力不足,这也构成了大股东“掏空/隧道”行为的诱因之一。例如,大股东通过控制董事会进行增发和配股,从流通股股东手里圈来大量资金后,再通过一系列资本运作和财务管理手段,包括资金占用、关联交易、对外担保、放弃债权、承担债务等,将上市公司资金和价值转移到自己手中,从而掏空上市公司。

2005年9月4日,证监会颁布《上市公司股权分置改革管理办法》(证监发〔2005〕86号),标志着股权分置改革进入全面铺开的阶段。股权“全流通后”,大股东增持行为的主要目的是提升企业的价值。

---

① 司彧钰:我国A股市场上市公司大股东增持行为与研究——短期市场表现及中长期业绩表现[D].对外经济贸易大学.

1.3.1.2 提高股东增持行为的灵活性

2008 年 8 月 27 日，证监会正式发布《关于修改〈上市公司收购管理办法〉第六十三条的决定》（证监会令第 56 号，现已失效），将大股东豁免要约收购的申请由事前调整到事后。证监会有关负责人认为，这一修订给予上市公司大股东增持行为更大的灵活性，有利于上市公司推进市场化的市值管理，有利于提高上市公司的公信力。

上述办法发布不久，就有 6 家公司先后发布了增持公告，成为 2008 年下半年 A 股市场增持运动的领军者。2008 年 9 月 18 日，国务院国资委公开支持中央企业增持或回购上市公司股份。随后，中国石油集团率先增持中国石油 6000 万股，紧接着汇金公司、中煤能源、中钢天源、中化国际等随之掀起了一波“中”字头央企的增持潮。地方国有企业、非国有资本也积极跟进，形成了从中央到地方、从国有企业到民营企业的立体增持格局。

随后证监会对《上市公司收购管理办法》分别于 2012 年、2014 年、2020 年做了再次修订，进一步增加了上市公司股东增持的灵活性并细化增持信息披露的要求。

2012 年 2 月 14 日，证监会发布《关于修改〈上市公司收购管理办法〉第六十二条及第六十三条的决定》（证监会令第 77 号，现已失效），其中对于持股 50% 以上股东增持 2% 及以上股份的披露要求进行了明确，即采用集中竞价方式增持股份的，每累计增持股份比例达到上市公司已发行股份的 2% 的，当天及次日（披露当天）暂停增持。这样一来，持股 50% 以上股东自由增持股份的披露要求与持股 30% 以上股东每 12 个月增持不超过 2% 股份的披露要求相同，区别是持股 30% 以上股东每 12 个月增持的股份不能超过 2%，而持股 50% 以上股东没有上述限制。

2014 年 10 月 23 日，证监会发布《关于修改〈上市公司收购管理办法〉的决定》（证监会令 108 号，现已失效），对原《上市公司收购管理办法》第二十八条、第三十二条、第三十九条、第四十五条、第四十八条等多处条款进行了修改。取消要约收购事前审批及两项要约收购豁免情形的审批，强化信息披露，加强事中事后监管。

2020 年 3 月 20 日，为进一步贯彻落实好新《证券法》，证监会发布了新版《上市公司收购管理办法》，对多个条款进行重大调整，取消要约收购豁免申请，要约收购操作流程大大简化，免于发出要约只需律师出具法律意见书即可。至此，证监会对于要约收购不再设置任何行政许可。

1.3.1.3 2015 年股市异常波动

2015 年 6 月下旬，A 股市场出现持续调整。为了稳定资本市场，证监会于 2015 年 7 月 8 日发布《关于上市公司大股东及董事、监事、高级管理人员增持本公司股票相关事项的通知》（证监发〔2015〕51 号，现已失效），支持上市公司大股东及董事、监事、高级管理人员通过增持上市公司股份方式稳定股价。

前述《通知》发布后，上市公司股东及董监高的增持计划与股价之间“关联度”直线上升，“增持稳定股价效应”随之显现。但在实践中，此类公告在披露时出现了增持计划要素不齐备、计划缺乏审慎性等“通病”。为了进一步规范上市公司对相关方增持计划的披露，2016 年 2 月 26 日，上海证券交易所（以下简称“上交所”）新增临时公告格式指引《第九十九号 上市公司股东及董监高增持股份计划/进展/结果公告》，将披露增持计划这一自愿性披露行为纳入日常信息披露监管，在鼓励的同时给予必要的规范约束。

1.3.1.4 兜底式增持

2017 年，部分公司股价低迷，为了增强市场信心，大股东们“护盘”承诺不减持、主动增持，而且还鼓励员工一起增持即兜底式增持，成为市场关注的热点。

2017 年 6 月 8 日，深圳证券交易所（以下简称“深交所”）下发《关于加强上市公司控股股东、实际控制人等向公司员工发出增持倡议书的信息披露的通知》，明确要求相关上市公司应当披露增持主体、增持期限、兜底条款等具体内容。

1.3.1.5 违规增持不享有表决权

2019 年 12 月 28 日，新修订的《证券法》正式通过，于 2020 年 3 月 1 日起施行。新《证券法》更加严格规范大股东增减持行为，打击上市公司收购乱象，第六十三条第四款规定：违反第一款、第二款规定买入上市公司有表决权的股份的，在买入后的36个月内，对超过该规定比例部分的股份不得行使表决权。

1.3.2　减持制度的发展历程

股份减持作为投资者交易权利的重要组成部分，长期以来备受关注。与减持相关的制度安排历经20余年的时间，从无到有，逐步发展，愈发精确、精准、精细。目前我国已经形成了《公司法》《证券法》等法律法规，中国证监会各类部门规章、规范性文件，以及证券交易所自律规则等在内的一套规范大股东、首发前持股（含创业投资基金）等其他特定股东及董事、监事、高级管理人员减持公司股份的规则体系，确立了以锁定期安排和后续减持比例限制、信息披露要求为基础的减持制度。我国上市公司股份减持的发展历程主要表现在以下几个阶段：

1.3.2.1　证券市场成立初期

1990年3月，上海、深圳两地试点公开发行股票，并同时颁布了有关发行和交易管理办法——《上海市证券交易管理办法》（现已失效）和《深圳市股票发行与交易管理暂行办法》（银复（1991）154号，现已失效），为资本市场的发展奠定了基础。1990年12月19日，上海证券交易所开业，当时只有8家上市公司（业内称为“老八股”）；深交所于同年12月1日试营业，只有5只股票挂牌交易。在这一时期，股票作为新生投资品种得到广大投资者青睐，这也使得沪深两市高速扩容。截至1992年年底，已有49家公司于两市挂牌。由于历史原因，当时的交易规则尚不完善，股票价格波动较大，涨跌幅限制及日内回转交易等规则经过多次调整，减持规则亦未被有效规范。

1992年8月10日，深圳发售新股认购抽签表引发百万人抢购的场面，随后三天，上证指数下跌400余点，监管机构并未采用行政手段限制期间的减持行为。1992年10月，国务院证券委员会和中国证券监督管理委员会宣布成立，国家对证券市场进行统一管理的机构由此确立。

1993年4月颁布的《股票发行与交易管理暂行条例》（中华人民共和

国国务院令第 112 号，现已失效）以及 1994 年 7 月实施的《公司法》（中华人民共和国主席令第 16 号，现已失效）首次对短线交易、内幕交易、首发锁定等减持行为作出规范；而 1999 年实施的《证券法》（主席令第十二号，现已失效）则首次全方位规范了包括减持在内的信息披露、规范运作、公司治理等行为，具有重要而深远的意义。

1.3.2.2 股权分置改革前

资本市场的发展伴随着我国经济体制的发展、转型和探索。21 世纪初，“国”字头企业有强烈而迫切的融资需求，为降低国有资产流失，“股权分置”制度安排应运而生，即公开发行前国家股、国有法人股、一般法人股及相关孳息股份暂不上市流通。相对宽松的政策环境促使大批国有企业发行股票顺利上市，现代化企业管理制度得以普及，资本市场不断发展壮大。然而在“股权分置”条件下，流通股与非流通股的人为分割导致了同股不同权、同股不同价、同股不同利等现象。大股东不参与市场定价，无法参与二级市场交易，只能通过行政部门的安排进行协议转让。市场化定价机制的缺失导致管理层与流通股东之间缺乏共同的利益基础。

为解决国有企业改革发展的资金问题，1999 年党的第十五届中央委员会第四次全体会议全体通过了《中共中央关于国有企业改革和发展若干重大问题的决定》，提出“在不影响国家控股的前提下，适当减持部分国有股”。2001 年，国务院发布《关于减持国有股筹集社会保障资金管理暂行办法》（国发〔2001〕22 号，现已失效），规定“凡国家拥有股份的股份有限公司（包括在境外上市的公司）向公共投资者首次发行和增发股票时，均应按融资额的 10% 出售国有股”。但随后的黔轮胎、中国嘉陵、吉林敖东和银鸽投资等公司的国有股减持试点相继失败、搁置。2002 年 6 月 23 日，因担心国有股减持而导致股市的大幅下挫，国务院决定“除企业海外发行上市外，对国内上市公司停止执行《关于减持国有股筹集社会保障资金管理暂行办法》中关于利用证券市场减持国有股的规定，并不再出台具体实施办法”。

1.3.2.3 股权分置改革后至 2015 年股市异常波动

大小非的上市流通、新股份的发行，开启了全流通时代，股权分置改革的制度设计考虑到了“大小非减持”问题：《上市公司股权分置改革管理办法》（证监发〔2005〕86号）规定“自改革方案实施之日起，在12个月内不得上市交易或者转让”“持有上市公司股份总数5%以上的原非流通股股东，在前项规定期满后，通过证券交易所挂牌交易出售原非流通股股份，出售数量占该公司股份总数的比例在12个月内不得超过5%，在24个月内不得超过10%”“持有、控制公司股份5%以上的原非流通股股东，通过证券交易所挂牌交易出售的股份数量，每达到该公司股份总数1%时，应当在该事实发生之日起两个工作日内做出公告，公告期间无须停止出售股份”。

限售政策旨在缓解体量庞大的非流通股对市场造成冲击，据统计，2008年和2009年是解禁股份最多、市值最大的年份。仅截至2008年一季度末，已解禁的“大小非”总额已近千亿股。但延缓不等于禁止，尽管已经获得解禁的大股东并未在短期内抛售股票，十几万亿的解禁盘仍然令市场感到巨大压力。上证指数仅用半年时间便跌破3000点大关。

为缓解市场压力，证监会于2008年4月颁布了《上市公司解除限售存量股份转让指导意见》（证监会公告〔2008〕15号，现已失效），规定“持有解除限售存量股份的股东预计未来1个月内公开出售解除限售存量股份的数量超过该公司股份总数1%的，应当通过证券交易所大宗交易系统转让所持股份”。股权分置改革中出现的“大小非”现象使减持制度得到一定完善：延长锁定期、通过大宗交易方式等均为“应急型”减持制度的首次探索。

1.3.2.4 2015年股市异常波动

2014年7月起，IPO再次启动、改革预期等因素又一次刺激了股市上涨。伞形信托和场外配资的杠杆资金进一步激活了市场做多情绪，上证指数从2000点起一路冲刺到2015年6月的5178点，涨幅为159%。其间各类股东通过多种渠道大幅减持套现。自2015年6月起监管部门开始对场外配资活动进行核查与封堵，杠杆资金受到限制，无法得到公司业绩支持的股价集中下跌，预警线频破，连续遭到强制平仓，上证指数从5178点急速大幅下挫。为缓解市场情绪，提振投资者信心，证监会于2015年7月8日紧急出台了《证监会公告〔2015〕18 号》（以下简称 18 号文，现已失效），规定上市公司控股股东和持股 5% 以上股东及董事、监事、高级管理人员 6 个月内不得通过二级市场减持本公司股份。18 号文直接禁止了上市公司大股东以及董监高 6 个月内减持行为。18 号文的颁布是监管机构为应对市场非理性下跌而发布的临时性措施，通过暂停上市公司大股东及董监高通过二级市场减持股份，有效缓解了集中抛售的压力，对引导股票交易恢复供需平衡、重塑投资者信心产生了一定的积极作用。

1.3.2.5 2016 年减持规则——1 号文

2016 年年初，鉴于 18 号文已近到期，随着市场由剧烈异常波动逐步趋向常态化波动，有必要尽快出台监管大股东、董监高减持股份行为的长效机制。为防范大股东、董监高集中、大规模减持冲击市场，并依法保障其转让股份的权利，同时为实现监管政策的有效衔接，充分发挥市场自我调节作用，证监会于 2016 年 1 月出台了《上市公司大股东、董监高减持股份的若干规定》（证监会公告〔2016〕1 号，以下简称 1 号文，现已失效）。

为既避免 18 号文到期后出现减持高峰，稳定市场预期，又兼顾中长期供求平衡，满足大股东持股适度合理流动的需求，1 号文要求：大股东在 3 个月内通过证券交易所集中竞价交易减持股份的总数，不得超过公司股份总数的 1%。

1 号文对持有者身份进行了细化，划分了减持路径，明确了非交易方式取得股份的处理方式、完善了“责任认定”的约束机制，并强调了“信息披露”的监管理念。1 号文的出台对大股东、董监高减持股份进行了规定，有利于形成稳定的市场预期，化解恐慌情绪，也标志着监管机构将稳定市场、稳定人心、防范系统性风险作为未来进一步规范立法的目标。

1.3.2.6 2017 年减持新规——9 号文

随着 IPO 上市审核与发行速度的明显加快以及 2014 年以来积累的非公开发行等直接融资行为再一次为市场带来了解禁压力。针对 1 号文出台后的大股东“过桥减持”、部分 IPO 及非公开发行股份解禁后的“清仓式减持”、一些大股东、部分股东及董监高利用信息优势“精准减持”、董监高通过辞职方式“恶意减持”等行为，证监会于 2017 年 5 月 26 日颁布了

《上市公司股东、董监高减持股份的若干规定》（证监会公告〔2017〕9号，以下简称减持新规或9号文），9号文结合各市场主体、投资者特点，从诸多方面对减持制度进一步完善细化，主要包括：强调上市公司股东重视、履行承诺；完善大宗交易减持制度；进一步规范首发和非公开发行取得股份的减持行为；完善减持的信息披露制度；明确一致行动人减持合并计算问题；加强交易所一线监管职责等。

2017年5月27日，沪深交易所分别发布《上市公司股东及董事、监事、高级管理人员减持股份实施细则》，随后发布了一系列的相关问答对投资者普遍关心的规则适用问题进行解答，以便市场主体进一步理解和执行减持相关规定。

2018年3月1日，证监会发布《上市公司创业投资基金股东减持股份的特别规定》（证监会公告〔2018〕4号，现已失效），沪深交易所也配套发布了《上市公司创业投资基金股东减持股份实施细则》，针对创业投资基金股东如何适用9号文作了有效补充，建立了创业投资基金所投资企业上市解禁期与上市前投资期限长短反向挂钩机制，缩短了创业投资基金减持比例限制的时间要求。

1.3.2.7 进一步放松减持限制

2020年2月14日，为深化金融供给侧结构性改革，完善再融资市场化约束机制，增强资本市场服务实体经济的能力，助力上市公司抗击疫情、恢复生产，证监会发布了《关于修改〈上市公司证券发行管理办法〉的决定》《关于修改〈创业板上市公司证券发行管理暂行办法〉的决定》《关于修改〈上市公司非公开发行股票实施细则〉的决定》（以下简称《再融资规则》），《再融资规则》明确了通过非公开发行股票取得的上市公司股份，其减持不适用《上市公司股东、董监高减持股份的若干规定》的有关规定。

2020年3月6日，证监会修订并发布了《上市公司创业投资基金股东减持股份的特别规定》（证监会公告〔2020〕17号），沪深交易所同步修订了《上市公司创业投资基金股东减持股份实施细则》，对反向挂钩政策简化优化，加大了对专注于长期投资的基金优惠力度，允许投资期限在5

年以上的创业投资基金锁定期满后减持比例不受限制，取消投资期限超过36个月的创投股东通过大宗交易减持受让方锁定期的限制。

2021年9月2日，习近平主席在2021年中国国际服务贸易交易会全球服务贸易峰会致辞中宣布，继续支持中小企业创新发展，深化新三板改革，设立北京证券交易所，打造服务创新型中小企业主阵地。考虑北交所上市公司从公开市场产生，《北京证券交易所上市公司持续监管办法（试行）》相较于沪深市场放宽对主要股东、实际控制人和董监高减持时间和数量限制，统一为减持计划预先披露要求。

1.3.3 回购制度的发展历程

目前我国关于上市公司股份回购的法律主要有《公司法》以及中国证监会发布的《上市公司章程指引》（2022年修订）（证监会公告〔2022〕2号）、《上市公司股份回购规则》（证监会公告〔2022〕4号）等。我国上市公司股份回购的发展历程主要表现在以下几个阶段：

1.3.3.1 国有股回购的早期阶段①

自20世纪90年代以来，我国资本市场股份回购主要采用协议回购国有股的形式，目的是优化上市公司股权结构，完善公司治理，实现国有资本战略性转移，提高国有资本运营效率。回购的最终目的是提升公司市场价值。

1992年豫园股份的合并回购、1994年陆家嘴协议回购国有股后增发B股、1996年厦门国贸回购减资、1999年云天化与申能股份部分国有股的成功回购，使得国有股回购成为当时证券市场的一个亮点。

2000年冰箱压缩（已更名：海立股份）回购、长春高新回购、2001年青岛啤酒与科龙电器回购、2002年深高速回购，将股份回购交易推上了日程。

这一时期的企业大多企图通过股份回购的方式响应国家“从战略上调

① 李永森：上市公司股票回购分析［D］. 中国农业大学.

整国有经济布局和改组国有企业，着眼于搞好整个国有经济，推进国有资产合理流动和重组，积极发展大型企业和企业集团”的发展方针。因此，这一阶段的公司股份回购多带有一些行政色彩。

1.3.3.2 配合股权分置改革的中期阶段

2005 年 6 月 16 日，证监会颁布了具有重大意义的《上市公司回购社会公众股份管理办法（试行）》（证监发〔2005〕51 号，现已失效），该办法规定上市公司回购方式除了要约收购，还可以通过公开市场方式，进一步推动了上市公司实施社会公众股回购。法令公布的第二天，邯郸钢铁就率先公告社会公众股回购计划，成为我国首家实施社会公众股回购的上市公司。在股权分置改革的背景下，证监会鼓励上市公司采用包括“以股抵债”等多种方式解决上市公司控股股东及关联方资金占用问题，并规定在 2006 年年底前全部偿清。郑州煤电于 2005 年 7 月 12 日公告了股改与以股抵债相结合的方案。配合股权分置改革，优化股权结构，解决大股东资金占用的“以股抵债”成为当时我国股份回购重要特点。

2005 ~ 2006 年共发生了创纪录的 38 起回购事件，流通股的回购事件也层出不穷，银基发展、山鹰纸业、华海药业、九芝堂、华电能源、江苏阳光等公司都成功实施了流通股回购，采取的回购方式是公开市场回购。2006 年年初，随着《上市公司股权激励管理办法（试行）》（证监公司字〔2005〕151 号，现已失效）的出台，规定可以通过回购获得股权激励所需要的股票。2007 年，永新股份首先开展以股权激励为动机的回购，并在以后每年连续实施回购，将回购来的股票授予激励对象。此外，由于股权激励对象自身问题导致股权激励计划终止或公司董事会、股东大会做出决议终止，上市公司可以对股权激励已行权但尚未解锁的限制性股票进行定向回购，以保证公司利益最大化。

股份回购的这一阶段可以说是一个新老交替的过渡阶段，既存在因为配合股改和解决大股东资金占用的历史遗留问题而进行股份回购，又有采用证券交易所集中竞价方式进行流通股回购，标志着我国股份回购进入全新时代，逐步与国际接轨，为中国上市公司运用国际流行的资本运作手段开拓了新途径，同时也丰富了我国证券市场的股份回购实践。

1.3.3.3 2018年《公司法》修订前的股份回购

2008年10月，证监会颁布了《关于上市公司以集中竞价交易方式回购股份的补充规定》（证监会公告〔2008〕39号，现已失效），借鉴国外经验，推行市场化操作，进一步放宽对股份回购的限制，中国股市进入全流通时代。

2014年8月，美的集团公布了回购计划，拟在2014～2016年先行推出两期股份回购方案，回购金额上限为2013年、2014年归属于母公司股东净利润的30%，首期回购股份资金上限为15.9亿元，回购股份可依法注销，或用于股权激励计划、员工持股计划的股份来源。此次回购有利于增强公司股票长期的投资价值，维护股东利益，提高股东回报，构建长期稳定的投资者群体，推动公司股票价值的合理回归。

除美的集团外，其他企业也纷纷实施股份回购。海通证券和万科A计划回购股份金额上限均超过百亿元，分别为216亿元和100亿元；伊利股份、中兴通讯、鲁泰A等公司计划回购资金上限均为10亿元。万科A、富安娜等公司还同时推出了增持加回购的方案。

这一时期的股份回购主要是企业维护股价稳定，保护股东的利益而实行的。在股市动荡的情况下，股价可能不能反映公司真实的内在价值。公司会根据信号传递理论，回购企业股份，以此维持股价。

1.3.3.4 2018年《公司法》修订后的股份回购

2018年10月26日，第十三届全国人大常委会第六次会议审议通过了《全国人民代表大会常务委员会关于修改〈中华人民共和国公司法〉的决定》（中华人民共和国主席令第十五号），对《公司法》第一百四十二条有关公司股份回购的规定进行了专项修改，自公布之日起施行。

本次修订便利了公司回购的执行流程、拓宽了回购范围、延长了公司持有本公司股份期限、提高了持股上限等，删去了回购资金必须从公司税后利润中支出的规定，不再局限于将股份奖励公司员工情形才可回购本公司股份，允许上市公司因为维护自身经营发展需要和股东权益而回购本公司股份，有利于公司自主根据自身经营发展需要更加快速应对市场变化，这将进一步提升上市公司调整股权结构和管理风险的能力，提高上市公司的整体质量和投资价值，推动公司治理体系建设和治理能力现代化。

自 2018 年 10 月 26 日《公司法》修正案的出台至 2008 年 11 月 1 日不足一周的时间内，共有 193 家 A 股公司实施股份回购或者发布相关股份回购消息。其中，60 家公司实施股份回购，共计回购股份数量约 7.99 亿股，用于股份回购的资金共计约 64.32 亿元。另外，还有 133 家公司在这段时间发布相关股份回购信息。

修订后的《公司法》赋予了上市公司在股份回购上更多的自主权，有利于公司维护企业价值、推行员工激励长效机制、提升上市公司质量，特别是为当前形势下稳定资本市场预期等，提供有力的法律支撑。

1.4 小结

股份权益变动兼具交易规模大和市场引导作用等特点，对市场动态平衡发展影响重大。由于交易主体多为上市公司大股东以及董监高等，可能存在利用信息优势在增持、减持和回购交易中为自身牟取利益，伤害其他投资主体损害市场公平的行为。目前我国已经逐步建立了相对完善的制度架构。为此，我们在相关法律法规、部门规章、业务规则的基础上，分别对与权益变动相关的各种情况、各类主体、各项操作涉及的注意事项、信息披露要点、防范措施等进行详细说明，并辅以近年来的典型案例，期望读者能够对涉及股份变动的相关要求有较为总体、全面的了解，促进资本市场的良性发展、保障交易的公平性。

2. 增持

2.1 增持概述

2.1.1 增持

上市公司大股东及董事、监事、高级管理人员的增持目的一般可以分为以下四种：

①股东看好公司长期发展或为进一步强化控股权而实施增持；

②在股价大幅下跌时，部分股东为了提振投资者信心、缓解市场情绪而增持；

③股东进行股权质押融资时，为了避免股价进一步下跌导致被强制平仓而增持；

④公司再融资时，为确定合理发行价格增持（定增的市场价、可转债的初始转股价格）。

由于增持行为会影响股价及表决权、公司控制权等重要事项，法律法规对上市公司大股东及董监高的增持行为作出了相应的规定和限制。上述人员应当根据自身情形严格按照《证券法》《上市公司收购管理办法》《上市公司董事、监事和高级管理人员所持本公司股份及其变动管理规则》、沪深北交易所《股票上市规则》等相关规定履行信息披露义务，及时报告和公告其股份权益变动的信息，并保证信息披露的真实、准确、完整，不得有虚假记载、误导性陈述或者重大遗漏。

本章节包含的内容主要有增持相关法律法规、要点分析、信息披露相关规定及合规要求，同时对以往违规增持案例进行了简要分析。

2.1.2 相关法规

2.1.2.1 法律

与增持相关的法律如表 2－1 所示。

表 2－1　　相关法律表

名称	发文部门	文号	颁布日期	涉及条文
《中华人民共和国证券法（2019 年修订）》	全国人民代表大会常务委员会	主席令第三十七号	2019 年 12 月 28 日	第四十四条、第五十三条、第六十三条、第七十五条
《上市公司国有股权监督管理办法》	中华人民共和国财政部，国务院国有资产监督管理委员会，中国证券监督管理委员会	国资委、财政部、证监会令第 36 号	2018 年 5 月 16 日	第五十三条、第五十四条、第五十五条、第五十六条

2.1.2.2 部门规章及规范性文件

与增持相关的部门规章及规范性文件如表 2－2 所示。

表 2－2　　相关部门规章及规范性文件表

名称	发文部门	文号	颁布日期	涉及条文
《上市公司章程指引（2022 年修订）》	中国证券监督管理委员会	证监会公告〔2022〕2 号	2022 年 1 月 5 日	第七十九条
《上市公司股东大会规则（2022 年修订）》	中国证券监督管理委员会	证监会公告〔2022〕13 号	2022 年 1 月 5 日	第三十一条

续表

名称	发文部门	文号	颁布日期	涉及条文
《上市公司董事、监事和高级管理人员所持本公司股份及其变动管理规则》	中国证券监督管理委员会	证监会公告〔2022〕19号	2022年1月7日	第十一条、第十二条、第十三条
《公开发行证券的公司信息披露内容与格式准则第17号——要约收购报告书(2022年修订)》	中国证券监督管理委员会	证监会公告〔2022〕9号	2022年1月5日	全文
《公开发行证券的公司信息披露内容与格式准则第55号——北京证券交易所上市公司权益变动报告书、上市公司收购报告书、要约收购报告书、被收购公司董事会报告书》	中国证券监督管理委员会	证监会公告〔2021〕35号	2021年10月30日	全文
《证券公司股权管理规定(2021年修订)》	中国证券监督管理委员会	证监会令第183号	2021年3月18日	第四十四条
《监管规则适用指引——上市类第1号》	中国证券监督管理委员会		2020年7月31日	1-15 一、三、五
《上市公司收购管理办法(2020年修正)》	中国证券监督管理委员会	证监会令第166号	2020年3月20日	第十三条、第十四条、第二十四条等
《公开发行证券的公司信息披露内容与格式准则第15号——权益变动报告书(2020年修订)》	中国证券监督管理委员会	证监会公告〔2020〕20号	2020年3月20日	全文

续表

名称	发文部门	文号	颁布日期	涉及条文
《公开发行证券的公司信息披露内容与格式准则第 16 号——上市公司收购报告书（2020 年修订）》	中国证券监督管理委员会	证监会公告〔2020〕20 号	2020 年 3 月 20 日	全文
《公开发行证券的公司信息披露内容与格式准则第 18 号——被收购公司董事会报告书（2020 年修订）》	中国证券监督管理委员会	证监会公告〔2020〕20 号	2020 年 3 月 20 日	全文
《信托公司股权管理暂行办法》	中国银行保险监督管理委员会	银保监会令 2020 年第 4 号	2020 年 1 月 20 日	第十条、第十一条、第十五条
《保险公司股权管理办法》	中国保险监督管理委员会	保监会令〔2018〕5 号	2018 年 3 月 2 日	第七条、第二十五条、第五十五条、第八十九条
《商业银行股权管理暂行办法》	中国银行业监督管理委员会	银监会令 2018 年第 1 号	2018 年 1 月 5 日	第十七条、第二十五条

2.1.2.3 业务规则

上交所与增持相关的业务规则如表 2－3 所示。

表 2－3　上交所相关业务规则表

名称	发文部门	文号	颁布日期	涉及条文
《上海证券交易所股票上市规则（2022 年 1 月修订）》	上海证券交易所	上证发〔2022〕1 号	2022 年 1 月 7 日	第三章第四节
《上海证券交易所科创板上市公司自律监管指引第 1 号——规范运作》	上海证券交易所	上证发〔2022〕14 号	2022 年 1 月 7 日	第二章第四节、第四章第六节
《上海证券交易所上市公司自律监管指引第 8 号——股份变动管理》	上海证券交易所	上证发〔2022〕9 号	2022 年 1 月 7 日	全文

深交所与增持相关的业务规则如表 2－4 所示。

表 2－4　　深交所相关业务规则表

名称	发文部门	文号	颁布日期	涉及条文
《深圳证券交易所股票上市规则（2022 年修订）》	深圳证券交易所	深证上〔2022〕12 号	2022 年 1 月 7 日	第三章第四节
《深圳证券交易所创业板股票上市规则（2020 年 12 月修订）》	深圳证券交易所	深证上〔2020〕1292 号	2020 年 12 月 31 日	2. 3. 10
《深圳证券交易所上市公司自律监管指引第 10 号——股份变动管理》	深圳证券交易所	深证上〔2022〕22 号	2022 年 1 月 7 日	全文

北交所与增持相关的业务规则如表 2－5 所示。

表 2－5　　北交所相关业务规则表

名称	发文部门	文号	颁布日期	涉及条文
《北京证券交易所股票上市规则（试行）》	北京证券交易所	北证公告〔2021〕13 号	2021 年 10 月 30 日	第二章第四节

2. 2　增持要点分析

实践中，增持上市公司股份主要通过二级市场增持（集中竞价交易、大宗交易）和协议受让两种方式。

2. 2. 1　通过二级市场增持

根据《上市公司收购管理办法》及相关规定，通过二级市场增持股份（含集中竞价交易和大宗交易），投资者及其一致行动人需关注以下事项，如表 2－6 所示。

表 2－6　　　　　　二级市场增持关注要点

持股比例	应履行的义务	交易行为限制	备注
达到 5%	1. 应当在该事实发生之日起3日内编制《简式权益变动报告书》。 2. 向证监会和交易所报告。 3. 通知上市公司并公告。 4. 若成为第一大股东/实际控制人的，须增加披露《上市公司收购管理办法》第17条第1款内容。	在公告前不得再行买卖该上市公司的股票。	1. “3 日”指交易日，不含公告日当天（下同）。 2. 大宗交易须履行相同义务（下同）。
5% ＜持股比例＜20%	1. 3日内编制《简式权益变动报告书》。 2. 向证监会和交易所报告。 3. 通知上市公司并公告。 4. 若成为第一大股东/实际控制人的，须增加披露《上市公司收购管理办法》第17条第1款内容。	在公告前及公告后3日内不得再行买卖该上市公司的股票。	
	5. 每累计增持1%。	应当在该事实发生的次日通知该上市公司，并予公告。	
	6. 累计增持达到5%，应按规定，编制《简式权益变动报告书》等。	在公告前及公告后3日内不得再行买卖该上市公司的股票。	
20%≤持股比例≤30%	1. 3日内编制《详式权益变动报告书》。 2. 向证监会和交易所报告。 3. 通知上市公司并公告。 4. 若成为第一大股东/实际控制人的，须履行《上市公司收购管理办法》17条第2款规定的义务（如聘请财务顾问等）。	在公告前及公告后3日内不得再行买卖该上市公司的股票。	
	5. 每累计增持1%。	应当在该事实发生的次日通知该上市公司，并予公告。	
	6. 累计增持达到5%，应按规定，编制《详式权益变动报告书》等。	在公告前及公告后3日内不得再行买卖该上市公司的股票。	

续表

持股比例	应履行的义务	交易行为限制	备注
30% < 持股比例 < 50%	1. 达到30%后继续增持的，符合一定条件的可以豁免发出要约，否则需履行要约收购义务。	详见本书3. 收购。	
	2. 达到30%后可爬行增持： （1）事实发生一年后，每12个月，增持不超过2%。 （2）通过集中竞价方式，每累计增持1%，应通知上市公司，并于次一交易日发布进展公告。 （3）增持完成后3日内就股份增持情况做出公告，律师应就相关投资者权益变动行为发表符合规定的专项核查意见并由上市公司予以披露。	2%的股份锁定期为6个月。	
	3. 累计增持达到5%，应按规定，编制《详式权益变动报告书》等。	在公告前及公告后3日内不得再行买卖该上市公司的股票。	
持股≥50%	1. 在不影响上市地位的前提下，可自由增持。	通过集中竞价方式，每累计达到该公司已发行股份2%的当日起至公司发布公告之日的期间，不得再行增持股份。	
	2. 通过集中竞价方式，每累计增持1%，应通知上市公司，并于次一交易日发布进展公告。		
	3. 累计增持达到5%，应按规定，编制《详式权益变动报告书》等。	在公告前及公告后3日内不得再行买卖该上市公司的股票。	

续表

<table>
<tr><th>持股比例</th><th>应履行的义务</th><th>交易行为限制</th><th>备注</th></tr>
<tr><td>达到75%</td><td>股本总额不超过4亿元，非社会公众股东连续20个交易日持股不得超过75%，否则丧失上市条件。</td><td rowspan="2">公司面临退市风险。</td><td rowspan="2">非社会公众股东：
1. 持股10%以上股东及其一致行动人；
2. 董监高及其关联人（上交所）；
3. 董监高及其关系密切的家庭成员，董监高直接或间接控制的法人或其他组织（深交所、北交所）。</td></tr>
<tr><td>达到90%</td><td>股本总额超过4亿元，非社会公众股东连续20个交易日持股不得超过90%，否则丧失上市条件。</td></tr>
</table>

注：①上表中的2%、5%、30%、50%等具体持股比例，在实践中的取值范围为该持股比例的前后一手。

②投资者拥有权益的股份达到或超过已发行股份的20%，其拥有权益的股份占已发行股份的比例每增加5%，但未超过上市公司已发行股份30%的；达到或超过已发行股份30%的，其拥有权益的股份占已发行股份的比例每增加5%，且符合《收购办法》规定的豁免情形的，应当依法编制并披露详式权益变动报告书。

2.2.1.1 增持首次达到5%的规定

根据《上市公司收购管理办法》第十三条第一款规定：

通过证券交易所的证券交易，投资者及其一致行动人拥有权益的股份达到一个上市公司已发行股份的5%时，应当在该事实发生之日起3日内编制权益变动报告书，向中国证监会、证券交易所提交书面报告，通知该上市公司，并予公告；在上述期限内，不得再行买卖该上市公司的股票，但中国证监会规定的情形除外。

专栏 2－1 案例：超比例持股未报告披露

案例简介：

经查明，陈某平存在以下违法事实：

（一）陈某平控制、使用“陈某辉”等账户情况

陈某平实际控制、使用陈某辉、陈某益、陈某慰等 15 个个人证券账户（以下简称为账户组），交易 *STYD。交易资金来源于陈某平本人自有资金和拆借资金，交易决策由陈某平作出，邱某豪具体下单操作。

（二）陈某平控制使用账户组超比例持股未披露及限制期交易 *STYD 情况

从 2018 年 11 月 1 日开始，陈某平控制、使用账户组持续买入 *STYD。2019 年 1 月 28 日，陈某平通过账户组持有 *STYD 达到 23681580 股，超过其总股本的 5%。陈某平在持有 *STYD 比例达到其总股本 5% 时未停止交易，未在该事实发生之日起 3 日内履行报告及公告义务，继续交易 *STYD。2019 年 3 月 8 日，陈某平通过账户组最高持股达到 *STYD 总股本的 7.1373%。

2019 年 1 月 28 日至 2019 年 6 月 10 日，陈某平通过账户组累计买入 *STYD15154630 股，金额 122021461.41 元，累计卖出 29955130 股，金额 290657122.54 元，买卖金额累计 412678583.95 元。

处理结果：

2020 年 12 月 3 日，根据当事人违法行为的事实、性质、情节和社会危害程度，依据 2005 年《证券法》第一百九十三条第二款、第二百零四条和《行政处罚法》第二十七条的规定，海南证监局决定：

（一）对陈某平超比例持股未报告披露的行为，责令改正，予以警告，并处以 30 万元罚款。

（二）对陈某平在限制转让期限内买卖行为，责令改正，予以警告，并处以 170 万元罚款。

2.2.1.2 持股超过5%（不超过30%），每增持5%的披露与暂停交易

根据《上市公司收购管理办法》规定：

第十三条第二款 前述投资者及其一致行动人拥有权益的股份达到一个上市公司已发行股份的5%后，通过证券交易所的证券交易，其拥有权益的股份占该上市公司已发行股份的比例每增加或者减少5%，应当依照前款规定进行报告和公告。在该事实发生之日起至公告后3日内，不得再行买卖该上市公司的股票，但中国证监会规定的情形除外。

第十六条 投资者及其一致行动人不是上市公司的第一大股东或者实际控制人，其拥有权益的股份达到或者超过该公司已发行股份的5%，但未达到20%的，应当编制包括下列内容的简式权益变动报告书：

（一）投资者及其一致行动人的姓名、住所；投资者及其一致行动人为法人的，其名称、注册地及法定代表人；

（二）持股目的，是否有意在未来12个月内继续增加其在上市公司中拥有的权益；

（三）上市公司的名称、股票的种类、数量、比例；

（四）在上市公司中拥有权益的股份达到或者超过上市公司已发行股份的5%或者拥有权益的股份增减变化达到5%的时间及方式、增持股份的资金来源；

（五）在上市公司中拥有权益的股份变动的时间及方式；

（六）权益变动事实发生之日前6个月内通过证券交易所的证券交易买卖该公司股票的简要情况；

（七）中国证监会、证券交易所要求披露的其他内容。

前述投资者及其一致行动人为上市公司第一大股东或者实际控制人，其拥有权益的股份达到或者超过一个上市公司已发行股份的5%，但未达到20%的，还应当披露本办法第十七条第一款规定的内容。

第十七条 投资者及其一致行动人拥有权益的股份达到或者超过一个上市公司已发行股份的20%但未超过30%的，应当编制详式权益变动报告书，除须披露前条规定的信息外，还应当披露以下内容：

（一）投资者及其一致行动人的控股股东、实际控制人及其股权控制

关系结构图；

（二）取得相关股份的价格、所需资金额，或者其他支付安排；

（三）投资者、一致行动人及其控股股东、实际控制人所从事的业务与上市公司的业务是否存在同业竞争或者潜在的同业竞争，是否存在持续关联交易；存在同业竞争或者持续关联交易的，是否已做出相应的安排，确保投资者、一致行动人及其关联方与上市公司之间避免同业竞争以及保持上市公司的独立性；

（四）未来12个月内对上市公司资产、业务、人员、组织结构、公司章程等进行调整的后续计划；

（五）前24个月内投资者及其一致行动人与上市公司之间的重大交易；

（六）不存在本办法第六条规定的情形；

（七）能够按照本办法第五十条的规定提供相关文件。

前述投资者及其一致行动人为上市公司第一大股东或者实际控制人的，还应当聘请财务顾问对上述权益变动报告书所披露的内容出具核查意见，但国有股行政划转或者变更、股份转让在同一实际控制人控制的不同主体之间进行、因继承取得股份的除外。投资者及其一致行动人承诺至少3年放弃行使相关股份表决权的，可免于聘请财务顾问和提供前款第（七）项规定的文件。

专栏2－2　案例：违规增持遭罚360万元

案例简介：

叶某杨实际控制其本人、蒋某良、北方国际信托股份有限公司－北方信托乾丰一号证券投资集合资金信托计划证券账户等17个主体名下23个证券账户（以下简称叶某杨账户组）。

2016年5月9日至2018年8月31日，叶某杨控制使用叶某杨账户组交易QJMT股票。2016年7月26日合计持股23445923股，占总股本的5.17%，首次超过5%。2018年8月31日，账户组最高持有66575521股，达到总股本的14.68%。2016年7月27日（超比例后次交易日）至2018年8月31日，叶某杨账户组累计买入50362889股，成交金额846733890.94元；累计卖出7233291股，成交金额116081728.68元，买卖金额合计962815619.62元。在此期间，叶某杨账户组净卖出（日内卖出大于买入）1080755股，成交金额18225577.15元。

处理结果：

2021年9月23日，根据当事人违法行为的事实、性质、情节与社会危害程度，浙江证监局决定：

（一）依据2005年《证券法》第一百九十三条第二款的规定，对叶某杨超比例持股未报告的行为责令改正，给予警告，并处以60万元罚款；

（二）依据2019年《证券法》第一百八十六条的规定，对叶某杨在限制转让期内转让QJMT的行为，给予警告，并处以300万元罚款。

专栏2－3　案例：未依法在规定的期限内停止买入上市公司股票

案例简介：

徐某斌实际控制徐某斌、郑某东、陈某特等30个账户（简称账户组），账户组主要资金来源于徐某斌及其借贷资金，股票交易由徐某斌决策。

涉案账户组于2016年1月12日开始持续买入XGYC，1月15日10:13买入XGYC3095股，此次买入后账户组持股比例超过总股本的5%。3月24日持股数量达到最高，为63176228股，占总股本的24.44%。4月15日，公司增发新股969435817股，账户组持股比例由19.28%降为4.06%。徐某斌未按规定于持有XGYC总股本达到5%时，向国务院证券监督管理机构、证券交易所作出书面报告、通知上市公司，并予公告。且在持股达到XGYC总股本的5%后，未于每增加或减少5%时，按规定进行报告和公告。上述行为，违反了2005年《证券法》第八十六条第一款、第二款规定，构成未按规定披露超比例持股及持股变动信息的违法行为。

根据2005年《证券法》第八十六条第一款、第二款的规定，徐某斌应当在持股达到XGYC总股本的5%时，及持股比例每增加或者减少5%时，按规定履行报告和公告义务，并停止交易。徐某斌未进行信息披露，继续进行交易。2016年1月15日至4月14日账户组持股数量占XGYC总股本比例一直超过5%，其间存在多次买入、卖出行为。账户组在限制交易期内买入的股数为53168632股，金额为970626936.00元，卖出的股数为16250476股，金额为327667838.63元。合计交易金额为1298294774.63元。上述行为，违反了2005年《证券法》第三十八条规定，构成限制交易期内买卖证券行为。

处理结果：

2020年10月19日，根据当事人违法行为的事实、性质、情节与社会危害程度，依据2005年《证券法》第一百九十三条第一款以及第二百零四条的规定，上海证监局决定：

（一）对徐某斌未按规定披露超比例持股及持股变动情况的违法行为，给予警告，并处以50万元罚款；

（二）对徐某斌限制交易期内买卖证券的违法行为，给予警告，并处以300万元罚款。

上述两项违法事实，合计对徐某斌处以350万元罚款。

2.2.1.3 持股30%以上股东增持

根据《上市公司收购管理办法》第二十四条规定：

通过证券交易所的证券交易，收购人持有一个上市公司的股份达到该公司已发行股份的30%时，继续增持股份的，应当采取要约方式进行，发出全面要约或者部分要约。

根据《上市公司收购管理办法》第六十三条第一款规定：

有下列情形之一的，投资者可以免于发出要约：（四）在一个上市公司中拥有权益的股份达到或者超过该公司已发行股份的30%的，自上述事实发生之日起一年后，每12个月内增持不超过该公司已发行股份的2%的。

具体如图2－1所示。

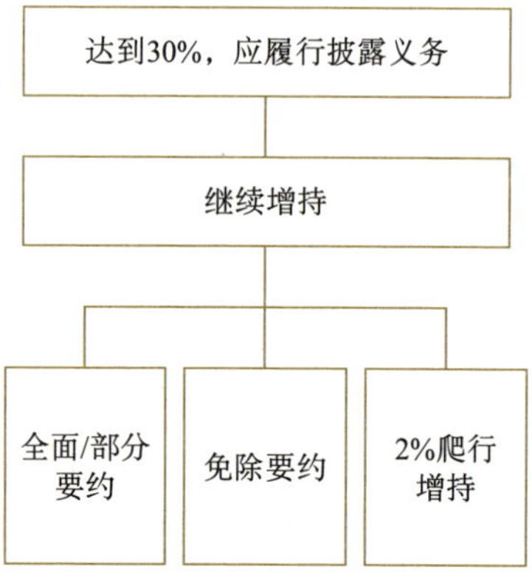

图2－1　二级市场增持超过30%的情形

收购内容详见本书3. 收购。本章重点叙述爬行增持部分内容。

2.2.1.4　持股30%或以上股东爬行增持相关要点

根据《上市公司收购管理办法》第六十三条第一款，本节所涉爬行增持主要适用于以下两种情形：

①在上市公司中拥有权益的股份达到或者超过该公司已发行股份的30%的，自上述事实发生之日起一年后，每12个月内增持不超过该公司已发行股份的2%的；

②在上市公司中拥有权益的股份达到或者超过公司已发行股份50%的股东及其一致行动人，继续增加其在公司拥有的权益不影响公司上市地位。

2.2.1.4.1　持股30%或以上股东自由增持到1%

根据《上市公司收购管理办法》第十三条第三款规定：

前述投资者及其一致行动人拥有权益的股份达到一个上市公司已发行股份的5%后，其拥有权益的股份占该上市公司已发行股份的比例每增加或者减少1%，应当在该事实发生的次日通知该上市公司，并予公告。

2.2.1.4.2　持股30%或以上的股东自由增持到2%

根据《上市公司收购管理办法》第六十三条规定：

有下列情形之一的，投资者可以免于发出要约：

（四）在一个上市公司中拥有权益的股份达到或者超过该公司已发行股份的30%的，自上述事实发生之日起一年后，每12个月内增持不超过该公司已发行的2%的股份；

（五）在一个上市公司中拥有权益的股份达到或者超过该公司已发行股份的50%的，继续增加其在该公司拥有的权益不影响该公司的上市地位；

相关投资者应在前款规定的权益变动行为完成后3日内就股份增持情况做出公告，律师应就相关投资者权益变动行为发表符合规定的专项核查意见并由上市公司予以披露。相关投资者按照前款第（五）项规定采用集中竞价方式增持股份的，每累计增持股份比例达到上市公司已发行股份的2%的，在事实发生当日和上市公司发布相关股东增持公司股份进展公告的当日不得再行增持股份。前款第（四）项规定的增持不超过2%的股份锁定期为增持行为完成之日起6个月。

根据《上海证券交易所上市公司自律监管指引第8号——股份变动管理》《深圳证券交易所上市公司自律监管指引第10号——股份变动管理》规定：

相关股东增持前持股比例在30%以上的，还应当聘请律师就本次增持行为是否符合《证券法》《上市公司收购管理办法》等有关规定发表专项核查意见。公司应当及时（深交所为3日内）披露增持计划实施结果公告和律师核查意见。

2.2.1.4.3 持股50%或以上的股东自由增持

（1）自由增持达到1%

持股50%或以上的股东自由增持1%的股份，应当履行信息披露义务。具体要求参见本节2.2.1.4.1关于持股30%或以上股东自由增持到1%的相关规定。

（2）自由增持达到2%

持股比例达到或者超过50%的股东，继续增持不影响该公司的上市地位，增持过程中的信息披露要求参照爬行增持的相关要求，且不受12个月内增持不超过 2% 的限制；但是，上述股东采用集中竞价方式增持股份的，每累计增持 2%，在事实发生当日至公告当日不得再行增持股份。

（3）累计增持达到 5%

持股 50% 以上的股东，在累计增持比例达到 5% 时，编制《详式权益变动报告书》并公告。在报告期限内和作出报告、公告后 3 个交易日内，不得再行买卖该上市公司的股票。

（4）增持完毕

持股 50% 以上的股东及其一致行动人在全部增持计划完成时，或者增持期限届满时，应当及时通知公司，聘请律师就股东及其一致行动人增持公司股份是否符合《证券法》《上市公司收购管理办法》等有关规定、是否满足《上市公司收购管理办法》规定的免除要约条件出具专项核查意见，并委托公司在增持行为完成后及时披露增持结果公告和律师出具的专项核查意见。

2.2.1.4.4　增持公告的披露内容

（1）增持计划公告的内容

股东及其一致行动人委托上市公司披露股东及其一致行动人增持计划公告，应当包括下列内容：

①增持人姓名或名称。

②增持人已持有股份的数量、持股占公司总股本比例。

③在本次公告之前 12 个月内已披露增持计划的，应当披露其完成情况。

④计划增持主体在本次公告前 6 个月的减持情况，包括减持股数、价格等（深交所、北交所）。

⑤本次拟增持股份的目的。增持目的应当结合上市公司实际经营、未来发展趋势及公司股价变化等情况予以说明。

⑥本次拟增持股份的数量或金额。增持数量或金额应当明确；如设置数量或金额区间的，区间范围应当审慎合理，具有可执行性（沪主板、北交所）；区间上限和下限应当明确，下限不得为零，且上限不得超出下限的 1 倍（上交所、深交所）。

⑦本次拟增持股份的价格。如设置固定价格、价格区间或累计跌幅比例等实施前提的，应当根据公司股票近期价格波动及市场整体趋势，予以审慎确定，确保实施增持计划有切实可行的价格窗口。如披露的增持价格上限明显偏离当时的市场价格，应当详细说明原因。

⑧本次增持股份计划的实施期限。实施期限应当根据增持计划可行性、投资者预期等因素，限制在合理期限内，原则上自公告披露之日起不得超过6个月。如实施期限超过6个月的，应当结合实际情况说明其理由。

⑨本次拟增持股份的方式。相关增持主体应当明确增持方式，包括集中竞价交易、大宗交易、协议转让等（深交所）。

⑩本次增持是否基于其主体的特定身份，如丧失相关身份时是否继续实施本增持计划（深交所）。

⑪本次增持股份是否存在锁定安排。如存在，请说明锁定期限（深交所）。

⑫本次拟增持股份的资金安排。资金来源应当明确，如自有资金、银行贷款、杠杆融资等。可能采用非自有资金实施增持的，应当披露相关融资安排。拟通过资产管理计划实施增持的，应当披露资产管理计划的类型、金额及存续期限等（北交所）。

⑬增持计划实施的不确定性风险。

⑭证券交易所要求的其他内容。

（2）增持进展公告的内容

股东及其一致行动人披露增持计划公告后，在实施增持的过程中，应按要求披露进展公告，如表2－7所示。

根据《上海证券交易所上市公司自律监管指引第8号——股份变动管理》《深圳证券交易所上市公司自律监管指引第10号——股份变动管理》规定：上市公司按照规定发布定期报告时，相关增持主体的增持计划尚未实施完毕，或者其实施期限尚未届满的，上市公司应当在各定期报告中披露相关增持主体增持计划的实施情况。

（3）增持结果公告的内容

股东及其一致行动人委托上市公司披露股东及其一致行动人增持结果

表 2－7　　沪深北交易所增持进展公告内容

上交所	深交所	北交所
（1）增持主体实施增持达到计划数量（金额）或区间下限50%的，应当及时披露增持进展及其目前持股数量、持股比例。 （2）原定增持计划期间过半，实际增持数量（金额）未过半或未到区间下限50%的，应当公告说明增持未过半的原因。 （3）原定增持计划期间过半，仍未实施增持计划的，应当公告说明未增持的原因及后续安排，并于此后每月披露一次增持计划实施进展。 （4）上市公司在增持计划实施期间发生派发红利、送红股、转增股本、增发新股或配股等股本除权、除息事项的，增持主体应当根据股本变动，对增持计划进行相应调整并及时披露。	拟定增持实施期限过半时，应披露增持进展情况。如期限过半时仍未实施增持的，应当详细披露原因及后续安排。	说明增持主体的增持进展情况，是否正常履行增持承诺。 如涉及未正常履行增持承诺的，还需说明未正常履行的具体原因、可能存在的风险、拟采取的应对措施以及相关当事人可能承担的法律责任等相关情况。 已履行部分的情况，原承诺事项变更或豁免情况（如有）。

公告，应当包括下列内容：

①增持计划实施完毕或增持期限届满后的两个交易日内，增持主体应当发布增持计划实施结果公告，披露增持数量、金额、比例及本次增持后的实际持股比例。

②增持期限届满仍未实施增持或未达到计划最低增持额的，增持主体应当公告说明原因。

2.2.2　协议受让增持

根据《上市公司收购管理办法》，通过协议受让增持股份需关注以下事项，如表 2－8 所示：

①协议受让后持股比例大于或等于 5%、小于 20% 的，应当在该事实发生之日起 3 个交易日内编制《简式权益变动报告书》，书面报告证监会和交易所，通知该上市公司，并予公告。在上述期限内，不得再买卖该上市公司的股票。

表 2－8　　　　协议受让增持关注要点

<table>
<tr><th>持股比例</th><th>应履行的义务</th><th>交易行为限制</th><th>备注</th></tr>
<tr><td>5% ≤ 持股比例 <20%</td><td>1. 应当在该事实发生之日起 3 日内编制《简式权益变动报告书》。
2. 向证监会和交易所报告。
3. 通知上市公司并公告。
4. 若成为第一大股东/实际控制人的，须增加披露《上市公司收购管理办法》第 17 条第 1 款内容。</td><td>在公告前不得再行买卖该上市公司的股票。</td><td>“3 日”指交易日（下同）。</td></tr>
<tr><td>20% ≤持股比例 ≤30%</td><td>1. 3 日内编制《详式权益变动报告书》。
2. 向证监会和交易所报告。
3. 通知上市公司并公告。
4. 若成为第一大股东/实际控制人的，须履行《上市公司收购管理办法》17 条第 2 款规定的义务（如聘请财务顾问等）。</td><td>在公告前不得再行买卖该上市公司的股票。</td><td></td></tr>
<tr><td>持股比例 >30%</td><td>1. 达到 30% 整数，拟继续增持的，符合一定条件的可以豁免发出要约，否则需发出全面/部分要约。
2. 单笔超过 30% 的，超过 30% 的部分，符合一定条件的可以豁免发出要约，否则应该改为要约方式。
3. 达到或超过 30% 的一年后，每 12 个月累计增持不超过 2%，可以豁免发出要约。</td><td>详见本书 3. 收购。</td><td></td></tr>
<tr><td>持股比例 ≥50%</td><td>1. 在不影响上市地位的前提下，可自由增持。
2. 同时应注意自由增持达到 1%、2%、5% 时，应分别履行信息披露义务，达到 2%、5% 时除披露外还需暂停交易。</td><td>详见本书 3. 收购。</td><td></td></tr>
<tr><td>达到 75%</td><td>股本总额不超过 4 亿元，非社会公众股东连续 20 个交易日持股不得超过 75%，否则丧失上市条件。</td><td rowspan="2">公司面临退市风险。</td><td rowspan="2">非社会公众股东：
1. 持股 10% 以上股东及其一致行动人；
2. 董监高及其关联人（上交所）；
3. 董监高及其关系密切的家庭成员，董监高直接或间接控制的法人或其他组织（深交所、北交所）。</td></tr>
<tr><td>达到 90%</td><td>股本总额超过 4 亿元，非社会公众股东连续 20 个交易日持股不得超过 90%，否则丧失上市条件。</td></tr>
</table>

②协议受让后持股比例大于或等于5%、小于20%的，但投资者及其一致行动人为上市公司第一大股东或者实际控制人，应当在该事实发生之日起3个交易日内编制《详式权益变动报告书》，书面报告证监会和交易所，通知该上市公司，并予公告。在上述期限内，不得再买卖该上市公司的股票。

③协议受让后持股比例大于或等于20%、小于或等于30%的，应当在该事实发生之日起3个交易日内编制《详式权益变动报告书》，书面报告证监会和交易所，通知该上市公司，并予公告。在上述期限内，不得再买卖该上市公司的股票。

④协议受让后持股比例大于或等于20%、小于或等于30%的，但投资者及其一致行动人为上市公司第一大股东或者实际控制人，还应当聘请财务顾问对上述权益变动报告书所披露的内容出具核查意见，但国有股行政划转或者变更、股份转让在同一实际控制人控制的不同主体之间进行、因继承取得股份的除外。投资者及其一致行动人承诺至少3年放弃行使相关股份表决权的，可免于聘请财务顾问和提供《上市公司收购管理办法》第五十条规定的文件。

⑤协议受让后持股比例大于30%的，超过30%的部分，符合一定条件的可以豁免发出要约，否则须改以要约方式增持，并披露收购报告书，如图2-2所示。

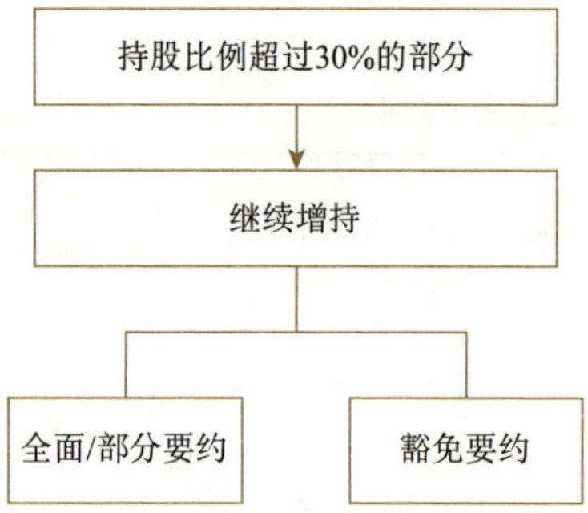

图2-2　协议受让增持超过30%的情形

2.2.3 股权分布需符合上市条件

根据沪深北交易所《股票上市规则》规定：

股权分布发生变化不具备上市条件：指社会公众持有的股份连续20个交易日低于公司股份总数的25%，公司股本总额超过人民币4亿元的，社会公众持有的股份连续20个交易日低于公司股份总数的10%。

社会公众是指除了以下股东之外的上市公司其他股东：

①持有上市公司10%以上股份的股东及其一致行动人。

②上市公司的董事、监事、高级管理人员及其关联人（上交所适用）。

③上市公司的董事、监事、高级管理人员及其关系密切的家庭成员，上市公司董事、监事、高级管理人员直接或者间接控制的法人或者其他组织（深交所、北交所适用）。

注：上市公司股权分布不符合上市条件，在规定期间内未提出解决方案或仍不符合上市条件的，上市公司将可能被实施停牌、退市风险警示及终止上市。

2.2.4 兜底式增持

“兜底增持概念股”成为2017年A股市场中的热点，公司控股股东或实际控制人向全体员工发出增持公司股票的倡议书，并承诺在一定条件下兜底，其实是一种变相的产业资本增持行为，偏重于对股价的心理支撑。例如，当员工响应号召买入公司股票，并持有满1年且在这段期间内继续任职，一旦未来这些股票产生亏损，则由实际控制人予以补偿，反之，如果获得收益，则归员工个人所有。

专栏2-4　案例：上市公司FDKJ发布关于公司内部员工增持公司股票的倡议书

自2017年6月2日午间，上市公司FDKJ和上市公司KMTQ拉开“兜底式增持”的序幕以来，其带来的涨停效应引发上市公司的大面积跟风，仅2017年6月6日一天，便有10家上市公司实际控制人或董事长向员工发出“兜底式增持”的倡议。这些“号召员工增持并承诺兜底”公告发布后，公司股票多是高开，表现抢眼，“兜底增持”公告无疑是最有效的“市值管理手段”。

以上市公司FDKJ为例，公司发布公告称控股股东、董事长肖某提交的《关于公司内部员工增持公司股票的倡议书》，具体内容如下：“鉴于公司良好的基本面，以及我本人对公司管理团队与公司未来持续发展的信心，公司股票投资价值已经凸显，为维护市场稳定，在此我倡议：公司及全资子公司全体员工积极买入上市公司FDKJ股票。本人郑重承诺，凡2017年6月2日至6月6日期间净买入的FDKJ股票，且连续持有12个月以上并在职的，若因增持产生的亏损，由本人予以补偿；收益则归员工个人所有。”

在股价持续下跌或股权质押平仓风险加大的情况下，资金紧张的上市公司控股股东或实际控制人等无法依靠自身力量增持股份或补充质押，从而利用员工的分散资金对公司进行增持成为无奈之举。虽然短期对股价支持效应显著，但若公司基本面没有显著改善，这种依靠“兜底式增持”不但无法显著提振公司股价，盲目进行“兜底式增持”反而会给上市公司控股股东或实际控制人带来财务风险。同时，“兜底式增持”是否涉嫌操纵股价、是否会导致股东权益不公平、“兜底”承诺是否具有法律效力、上市公司控股股东或实际控制人是否有能力履行“兜底”承诺等问题，市场仍存在一定争议。

为规范“兜底式增持”行为，深交所于2017年6月8日下发《关于加强上市公司控股股东、实际控制人等向公司员工发出增持倡议书的信息披露的通知》，要求上市公司应披露增持主体、增持期限、兜底条款等具体内容；披露倡议人补偿员工持股亏损的具体实施细则（如补偿方式、补偿最高限额等）；披露倡议人补偿员工持股亏损的资金来源及具体采取的履约保障措施；相关主体不得利用兜底增持承诺进行内幕交易、市场操纵等证券欺诈行为。同时，上交所对部分上市公司采取监管措施，要求上市公司对控股股东的“兜底式增持”进行补充披露。

2.2.5 金融行业股东增持的特殊要求

2.2.5.1 证券公司

根据《证券公司股权管理规定（2021 修订）》第四十四条规定：

投资者通过证券交易所购买证券公司股份使其累计持有的证券公司股份达到5%的，应当依法举牌并报中国证监会核准。获得核准前，投资者不得继续增持该公司股份。中国证监会不予核准的，投资者应当在自不予核准之日起50个交易日（不含停牌时间，持股不足6个月的，应当自持股满6个月后）内依法改正。

投资者通过股份转让系统购买证券公司股份使其累计持有的证券公司股份达到5%以上的，参照适用第一款规定。

投资者认购证券公司公开发行股份或者通过证券交易所、股份转让系统转让证券公司股份，且所涉认购或股权变更事项不需审批或备案的，豁免本规定第十七条、第十八条规定的要求。

2.2.5.2 商业银行

根据《商业银行股权管理暂行办法》规定：

第十七条 商业银行主要股东自取得股权之日起5年内不得转让所持有的股权。经银监会或其派出机构批准采取风险处置措施、银监会或其派出机构责令转让、涉及司法强制执行或者在同一投资人控制的不同主体之间转让股权等特殊情形除外。

第二十五条 金融产品可以持有上市商业银行股份，但单一投资人、发行人或管理人及其实际控制人、关联方、一致行动人控制的金融产品持有同一商业银行股份合计不得超过该商业银行股份总额的5%。商业银行主要股东不得以发行、管理或通过其他手段控制的金融产品持有该商业银行股份。

2.2.5.3 保险公司

根据《保险公司股权管理办法》规定：

第七条 资产管理计划、信托产品可以通过购买公开发行股票的方式投资上市保险公司。单一资产管理计划或者信托产品持有上市保险公司股票的比例不得超过该保险公司股本总额的5%。具有关联关系、委托同一或者关联机构投资保险公司的，投资比例合并计算。

第二十五条 投资人从股票市场购买上市保险公司股票，所持股权达到本办法第五十五条规定比例的，应当报中国保监会批准。不予批准的，应当自不予批准之日起50个交易日内转出。如遇停牌，应当自复牌之日起10个交易日内转出。

第五十五条 投资人购买上市保险公司股票，其所持股权比例达到保险公司股本总额的5%、15%和1/3的，应当自交易之日起5个工作日内向保险公司书面报告，保险公司应当在收到报告后10个工作日内报中国保监会批准。

第八十九条 通过购买上市保险公司股票成为保险公司财务Ⅰ类股东的，不受本办法第八条、第十二条、第十三条、第十五条、第五十条、第五十三条第三款、第六十二条、第六十七条、第六十九条的限制。

2.2.5.4 信托公司

根据《信托公司股权管理暂行办法》规定：

第十条 投资人入股信托公司，应当事先报国务院银行业监督管理机构或其派出机构核准，投资人及其关联方、一致行动人单独或合计持有上市信托公司股份未达到该公司股份总额5%的除外。

对通过境内外证券市场拟持有信托公司股份总额5%以上的行政许可批复，有效期为6个月。

第十一条 经国务院银行业监督管理机构或其派出机构审查批准，境内非金融机构、境内金融机构、境外金融机构和国务院银行业监督管理机构认可的其他投资人可以成为信托公司股东。

投资人及其关联方、一致行动人单独或合计持有同一上市信托公司股份未达到该信托公司股份总额5%的，不受本条前款规定限制。

第十五条 金融产品可以持有上市信托公司股份，但单一投资人、发行人或管理人及其实际控制人、关联方、一致行动人控制的金融产品持有同一上市信托公司股份合计不得超过该信托公司股份总额的5%。

信托公司主要股东不得以发行、管理或通过其他手段控制的金融产品持有该信托公司股份。

自然人可以持有上市信托公司股份，但不得为该信托公司主要股东。国务院银行业监督管理机构另有规定的除外。

2.2.6 违规增持的股东权利限制

根据《证券法》第六十三条第四款规定：

违反第一款、第二款规定买入上市公司有表决权的股份的，在买入后的36个月内，对该超过规定比例部分的股份不得行使表决权。

2.3 增持信息披露及合规要求

2.3.1 权益变动报告书披露的要求

权益变动报告书分为《简式权益变动报告书》和《详式权益变动报告书》两类，根据不同持股情形，披露要求如表2－9所示。

表2－9 简式、详式权益变动报告判断表

界限	第一大股东或实际控制人是否发生变更	信息披露框架	是否需要聘请财务顾问
5%（含）～20%（不含）	否	《简式权益变动报告书》	×
	是	《详式权益变动报告书》	×

续表

界限	第一大股东或实际控制人是否发生变更	信息披露框架	是否需要聘请财务顾问
20%（含）~30%（不含）	否	《详式权益变动报告书》+《收购办法》第50条规定的备案文件	×
	是	1.《详式权益变动报告书》+财务顾问意见+第50条备案文件	√
		2.《详式权益变动报告书》+第50条备案文件（适用于国有股行政划转或者变更、股份转让在同一实际控制人控制的不同主体之间进行、因继承取得股份）	×
		3.《详式权益变动报告书》（适用于投资者及其一致行动人承诺至少3年放弃行使相关股份表决权）	×

简式/详式权益变动报告书判断流程如图2－3所示。

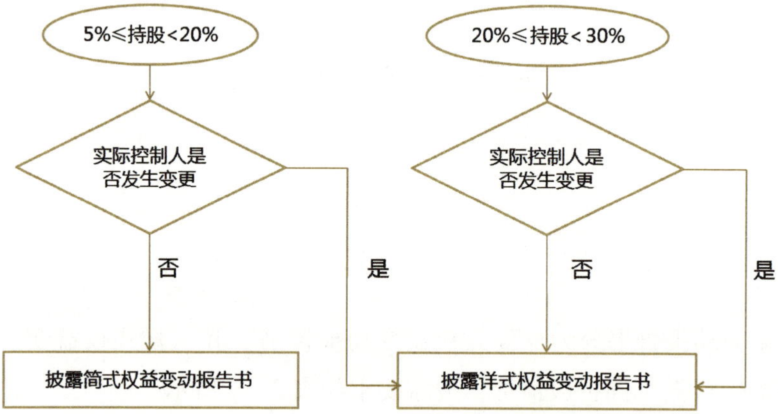

图2－3　简式/详式权益变动报告书判断流程图

注：根据深交所《上市公司自律监管指南第1号——业务办理》第三部分：3.3上市公司股东业务，上市公司股东可通过“股东业务专区”办理权益变动相关信息披露业务，股东的信息披露申请均属于非直通披露的信息披露申请，须经交易所形式审查通过后才能披露。除此之外，股东信息披露业务办理流程与上市公司办理相应权益变动信息披露业务的流程相同。

2.3.2 权益变动报告书的披露内容

《简式权益变动报告书》《详式权益变动报告书》和《收购报告书》应参照《公开发行证券的公司信息披露内容与格式准则第15号——权益变动报告书》《公开发行证券的公司信息披露内容与格式准则第16号——上市公司收购报告书》《公开发行证券的公司信息披露内容与格式准则第55号——北京证券交易所上市公司权益变动报告书、上市公司收购报告书、要约收购报告书和董事会报告书》等相关规定进行披露。

2.3.2.1 《简式权益变动报告书》特别注意事项

（1）信息披露义务人介绍（见表2-10）。

表2-10　　简式权益变动报告书信息披露义务人表

信息披露义务人是法人或者其他组织	信息披露义务人或其一致行动人是自然人
1. 名称、注册地、法定代表人、注册资本、工商行政管理部门或者其他机构核发的注册号码及代码、企业类型及经济性质、主要经营范围、经营期限、税务登记证号码、主要股东或者发起人的姓名或者名称（如为有限责任公司或者股份有限公司）、通讯方式。	1. 姓名（包括曾用名）、性别、国籍、身份证件号码、住所、通讯地址、通讯方式以及是否取得其他国家或者地区的居留权等；其中，身份证件号码、住所、通讯方式可以不在媒体公告。
2. 信息披露义务人的董事及其主要负责人的姓名（包括曾用名）、性别、身份证件号码（可不在媒体披露）、国籍、长期居住地及是否取得其他国家或者地区的居留权、在公司任职或在其他公司兼职情况。	2. 信息披露义务人还应当简要披露其在境内、境外其他上市公司中拥有权益的股份达到或超过该公司已发行股份5%的情况。
3. 信息披露义务人还应当简要披露其在境内、境外其他上市公司中拥有权益的股份达到或超过该公司已发行股份5%的情况。	
4. 信息披露义务人为多人的，除应当分别按照以上要求披露各信息披露义务人的情况外，还应当披露：（1）各信息披露义务人之间在股权、资产、业务、人员等方面的关系，并以方框图的形式加以说明；（2）信息披露义务人应当说明其采取一致行动的目的、达成一致行动协议或者意向的时间、一致行动协议或者意向的内容（特别是一致行动人行使股份表决权的程序和方式）。	

（2）持股目的：

增加其在上市公司中拥有权益的股份的信息披露义务人，应当披露其持股目的，并披露其是否有意在未来12个月内继续增加其在上市公司中拥有权益的股份。

（3）权益变动方式：

通过证券交易所的集中竞价交易、协议转让、信托或其他资产管理方式、因国有股份行政划转、变更、国有单位合并、信息披露义务人拟取得上市公司向其发行的新股、因执行法院裁定对上市公司股份采取公开拍卖措施、因继承或赠与或因商业银行发行的可转换优先股转换为普通股等方式导致信息披露义务人在上市公司中拥有权益的股份变动达到法定比例的，应当参照《公开发行证券的公司信息披露内容与格式准则第15号——权益变动报告书》第二章第四节、《公开发行证券的公司信息披露内容与格式准则第55号——北京证券交易所上市公司权益变动报告书、上市公司收购报告书、要约收购报告书和董事会报告书》第三章的规定进行披露。

（4）资金来源：

持股达到法定比例或者持股增减变化达到法定比例的日期、增持股份的资金来源。

（5）信息披露：

信息披露义务人是公司董监高、员工或其控制、委托的法人及其他组织，应按《公开发行证券的公司信息披露内容与格式准则第15号——权益变动报告书》第三十一条、《公开发行证券的公司信息披露内容与格式准则第55号——北京证券交易所上市公司权益变动报告书、上市公司收购报告书、要约收购报告书和董事会报告书》第二十五条的规定，披露资金来源、支付方式、管理层及员工持股的目的及后续计划、公司是否将于近期提出利润分配方案、相关人员最近3年是否有证券市场不良记录等内容。

（6）前6个月内买卖上市公司股份的情况：

信息披露义务人自事实发生之日起前6个月内有通过证券交易所的集中交易买卖上市公司股票行为的，应当披露如下情况：每个月买卖股票的种类和数量（按买入和卖出分别统计）；交易的价格区间（按买入和卖出分别统计)。

(7) 其他重大事项:

信息披露义务人应当披露为避免对报告书内容产生误解而必须披露的其他信息，以及证监会或者证券交易所依法要求信息披露义务人提供的其他信息。

各信息披露义务人（如为法人或者其他组织）的法定代表人（或者主要负责人）或者自然人（如信息披露义务人为自然人）应当在权益变动报告书上签字、盖章、签注日期，并载明以下声明：“本人（以及本人所代表的机构）承诺本报告不存在虚假记载、误导性陈述或重大遗漏，并对其真实性、准确性、完整性承担个别和连带的法律责任”。

2.3.2.2 《详式权益变动报告书》特别注意事项

信息披露义务人因增加其在一个上市公司中拥有权益的股份，导致其在该上市公司中拥有权益的股份达到或超过该上市公司已发行股份的20%但未超过30%，或者虽未超过20%但成为该上市公司第一大股东或者实际控制人的，应当编制《详式权益变动报告书》。编制过程中除上述披露的内容，还应特别关注以下几点:

(1) 比照《公开发行证券的公司信息披露内容与格式准则第16号——上市公司收购报告书》第二章、《公开发行证券的公司信息披露内容与格式准则第55号——北京证券交易所上市公司权益变动报告书、上市公司收购报告书、要约收购报告书和董事会报告书》第三章对收购人的要求编制《详式权益变动报告书》，同时说明信息披露义务人是否存在《上市公司收购管理办法》第六条规定的情形、是否能够按照《上市公司收购管理办法》第五十条的规定提供相关文件。

(2) 资金来源:

收购人应当披露本次为取得在上市公司中拥有权益的股份所支付的资金总额、资金来源及支付方式，并就下列事项做出说明:

①如果其资金或者其他对价直接或者间接来源于借贷，应简要说明借贷协议的主要内容，包括借贷方、借贷数额、利息、借贷期限、担保及其他重要条款;

②收购人应当声明其收购资金是否直接或者间接来源于上市公司及其关联方，如通过与上市公司进行资产置换或者其他交易取得资金；如收购资金直接或者间接来源于上市公司及其关联方，应当披露相关的安排；

③上述资金或者对价的支付或者交付方式（一次或分次支付的安排或者其他条件）。

（3）收购人为两个或两个以上上市公司控股股东或实际控制人的，还应当披露持股5%以上的银行、信托公司、证券公司、保险公司等其他金融机构的简要情况。

（4）收购人为法人或者其他组织的，收购人应当披露最近3年财务会计报表，如截至收购报告书摘要公告之日，收购人的财务状况较最近一个会计年度的财务会计报告有重大变动的，收购人应提供最近一期财务会计报告并予以说明。

（5）对上市公司的影响分析：

①本次收购完成后，收购人与上市公司之间是否人员独立、资产完整、财务独立；上市公司是否具有独立经营能力，在采购、生产、销售、知识产权等方面是否保持独立；

②收购人及其关联方所从事的业务与上市公司的业务之间是否存在同业竞争或潜在的同业竞争，是否存在关联交易；如存在，收购人已做出的确保收购人及其关联方与上市公司之间避免同业竞争以及保持上市公司独立性的相应安排。

（6）与上市公司之间的重大交易：

收购人应当披露各成员以及各自的董监高（或者主要负责人）在报告日前24个月内，与下列当事人发生的以下重大交易：

①与上市公司及其子公司进行资产交易的合计金额高于3000万元或者高于被收购公司最近经审计的合并财务报表净资产5%（北交所为2%）以上的交易的具体情况（前述交易按累计金额计算）；

②与上市公司的董监高进行的合计金额超过人民币5万元以上的交易；

③是否存在对拟更换的上市公司董监高进行补偿或者存在其他任何类似安排；

④对上市公司有重大影响的其他正在签署或者谈判的合同、默契或者安排。

（7）其他《公开发行证券的公司信息披露内容与格式准则第16号——上市公司收购报告书》《公开发行证券的公司信息披露内容与格式准则第55号——北京证券交易所上市公司权益变动报告书、上市公司收购报告书、要约收购报告书和董事会报告书》中规定的要求。

2.3.3 增持股份涉及的合规要求

上市公司大股东及董监高在增持过程中有诸多规则的限制，例如，是否构成内幕交易、敏感期交易、短线交易，以及是否超比例增持等等，一旦增持股份不合规则将会面临监管机构的处罚，如表2-11所示。

表2-11 增持合规要求表

序号	交易类别	类别	合规交易要求	适用范围
1	内幕交易	禁止	不得进行内幕交易	详见本书6. 内幕交易
2	敏感期交易	禁止	在敏感期不得买卖	详见本书8. 敏感期交易
3	短线交易	禁止	不得进行短线交易	详见本书7. 短线交易
4	首次增持到5%的披露要求	披露	首次达到5%时，应当在该事实发生之日起3日内披露，在上述期间内，不得买卖该上市公司的股票	单独或合并首次增持达5%的股东
5	变动1%的披露要求	披露	5%以上股东每增加或者减少1%，应当在该事实发生的次日通知该上市公司，并予公告	单独或合并持股5%以上的股东
6	变动5%的披露要求	披露	股份变动5%时，应当在该事实发生之日起3日内披露，公告后3日内，不得买卖该上市公司的股票	单独或合并持股5%以上的股东
7	增持承诺	履行承诺	如已公开披露过增持计划的，视同承诺，履行承诺	已公开披露承诺的主体

续表

序号	交易类别	类别	合规交易要求	适用范围
8	达到或超过30%自由增持到1%	披露	持股30%以上，每年有2%的自由增持权，累计增持每达到1%时，需要披露	30%或以上拟增持的股东
9	达到或超过30%自由增持到2%	自由增持程序	持股30%以上，每年有2%的自由增持权，须履行相关程序	30%或以上拟增持的股东
10	达到或超过50%自由增持到1%	披露	持股50%以上，在不影响上市地位的前提下可自由增持，累计增持每达到1%时，需要披露	50%或以上拟增持的股东
11	持股50%或以上的股东自由增持到2%	披露	持股50%以上，在不影响上市地位的前提下，通过集中竞价方式累计增持每达到2%时，在事实发生当日和上市公司发布相关股东增持公司股份进展公告的当日不得再行增持股份	50%或以上拟增持的股东

2.3.4 股东增持计划

上市公司股东作出增持计划应及时披露，大致可以分为两种情况：

2.3.4.1 事先披露

为维护股价稳定，彰显对公司未来发展的信心，股东可先披露增持计划，后续在规定时间范围内对公司股票进行增持。

专栏2-5 案例简介：上市公司LXBY控股股东及一致行动人计划增持公司股份

上市公司LXBY于2020年7月9日收到公司控股股东及其一致行

动人王某波先生、施某梅女士关于拟实施增持计划的通知，基于对公司未来持续稳定发展的信心以及公司价值的认可，同时为提升投资者信心，稳定公司股价，维护中小股东利益，王某波及施某梅计划自2020年7月13日起6个月内（如公司存在停牌情形，实施期限顺延），拟通过深圳证券交易所交易系统允许的方式（包括但不限于集中竞价交易、大宗交易等方式）增持本公司股份，累计共同增持的总金额不低于1000万元（含本数），累计共同增持比例不超过公司已发行股份数量的2%。

2.3.4.2 事中或事后披露

股东在增持或买入时，也可不预先披露增持计划，但在增持达到权益变动报告书披露标准、符合爬行增持或交易所规定的其他披露要求时，需对后续增持计划作进一步说明，具体情况如下：

（1）权益变动报告书中关于增持计划的说明

根据《公开发行证券的公司信息披露内容与格式准则第15号——权益变动报告书》《公开发行证券的公司信息披露内容与格式准则第55号——北京证券交易所上市公司权益变动报告书、上市公司收购报告书、要约收购报告书和董事会报告书》，增加其在上市公司中拥有权益的股份的信息披露义务人，应当披露其持股目的，并披露其是否有意在未来12个月内继续增加其在上市公司中拥有权益的股份。

（2）首次增持公告中关于拟继续增持的说明

根据《上海证券交易所上市公司自律监管指引第8号——股份变动管理》《深圳证券交易所上市公司自律监管指引第10号——股份变动管理》，相关增持主体在未披露股份增持计划的情况下，首次披露其股份增持情况并且拟继续增持的，应当披露其后续股份增持计划。

（3）自愿披露增持计划中关于对增持的说明

详见本章2.2.1.4.4相关内容。

沪深北交易所各板块增持公告格式指引如表2－12所示。

表 2-12　沪深北交易所各板块增持公告格式指引

板块	公告格式指引	颁布时间
沪主板	上海证券交易所上市公司自律监管指南第 1 号——公告格式 第九十九号——上市公司股东及董监高增持股份计划/进展/结果公告	2016 年 8 月 12 日
	上海证券交易所上市公司自律监管指南第 1 号——公告格式 第八十四号——上市公司控股股东及实际控制人增持公司股份公告	
科创板	科创板日常信息披露公告格式第二十号——科创板上市公司股东及董监高增持股份计划/进展/结果公告	2022 年 1 月 7 日
深主板	股份变动类第 6 号 上市公司大股东及董事、监事、高级管理人员增持股份计划及实施情况公告格式	2022 年 1 月 7 日
创业板	创业板信息披露公告格式第 41 号——上市公司大股东及董事、监事、高级管理人员增持股份计划及实施情况公告格式	2022 年 1 月 7 日
北交所	临时公告格式模板：第 51 号 上市公司股东增持股份计划/进展/结果公告格式模板	2021 年 11 月 12 日

专栏 2-6　案例：增持计划未完成被出具警示函

案例简介：

2018 年 7 月 25 日，ZLJX 投资管理有限公司通过上市公司 JYZY 发布股份增持公告，披露基于对 JYZY 未来发展前景的信心以及内在价值的认可，计划自 2018 年 7 月 25 日起 12 个月内增持合计不低于 JYZY 总股本 5% 的股份。2019 年 7 月 15 日，经 JYZY 股东大会审议通过，ZLJX 投资管理有限公司将增持计划实施期限延长 12 个月。2020 年 7 月 27 日，JYZY 公告称，截至 2020 年 7 月 24 日，ZLJX 投资管理有限公司仅增持了 80.56 万股，占总股本的 0.16%。

ZLJX 投资管理有限公司未如期完成增持股票计划，也未及时、充分披露不能按承诺实施增持计划的风险信息，违反了《上市公司信息披露管理办法（2007 年）》第二条和《上市公司监管指引第 4 号——上市公司实际控制人、股东、关联方、收购人以及上市公司承诺及履行（2013 年）》第五条的规定。

处理结果：

2020年8月10日，根据《上市公司信息披露管理办法（2007年）》第五十九条的有关规定，广东证监局决定对ZLJX投资管理有限公司采取出具警示函的行政监管措施。

2.3.5 增持承诺的履行

为维护股价稳定，上市公司及相关主体一般会采取包括但不限于大股东增持、董监高增持、公司回购、员工持股计划、股权激励等措施，增持一经披露则应被视为承诺。然而，部分上市公司在公告大股东或董监高增持计划或增持承诺后，却未按计划实施。根据沪深北交易所《股票上市规则》：上市公司和相关信息披露义务人应当严格遵守承诺事项；上市公司股东和实际控制人应当严格履行其作出的公开声明和各项承诺，采取有效措施确保承诺的履行，不得擅自变更或者解除。在实际监管中，沪深北交易所将增持计划视为一项承诺，未严格履行承诺的将会受到处罚。

根据《上海证券交易所上市公司自律监管指引第8号——股份变动管理》《深圳证券交易所上市公司自律监管指引第10号——股份变动管理》，在上市公司发布相关股东增持计划实施完毕公告前，相关股东不得减持该公司股份。

专栏2-7　案例：上市公司GHGX股东未履行增持承诺

案例简介：

上市公司GHGX披露公告称，股东林某某于2016年9月5日至10月14日通过上海证券交易所集中竞价交易系统减持公司无限售条件流通股27173103股，占公司股份总数的2.14%，持股比例由7.14%降至4.99%。经核实，2015年7月9日，作为持股5%以上的公司股东，股东林某某承诺"拟在合适时机通过上海证券交易所交易系统增持公司股份约2000万股”。2016年2月29日，股东林某某通过上交所交易系统增持公司股份330多万股。股东林某某前期承诺增持公司股票，此后在仅增持330多万股、尚未完成增持承诺的情况下，减持公司股票，且减持数量远超前期承诺的增持数量，减持数量巨大，与投资者预期明显不一致，实质上严重违反了前期增持承诺。

处理结果：

2017年3月28日，上海证券交易所对上市公司GHGX股东林某某予以公开谴责，通报广东省人民政府和中国证券监督管理委员会，并将记入上市公司诚信档案。

2.4 一致行动人

2.4.1 一致行动人概念

《上市公司收购管理办法》中所指的一致行动是投资者通过协议、其他安排，与其他投资者共同扩大其所能够支配的一个上市公司股份表决权数量的行为或者事实。通常情况下，一致行动人通过私下达成一致行动协议，其他投资者很难发现其内部关系以及一致行动的内容，容易导致违反资本市场“三公”原则。为此，《上市公司收购管理办法》将一致行动人纳入信息披露的监管范围，要求其真实、准确、完整、及时地披露一致行动关系，防止股东权利被滥用，侵害上市公司和中小投资者利益。

2.4.2 一致行动人认定

根据《上市公司收购管理办法》第八十三条规定，“一致行动人”包括以下12种情形：

在上市公司的收购及相关股份权益变动活动中有一致行动情形的投资者，互为一致行动人。如无相反证据，投资者有下列情形之一的，为一致行动人：

（一）投资者之间有股权控制；

（二）投资者受同一主体控制；

（三）投资者的董事、监事或者高级管理人员中的主要成员，同时在另一个投资者担任董事、监事或者高级管理人员；

（四）投资者参股另一投资者，可以对参股公司的重大决策产生重大影响；

（五）银行以外的其他法人、其他组织和自然人为投资者取得相关股份提供融资安排；

（六）投资者之间存在合伙、合作、联营等其他经济利益关系；

（七）持有投资者30%以上股份的自然人，与投资者持有同一上市公司股份；

（八）在投资者任职的董事、监事及高级管理人员，与投资者持有同一上市公司股份；

（九）持有投资者30%以上股份的自然人和在投资者任职的董事、监事及高级管理人员，其父母、配偶、子女及其配偶、配偶的父母、兄弟姐妹及其配偶、配偶的兄弟姐妹及其配偶等亲属，与投资者持有同一上市公司股份；

（十）在上市公司任职的董事、监事、高级管理人员及其前项所述亲属同时持有本公司股份的，或者与其自己或者其前项所述亲属直接或者间接控制的企业同时持有本公司股份；

（十一）上市公司董事、监事、高级管理人员和员工与其所控制或者委托的法人或者其他组织持有本公司股份；

（十二）投资者之间具有其他关联关系。

一致行动人应当合并计算其所持有的股份。投资者计算其所持有的股份，应当包括登记在其名下的股份，也包括登记在其一致行动人名下的股份。

投资者认为其与他人不应被视为一致行动人的，可以向中国证监会提供相反证据。

根据《监管规则适用指引——上市类第1号》1-15五的规定：

自然人及其配偶、兄弟姐妹等近亲属符合《上市公司收购管理办法》第八十三条第二款第（九）项规定以及第（十二）项“投资者之间具有其他关联关系”的情形，如无相反证据，应当被认定为一致行动人。

以下分别以图2-4至图2-16的形式来说明上述一致行动关系。

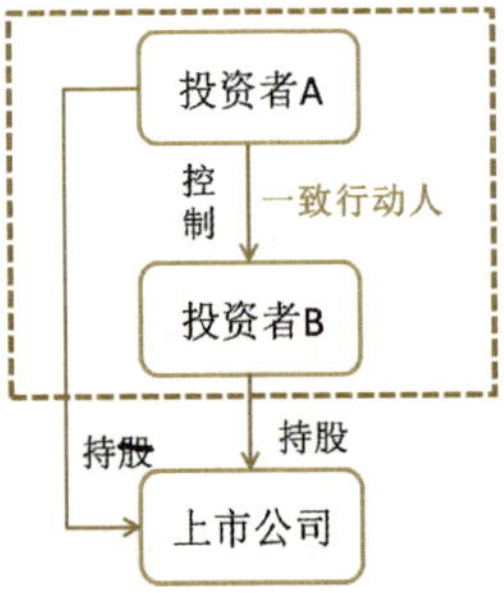

图2-4　一致行动人认定示例图（1）

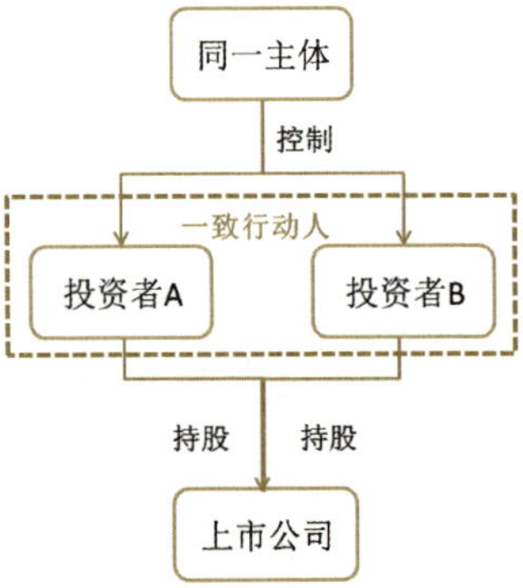

图2-5　一致行动人认定示例图（2）

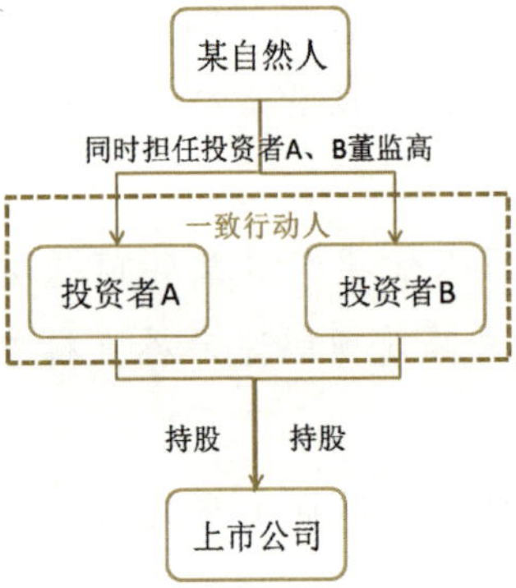

图2-6　一致行动人认定示例图（3）

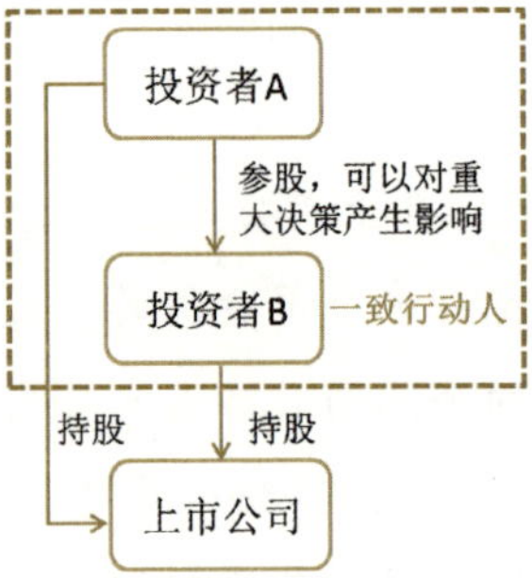

图2-7　一致行动人认定示例图（4）

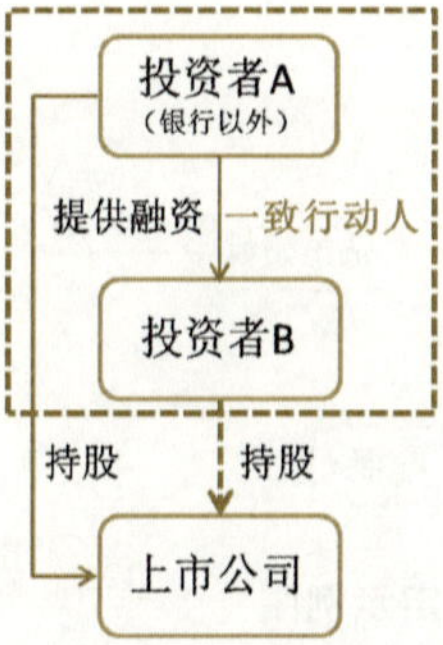

图 2－8　一致行动人认定示例图（5）

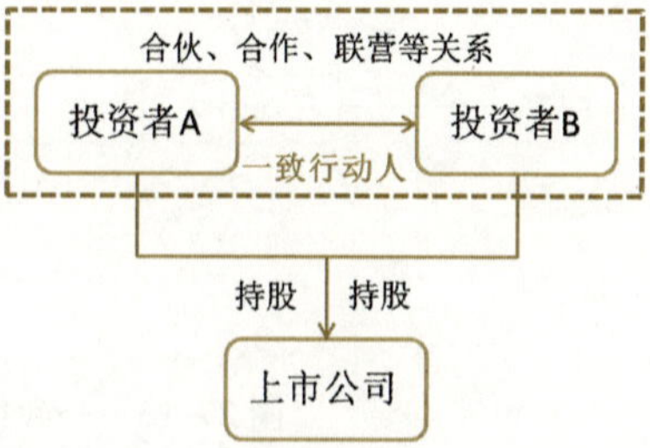

图 2－9　一致行动人认定示例图（6）

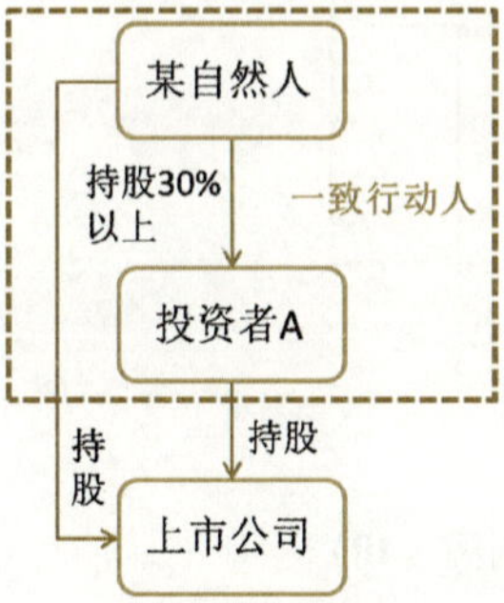

图 2－10　一致行动人认定示例图（7）

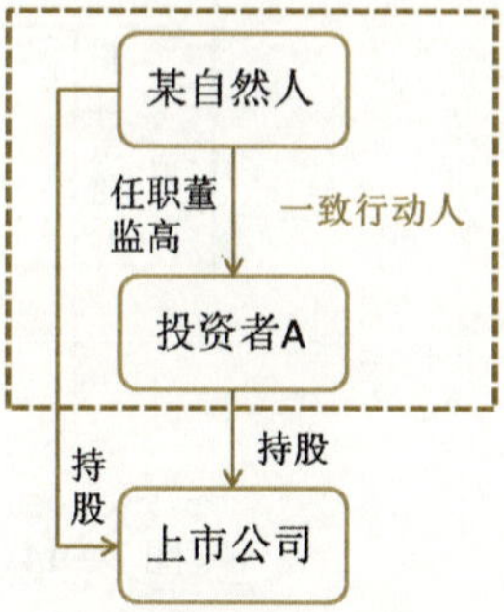

图 2－11　一致行动人认定示例图（8）

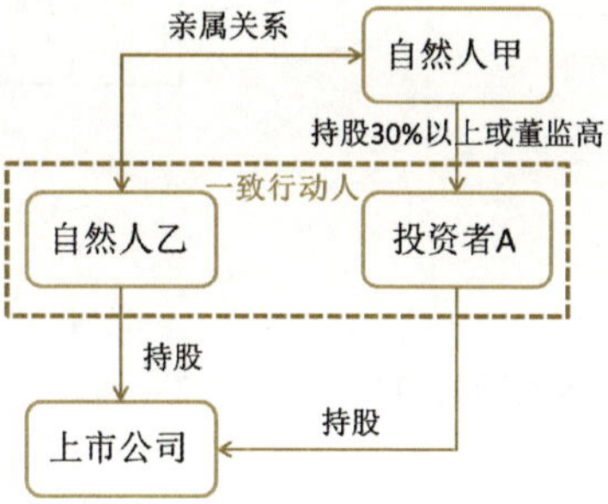

图 2－12　一致行动人认定示例图（9）

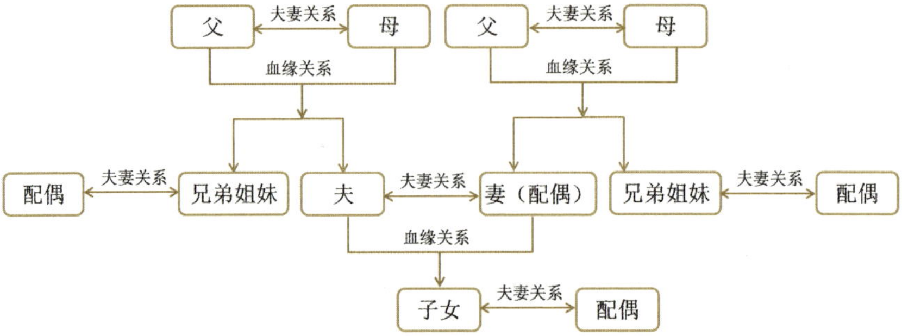

图 2－13　一致行动人亲属关系认定示例图

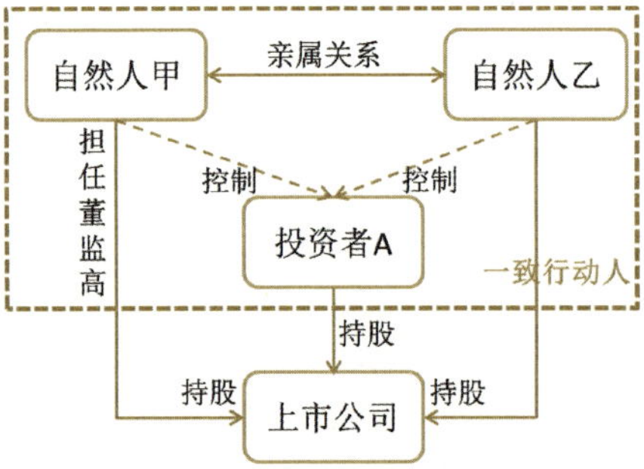

图 2－14　一致行动人认定示例图（10）

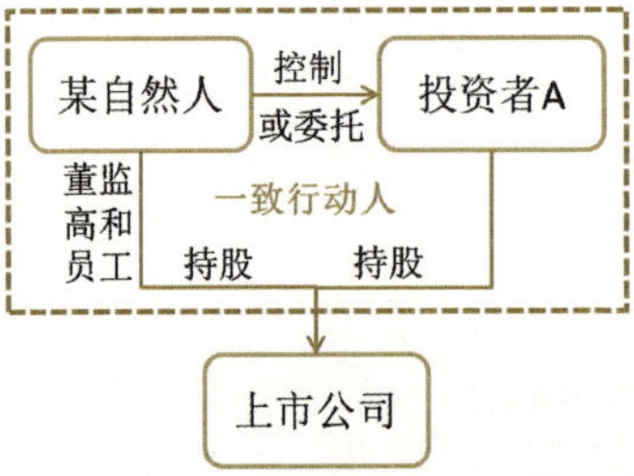

图 2－15　一致行动人认定示例图（11）

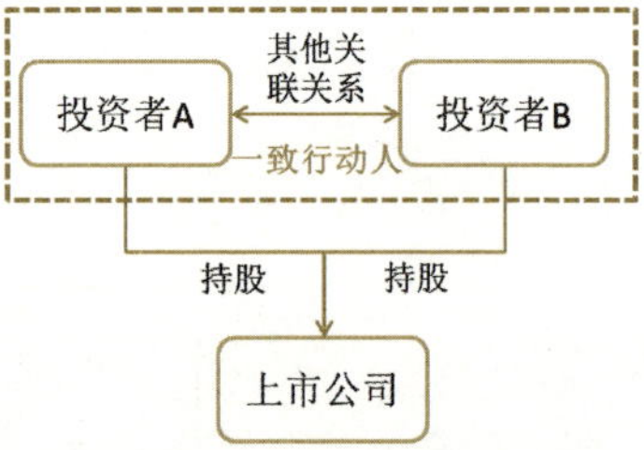

图 2－16　一致行动人认定示例图（12）

在现行涉及上市公司权益变动的法律规则中，关于投资者在上市公司享有权益认定标准，一般是以“名义持有＋实际支配表决权”的股份来进行认定。随着以表决权委托方式进行权益变动的交易活动增多，基于表决权委托产生的法律关系稳定性与权利独立性问题日益增加。根据近年来的监管实践，为防止采用表决权委托来规避实际控制人认定问题，一般情况下将受托人纳入一致行动人范围进行监管，以委托人与受托人合并计算的权益作为确认控制权的依据，对投资人形成有效约束。

专栏2-8　案例：表决权委托下认定出让人与受让人为一致行动人

2021年4月8日，HQCF公告《关于股东构成一致行动关系的补充更正公告》，公司一致行动人尤某平及其直系亲属尤某焕、尤某华、尤某燕、尤某玲、陈某真（以下简称一致行动人）与HFJT签署了《表决权委托协议》，一致行动人将其所持有的公司股份327205309股（占上市公司总股本的18.58%）对应的表决权、提名权、参会权、监督建议权等权利（除股份收益权、处分权以外）全权委托给受托方HFJT行使，HFJT同意接受委托。

补充更正前：

尤某焕、尤某平、尤某华、尤某燕、尤某玲5人系兄弟姐妹关系，陈某真和尤某玲系夫妻关系，参照相关规范性文件关于一致行动人的定义，在签署本次《表决权委托协议》之后，尤某平及尤某焕、尤某华、尤某燕、尤某玲、陈某真6人仍构成一致行动关系。

补充更正后：

尤某焕、尤某平、尤某华、尤某燕、尤某玲5人系兄弟姐妹关系，陈某真和尤某玲系夫妻关系，参照相关规范性文件关于“一致行动人”的定义，在签署本次《表决权委托协议》之后，尤某平及尤某焕、尤某华、尤某燕、尤某玲、陈某真6人与HFJT构成一致行动关系。

2.4.3　认定一致行动人时需要关注的问题

关注1：一致行动，是指投资者通过协议、其他安排，与其他投资者共同扩大其所能够支配的一个上市公司股份表决权数量的行为或者事实。

“投资者通过协议、其他安排”的概念规定对潜在或隐蔽性一致行动的约束效力有限，如同一国资委控股下的不同集团，不当然认定为一致行动人，但可能存在一致行动协议因随时缔结或取消而导致的滥用问题。

专栏2-9　案例：隐瞒一致行动关系问题

案例简介：

2017年6月至7月，XK控股与ZXRC协议约定，由XK控股提供2000万元保证金，委托ZXRC出资约6.3亿元成立6个信托计划，承接首发限售股股东HRYF上市流通的3750万股XKGF股票。XK控股未将上述合作情况告知上市公司，导致上市公司2017年及2018年年度报告、2018年及2019年半年度报告未披露前十大股东间的一致行动关系。

处理结果：

2021年4月13日，根据当事人违法行为的事实、性质、情节与社会危害程度，依据《上市公司信息披露管理办法（2007年）》第六十一条、2005年《证券法》第一百九十三条第一款的规定，中国证监会决定：

（一）对XK控股给予警告，并处以30万元的罚款；

（二）对张某明、张某海给予警告，并分别处以5万元的罚款；

（三）对孟某给予警告，并处以3万元的罚款。

关注2：关于一致行动关系推定的问题。

《上市公司收购管理办法》第八十三条第二款列示了12种推定为一致行动人的情形。实践中，如何对形式多样的疑似一致行动人进行认定仍需进一步研究。特别是在资管计划持股案例中，其所投资股票的表决权归属由协议安排来确定，相关方往往通过形式各样的结构化设计隐藏直接资金来源，从而增加了一致行动关系认定的困难，根据“提供融资安排”界定的一致行动人也凸显适用性问题。

专栏2－10　案例：适用《上市公司收购管理办法》兜底条款推定一致行动关系成立

案例简介：

夏某、王某某、王某（王某某之子）、朱某（王某某配偶）及某普通合伙企业JXTZ于2013年8月8日至11月28日期间，通过分别控制的17个账户交易并持有上市公司YLZ股份合计超过公司已发行股份的5%，未按规定予以公告。

在一致行动关系的认定上，中国证券监督管理委员会认为：

（一）夏某、王某某、王某均为普通合伙企业JXTZ的合伙人，具有《上市公司收购管理办法》第八十三条第二款第（六）项规定的"投资者之间存在合伙、合作、联营等其他经济利益关系"的情形，且三人均使用各自控制的账户交易并持有YLZ，构成一致行动人。

（二）夏某、王某除具有合伙人身份以外，也是JXTZ具体投资产品的业务决策人。JXTZ控制其为投资顾问的5个账户投资YLZ股票，夏某代表JXTZ做出交易YLZ的投资决策，交易部负责执行交易。JXTZ为YLZ的投资者。

（三）夏某、王某某分别持有JXTZ 30%和55%的出资额，且均使用各自控制的账户交易并持有YLZ股票，王某为王某某之子，朱某为王某某的配偶，以上四人与JXTZ均使用各自控制的账户交易并持有YLZ，从合作关系、身份关系、资金关系以及交易YLZ的趋同性来看，夏某、王某某、王某、朱某与JXTZ具有紧密的关联关系，依据《上市公司收购管理办法》第八十三条第二款第（十二）项"投资者之间具有其他关联关系"的规定，认定夏某、王某某、王某、朱某与JXTZ为交易YLZ股票的一致行动人。

在申辩过程中，当事人就上述第（三）项有关一致行动人的认定辩称：JXTZ作为普通合伙企业，不符合证监会原法律适用中引用的《收购管理办法》第八十三条第二款第（九）项的规定。该项规定适用于公司，不适用合伙企业。夏某等四人与JXTZ不存在“股份、董事、监事、高管”等关系，合伙企业中合伙人的亲属不是一致行动人。

对此，中国证券监督管理委员会接受了当事人提出合伙企业不适用《上市公司收购管理办法》第83条第2款第（九）项的法律适用意见，在最终的处罚决定中，适用了该办法第83条第2款第（十二）项的“兜底条款”认定了夏某等人的一致行动关系，理由为“从合作关系、身份关系、资金关系以及交易YLZ的趋同性来看，JXTZ与夏某等四人具有紧密的关联关系”，应适用兜底条款，即“投资者之间具有其他关联关系”的规定推定其为一致行动人。

处理结果：

2016年4月14日，根据当事人违法行为的事实、性质、情节与社会危害程度，依据《证券法（2014年修正）》第一百九十三条第二款的规定，中国证券监督管理委员会决定：

（1）责令JXTZ、夏某、王某某、王某、朱某改正，给予警告，并分别处以30万元罚款。

（2）对JXTZ直接负责的主管人员夏某、王某某、王某分别处以10万元罚款。

关注3：如何充分发挥举证责任倒置机制的问题。

根据《上市公司收购管理办法》第八十三条规定，如无相反证据，在上市公司的收购及相关股份权益变动活动中有一致行动情形的投资者，互为一致行动人，但存在投资者提出相反证据较为容易或随意的情况。

专栏2－11　案例：一致行动人关系表述前后矛盾

上市公司WRGF2016年4月1日发布公告，ZSCF资产管理公司于2015年3月11日、2016年3月17日主动披露了《简式权益变动报告书》，3月18日在证监会指定信息披露网站主动披露了《简式权益变动报告书补充信息》，而经ZSCF核查，此前信息披露有误，决定将

《权益变动书》的信息披露义务人由ZSCF更改为BJRFHHTHS资管。

ZSCF旗下的两个资管计划于2015年3月参与了WRGF非公开发行，其中RFXY1号认购625万股，持股比例1.84%；HTHS1号认购1125万股，持股比例3.31%，两者合计持有5.15%，当时ZSCF以信息披露义务人身份披露的简式权益变动报告书包含了上述信息。2016年3月上述定增持股解禁后，减持了RFXY1号325万股，3月17日ZSCF再次以信息披露义务人的身份披露了简式权益变动报告书，称减持后上述两个资管计划合计持有4.19%。

ZSCF否认两个资管计划构成一致行动关系的理由是，其中一个资管计划的劣后级委托人与其他委托人之间不存在关联关系、一致行动关系或利害关系。

ZSCF对旗下两个资管计划是否存在一致行动人关系的表述出现的前后矛盾，尽管可能是由于对法规政策的理解偏差等主观原因所致，但客观上却可能对投资者形成不良影响。

关注4：关于解除一致行动关系的规范问题。

市场上往往存在签订一致行动协议是为达到收购或反收购目的情形，在目的达成后相关方又马上解除一致行动协议，这类情形存在滥用一致行动协议保持控制权的嫌疑。解除一致行动协议的各持股方虽未转让其所持股份，但对控股方来说，其控制的股份数确有减少，其他投资者基于未来控制权归属的明确预期被动摇从而影响其做出合理的投资决策。

专栏2-12　案例：相关股东一致行动关系解除事项未及时披露

案例简介：

经查明，上市公司WCY股东宜昌市CJ股权投资合伙企业（有限合伙）（以下简称CJ投资）持有公司10%的股份；公司股东武汉LFD投资管理有限公司（以下简称武汉LFD）、杨某、李某清、望某、夏某勇、胡某为一致行动人，合计持有公司9.98%的股份。2016年10

月 15 日，CJ 投资与武汉 LFD 及其一致行动人签订《一致行动协议》，约定一致行动期限为自 2016 年 10 月 15 日起至 2017 年 10 月 15 日止，并约定在一致行动期限到期前 1 个月协商是否继续保持一致行动。2016 年 10 月 17 日，上述股东披露《简式权益变动报告书》，披露上述一致行动关系，但未披露上述一致行动关系的期限。2019 年 7 月 5 日，公司公告称，上述《一致行动协议》到期后，协议双方未协商，也未签订新的一致行动协议，双方认为该一致行动关系已于 2017 年 10 月 15 日到期自动解除。

CJ 投资与武汉 LFD 及其一致行动人合计持股比例为 19.98%，为公司的第二大股东。双方一致行动关系的解除导致 CJ 投资、武汉 LFD 及其一致行动人的持股比例分别下降至 10% 和 9.98%，变动比例超过总股本的 5%，已对公司股权结构产生重大影响，属于应当予以及时披露的重大事项。相关股东未及时告知公司一致行动关系解除事项，也未及时披露权益变动报告书，导致公司迟至 2019 年 7 月 5 日才对相关股东一致行动关系解除事项予以披露。CJ 投资、武汉 LFD、杨某、李某清、望某、夏某勇、胡某的上述行为违反了《上市公司收购管理办法》第十四条二款的规定。

处理结果：

2020 年 4 月 29 日，根据《上市公司收购管理办法》第七十五条的规定，湖北证监局决定对宜昌市 CJ 股权投资合伙企业（有限合伙）、武汉 LFD 投资管理有限公司、杨某、李某清、望某、夏某勇、胡某采取出具警示函的监管措施，并按规定记入诚信档案。

为防范投资者滥用解除一致行动关系规避减持义务、影响投资者关于控制权稳定的预期等，解除一致行动关系持续受到严格监管。投资者提前解除一致行动协议或者否定已长期存在的基于其他因素形成的一致行动关系的，监管部门一般会督促相关投资者对后续减持、控制权稳定性等事项作出承诺和妥善安排，明确市场预期。实践中，股东提前解除一致行动协议时，通常承诺在一致行动关系原定存续期内减持股份仍然按照一致行动人合并计算减持额度；没有约定存续期的，在后续 12 个月内遵照执行。

专栏 2-13 案例：相关股东一致行动关系解除后承诺继续合并计算减持额度

2021 年 11 月 11 日，HNGF 发布《关于部分股东解除一致行动关系的提示性公告》，徐某超先生、杜某强先生解除其与其他一致行动人签署的《一致行动协议》下的一致行动关系，不再与向某东先生、向某星女士、向某明先生构成一致行动人。徐某超先生和杜某强先生承诺，自签署《解除协议》之日起 12 个月内，双方仍与原一致行动人共享减持额度，即若采取集中竞价交易方式减持公司股份，在任意连续 90 日内，减持股份的总数不超过公司股份总数的 1%；若采取大宗交易方式减持公司股份，在任意连续 90 日内，减持股份的总数不超过公司股份总数的 2%。

2.4.4 一致行动人的权益计算

根据《上市公司收购管理办法》第十二条的规定，投资者在一个上市公司中拥有的权益，包括登记在其名下的股份和虽未登记在其名下但该投资者可以实际支配表决权的股份。投资者及其一致行动人在一个上市公司中拥有的权益应当合并计算。第八十三条进一步规定，一致行动人应当合并计算其所持有的股份。投资者计算其所持有的股份，应当包括登记在其名下的股份，也包括登记在其一致行动人名下的股份。

因而，《上市公司收购管理办法》所称合并计算，是指投资者与其一致行动人能够支配上市公司表决权的股份总数。

专栏2－14　案例：一致行动人合并计算未履行报告和披露义务

案例简介：

SHFR投资顾问有限公司除使用自身开设的SHFR证券账户交易股票外，还通过签署“全权委托管理协议”的方式，控制了SHSY、王某来、王某影、张某红、郑某明、陈某华6个法人、自然人证券账户的买卖决策，并通过发起设立“LHGJ信托有限公司——浙江中行新股申购信托项目〈3期〉”“ZRGJ信托有限公司——融裕25号”信托项目，作为投资顾问，控制了相关信托证券账户的买卖决策。SHFR作为上述9个证券账户的交易决策者，有义务、有责任严格按照《证券法（2005年修订）》第八十六条的规定，随时关注并合并计算这9个证券账户在同一时间持有同一家上市公司已发行股份的数量；当合并计算的持股比例符合法律规定的信息披露情形时，应当在法定期限内进行报告和公告。案例中，SHFR拥有交易决策权的9个证券账户合计持有JSQJ、JXCY、DLSY、ZKYH 4只股票的比例多次达到法律规定的信息披露标准，均未履行报告和披露义务，其行为违反了《证券法（2005年修订）》第八十六条的规定，构成了《证券法（2005年修订）》第一百九十三条所规定的“其他信息披露义务人未按照规定披露信息”的行为，SHFR董事长赵某某是对该违法行为直接负责的主管人员。

处理结果：

2012年7月10日，根据当事人违法行为的事实、性质、情节与社会危害程度，依据《证券法（2005年修订）》第一百九十三条的规定，中国证券监督管理委员会决定：

1. 对SHFR投资顾问有限公司给予警告，并处以50万元罚款；
2. 对赵某某给予警告，并处以25万元罚款。

2.5 违规增持的监管

2.5.1 证监会行政处罚

根据《证券法》规定：

第一百九十六条 收购人未按照本法规定履行上市公司收购的公告、发出收购要约义务的，责令改正，给予警告，并处以50万元以上500万元以下（原《证券法》为10万元以上30万元以下）的罚款。对直接负责的主管人员和其他直接责任人员给予警告，并处以20万元以上200万元以下（原《证券法》为3万元以上30万元以下）的罚款。

收购人及其控股股东、实际控制人利用上市公司收购，给被收购公司及其股东造成损失的，应当依法承担赔偿责任。

第一百九十七条 信息披露义务人未按照本法规定报送有关报告或者履行信息披露义务的，责令改正，给予警告，并处以50万元以上500万元以下（原《证券法》为30万元以上60万元以下）的罚款；对直接负责的主管人员和其他直接责任人员给予警告，并处以20万元以上200万元以下（原《证券法》为3万元以上30万元以下）的罚款。发行人的控股股东、实际控制人组织、指使从事上述违法行为，或者隐瞒相关事项导致发生上述情形的，处以50万元以上500万元以下的罚款；对直接负责的主管人员和其他直接责任人员，处以20万元以上200万元以下的罚款。

信息披露义务人报送的报告或者披露的信息有虚假记载、误导性陈述或者重大遗漏的，责令改正，给予警告，并处以100万元以上1000万元以下（原《证券法》为30万元以上60万元以下）的罚款；对直接负责的主管人员和其他直接责任人员给予警告，并处以50万元以上500万元以下（原《证券法》为3万元以上30万元以下）的罚款。发行人的控股股东、实际控制人组织、指使从事上述违法行为，或者隐瞒相关事项导致发生上述情形的，处以 100 万元以上 1000 万元以下的罚款；对直接负责的主管人员和其他直接责任人员，处以 50 万元以上 500 万元以下的罚款。

专栏 2－15　案例：超比例增持上市公司股票，未按规定履行报告和公告义务

案例简介：

2020 年 5 月 29 日至 2021 年 6 月 2 日，关某果控制本人及陈某妍、符某等名下 4 个证券账户（以下简称账户组）交易 HMGF 股票。关某果与陈某妍为夫妻关系，符某与关某果为母子关系，三人的证券账户主要资金来源于关某果。根据身份关系、交易决策、下单操作、资金来源和资金关系，账户组属于《上市公司收购管理办法》第八十三条第二款第（二）项的“投资者受同一主体控制”的情况，构成《上市公司收购管理办法》第八十三条第二款规定的一致行动人。根据《上市公司收购管理办法》第十二条的规定，关某果、陈某妍、符某持有 HMGF 股票应当合并计算。

2021 年 2 月 3 日 13∶45∶08，账户组持股占 HMGF 总股本的 5.06%，首次达到 5%。关某果未就该事项向中国证券监督管理委员会及深圳证券交易所作出书面报告，也未及时通知上市公司进行公告。此后，关某果继续控制账户组购入 HMGF 股票。2021 年 3 月 30 日 9:50:04，账户组持股占 HMGF 总股本的 6.08%，首次达到 6%。关某果未及时通知上市公司进行公告。2021 年 6 月 2 日 9:52:28，账户组持股占 HMGF 总股本比达到最高值 6.41%。上述事项直至 2021 年 6 月 9 日才予以披露。湖南证监局认为，上述行为涉嫌违反 2019 年《证券法》第六十三条第一款和第三款的规定，构成了 2019 年《证券法》第一百九十七条第一款所述情形。关某果为上述行为的责任人。

2021 年 2 月 3 日，账户组持股占 HMGF 总股本首次达到 5%，关某果未及时通知上市公司进行公告，亦未停止交易 HMGF 股票。2021 年 2 月 4 日至 2021 年 6 月 2 日，关某果控制账户组累计买入 6787100

股，成交金额 28123943 元；累计卖出 817440 股，成交金额 3701211.8 元，买卖金额合计 31825154.80 元。上述事项直至 2021 年 6 月 9 日才予以披露。2021 年 2 月 4 日至 2021 年 6 月 9 日为限制转让期，账户组在限制转让期内转让 HMGF 股票亏损 1074089.44 元。湖南证监局认为，上述行为违反了 2019 年《证券法》第三十六条第一款及第六十三条第一款的规定，构成了《证券法》第一百八十六条所述情形。关某果为上述行为的责任人。

处理结果：

2021 年 12 月 30 日，根据当事人违法行为的事实、性质、情节与社会危害程度，依据 2019 年《证券法》第一百九十七条第一款、第一百八十六条的规定，湖南证监局决定：

1. 对关某果未及时履行报告和信息披露义务的行为，给予警告，并处以 50 万元罚款；

2. 对关某果在限制转让期内转让 HMGF 股票的行为，给予警告，并处以 50 万元罚款。

2.5.2 证券交易所自律监管措施及纪律处分

根据沪深北交易所《股票上市规则》的规定：

上市公司、相关信息披露义务人及其相关人员违反本规则、沪、深、北交易所其他相关规定或者其所作出的承诺的，沪、深、北交易所视情节轻重给予以下处分：

（一）通报批评；

（二）公开谴责。

根据上交所《上市公司自律监管指引第 8 号——股份变动管理》的规定：

第二十五条 本所对上市公司股东以及董事、监事和高级管理人员等主体买卖本公司股份进行日常监管。

本所可以通过发出问询函、约见谈话等方式对上述主体买卖本公司股份的目的、资金来源等进行问询。

第二十六条 上市公司股东以及董事、监事和高级管理人员等主体违反本指引规定的，本所将按照《股票上市规则》和《上海证券交易所纪律处分和监管措施实施办法》等相关规定对其采取监管措施或者予以纪律处分。

根据深交所《上市公司自律监管指引第10号——股份变动管理》的规定：

第二十七条 本所对上市公司股东以及董事、监事和高级管理人员等主体买卖本公司股份进行日常监管。

本所可通过发出问询函、约见谈话等方式对上述主体买卖本公司股份的目的、资金来源等进行问询。

第二十八条 上市公司股东以及董事、监事和高级管理人员等主体违反本指引规定的，本所视情节轻重给予纪律处分或采取自律监管措施。

专栏2-16 案例：持有股份达到5%时未履行停止买卖及公告义务

案例简介：

经查明，谭某坚、谭某标作为一致行动人，自2017年9月1日以来，通过本人账户及控制的其他账户（以下简称账户组）交易HMGF股票。截至2017年11月8日收盘，账户组累计持有HMGF股票36933381股，占HMGF总股本的5.08%。谭某坚、谭某标在合计持有HMGF已发行股份的5%时，未按照《上市公司收购管理办法》的规定及时向中国证监会、交易所提交书面报告，也未及时通知HMGF予以公告。2017年12月1日，谭某坚、谭某标才通过HMGF披露简式权益变动报告书。

谭某坚、谭某标的上述行为违反了深圳证券交易所《股票上市规则（2014年修订）》第1.4条、第2.3条、第11.8.1条的规定。

处理结果：

2022年1月6日，深圳证券交易所上市公司管理二部对谭某坚、谭某标发出监管函。

专栏 2－17　案例：上市公司股东违规增持，未及时披露权益变动报告书

案例简介：

根据厦门证监局于 2021 年 3 月 22 日作出的《行政处罚决定书》，HXBZ 于 2020 年 6 月 6 日披露的《简式权益变动报告书》及 2021 年 7 月 20 日披露的《关于简式权益变动报告书的补充公告》显示，夏某控制并使用夏某等人名下证券账户（以下简称账户组合）交易 HXBZ 股票。2014 年 8 月 4 日，夏某通过账户组合合计持有公司股票 17397741 股，首次超过公司当时总股本（347504000 股）的 5%。2019 年 6 月 6 日，夏某通过账户组合合计持有公司股票 120659746 股，首次超过公司当时总股本（1169516948 股）的 10%。2020 年 5 月 11 日，夏某通过账户组合合计持有公司股票 144744205 股，达到公司当时总股本（1169535846 股）的 12.38%。

夏某持有公司股票数量达到总股本的 5% 时，未向国务院证券监督管理机构、证券交易所作出书面报告，未通知公司并予以公告，未停止交易。夏某在持股达到总股本的 5% 后，每增加 5% 时，均未按规定进行报告、通知、公告和停止交易，直至 2020 年 6 月 4 日才签署《简式权益变动报告书》。公司于 2020 年 6 月 6 日披露相关公告，夏某持有公司股票的比例为 12.38%，超比例增持的违规比例为 7.38%。

夏某的上述行为违反了《上市公司收购管理办法》第十三条以及深圳证券交易所《股票上市规则（2018 年 11 月修订）》第 1.4 条、第 2.3 条、第 11.8.1 条的规定。

处理结果：

2021 年 11 月 12 日，鉴于上述违规事实及情节，依据深圳证券交易所《股票上市规则（2018 年 11 月修订）》第 17.2 条和《上市公司纪律处分实施标准（试行）》第三十四条的规定，经深圳证券交易所纪律处分委员会审议通过，深圳证券交易所作出如下处分决定：对夏某给予公开谴责的处分。

3. 收购

3.1 收购概述

3.1.1 收购

根据《上市公司收购管理办法》第五条规定：

收购人可以通过取得股份的方式成为一个上市公司的控股股东，可以通过投资关系、协议、其他安排的途径成为一个上市公司的实际控制人，也可以同时采取上述方式和途径取得上市公司控制权。

收购人包括投资者及与其一致行动的他人。

上市公司收购是指收购人通过直接或间接的方式获得上市公司控制权的行为，主要指一个自然人或法人为获得或巩固对上市公司（目标公司）的实际控制权，通过要约收购、协议收购或公开市场收购方式向目标公司的股东购买股份的法律行为。该自然人或法人称为收购人或收购公司，该上市公司称为被收购公司或目标公司。上市公司收购是现代公司制度和证券市场的必然产物。上市公司股权分散、所有权与经营权分离的特点，为上市公司收购提供了法律和逻辑上的可能性，而证券市场的形成和发展以及由此带来的股票交易（股权转让）的自由和便利，则使这一可能性成为现实。

上市公司收购一般分为广义和狭义两种：狭义的上市公司收购是指要约收购，即收购人为获得或巩固对上市公司的控制权，以向目标公司股东发出收购要约的方式购买该公司股票的行为；广义的上市公司收购不仅包括要约收购，还包括各类在主观上具有使收购人获得上市公司控制权之可能的证券购买行为，如协议收购等。

本章节包含的内容有收购的主要方式、要点分析、上市公司反收购措施，同时对以往典型收购案例以及违规收购案例进行了简要分析。

3.1.2 相关法规

3.1.2.1 法律

与收购相关的法律如表 3－1 所示。

表 3－1 相关法律表

法规名称	发文部门	文号	颁布日期	涉及条文
《中华人民共和国证券法（2019 年修订）》	全国人民代表大会常务委员会	主席令第三十七号	2019 年 12 月 28 日	第四章
《中华人民共和国公司法（2018 年修正）》	全国人民代表大会及其常委会	主席令第十五号	2018 年 10 月 26 日	第七十四条、第一百四十二条

3.1.2.2 部门规章及规范性文件

与收购相关的部门规章及规范性文件如表 3－2 所示。

表 3－2 相关部门规章及规范性文件表

法规名称	发文部门	文号	颁布日期	涉及条文
《公开发行证券的公司信息披露内容与格式准则第 17 号——要约收购报告书（2022 年修订）》	中国证券监督管理委员会	证监会公告〔2022〕9 号	2022 年 1 月 5 日	全文

续表

法规名称	发文部门	文号	颁布日期	涉及条文
《公开发行证券的公司信息披露内容与格式准则第55号——北京证券交易所上市公司权益变动报告书、上市公司收购报告书、要约收购报告书、被收购公司董事会报告书》	中国证券监督管理委员会	证监会公告〔2021〕35号	2021年10月30日	全文
《上市公司收购管理办法（2020年修正）》	中国证券监督管理委员会	证监会令第166号	2020年3月20日	全文
《证券公司股权管理规定（2021年修正）》	中国证券监督管理委员会	证监会令第183号	2021年3月18日	第八条、第九条、第二十三条
《信托公司股权管理暂行办法》	中国银行保险监督管理委员会	银保监会令2020年第4号	2020年1月20日	第十二条、第十三条、第十六条
《保险公司股权管理办法》	中国保险监督管理委员会	保监会令〔2018〕5号	2018年3月2日	第十一条、第十九条
《商业银行股权管理暂行办法》	中国银行业监督管理委员会	银监会令2018年第1号	2018年1月5日	第十四条、第十六条

3.1.2.3 业务规则

与收购相关的业务规则如表3－3所示。

表3－3　　相关业务规则表

法规名称	发文部门	文号	颁布日期	涉及条文
《深圳证券交易所上市公司自律监管指南第1号——业务办理》	深圳证券交易所	深证上〔2022〕26号	2022年1月7日	第二部分2.7要约收购
《深圳证券交易所创业板上市公司自律监管指南第1号——业务办理》	深圳证券交易所	深证上〔2022〕28号	2022年1月7日	第三章 第七节 要约收购

续表

法规名称	发文部门	文号	颁布日期	涉及条文
《中国证券登记结算有限责任公司北京分公司要约收购登记结算业务指南》	中国证券登记结算有限责任公司北京分公司	中国结算京业字〔2021〕3号	2021年11月12日	全文
《北京证券交易所上市公司持续监管指引第5号——要约收购》	北京证券交易所	北证公告〔2021〕38号	2021年11月2日	全文
《中国证券登记结算有限责任公司深圳分公司上市公司要约收购业务指南》	中国证券登记结算有限责任公司深圳分公司	中国结算深业字〔2020〕11号	2020年7月15日	全文

3.1.3 收购的方式

收购人可以采取协议收购、要约收购及其他合法方式收购上市公司。

协议收购是指收购人在证券交易所集中竞价交易系统以外，与被收购公司的股东就股票的交易价格、数量、期限等交易条件进行私下协商，购买被收购公司的股票，以期取得或巩固对被收购公司控制权的行为。

要约收购是指收购人按照相同的要约条件（如同等价格、比例等）向上市公司股东公开发出收购其所持有的公司股份的行为。与协议收购相比，要约收购是对非特定对象公开收购的一种方式。

其他合法方式收购上市公司如：

（1）合并方式收购，即通过兼并或混合方式获得上市公司控制权的行为。

专栏3-1　案例：NBA收购案

NBA是中国最早的上市公司之一，2015年，QHRS开始对NBA进行收购，通过二级市场的不断增持、5次举牌以及定增，QHRS及其一致行动人成为 NBA 的第一大股东。

收购过程如下：

2015 年 2 月，QHRS 开始在二级市场大量买进 NBA 股份。

2015 年 3 月 19 日，NBA 宣布停牌筹划非公开发行股票事宜。

2015 年 3 月 31 日，QHRS 持股比例达到 4.19%。

2015 年 3 月 27 日，NBA 召开董事会会议，通过修改公司章程、股东大会议事规则、董事会议事规则和独立董事工作制度 4 项议案，提请股东大会审议。随后，QHRS 随之提请公司股东大会增加审议 5 项临时议案，其中就包括《关于提请股东大会否决公司董事会提出的公司章程及相关制度修订案的议案》。双方僵持不下，致使股东大会被迫延期。

2015 年 4 月 15 日，NBA 与 QHRS 双双宣布撤回各自议案，双方达成协商和解。

2015 年 4 月 23 日，议案撤回后一周，NBA 复牌并发布定增计划，拟以 8.89 元/股向 QHRS 和 BFGY 合计发行不超过 1.8 亿股，募集资金总额不超过 16 亿元，其中向 QHRS 定增 1.12 亿股，完成后 QHRS 持股比例变更为 8.84%，定增方案于 2015 年 7 月 2 日股东大会审议通过（但 2016 年 7 月 2 日，定增方案被中国证券监督管理委员会否决，方案自动失效）。

增发计划推进同时，QHRS 并未停止二级市场增持 NBA 步伐，于 2015 年 4 ~ 11 月间 5 次举牌：

2015 年 4 月 27 日，QHRS 及其一致行动人的持股比例升至 5.02%。

2015 年 5 月 7 日，QHRS 及其一致行动人的持股比例升至 10.04%。

2015 年 6 月 29 日，通过深圳证券交易所证券交易系统集中交易，QHRS 及其一致行动人的持股比例升至 15.04%。

2015 年 7 月 7 日，通过深圳证券交易所证券交易系统集中交易，QHRS 及其一致行动人的持股比例升至 20%。

2015 年 11 月 2 日，通过深圳证券交易所证券交易系统集中交易，QHRS 及其一致行动人的持股比例升至 25.05%。至此，QHRS 完成对 NBA 的收购行为，成为公司第一大股东。

（2）通过投票权委托实施收购，指收购者直接取得目标公司股东的委托书，以在目标公司股东大会上获得表决权的优势，从而控制目标公司，达到收购的效果。

专栏 3－2　案例：GHKJ 通过投票权委托取得上市公司控制权

GHKJ 与上市公司 STZY 股东 CYJT、秦某签署《表决权委托协议》事项，STZY 分别于 2016 年 12 月 22 日、2017 年 1 月 20 日发布了《关于收到第一大股东签署的〈表决权委托协议〉暨公司实际控制人发生变更的提示性公告》《关于收到公司股东签署的〈表决权委托协议〉的提示性公告》。

《表决权委托协议》具体约定如下：

1. CYJT 委托授权为不可撤销、唯一的全权委托授权。自协议签署之日起生效，委托授权期限及于 CYJT 持有 SYZY 股票期间。委托授权标的为 CYJT 所持 STZY 40260000 股（占其总股本 16.83%，委托授权效力及于因 STZY 配股、送股、转增股等而新增的股份）对应的全部股东表决权、董事提名权等股东权利。

2. 表决权委托范围包括：提议召开股东大会并向股东大会提案并表决公司经营方针和投资计划；提议选举或罢免董事、监事；审议批准董事会的报告；审议批准监事会报告；审议批准公司的年度财务预算方案、决算方案；审议批准公司的利润分配方案和弥补亏损方案；对公司增加或者减少注册资本做出决议；对公司发行债券做出决议；对公司合并、分立、解散、清算或变更公司形式做出决议；修改公司章程；对公司聘用、解聘会计师事务所做出决议；审议批准需股东大会审议的担保事项；审议公司在一年内购买、出售重大资产超过公司最近一期经审计总资产 30% 的事项；审议批准变更募集资金用途事项；审议股权激励计划；代为行使股东权利，行使股东质询权和建议权；在董事会、监事会不召开和主持股东大会时，代为召集和主持股东大会；审议法律、行政法规、部门规章或公司章程规定的其他应当由股东大会决定的事项。

《表决权委托协议》签署生效后，公司实际控制人由秦某变更为 GHKJ 的控股股东高某伟。

3.2 收购要点分析

3.2.1 收购人资格

3.2.1.1 一般收购人

根据《上市公司收购管理办法》第六条规定：

有下列情形之一的，不得收购上市公司：

（一）收购人负有数额较大债务，到期未清偿，且处于持续状态；

（二）收购人最近 3 年有重大违法行为或者涉嫌有重大违法行为；

（三）收购人最近 3 年有严重的证券市场失信行为；

（四）收购人为自然人的，存在《公司法》第一百四十六条规定情形；

（五）法律、行政法规规定以及中国证监会认定的不得收购上市公司的其他情形。

备注 1：《公司法》第一百四十六条：

有下列情形之一的，不得担任公司的董事、监事、高级管理人员：

（一）无民事行为能力或者限制民事行为能力；

（二）因贪污、贿赂、侵占财产、挪用财产或者破坏社会主义市场经济秩序，被判处刑罚，执行期满未逾5年，或者因犯罪被剥夺政治权利，执行期满未逾5年；

（三）担任破产清算的公司、企业的董事或者厂长、经理，对该公司、企业的破产负有个人责任的，自该公司、企业破产清算完结之日起未逾3年；

（四）担任因违法被吊销营业执照、责令关闭的公司、企业的法定代表人，并负有个人责任的，自该公司、企业被吊销营业执照之日起未逾3年；

（五）个人所负数额较大的债务到期未清偿。

公司违反前款规定选举、委派董事、监事或者聘任高级管理人员的，该选举、委派或者聘任无效。

董事、监事、高级管理人员在任职期间出现本条第一款所列情形的，公司应当解除其职务。

专栏3－3　案例：郭某某涉嫌违规收购XLKG

案例简介：

2015年11月25日，上市公司XLKG的股东HNZH在股东大会决议中，同意HNYCH收购HNZH77%的股权。此次股权收购后，HNYCH成为HNZH大股东，继而间接成为上市公司XLKG的控股股东。郭某某为上市公司实际控制人。

经查，郭某某曾因存在严重的证券市场失信行为于2014年6月25日受到海南证监局给予的警告并处以10万元罚款的行政处罚，因此海南证监局认为，郭某某上述收购行为违反了《上市公司收购管理办法》第六条关于“收购人最近3年有严重的证券市场失信行为，不得收购上市公司”的规定。

处理结果：

2016年3月21日，海南证监局决定对郭某某采取责令改正的行政监管措施，要求郭某某对上述行为进行整改，并在收到责令改正决定书之日起30日内向海南证监局提交书面整改报告；改正前，受郭某某支配的 HNZH 不得行使其持有 XLKG 股份的表决权。同时，海南证监局发函告知公司董事会应当拒绝接受 HNZH 向董事会提交的提案或者临时议案，并向中国证券监督管理委员会、海南证监局和深圳证券交易所报告。

整改结果：

2016 年 5 月 13 日，张某某与郭某某、曾某某签署了《HNYCH 增资协议》。根据上述协议约定：张某某对 HNYCH 增资 5300 万元，将持有 HNYCH 51% 的股权，郭某某持有 HNYCH 的股权被稀释至 46%。本次交易完成后，张某某通过控制 HNYCH 而间接持有 XLKG6.57% 的股权，成为 XLKG 实际控制人。

备注 2：根据《关于对失信被执行人实施联合惩戒的合作备忘录》（发改财金〔2016〕141 号）规定，联合惩戒对象为最高人民法院公布的失信被执行人（包括自然人和单位）。具体来讲，根据最高人民法院《关于公布失信被执行人名单信息的若干规定》：

失信被执行人是指未履行能力而不履行生效法律文书确定的义务，并具有下列情形之一的被执行人：

（一）有履行能力而拒不履行生效法律文书确定义务的；

（二）以伪造证据、暴力、威胁等方法妨碍、抗拒执行的；

（三）以虚假诉讼、虚假仲裁或者以隐匿、转移财产等方法规避执行的；

（四）违反财产报告制度的；

（五）违反限制消费令的；

（六）无正当理由拒不履行执行和解协议的。

专栏3-4　案例：收购上市公司失信被执行人核查

2016年11月21日，上市公司SZHQ公告了《关于间接股东签署股权转让协议并导致上市公司实际控制人变动的提示性公告》，SZHQ的间接股东与梁某伟于2016年11月17日签署了《股权转让协议》，本次间接股东的股权转让导致上市公司由无实际控制人变更为梁某伟为实际控制人。

在公告中SZHQ就梁某伟未被人民法院列入失信被执行人名单或采取联合惩戒措施的事宜做出了说明：依据《上市公司收购管理办法》的有关规定，公司委托法律顾问对梁某伟是否被人民法院列入失信被执行人名单或采取联合惩戒措施进行了核查，核查结果为梁某伟最近5年内未受过与证券市场明显有关的行政处罚、刑事处罚或者涉及与经济纠纷有关的重大民事诉讼或者仲裁，其未被人民法院列入失信被执行人名单或采取联合惩戒措施。

3.2.1.2　金融行业收购人

3.2.1.2.1　证券公司

根据《证券公司股权管理规定（2021年修正）》规定：

第八条 证券公司的主要股东，应当符合下列条件：

（一）本规定第七条规定的要求；

（二）财务状况良好，资产负债和杠杆水平适度，净资产不低于5000万元人民币，具备与证券公司经营业务相匹配的持续资本补充能力；

（三）公司治理规范，管理能力达标，风险管控良好；

（四）不存在净资产低于实收资本50%、或有负债达到净资产50%或者不能清偿到期债务的情形；

（五）能够为提升证券公司的综合竞争力提供支持。

第九条 证券公司的第一大股东、控股股东，应当符合下列条件：

（一）本规定第八条规定的条件；

（二）开展金融相关业务经验与证券公司业务范围相匹配；

（三）入股证券公司与其长期战略协调一致，有利于服务其主营业务发展；

（四）对完善证券公司治理结构、推动证券公司长期发展有切实可行的计划安排；

（五）对保持证券公司经营管理的独立性和防范风险传递、不当利益输送，有明确的自我约束机制；

（六）对证券公司可能发生风险导致无法正常经营的情况，制定合理有效的风险处置预案。

第二十三条 证券公司股东以及股东的控股股东、实际控制人参股证券公司的数量不得超过2家，其中控制证券公司的数量不得超过1家。下列情形不计入参股、控制证券公司的数量范围：

（一）直接持有及间接控制证券公司股权比例低于5%；

（二）通过所控制的证券公司入股其他证券公司；

（三）证券公司控股其他证券公司；

（四）为实施证券公司并购重组所做的过渡期安排；

（五）国务院授权持有证券公司股权；

（六）中国证监会认定的其他情形。

3.2.1.2.2 商业银行

根据《商业银行股权管理暂行办法》规定：

第十四条 同一投资人及其关联方、一致行动人作为主要股东参股商业银行的数量不得超过2家，或控股商业银行的数量不得超过1家。根据国务院授权持有商业银行股权的投资主体、银行业金融机构，法律法规另有规定的主体入股商业银行，以及投资人经银监会批准并购重组高风险商业银行，不受本条前款规定限制。

第十六条 商业银行主要股东及其控股股东、实际控制人不得存在下列情形：

（一）被列为相关部门失信联合惩戒对象；

（二）存在严重逃废银行债务行为；

（三）提供虚假材料或者作不实声明；

（四）对商业银行经营失败或重大违法违规行为负有重大责任；

（五）拒绝或阻碍银监会或其派出机构依法实施监管；

（六）因违法违规行为被金融监管部门或政府有关部门查处，造成恶劣影响；

（七）其他可能对商业银行经营管理产生不利影响的情形。

3.2.1.2.3　保险公司

根据《保险公司股权管理办法》规定：

第十一条 控制类股东，除符合本办法第八条、第九条、第十条规定外，还应当具备以下条件：

（一）总资产不低于100亿元人民币；

（二）最近一年末净资产不低于总资产的30%；

（三）法律、行政法规以及中国保监会规定的其他条件。

国家另有规定的，金融机构可以不受前款第二项限制。

第十九条 投资人成为保险公司的控制类股东，应当具备投资保险业的资本实力、风险管控能力和审慎投资理念。投资人有下列情形之一的，不得成为保险公司的控制类股东：

（一）现金流量波动受经济景气影响较大；

（二）经营计划不具有可行性；

（三）财务能力不足以支持保险公司持续经营；

（四）核心主业不突出且其经营范围涉及行业过多；

（五）公司治理结构与机制存在明显缺陷；

（六）关联企业众多、股权关系复杂且不透明、关联交易频繁且异常；

（七）在公开市场上有不良投资行为记录；

（八）曾经有不诚信商业行为，造成恶劣影响；

（九）曾经被有关部门查实存在不正当行为；

（十）其他对保险公司产生重大不利影响的情况。

保险公司实际控制人适用前款规定。

3.2.1.2.4　信托公司

根据《信托公司股权管理暂行办法》规定：

第十二条 境内非金融机构作为信托公司股东，应当具备以下条件：

（一）依法设立，具有法人资格；

（二）具有良好的公司治理结构或有效的组织管理方式；

（三）具有良好的社会声誉、诚信记录和纳税记录；

（四）经营管理良好，最近 2 年内无重大违法违规经营记录；

（五）财务状况良好，且最近 2 个会计年度连续盈利；如取得控股权，应最近 3 个会计年度连续盈利；

（六）年终分配后净资产不低于全部资产的 30%（合并财务报表口径）；如取得控股权，年终分配后净资产应不低于全部资产的 40%（合并财务报表口径）；

（七）如取得控股权，权益性投资余额应不超过本企业净资产的 40%（含本次投资金额，合并财务报表口径），国务院银行业监督管理机构认可的投资公司和控股公司除外；

（八）国务院银行业监督管理机构规章规定的其他审慎性条件。

第十三条 境内金融机构作为信托公司股东，应当具有良好的内部控制机制和健全的风险管理体系，符合与该类金融机构有关的法律、法规、监管规定以及本办法第十二条（第五项“如取得控股权，应最近 3 个会计年度连续盈利”、第六项和第七项除外）规定的条件。

第十六条 投资人及其控股股东、实际控制人存在以下情形的，不得作为信托公司主要股东：

（一）关联企业众多、股权关系复杂且不透明、关联交易频繁且异常；

（二）被列为相关部门失信联合惩戒对象；

（三）在公开市场上有不良投资行为记录；

（四）频繁变更股权或实际控制人；

（五）存在严重逃废到期债务行为；

（六）提供虚假材料或者作不实声明，或者曾经投资信托业，存在提供虚假材料或者作不实声明的情形；

（七）对曾经投资的信托公司经营失败或重大违法违规行为负有重大责任，或对曾经投资的其他金融机构经营失败或重大违法违规行为负有重大责任且未满5年；

（八）长期未实际开展业务、停业或破产清算或存在可能严重影响持续经营的担保、诉讼、仲裁或者其他重大事项；

（九）拒绝或阻碍金融管理部门依法实施监管；

（十）因违法违规行为被金融管理部门或政府有关部门查处，造成恶劣影响；

（十一）其他可能对履行股东责任或对信托公司产生重大不利影响的情形。

除本条前款规定外，投资人的控股股东、实际控制人为金融产品的，该投资人不得为信托公司主要股东。

3.2.2 协议收购

3.2.2.1 协议收购的特点

协议收购具有以下特点：

（1）协议收购是上市公司收购的特殊形态。由于历史原因，我国上市公司曾出现大量的非流通股股份，包括国家股、国有法人股和法人股，基于上述特殊的非流通股股权高度集中的结构所导致的流通性和价格差异等原因，我国证券市场上市公司的股权转让以协议转让为主并一直延续至今。同时由于我国资本市场呈国有控股占主导地位的态势，长期以来国家对协议收购的监管比较严格，尤其是国家股股权的转让更要遵循国家主管部门关于股份转让的相关规定。

（2）协议收购主要指收购人在证券交易所集中交易系统之外与被收购公司的股东（控股股东或持股比例较高的股东）就股票交易价格、数量等方面进行私下协商，购买被收购公司的股票，以期获得或巩固对被收购公司的控制权。

（3）协议收购采取个别协议方式进行，不必对全体股东发出收购要约，并可对不同股东采取不同的收购价格和收购条件。

3.2.2.2 协议收购触发要约收购的情形

3.2.2.2.1 恰好收购30%

如果收购人收购的股份恰好为30%，并不触发要约收购义务。如欲继续收购，收购人应当依法向该上市公司的股东发出全面要约或者部分要约。

3.2.2.2.2　直接超过30%

（1）如果收购人收购上市公司股份拟超过30%的，超过30%的部分，应当改以要约方式进行；

（2）符合豁免发出要约情形的，可以免于以要约收购方式增持股份；

（3）不符合豁免发出要约情形且拟继续履行收购协议的，在履行其收购协议前，应当发出全面要约。

3.2.2.3　过渡期的限制行为

（1）过渡期：以协议方式进行上市公司收购的，自签订收购协议起至相关股份完成过户的期间为上市公司收购过渡期。

（2）过渡期应当遵守的义务：

①收购人不得通过控股股东提议改选上市公司董事会，确有充分理由改选董事会的，来自收购人的董事不得超过董事会成员的1/3；

②被收购公司不得为收购人及其关联方提供担保；

③被收购公司不得公开发行股份募集资金，不得进行重大购买、出售资产及重大投资行为或者与收购人及其关联方进行其他关联交易，但收购人为挽救陷入危机或者面临严重财务困难的上市公司的情形除外。

3.2.2.4　协议收购的程序

（1）上市公司控股股东向收购人协议转让其所持有的上市公司股份的，应当对收购人的主体资格、诚信情况及收购意图进行调查，并在其权益变动报告书中披露有关调查情况。控股股东及其关联方未清偿其对公司的负债，未解除公司为其负债提供的担保，或者存在损害公司利益的其他情形的，被收购公司董事会应当对前述情形及时予以披露，并采取有效措施维护公司利益。

（2）协议收购的相关当事人应当向证券登记结算机构申请办理拟转让股份的临时保管手续，并可以将用于支付的现金存放于证券登记结算机构指定的银行。

（3）收购报告书公告后，相关当事人应当按照证券交易所和证券登记结算机构的业务规则，在证券交易所就本次股份转让予以确认后，凭全部转让款项存放于双方认可的银行账户的证明，向证券登记结算机构申请解除拟协议转让股票的临时保管，并办理过户登记手续。

（4）收购人未按规定履行报告、公告义务，或者未按规定提出申请的，证券交易所和证券登记结算机构不予办理股份转让和过户登记手续。收购人在收购报告书公告后30日内仍未完成相关股份过户手续的，应当立即作出公告，说明理由；在未完成相关股份过户期间，应当每隔30日公告相关股份过户办理进展情况。

3.2.3 要约收购

3.2.3.1 要约收购

要约收购是指收购人通过证券交易所的交易系统，直接向上市公司股东购买其持有股份的一种收购方式。虽然要约收购是各国上市公司收购中很重要的方式之一，也为各国立法所严格规范，但由于该收购方式涉及的成本极高、程序复杂，因此在实践当中真正主动采取要约方式进行收购的收购人较少。目前市场上大部分要约收购都是因触发要约收购义务而不得不履行的强制性要约。

3.2.3.2 要约收购的分类

（1）自愿要约与强制要约：

按照收购人发出要约的主观意愿可以将要约分为自愿要约和强制要约。自愿要约主要是指根据收购人的主观意志，愿意以要约的方式向被收购公司的股东提出购买其所持上市公司股份的行为。强制要约主要是指法律规定在一定的情形下，收购人必须以要约方式对上市公司进行收购，即收购人进行要约收购并非出于主观意愿，而是为了履行法定义务。

（2）全面要约与部分要约：

按照收购人发出要约收购的股份数量可以将要约分为全面要约与部分要约。全面要约主要是指收购人向被收购公司的所有股东发出购买其所持有的上市公司全部股份的要约。部分要约则是指收购人向被收购公司的股东发出的购买其所持有的部分上市公司股份的行为。

收购上市公司部分股份的收购要约应当约定，被收购公司股东承诺出售的股份数额超过预定收购的股份数额的，收购人按比例进行收购。

3.2.3.3 要约收购的适用范围

要约收购的适用范围包括：

（1）自愿要约。无论收购人持有多少股份，甚至尚未持有任何股份，均可以采取自愿要约的方式收购上市公司股份。

（2）强制要约。收购人通过直接或间接方式，拟持有或已持有一家上市公司30%的股份，拟继续增持，但不符合免除要约条件的，必须以要约方式进行。

由于收购人通过证券交易所的交易可以准确地控制购买上市公司股份的数量，当其持有一家上市公司已发行的股份恰好等于30%之后不再增持，并不触发要约收购的义务。

注意事项：根据《证券法》第六十五条：通过证券交易所的证券交易，投资者持有或者通过协议、其他安排与他人共同持有一个上市公司已发行的有表决权股份达到30%时，继续进行收购的，应当依法向该上市公司所有股东发出收购上市公司全部或者部分股份的要约。计算持股比例时，仅计算“普通股和表决权恢复的优先股”，优先股不计入。

专栏3-5 案例：HYJT“混改”触发要约收购，向旗下两家上市公司发出全面要约

2019年8月14日，上市公司HYGF与上市公司RMTT先后发布公告称，收到控股股东、间接控股股东HYJT要约收购报告书。HYJT将向两家上市公司除自己之外的其他所有股东，发出收购其所持有的全部上市流通普通股（A股）的全面要约。本次要约不以终止上市地位为目的。

本次要约收购系因HYJT进行增资扩股，重庆HB与HMQH通过增资方式分别取得HYJT 10%和5%的股权，导致HYJT层面股东结构发生重大变化而触发。HYJT 增资扩股完成后，将由国有控股企业变为国有参股企业，两家上市公司实际控制人将由哈尔滨市国资委变更为无实际控制人。

2019 年 10 月 1 日，两家上市公司分别公告《关于 HYJT 有限公司全面要约收购公司股份交割完成的公告》，要约收购后 HYJT 持有 HYGF 1173237023 股，占 HYGF 总股本的 46.49%，HYJT 直接、间接持有 RMTT 股份比例合计为 74.8244%。

专栏 3-6　案例：GMDQ 部分要约收购 ZGC 巩固控制权

2018 年 8 月 17 日，上市公司 ZGC 公告《要约收购报告书摘要》，GMDQ 向 ZGC 除 GMKG、林某燕之外的股东发出了部分要约，要约收购股份数量最多不超过 1.01 亿股，占上市公司总股本的 13.36%，要约收购价格为 6.2 元/股。要约收购的目的，则是为增强对上市公司的控制权和影响力。本次要约收购前，GMDQ 及其一致行动人 GMKG、林某燕合计持有公司 225937539 股股份，占公司总股本的 29.9999%。GMKG 为公司控股股东。

2018 年 10 月 12 日，ZGC 公告《关于 GMDQ 有限公司部分要约收购股份结果暨股票复牌等相关事项的公告》，本次要约收购完成后，GMDQ 及其一致行动人 GMKG、林某燕持有公司 267265694 股股份，占公司总股本的 35.4875%。根据《公司法》的规定，ZGC 的股权分布符合上市条件，上市地位不受影响。

3.2.3.4　要约收购的程序

3.2.3.4.1　编制要约收购报告书

以要约方式收购上市公司股份的，收购人应当按照《公开发行证券的公司信息披露内容与格式准则第 17 号——要约收购报告书（2022 年修订）》（证监会公告〔2022〕9 号）的相关要求及时编制要约收购报告书。

3.2.3.4.2　聘请财务顾问

（1）收购人进行上市公司的收购，应当聘请在中国注册的具有从事财务顾问业务资格的专业机构担任财务顾问。收购人未按照《上市公司收购管理办法》规定聘请财务顾问的，不得收购上市公司。收购人聘请的财务顾问应该就本次收购出具财务顾问报告，对相关收购事项进行说明和分析，并逐项发表明确意见。

（2）被收购公司董事会应当对收购人的主体资格、资信情况及收购意图进行调查，对要约条件进行分析，对股东是否接受要约提出建议，并聘请独立财务顾问提出专业意见。在收购人公告要约收购报告书后20日内，被收购公司董事会应当公告被收购公司董事会报告书与独立财务顾问的专业意见。收购人对收购要约条件做出重大变更的，被收购公司董事会应当在3个工作日内公告董事会及独立财务顾问就要约条件的变更情况所出具的补充意见。

3.2.3.4.3　要约收购过程中的披露要求

（1）收购人以要约方式收购上市公司的，应当在通知被收购公司的同时，对要约收购报告书摘要作出提示性公告。

（2）收购应当取得相关部门批准的，收购人应当在要约收购报告书摘要中作出特别提示，并在取得批准后公告要约收购报告书。

（3）收购人自作出要约收购提示性公告起60日内，未公告要约收购报告书的，收购人应当在期满后次一个工作日通知被收购公司，并予公告；此后每30日应当公告一次，直至公告要约收购报告书。

（4）收购人作出要约收购提示性公告后，在公告要约收购报告书之前，拟自行取消收购计划的，应当公告原因；自公告之日起12个月内，该收购人不得再次对同一上市公司进行收购。

（5）收购人作出提示性公告后至要约收购完成前，被收购公司除继续从事正常的经营活动或者执行股东大会已经作出的决议外，未经股东大会批准，被收购公司董事会不得通过处置公司资产、对外投资、调整公司主要业务、担保、贷款等方式，对公司的资产、负债、权益或者经营成果造成重大影响。在要约收购期间，被收购公司董事不得辞职。

（6）收购人需要变更收购要约的，必须及时公告，载明具体变更事项，并通知被收购公司。变更收购要约不得存在下列情形：（一）降低收购价格；（二）减少预定收购股份数额；（三）缩短收购期限；（四）中国证监会规定的其他情形。

备注：中国证监会2020年3月20日发布新版《上市公司收购管理办法》，对多个条款进行重大调整，取消要约收购豁免申请，要约收购操作流程大大简化，免于发出要约只需律师背书即可。至此，证监会对于要约收购不再设置任何行政许可。

专栏3-7　案例：收购人要约收购披露违规，交易所予以公开谴责

案例简介：

经查明，上海LZWL科技有限公司（以下简称上海LZ）、安徽HXXNY汽车有限公司（以下简称安徽HX）存在以下违规行为：

1. 未按时披露要约收购进展

2018年2月27日，上市公司HYTX公告了上海LZ和安徽HX于2月26日签署的《要约收购报告书摘要》，但未按照中国证监会《公开发行证券的公司信息披露内容与格式准则第17号——要约收购报告书》第四十七条的要求披露要约收购报告书全文的刊登日期。经深圳证券交易所督促，上海LZ和安徽HX在2月28日签署并委托HYTX于3月1日公告了《要约收购报告书摘要（修订稿）》，称将于3月12日披露要约收购报告书全文。3月12日，HYTX披露了《关于要约收购的进展公告》，称收到安徽HX发来的《关于本次要约收购的部分情况说明》，安徽HX预计披露要约收购报告书全文时间由原计划的3月12日延长至3月26日。HYTX于3月24日披露《关于要约收购的进展公告》，称其已多次通过书面、邮件等方式提示收购方应按时履行披露义务，但截至该公告披露时仍未收到上海LZ和安徽HX提交的要约收购报告书等相关文件。经深圳证券交易所多次督促，上海LZ和安徽HX仍未能对外披露要约收购报告书全文，未按照深圳证券交易所《上市公司要约收购业务指引》的规定向中国证券登记结算有限责任公司深圳分公司办理履约保证业务，也未向深圳证券交易所提交要约收购报告书全文等文件。

4月28日，上海LZ和安徽HX披露要约收购报告书摘要满60日，但上海LZ和安徽HX未按照《上市公司收购管理办法》第三十一条的规定，在满60日的次一个工作日通知HYTX并公告，也未披露此后每30日一次的进展公告。

2. 不公平披露要约收购价格等重大信息

2月25日，上海LZ和安徽HX签署并委托HYTX于2月28日披露了《简式权益变动报告书》，称至2月25日已与92人签署了《预先接受要约收购的协议》（以下简称《预受协议》），涉及HYTX股票占总股本比例为12.97%。其后，上海LZ和安徽HX委托HYTX于3月3日披露了《简式权益变动报告书（修订稿）》，称其与92人签署的《预受协议》涉及HYTX股票的股份比例更正为12.93%。上海LZ委托HYTX于3月3日披露了《上海LZ网络科技有限公司关于深圳证券交易所〈关于对HYTX股东上海LZ网络科技有限公司的关注函〉的回复》，列示了92人的名称并回复称《预受协议》的签署日期为2月9日、2月14日、2月21日和2月24日。《预受协议》中约定了拟收购的价格、比例等，但上海LZ迟至2月21日才签署《告知函》并委托HYTX于2月22日午间披露《关于重大事项进展公告》称，要约收购价格为不超过21.5元/股，远高于HYTX股票2月21日市价15.24元，HYTX股票于2月22日涨停。签署日期为2月9日和2月14日的86份《预受协议》涉及HYTX股票占其总股本比例为11%，早于上海LZ和安徽HX委托HYTX于2月22日向全部股东披露要约收购价格等重大信息的时间，以及于2月27日披露要约收购报告书摘要的时间，未能同时向所有投资者公开披露重大信息，未按照《上市公司收购管理办法》第二十六条的规定公平对待被收购公司的所有股东。

3. 预受要约相关信息披露不完整、存在重大遗漏

上海 LZ 委托 HYTX 于 4 月 11 日披露了《上海 LZ 网络科技有限公司关于对〈关于对 HYTX 股东要约收购信息披露事项的关注函〉的答复》称，经 2 月 5 日 HYTX 公告此要约收购事项后，不断有投资者通过 HYTX 与其取得联系，其未主动联系任何 HYTX 投资者，在签署《预受协议》时没有且无法核实交易对手方的身份及其持股数量。但上海 LZ 和安徽 HX 在披露《简式权益变动报告书》《简式权益变动报告书（修订稿）》等文件时，未就“没有且无法核实交易对手方身份及其持股数量”进行提示，未完整披露《预受协议》所涉股份的真实情况，信息披露存在重大遗漏。

4. 上海 LZ 未及时通知上市公司披露质押股份情况

上海 LZ 在回复深圳证券交易所公司部关注函〔2018〕第 83 号时称，2017 年 9 月 5 日，上海 LZ 所持 HYTX 股票 4999505 股（占比 2.58%）被质押，合计质押比例为 6.63%，但未及时通知上市公司并履行临时信息披露义务。

处理结果：

2018 年 8 月 17 日，鉴于上述违规事实及情节，依据深圳证券交易所《股票上市规则（2014 年修订）》第 17.2 条和《股票上市规则（2018 年修订）》第 17.2 条的规定，经深圳证券交易所纪律处分委员会审议通过，深圳证券交易所作出以下处分决定：

1. 对上海 LZ 网络科技有限公司给予公开谴责的处分；
2. 对安徽 HX 新能源汽车有限公司给予公开谴责的处分。

3.2.3.4.4 股东接受要约

同意接受收购要约的股东为预受股东（所谓预受，是指被收购公司股东同意接受要约的初步意思表示，在要约收购期限内、不可撤回之前不构成承诺）。预受股东应当委托证券公司办理预受要约的相关手续。收购人应当委托证券公司向证券登记结算机构申请办理预受要约股票的临时保管。证券登记结算机构临时保管的预受要约的股票，在要约收购期间不

得转让。

在要约收购期限届满3个交易日前，预受股东可以委托证券公司办理撤回预受要约的手续，证券登记结算机构根据预受要约股东的撤回申请解除对预受要约股票的临时保管。在要约收购期限届满前3个交易日内，预受股东不得撤回其对要约的接受。在要约收购期限内，收购人应当每日在证券交易所网站上公告已预受收购要约的股份数量。出现竞争要约时，接受初始要约的预受股东撤回全部或者部分预受的股份，并将撤回的股份售予竞争要约人的，应当委托证券公司办理撤回预受初始要约的手续和预受竞争要约的相关手续。

3.2.3.4.5 收购期限届满

要约收购期限届满后的第一个交易日，收购人可向中国证券登记结算公司申请预受要约结果。如收购人现金支付收购价款的，收购人应在要约收购期限届满后及时委托证券公司将含税费的收购资金扣除履约保证金后的金额足额存入其在中国证券登记结算有限责任公司的结算备付金账户，然后向中国证券登记结算有限责任公司申请将该款项由其结算备付金账户划入收购证券资金结算账户。

如收购人以证券支付收购价款的，收购人应按上一款要求交存相关税费。

如收购人提交银行保函或财务顾问出具书面承诺作为履约保证的，应在要约收购期限届满后及时按要求交存含税费的收购资金。

收购期限届满，发出部分要约的收购人应当按照收购要约约定的条件购买被收购公司股东预受的股份，预受要约股份的数量超过预定收购数量时，收购人应当按照同等比例收购预受要约的股份；以终止被收购公司上市地位为目的的，收购人应当按照收购要约约定的条件购买被收购公司股东预受的全部股份；未取得证监会豁免而发出全面要约的收购人应当购买被收购公司股东预受的全部股份。收购期限届满后3个交易日内，接受委托的证券公司应当向证券登记结算机构申请办理股份转让结算、过户登记手续，解除对超过预定收购比例的股票的临时保管；收购人应当公告本次要约收购的结果。收购期限届满后15日内，收购人应当向证券交易所提交关于收购情况的书面报告，并予以公告。

3.2.3.5 豁免发出要约情形

根据《上市公司收购管理办法》规定：

第六十一条 符合本办法第六十二条、第六十三条规定情形的，投资者及其一致行动人可以：

（一）免于以要约收购方式增持股份；

（二）存在主体资格、股份种类限制或者法律、行政法规、中国证监会规定的特殊情形的，免于向被收购公司的所有股东发出收购要约。

不符合本章规定情形的，投资者及其一致行动人应当在30日内将其或者其控制的股东所持有的被收购公司股份减持到30%或者30%以下；拟以要约以外的方式继续增持股份的，应当发出全面要约。

第六十二条 有下列情形之一的，收购人可以免于以要约方式增持股份：

（一）收购人与出让人能够证明本次股份转让是在同一实际控制人控制的不同主体之间进行，未导致上市公司的实际控制人发生变化；

（二）上市公司面临严重财务困难，收购人提出的挽救公司的重组方案取得该公司股东大会批准，且收购人承诺3年内不转让其在该公司中所拥有的权益；

（三）中国证监会为适应证券市场发展变化和保护投资者合法权益的需要而认定的其他情形。

第六十三条 有下列情形之一的，投资者可以免于发出要约：

（一）经政府或者国有资产管理部门批准进行国有资产无偿划转、变更、合并，导致投资者在一个上市公司中拥有权益的股份占该公司已发行股份的比例超过30%；

（二）因上市公司按照股东大会批准的确定价格向特定股东回购股份而减少股本，导致投资者在该公司中拥有权益的股份超过该公司已发行股份的30%；

（三）经上市公司股东大会非关联股东批准，投资者取得上市公司向其发行的新股，导致其在该公司拥有权益的股份超过该公司已发行股份的

30%，投资者承诺3年内不转让本次向其发行的新股，且公司股东大会同意投资者免于发出要约；

（四）在一个上市公司中拥有权益的股份达到或者超过该公司已发行股份的30%的，自上述事实发生之日起1年后，每12个月内增持不超过该公司已发行的2%的股份；

（五）在一个上市公司中拥有权益的股份达到或者超过该公司已发行股份的50%的，继续增加其在该公司拥有的权益不影响该公司的上市地位；

（六）证券公司、银行等金融机构在其经营范围内依法从事承销、贷款等业务导致其持有一个上市公司已发行股份超过30%，没有实际控制该公司的行为或者意图，并且提出在合理期限内向非关联方转让相关股份的解决方案；

（七）因继承导致在一个上市公司中拥有权益的股份超过该公司已发行股份的30%；

（八）因履行约定购回式证券交易协议购回上市公司股份导致投资者在一个上市公司中拥有权益的股份超过该公司已发行股份的30%，并且能够证明标的股份的表决权在协议期间未发生转移；

（九）因所持优先股表决权依法恢复导致投资者在一个上市公司中拥有权益的股份超过该公司已发行股份的30%；

（十）中国证监会为适应证券市场发展变化和保护投资者合法权益的需要而认定的其他情形。

相关投资者应在前款规定的权益变动行为完成后3日内就股份增持情况做出公告，律师应就相关投资者权益变动行为发表符合规定的专项核查意见并由上市公司予以披露。相关投资者按照前款第（五）项规定采用集中竞价方式增持股份的，每累计增持股份比例达到上市公司已发行股份的2%的，在事实发生当日和上市公司发布相关股东增持公司股份进展公告的当日不得再行增持股份。前款第（四）项规定的增持不超过2%的股份锁定期为增持行为完成之日起6个月。

专栏 3-8　案例：SDHH 豁免发出要约

2020 年 8 月 20 日，上市公司 SDHH 公告《ZT 证券股份有限公司关于公司收购报告书之财务顾问报告》，本次收购系上市公司间接股东 ZHLH 将其持有的上市公司控股股东 HHJT 的 44.5286% 的股权无偿划转给 WF 市国资委从而导致 WF 市国资委间接在上市公司拥有权益的股份占上市公司已发行股份的比例超过 30%。本次收购成功实施的前提是需经国务院国有资产监督管理委员会等有权国有资产监督管理部门批准。因此，本次收购符合《收购办法》第六十三条第一款第（一）项规定之情形，收购人可以免于以要约方式增持股份。同时，本次无偿划转的收购人已聘请律师事务所就本次免于发出要约事项出具法律意见。经核查，财务顾问认为：本次收购符合《收购办法》中关于豁免发出要约的情形。

3.2.4　间接收购

除了直接购买上市公司的股权以获得控制权的方式外，收购人还可以通过协议、投资关系或其他安排间接控制上市公司。

根据《上市公司收购管理办法》第五十六条规定：

收购人虽不是上市公司的股东，但通过投资关系、协议、其他安排导致其拥有权益的股份达到或者超过一个上市公司已发行股份的 5% 未超过 30% 的，应当按照本办法第二章的规定办理。

收购人拥有权益的股份超过该公司已发行股份的 30% 的，应当向该公司所有股东发出全面要约；收购人预计无法在事实发生之日起 30 日内发出全面要约的，应当在前述 30 日内促使其控制的股东将所持有的上市公司股份减持至 30% 或者 30% 以下，并自减持之日起 2 个工作日内予以公告；其后收购人或者其控制的股东拟继续增持的，应当采取要约方式；拟依据本办法第六章的规定免于发出要约的，应当按照本办法第四十八条的规定办理。

3.2.4.1 间接收购的方式

间接收购在实践中可采用的手段灵活多样，主要有：

（1）直接收购控股股东股权；

（2）向控股股东增资扩股，获得上市公司控股股东控制权；

（3）出资与控股股东成立合资公司，并由其控制上市公司；

（4）上市公司控股股东将持有的上市公司股份委托给收购人管理。

3.2.4.2 间接收购应履行的义务

收购人虽不是上市公司的股东，但通过投资关系、协议、其他安排导致其拥有权益的股份达到或者超过一个上市公司已发行股份的5%未超过30%的，应当按照《上市公司收购管理办法》第二章关于权益披露的规定办理。

收购人拥有权益的股份超过该公司已发行股份的30%的，应当向该公司所有股东发出全面要约；收购人预计无法在事实发生之日起30日内发出全面要约的，应当在前述30日内促使其控制的股东将所持有的上市公司股份减持至30%或者30%以下，并自减持之日起2个工作日内予以公告；其后收购人或者其控制的股东拟继续增持的，应当采取要约方式；免于发出要约的，应当按照《上市公司收购管理办法》第四十八条的规定办理。

根据上述规定，间接收购可拆解为如下四个义务：

（1）权益披露：即拥有权益的股份达到上市公司5%～30%的信息披露义务；

（2）豁免发出要约：即拥有权益的股份超过30%，可以根据《上市公司收购管理办法》第四十八条规定豁免发出要约。

（3）要约收购：即拥有权益超过30%，且不符合豁免发出要约的，履行全面要约义务。

（4）减持义务：即不符合豁免发出要约的，也无全面要约的意愿，应促使其控制的股东将所持有的上市公司股份减持至30%或30%以下。

3.2.5 管理层收购

管理层收购（Management Buy - Outs，即 MBO）是并购的一种，是 20 世纪 70 年代在传统并购理论基础上发展起来的一种新型的并购方式。指公司的经理层利用借贷所融资本或股权交易收购本公司的一种行为，从而引起公司所有权、控制权、剩余索取权、资产等变化，以改变公司所有制结构，通过收购使企业的经营者变成了企业的所有者。

根据《上市公司收购管理办法》第五十一条规定：

上市公司董事、监事、高级管理人员、员工或者其所控制或者委托的法人或者其他组织，拟对本公司进行收购或者通过本办法第五章规定的方式取得本公司控制权（以下简称管理层收购）的，该上市公司应当具备健全且运行良好的组织机构以及有效的内部控制制度，公司董事会成员中独立董事的比例应当达到或者超过 1/2。公司应当聘请符合《证券法》规定的资产评估机构提供公司资产评估报告，本次收购应当经董事会非关联董事作出决议，且取得 2/3 以上的独立董事同意后，提交公司股东大会审议，经出席股东大会的非关联股东所持表决权过半数通过。独立董事发表意见前，应当聘请独立财务顾问就本次收购出具专业意见，独立董事及独立财务顾问的意见应当一并予以公告。

上市公司董事、监事、高级管理人员存在《公司法》第一百四十八条规定情形，或者最近 3 年有证券市场不良诚信记录的，不得收购本公司。

管理层收购的特征主要体现在以下两个方面：

（1）收购主体特定。管理层收购的收购方通常为目标企业的现任管理层或者该等管理人员为实现收购目的而设立或控制的法人或其他组织，管理层通常是管理层收购的主导者和发起者。

（2）收购完成后目标企业的实际控制权发生转移。收购完成后，目标公司的原股东通常全部或部分退出企业，管理层继而取得目标企业的实际控制权，这就使得企业的管理层同时也成为企业的所有权人，一定程度上实现了企业经营管理权与所有权的统一。

专栏3-9　案例：通过认购非公开发行股票实现管理层收购

2020年10月26日，上市公司*STZC发布《2020年度非公开发行股票预案》：本次发行对象为HNDK，非公开发行数量不超过本次发行前公司总股本的30%。

本次非公开发行前，上海SSHY投资（集团）有限责任公司作为公司控股股东，与上海XMFDC有限公司、陈某军、上海SW投资中心（有限合伙）三名一致行动人共持有公司股份38.07%。陈某铭先生为上市公司实际控制人。受厉某南实际控制的WLYK持有公司股份8.46%。

本次发行完成后，HNDK持有上市公司股份比例将不超过23.08%，WLYK将持有股份比例变为6.51%，厉某南通过HNDK及WLYK合计持有上市公司29.59%股份，HNDK将成为上市公司的控股股东，厉某南将成为公司实际控制人。公司原控股股东上海SSHY投资（集团）有限责任公司及一致行动人持股比例将从38.07%下降到29.28%。

同日，公司发布《关于本公司管理层收购事宜致全体股东报告书》，因SSHY及其一致行动人股份于2019年10月起被司法冻结，短期内无法对公司发展做出有力支持的情况下，由公司董事长厉某南先生作为公司实际控制人，有助于公司经营权和所有权的统一。厉某南是通过2017年发行股份购买资产成为公司的股东，2020年成为公司董事长，本次非公开发行后，实控人变为厉某南，即董事长取得上市公司控制权。

3.2.6　股份限售期

根据《上市公司收购管理办法》，在上市公司收购中，收购人持有的被收购公司的股份，在收购完成后18个月内不得转让。

收购人在被收购公司中拥有权益的股份在同一实际控制人控制的不同主体之间进行转让不受前述18个月的限制，但应当遵守《上市公司收购管理办法》第六章的规定。

专栏3-10　案例：收购人限售期内表决权委托

案例简介：

2020年9月24日，上市公司TBGJ披露《关于关于控股股东及实际控制人收到中国证监会深圳证监局警示函的公告》显示，TBJT及钟某胜作为TBGJ的控股股东及实际控制人，2019年6月，TBJT及钟某胜将所持有的TBGJ股份174470796股（占TBGJ总股本的28.30%）的表决权委托给DJTZ咨询有限公司（实际控制人史某，以下简称DJTZ）行使，该次表决权委托完成后TBGJ实际控制人由钟某胜变更为史某。2019年8月，TBJT及钟某胜单方面撤销表决权委托协议，同日，TBJT及钟某胜将所持有的TBGJ股份171394296股（占TBGJ总股本的27.80%）表决权委托给中国科学院行政管理局下属企业ZKJY高新技术有限公司（以下简称ZKJY），该次表决权委托完成后，TBGJ实际控制人变更为中国科学院行政管理局。2020年5月，TBJT及钟某胜与ZKJY签署表决权委托解除协议，TBGJ实际控制人变更为钟某胜。TBJT及钟某胜的上述行为违反了《上市公司收购管理办法》第七十四条、深圳证券交易所《创业板股票上市规则（2018年11月修订）》第1.4条的规定。

处理结果：

2020年9月27日，深圳证券交易所创业板公司管理部对TBJT及钟某胜发出监管函。

专栏 3-11　案例：被动平仓违反 18 个月不得转让限制

案例简介：

2020 年 12 月 4 日，AGLS 被证监会立案调查。12 月 22 日，AGLS 控股股东、实际控制人发生变更，RZYJ 股权投资中心（有限合伙）成为 AGLS 控股股东。2021 年 2 月 25 日至 2021 年 3 月 2 日期间，RZYJ 股权投资中心（有限合伙）因被动平仓以集中竞价交易方式卖出 AGLS 股份 878.30 万股，成交金额 1332.34 万元，且卖出行为距离控制权变更时间不足 18 个月，未能遵守《上市公司收购管理办法》第七十四条的规定。

RZYJ 股权投资中心（有限合伙）减持 AGLS 股份的行为违反了深圳证券交易所《上市公司股东及董事、监事、高级管理人员减持股份实施细则》第九条的规定，违反了深圳证券交易所《股票上市规则（2020 年修订）》第 1.4 条、第 3.1.8 条的规定。

处理结果：

2021 年 3 月 30 日，深圳证券交易所中小板公司管理部对 RZYJ 股权投资中心（有限合伙）发出监管函。

3.2.7　收购与权益变动

2002 年 12 月施行的《上市公司收购管理办法》曾尝试对“收购”进行定义：“收购人通过在证券交易所的股份转让活动持有一个上市公司的股份达到一定比例、通过证券交易所股份转让活动以外的其他合法途径控制一个上市公司的股份达到一定程度，导致其获得或者可能获得对该公司的实际控制权的行为”，但由于实践中的收购行为错综复杂，上述定义不能一一涵盖，2006 年 5 月修订的《上市公司收购管理办法》及其后修订的版本均取消了对收购的定义。

根据《关于上市公司收购有关界定情况的函》（证监会上市部函〔2009〕171 号），上市公司收购是指为了获得或者巩固对上市公司控制权的行为，这是与权益变动的主要区别，但也有例外情形：

（1）投资者及其一致行动人收购上市公司股份成为第一大股东或实际控制人，但拥有权益的股份没有超过30%，也应当遵守《证券法》《上市公司收购管理办法》的相关要求，在上市公司收购中，收购人持有的被收购公司的股份，在收购完成后18个月内不得转让。但在信息披露上，只需刊登《详式权益变动报告书》，无须刊登《收购报告书》。

（2）投资者及其一致行动人如以要约方式增持上市公司少量股份（不低于5%）但未能取得公司控制权的，仍将视为收购而需刊登《要约收购报告书》。

案例3－12：不以谋求控制权为目的的要约收购

上市公司YHCS于2019年4月12日发布了《ZB控股集团股份有限公司要约收购报告书摘要》，计划要约收购ZB集团不超过10.14%的股份，要约收购价为8.1元/股，并在报告书中指出本次要约收购旨在加强与ZB集团的战略投资和战略合作，提升ZB集团价值，不以谋求控制权为目的。

因本次要约收购尚需国家市场监督管理总局等有关部门审查通过，因此YHCS一直未披露《要约收购报告书》。2019年8月20日，YHCS收到国家市场监督管理总局出具的《经营者集中反垄断审查不予禁止决定书》；2019年11月11日收到国家发展和改革委员会的《特别审查告知书》，关于YHCS要约收购ZB控股集团有限公司外商投资安全审查，决定自2019年11月8日启动特别审查。

2019年12月17日公司发布《关于签署〈合作备忘录〉暨取消部分要约收购ZB集团的公告》：YHCS支持武汉国资作为ZB集团的实际控制人，YHCS不谋求ZB集团的实际控制权。公司董事会第四届第十五次会议决定取消2019年4月11日向ZB集团发出的部分要约收购计划，维持29.86%的持股比例不变。

2019年12月27日YHCS收到国家发改委的《外商投资安全审查

终止通知》，国家发改委已收悉《关于中止 YHCS 股份有限公司部分要约收购 ZB 控股集团股份有限公司股权安全审查的申请》，经研究，自 12 月 25 日起终止审查该要约收购。

在计算信息披露义务人涉及计算其拥有权益比例时，应按照《上市公司收购管理办法》第八十五条的规定进行计算：

信息披露义务人涉及计算其拥有权益比例的，应当将其所持有的上市公司已发行的可转换为公司股票的证券中有权转换部分与其所持有的同一上市公司的股份合并计算，并将其持股比例与合并计算非股权类证券转为股份后的比例相比，以二者中的较高者为准；行权期限届满未行权的，或者行权条件不再具备的，无须合并计算。

前款所述二者中的较高者，应当按下列公式计算：

（一）投资者持有的股份数量/上市公司已发行股份总数

（二）（投资者持有的股份数量 + 投资者持有的可转换为公司股票的非股权类证券所对应的股份数量）/（上市公司已发行股份总数 + 上市公司发行的可转换为公司股票的非股权类证券所对应的股份总数）

前款所称“投资者持有的股份数量”包括投资者拥有的普通股数量和优先股恢复的表决权数量，“上市公司已发行股份总数”包括上市公司已发行的普通股总数和优先股恢复的表决权总数。

专栏 3－13　案例：签署授权委托书公告权益变动报告

2020 年 9 月 28 日，上市公司 SDML 发布《简式权益变动报告书》。本次权益变动前，张某荣先生持有上市公司 29.53% 的股份，为上市公司的控股股东、实际控制人。2020 年 9 月 28 日，张某荣先生与 SGJX 签署《表决权委托协议》，张某荣先生将其持有的 SDML 29.53% 的股份的表决权委托给 SGJX 行使，张某荣先生将不再享有上市公司 29.53% 的股份对应的全部表决权、提名和提案权、参会权、投票权、监督建议权、知情权以及除收益权和转让股份等财产性权利之外的其他权利。

3.2.8 收购与公司合并

与上市公司收购相关的概念还有兼并与合并。兼并指一个企业购买其他企业产权，使其他企业失去法人资格或改变法人实体的一种行为。它并非是严格意义上的法律术语，而是更符合我国《公司法》第一百七十二条规定的吸收合并的情形。公司合并是指将两个以上的公司按照法律规定及契约约定变成一个公司的法律行为。而根据我国《公司法》第一百七十二条规定，“公司合并可以采取吸收合并和新设合并两种形式。一个公司吸收其他公司为吸收合并，被吸收的公司解散。两个以上公司合并设立一个新的公司为新设合并，合并各方解散。”所以，兼并和合并在法律上都属于公司合并的范畴，并且二者收购的动机和目的相同，都是通过交易，以达到控制其他公司的目的。

但是上市公司收购与公司合并毕竟是两种不同的法律行为，二者有明显的区别，主要体现在如下几点：

（1）主体不同。公司合并的主体是参加合并的各公司，而上市公司收购是收购人与目标股东之间的股票交易行为，其主体应是收购公司与目标公司的股东。

（2）具体程序和法律适用不同。公司合并作为一种法定合并，要严格遵守《公司法》规定的程序，包括董事会提出合并方案，股东大会对合并做出决议等，而上市公司收购则不需要履行上述程序，不必与目标公司协商、股东大会批准，它主要履行《证券法》规定的程序。

3.3 反收购措施

一般来说，收购分为善意收购和恶意收购，恶意收购会导致反收购的出现。反收购是指目标公司控股股东及管理层为了防止公司控制权转移而采取的旨在预防或挫败收购者收购本公司的行为。

3.3.1 采取法律手段

诉讼策略是目标公司在收购防御中经常使用的策略，其第一步往往是目标公司请求法院禁止收购继续进行。因此收购人必须给出充足的理由证明目标公司的指控不成立，否则不能继续增持目标公司的股票，这就使目标公司有机会采取有效措施进一步抵御被收购。不论诉讼成功与否，都为目标公司争取了一定的时间，这是该策略被广为采用的主要原因。

目标公司提起诉讼的理由主要有三条：

第一，反垄断。部分收购可能使收购人获得某一行业的垄断或接近垄断地位，目标公司可以此作为诉讼理由。

第二，存在违法违规行为。目标公司认定收购人在收购或增持股份过程中，存在违反证券市场相关法律法规的行为，如隐瞒一致行动关系，未按规定及时、准确、完整地披露收购信息，或在禁止交易期内买卖公司股票等。

第三，犯罪。除非有十分确凿的证据，否则目标公司难以以此为由提起诉讼。

专栏 3－14　案例：XZLY 股东违规举牌被法院裁定禁止行使股东权利

胡氏兄弟 2015 年 7 月通过二级市场迅速增持上市公司 XZLY 近 10% 的股份，上市公司控股股东 GFJT 向拉萨中院提起诉讼，认为胡氏兄弟于 7 月 15 日购买的 XZLY 股份涉嫌违规，其所持股份从 3.09% 增至 9.59%，在超过 5% 之后购买 XZLY 股票的行为应属无效，请求法院判令被告上述行为属无效民事行为等诉求。

拉萨中院于 2015 年 10 月作出《民事裁定书》，主要内容为：本院认为关于胡氏兄弟持有超出 5% 的股份的效力问题属于双方当事人的争议事项，且一方当事人诉请法院作出司法裁决，故此项属于司法未决事项，其效力在无相关机构确认的前提下，应当进一步进行司法审查，因此认定为效力待定并无不妥。在正式判决生效前，禁止被告胡氏兄弟于本案判决生效前自行或通过第三方行使其持有 XZLY 股份的投票权、提案权、参加股东大会的权利、召集和主持股东大会的权利等事项。

后经法院调解，公司控股股东 GFJT 与胡氏兄弟自愿达成调解协议。胡氏兄弟放弃了诸多股东权利，如对上市公司并购重组、再融资事项投赞成票，对董事、监事任用及其他 2/3 表决事项投赞成票，保证在持股期间对上市公司的股份只减不增，放弃行使提案权、召集和主持股东大会权利等。法院根据调解情况，解除了相关裁定冻结内容。

3.3.2 在《公司章程》中增加反收购条款

在公司章程中设置反收购条款，是公司对潜在收购者采取的最为普遍的一种预防措施。由于反收购条款的实施，会直接或间接地提高收购成本，甚至形成“胜利者的诅咒”那样的局面，因此在一定程度上会迫使收购人望而却步。

宝万之争让众多上市公司着手将《公司章程》的修订提上日程，将“降落伞计划”“毒丸计划”等写入《公司章程》。

2016 年 8 月 26 日证监会新闻发布会指出：上市公司不得利用反收购条款限制股东的合法权利。根据《证券法》《公司法》《上市公司收购管理办法》的规定，上市公司章程中涉及公司控制权条款的约定需遵循法律、行政法规的规定，不得利用反收购条款限制股东的合法权利。证监会依法监管上市公司收购及相关股份权益变动活动，发现违法违规的，将依法采取监管措施。

随后沪深交易所对部分修改《公司章程》的上市公司发出监管函，上交所还通报了监管情况，如图 3－1 所示。

上交所通报近期上市公司一线监管情况

近期，上交所继续落实依法监管、从严监管和全面监管要求。8月份，公司监管部门共发出日常监管类函件50份，其中监管问询类函件38份，监管工作类函件12份；通过事中事后监管，要求上市公司披露补充、更正类公告107份；针对公司披露敏感信息或股价发生明显异常的，启动内幕交易、异常交易核查16单。在做好日常监管的同时，在以下几个方面加强了一线监管。

一是加大对公司章程增设反收购条款的监管问询力度。近期，多家上市公司发布公告，拟在公司章程中增加带有反收购性质的条款。这些条款，有的增加了收购方额外的信息披露义务，有的增加了股东大会决议通过的比例要求，有的提高了召集股东大会和提出议案的持股门槛，还有的设置了董事和高管人员数倍于目前薪酬的离职补偿。总体来看，增加的反收购条款多存在不当限制股东权利、不当保护现任管理层利益等嫌疑，引起市场的广泛讨论。各方普遍认为，适度、正当的反收购条款有利于抵御过于具有侵略性、着眼短期利益的收购行为，可以维护公司治理和生产经营的稳定性和连续性。但另一方面，证券市场正常的收购秩序需要得到维护，反收购条款的设置，不能损害收购制度的内在功能，也不能使外部约束流于形式。收购和反收购，都需要在法律的框架内实施，在必要的监管下运行。对此，上交所从信息披露的角度，及时发出问询函，督促公司补充披露设置相关条款的原因和目的、是否符合法律规定、是否损害了中小股东利益等关键信息，并将相关情况通报证监局。经过监管问询和证监局的约谈，一些公司已经取消了明显不当的反收购条款。

图 3－1　上交所通报监管情况

根据沪深交易所的监管要求来看，容易受到监管关注的反收购条款内容如表 3－4 所示。

表 3－4　　沪深交易所对于章程中增加反收购条款的问询内容

序号	类别	问询内容
1	降低信息披露门槛	将公告义务、禁止买入期从法定持股比例 5% 降低到 3%，是否存在限制股份收购及转让的情形，是否符合《公司法》《证券法》以及《上市公司收购管理办法》的相关规定，并详细说明相关制裁措施的合理性以及该条款是否限制公司股东表决权及损害公司股东的基本权利。
2	提高股东行使提案权的资格标准	具有提案权的股东在法定条件“持股 3% 以上股份”之外，增加连续持股期限 12 个月的限制，是否符合《公司法》等相关法律法规的规定、是否损害公司股东的基本权利。
3	提高特定议案表决权标准	对恶意收购人提出的特定事项议案的股东大会表决通过条件设置为 3/4 以上的原因，以及该条款是否会导致赋予部分股东一票否决权，并说明公司保障中小股东救济权拟采取的措施。

续表

序号	类别	问询内容
4	提高对高管人员的任免条件	恶意收购情况下，对董事会改选的限制、对董事候选人、总裁候选人的相同业务管理经验、本公司工作年限的限制，是否符合《公司法》的规定、是否不合理地维护现任董事及高管地位、是否损害股东选举董事的权利，以及是否损害上市公司以及中小投资者的利益。
5	金色降落伞计划	特定条件下公司给董、监、高在公司任职年限内税前薪酬总额的10倍给付一次性赔偿金的合理性、该条款是否涉嫌利益输送、是否违反董事忠实义务，并测算支付赔偿金对公司经营业绩的影响并充分提示相关风险。
6	限制对董事会或监事会的改选比例	“公司每连续36个月内更换的董事不得超过全部董事人数的1/3”；是否限制了股东大会职权，是否符合《公司法》第37条（“选举和更换非由职工代表担任的董事、监事”，对更换的董事人数，并未设定任何比例上的限制）等相关法规。
7	股东提名权限制	针对《章程》中：提名非独立董事和监事候选人的股东，应当是“连续270日以上单独或合计持有公司股份3%以上的股东”的修订条款。要求公司补充披露该条款修改是否符合《公司法》的规定，是否不当提高了股东行使提案权的法定资格标准，是否构成对股东提名权的限制，并结合公司前十大股东持股期限和持股比例情况，说明上述修改是否不利于股东督促公司董事、监事勤勉尽职。
8	提高股东自行召集和主持股东大会的持股要求	针对《章程》中：经履行前置程序，公司董事会和监事会均不同意召开股东大会的，“连续270日以上单独或者合计持有公司10%以上股份的股东可以自行召集和主持”，以及“公司召开股东大会，‘连续270日以上单独或者合计持有公司3%以上股份的股东，有权向公司提出提案’”的修订条款。要求公司补充披露该条款修改是否符合《公司法》《证券法》以及《上市公司收购管理办法》等相关规定，是否存在限制收购人依法行使股东权利的情形。

故一般情况下，《公司章程》不应对股东的合法权利进行限制，其修订应遵照《公司法》《上市公司章程指引》等法律法规的相关要求。

3.3.3 停牌筹划重大事项

2018年以前，面对野蛮人举牌威胁时，以筹划重大事项为由停牌成为主流选择，但此类倒逼式重组的成功率却很低。重组是比较复杂的过程，针对举牌事件的停牌往往很仓促，中介机构、标的资产等筹备工作不完全到位，成功率也不会很高。个别公司停牌完全是为了阻滞潜在收购方的增持，虚构重组理由长期停牌，一定程度上损害了投资者的交易权利。

专栏3－15　案例：AJJT利用重大资产重组停牌阻挡GZJJ的要约收购

截至2017年4月14日，HTQY及其一致行动人GZJJ通过集中竞价交易买入7185.71万股上市公司AJJT的股份，达到总股本的5%，成为AJJT第三大股东。GZJJ计划出资高达70亿元收购AJJT 30%的股权，AJJT自2017年4月17日起停牌对举牌事项进行核查。

因长期停牌，2017年5月18日上交所对AJJT发出《监管工作函》，要求AJJT及相关股东完善信息披露和审慎办理停复牌事项，保障投资者正常交易权利。

2017年6月3日，GZJJ公告了《要约收购报告书》，要约价格为18.00元/股，收购期限30个自然日，要约收购期限届满后，收购人及其一致行动人最多合并持有AJJT 35.00%的股份（502999006股）。然而AJJT针对GZJJ的要约收购发布了7点质疑，分别是：（1）公司对其能否传承和弘扬老一辈工商业者爱国建设的使命宗旨表示质疑；（2）对其是否能够成为长期股东并真正带来上市公司的稳定与发展、维护和促进已经形成的发展态势表示质疑；（3）对其是否具有管理和经营本公司现有主营业务的经验、是否有利于公司未来长远发展表示质疑；（4）对该收购报告书摘要是否真实、准确、完整，以及是否有重大遗漏表示质疑；（5）对其是否能够真正解决同业竞争问题表示质疑；(6) 在收购人及其一致行动人未提供相关证明的情况下，公司对其收购资金的合法性表示质疑；(7) 公司对 HTGS、GZJJ 之间形成一致行动人的时间及信息披露是否真实、准确、完整，是否有意隐瞒相互关系表示质疑。

2017 年 6 月 12 日，AJJT 将重大事项停牌转为重大资产重组停牌，自 5 月 25 日起算，停牌时间不超过 3 个月。这让诸多中小投资者备受煎熬，在 6 月 28 日的 AJJT 股东大会上，甚至出现中小股东“大闹”股东大会，强烈要求复牌的情形。

2017 年 7 月 27 日，在上交所下发的《关于 AJJT 重大资产重组进展的监管工作函》中，本次交易行为并不构成重大资产重组，仅为一般对外投资行为。AJJT 于 2017 年 8 月 2 日开市起复牌，在 AJJT 筹划重大资产重组停牌期间，GZJJ 要约收购不能得以实施。

后经多方努力，GZJJ 及 AJJT 主要股东签署了《战略合作框架协议》，同意调整收购方案，不再以取得 AJJT 控制权为目的。2018 年 2 月 6 日，AJJT 协助 GZJJ（收购人）公告新的《要约收购报告书》：本次要约收购的股份数量由原来的 502999006 股下调至 104883445 股，收购比例由 35% 降至 6.47%。至此，AJJT 利用重大资产重组停牌缓冲并最终阻却了 GZJJ 的要约收购。

2018 年 12 月 28 日，沪深交易所分别发布《上海证券交易所上市公司筹划重大事项停复牌业务指引》《深圳证券交易所上市公司信息披露指引第 2 号——停复牌业务》，对筹划重大事项停复牌的停牌事项和期限做出了调整。至此，上市公司不得随意利用停复牌作为反收购手段。2022 年 1 月 7 日，为优化上市公司自律监管规则体系，完善停复牌事项监管要求，沪深交易所修订形成《上海证券交易所上市公司自律监管指引第 4 号——停复牌》《深圳证券交易所上市公司自律监管指引第 6 号——停复牌》。沪深北交易所重大事项重组停复牌事项及期限如表 3 – 5 所示。

表 3 – 5　　沪深北交易所重大事项重组停复牌对照表

上交所		深交所		北交所	
具体事项	停牌期限	具体事项	停牌期限	具体事项	停牌期限
重大资产重组	发行股份购买资产申请停牌，停牌时间不超过10个交易日； 国家有关部门对相关事项停复牌时间另有要求，可申请继续停牌，但连续停牌时间原则不超过25个交易日；涉及国家重大战略项目、国家军工秘密等事项，对停复牌时间另有要求的，从其要求； 停牌期间更换重组标的的，其累计停牌时间也不得超过10个交易日； 重组方案重大调整申请停牌，停牌时间不超过5个交易日。	重大资产重组	发行股份购买资产申请停牌，停牌时间不超过10个交易日； 国家有关部门对相关事项停复牌时间另有要求，可申请继续停牌，但连续停牌时间原则不超过25个交易日；涉及国家重大战略项目、国家军工秘密等事项，对停复牌时间另有要求的，从其要求； 停牌期间更换重组标的的，其累计停牌时间也不得超过10个交易日； 重组方案重大调整申请停牌，停牌时间不超过5个交易日。	重大资产重组	上市公司因筹划重大资产重组或发行股份购买资产的，可以申请停牌，停牌时间不超过10个交易日。上市公司无法在停牌期限届满前完成相关事项筹划，但国家有关部门对相关事项的停复牌时间另有要求的，公司可以向交易所申请延期复牌，但连续停牌时间原则上不得超过25个交易日。涉及国家重大战略项目、国家军工秘密等事项，对停复牌时间另有要求的从其要求。重组方案重大调整申请停牌，停牌时间不超过5个交易日。
筹划控制权变更、要约收购等事项的	不得超过2个交易日，确有必要的，可以延长至5个交易日。	筹划控制权变更、要约收购等事项	不超过2个交易日，确有必要的，可以延期至5个交易日。	筹划控制权变更、要约收购等事项	确有需要申请停牌的，停牌时间不超过5个交易日。
破产重整期间	原则上股票不停牌，确需申请停牌的不得超过2个交易日，确有必要的，可以延期至5个交易日。	破产重整期间	原则上股票不停牌，确需申请停牌的，不得超过2个交易日，确有必要的，可以延期至5个交易日。	破产重整期间	原则上股票不停牌，确需申请停牌的，停牌时间不得超过5个交易日。

续表

上交所		深交所		北交所	
具体事项	停牌期限	具体事项	停牌期限	具体事项	停牌期限
重大风险事项	证监会或者交易所认为有必要的，上市公司可以申请停牌。	重大风险事项	证监会或者交易所认为有必要的，上市公司可以申请停牌。	重大风险事项	证监会或者交易所认为有必要的，上市公司可以申请停牌。
除上述规则外的其他重大事项	应当分阶段披露筹划进展，不得申请停牌。中国证监会及交易所另有规定的除外。	除上述规则外的其他重大事项。	应当分阶段披露筹划进展，不得申请停牌。中国证监会及交易所另有规定的除外。	向境内其他证券交易所申请股票转板上市	应当申请股票于向境内其他证券交易所提交申报材料的次一交易日停牌。

3.3.4 其他限制手段

一部分上市公司认为，收购方在二级市场大举买入是恶意的，旨在争夺公司控制权，因此敌视收购方。若收购行为构成违规举牌，会更加遭到上市公司及其控股股东的抵制，上市公司一般会以此为由限制收购方股东权利。

专栏3-16　案例：CDLQ 限制争夺控制权股东的投票权限

2016 年李某逐步增持上市公司 CDLQ 的股份，直至成为该公司第一大股东，持股比例达到 20.06%。

为了阻止李某对上市公司行使控制权，2016 年 2 月 25 日，CDLQ 公布了修改后的《公司章程》，其中第三十七条修改为：在购买、控制公司股份过程中未依法履行报告和公告义务，或者在信息披露义务过程中存在虚假陈述、重大误导、遗漏的，构成恶意违法收购，投资者违反上述规定购买、控制公司股份的，视为放弃表决权，其所持或所控制股票不享有表决权，公司董事会有权拒绝其行使除领取股利以外的其他股东权利。

李某于2016年3月1日向CDLQ董事会提交了股东大会临时提案，提议2016年第一次临时股东大会进行公司董事会换届选举，并推荐包括自己在内的6名相关人员出任公司第五届董事会非独立董事。然而李某先是提交的议案被拒，而后在CDLQ股东大会现场得知被取消投票权。

2016年3月16日，李某收到证监会行政监管措施决定书，李某在增持CDLQ股份达到5%时及之后每增加5%时，均未依法在规定的期限内停止买入CDLQ的股份，为此，对李某采取出具警示函的监管措施。

针对被多次限制股东权利事宜，李某在2017年1月20日就CDLQ股东大会决议效力确认纠纷一案向成都市武侯区人民法院提起诉讼，迫使CDLQ2017年第一次临时股东大会决议暂缓执行（CDLQ于2018年2月1日收到四川省成都市中级人民法院的《民事判决书》：判决CDLQ于2016年3月11日作出的《2016年第一次临时股东大会决议》中修改《公司章程》第三十七条第五项内容无效；撤销CDLQ于2016年12月27日作出的《2016年第二次临时股东大会决议》、于2017年1月26日作出的《2017年第一次临时股东大会决议》）。

2018年1月15日，李某将其所持有的CDLQ 36870810股无限售流通股股份，以每股12.7472元的价格转让给HYJH，转让价款总额为47000万元。至此李某与CDLQ的股权之争结束。

3.4 违规收购的监管

3.4.1 信息披露义务人违规

根据《上市公司收购管理办法》第七十五条的规定：

上市公司的收购及相关股份权益变动活动中的信息披露义务人，未按照本办法的规定履行报告、公告以及其他相关义务的，中国证监会责令改正，采取监管谈话、出具警示函、责令暂停或者停止收购等监管措施。在改正前，相关信息披露义务人不得对其持有或者实际支配的股份行使表决权。

专栏3－17　案例：股东收购股份期间未履行报告、公告以及其他相关义务

案例简介：

2018年5月28日，在陈某豪已实际控制OPZW股份远超5%的情况下，陈某豪、许某华通过“曹某莲”等57个证券账户（以下简称账户组）合计新增持股52989491股，占总股本（1056070400股）的5.02%，新增持股比例首次超过5%，但陈某豪、许某华未按法律规定履行信息披露义务，仍反复交易。2018年6月29日，账户组持股比例达到峰值，合计持股88316789股，占总股本的8.36%。2018年7月9日，账户组合计持股减至25464951股，占总股本比例低于5%。2018年5月28日至7月6日期间，涉案账户组合计违规买入金额504473214.98元，违规卖出金额166535618.23元。

上述违法事实，有相关证券账户资料、银行账户资料、交易流水、证券交易所提供的交易数据、《投资合作协议》、询问笔录、持仓信息表、通信记录等证据证明，足以认定。

陈某豪、许某华的上述行为违反了2005年《证券法》第三十八条和第八十六条第二款的规定，构成2005年《证券法》第一百九十三条第二款和第二百零四条所述违法行为。

处理结果：

2021年11月9日，根据当事人违法行为的事实、性质、情节与社会危害程度，依据2005年《证券法》第一百九十三条第二款、第二百零四条的规定，中国证监会决定：

（一）对陈某豪、许某华信息披露违法行为，责令改正，给予警告，并处以50万元罚款，其中对陈某豪、许某华分别处以25万元罚款；

（二）对陈某豪、许某华在限制交易期内交易股票的行为，责令改正，给予警告，并处以1000万元的罚款，其中对陈某豪、许某华分别处以500万元罚款。

综合上述两项违法事实，合计对陈某豪处以525万元罚款，对许某华处以525万元罚款。

专栏3-18 案例：公司员工持股计划减持导致权益变动未履行公告及其他相关义务

案例简介：

刘某蓓作为上市公司YWSA——第一期员工持股计划（以下简称员工持股计划）管理委员会主任，负责员工持股计划减持YWSA的相关事宜。员工持股计划作为YWSA持股5%以上的股东，在2019年5月23日至7月25日期间，共减持YWSA股票19529925股，导致持有YWSA的股份由7.28%减至4.74%。在持股比例减少至5%时，员工持股计划管理委员会未提交书面报告并公告，也未停止买卖YWSA股票。上述行为违反了《上市公司收购管理办法》第十三条有关规定。

处理结果：

2019年9月24日，根据《上市公司收购管理办法》第七十五条的规定，湖北证监局决定对刘某蓓采取出具警示函的行政监管措施，并将上述违规行为情况记入诚信档案。

专栏3-19 案例：王某某收购SHXM期间未履行报告、公告以及其他相关义务

案例简介：

2013年7月至11月，王某某实际控制15个证券账户（以下简称

账户组或收购方）进行证券投资。自2013年7月18日起，账户组开始买入上市公司SHXM股票后，账户组持续不断买卖SHXM股票。

截至2013年10月23日，账户组合计持有SHXM股票24682975股，占SHXM全部已发行股份446383080股的5.53%，首次超过5%；截至2013年11月1日，该账户组合计持有SHXM全部已发行股份的10.02%；截至2013年11月27日，该账户组合计持有SHXM全部已发行股份的14.86%，其中某单个账户持有SHXM全部已发行股份的5%。

上述事实发生之后，账户组在2014年6月13日前，未披露该账户组受同一人控制或存在一致行动关系。该账户组在2013年10月23日合计持有SHXM股票首次超过5%以及在2013年11月1日合计持有SHXM股票10.02%时，均未按照《证券法（2014年修正）》第八十六条的规定对超比例持股情况进行及时报告和公告。

王某某能够对账户组进行控制、管理和使用，对该账户组享有收益权益并承担相应风险，是账户组的实际控制人和信息披露义务人。

处理结果：

2015年1月20日，证券监管机构和法院作了如下认定和处理：

（1）宁波证监局认定收购方未履行信息披露义务，责令整改（补充披露），给予警告，并处以50万元罚款。

（2）上交所认定王某某等相关股东隐瞒一致行动关系、增持公司股份达到5%和10%时未按规定停止交易并履行信息披露义务、增持公司股份成为第一大股东时未按规定履行信息披露义务等重大违规行为，给予相关人员公开谴责，通报中国证监会和上海市人民政府，并记入上市公司诚信档案。

（3）同年，SHXM原控股股东XSSY（原告）就违规增持的交易有效性、股东权利行使等事项在上海第一中级人民法院向王某某等（被告）提起民事诉讼。法院就相关事项认定如下：

法院认为，被告通过集合竞价的方式购买的股票，其交易方式符合交易规则；且如果交易结果可随意改变，会影响交易秩序、涉及众多投资者利益。根据《证券法（2014 年修正）》第 120 条中的规定：按照依法制定的交易规则进行的交易，不得改变其交易结果。同时，《证券法（2014 年修正）》也对违规收购等规定了救济手段，主要为警告、责令改正、罚款，以及民事损害赔偿等。被告已按照证券监管机构的要求，缴纳了罚款、补充履行了信息披露义务，改正行为已完成。

同时，法院认为《证券法（2014 年修正）》第 213 条规定："……在改正前，……不得行使表决权"。根据上述条款的规定，责令改正的是行政职权范围内的事项。证券监管部门已经认定，后被告王某某缴纳罚款 50 万元，并和一致行动人发布《详式权益变动报告书（补充披露）》。因原告以被告违法交易行为自始无效及各被告尚未完成行政处罚责令改正事项为由，要求限制持股被告行使股东权利及处分股票权利的诉讼请求缺乏事实及法律依据，法院不予支持。

上述案例中证监局和交易所仅对收购方未履行信息披露义务行为进行了认定和处罚。处罚方式有责令整改、警告、罚款和公开谴责。此后，收购方进行了权益变动报告书的补充披露，缴纳了罚款。证券监管机构并未对收购方违规增持股份的交易行为及股东权利进行认定。同时，法院认定责令整改仅包括补充披露和缴纳罚款。鉴于被告已完成整改措施，其股东权利不应受到限制。

2020 年 3 月 1 日新《证券法》实施后，根据第六十三条第四款：违反第一款（持有一个上市公司已发行的有表决权股份达到 5% 时，未履行信息披露及限制买卖义务）、第二款（持有一个上市公司已发行的有表决权股份达到 5% 后，所持该上市公司已发行的有表决权股份比例每增加或者减少 5%，未履行信息披露及限制买卖义务）规定买入上市公司有表决权的股份的，在买入后的 36 个月内，对该超过规定比例部分的股份不得行使表决权。此次《证券法》对违规超比例持股的表决权限制予以明确，消除分歧，对指导实践具有重大意义。

3.4.2 虚假披露

根据《上市公司收购管理办法》第七十六条的规定：

上市公司的收购及相关股份权益变动活动中的信息披露义务人在报告、公告等文件中有虚假记载、误导性陈述或者重大遗漏的，中国证监会责令改正，采取监管谈话、出具警示函、责令暂停或者停止收购等监管措施。在改正前，收购人对其持有或者实际支配的股份不得行使表决权。

专栏3-20 案例：LWCM收购WJWH期间涉嫌虚假披露

案例简介：

LWCM在自身境内资金准备不足、相关金融机构融资尚待审批，存在极大不确定性的情况下，以空壳公司收购上市公司，且贸然予以公告，对市场和投资者产生严重误导。

LWCM于2016年11月2日成立，注册资本200万元，尚未实缴到位，未开展实际经营活动，总资产、净资产、营业收入、净利润都为零。公司设立的主要目的在于从事国内文化方面的并购。2016年12月8日，LWCM控股股东赵某及其配偶黄某龙、LWCM财务顾问恒泰长财证券有限责任公司副总经理靳某在杭州约见上市公司WJWH实际控制人孔某永，就本次股份转让事宜开始接触，当面沟通关于协议收购WJJT所持WJWH部分股份并获得WJWH控制权的意向。2016年12月23日，LWCM与上市公司控股股东WJJT签订《股份转让协议》，收购WJWH 29.14%的股份。

本次收购共需资金305990万元，收购方案中，LWCM自有资金6000万元，剩余资金均为借入，杠杆比例高达51倍。在《股份转让协议》签订后，LWCM才与相关银行商谈融资。

LWCM在本次收购前一个月成立，其间也未进行资金的充分筹备，在境内可支付资金有限、缺乏金融机构拟融入资金的情况下，采取高杠杆收购方式，签订股权转让协议。在履行能力、履行结果不确切，收购行为真实性、准确性不能保证的情况下，贸然公布收购信息。其行为因其名人效应等因素叠加，严重误导市场及投资者，引发市场和媒体的高度关注，致使 WJWH 股价大幅波动，严重扰乱了正常的市场秩序。

2017 年 1 月 12 日，LWCM 通过 WJWH 在给上交所问询函的回复中称，其 30.6 亿元股权转让款全部为自筹资金，其中股东自有资金 6000 万元；向 YBX 借款 15 亿元，还款期限为 3 年，借款利率为年化利率 10%；向金融机构质押融资剩余 149990 万元，金融机构股票质押融资审批流程预计于 2017 年 1 月 31 日前完成。

证据显示，2017 年 1 月 23 日，WJJT、LWCM 知晓其向银行的融资计划未通过总行审批。截至 2017 年 1 月 31 日，LWCM 并没有与任何金融机构达成融资合作。收购方关于筹资计划和安排的公告内容存在虚假记载、重大遗漏。

根据《上市公司信息披露管理办法（2007 年）》第三十二条的规定，“上市公司披露重大事件后，已披露的重大事件出现可能对上市公司证券及其衍生品种交易价格产生较大影响的进展或者变化的，应当及时披露进展或者变化情况、可能产生的影响”。无法从金融机构获取股票质押融资的事项对 LWCM 收购 WJWH 控股权存在重要影响，但 LWCM 未及时通知 WJWH，披露重大事件的进展、变化情况及可能产生的影响。

另外 LWCM 在 2017 年 1 月 12 日公告中称“将积极与 WJJT 进行沟通以使本次交易顺利完成”，存在误导性陈述。

处理结果：

2017 年 11 月 8 日，WJWH 收到中国证券监督管理委员会《行政处罚及市场禁入事先告知书》（处罚字〔2017〕123 号）。证监会认为在控股权转让过程中，LWCM 通过 WJWH 在 2017 年 1 月 12 日、2017 年 2 月 16 日公告中披露的信息存在虚假记载、误导性陈述及重大遗漏，LWCM 在自身境内资金准备不足，相关金融机构融资尚待审批，存在极大不确定性的情况下，以空壳公司收购上市公司，且贸然予以公告，对市场和投资者产生严重误导。另外，LWCM 关于筹资计划和安排的信息披露存在虚假记载、重大遗漏，更未及时披露与金融机构未达成融资合作的情况等等。上述行为造成 WJWH 股价大幅波动，引起市场和媒体高度关注，严重影响了市场秩序，损害了中小投资者的信心，影响了市场的公平、公正、公开。

2018 年 4 月 11 日，WJWH 收到中国证券监督管理委员会行政处罚决定书（〔2018〕32 号），根据当事人违法行为的事实、性质、情节与社会危害程度，依据《证券法（2014 年修正）》第一百九十三条第一款的规定，证监会决定：

（1）对 WJWH、LWCM 责令改正，给予警告，并分别处以 60 万元罚款；

（2）对孔某永、黄某龙、赵某等人给予警告，并分别处以 30 万元罚款。

同日，孔某永、黄某龙、赵某收到中国证券监督管理委员会市场禁入决定书（〔2018〕7 号），根据《证券法（2014 年修正）》第二百三十三条和《证券市场禁入规定》（证监会令第 115 号）第三条、第五条、第六条的规定，证监会决定：

对孔某永、黄某龙、赵某分别采取 5 年证券市场禁入措施，自证监会宣布决定之日起，在禁入期间内，不得从事证券业务或者担任上市公司、非上市公众公司董事、监事、高级管理人员职务。

3.4.3 规避法定程序和义务

根据《上市公司收购管理办法》的规定：

第七十七条 投资者及其一致行动人取得上市公司控制权而未按照本办法的规定聘请财务顾问，规避法定程序和义务，变相进行上市公司的收购，或者外国投资者规避管辖的，中国证监会责令改正，采取出具警示函、责令暂停或者停止收购等监管措施。在改正前，收购人不得对其持有或者实际支配的股份行使表决权。

第七十八条 收购人未依照本办法的规定履行相关义务或者相应程序擅自实施要约收购的，中国证监会责令改正，采取监管谈话、出具警示函、责令暂停或者停止收购等监管措施；在改正前，收购人不得对其持有或者支配的股份行使表决权。

发出收购要约的收购人在收购要约期限届满，不按照约定支付收购价款或者购买预受股份的，自该事实发生之日起3年内不得收购上市公司，中国证监会不受理收购人及其关联方提交的申报文件。

存在前二款规定情形，收购人涉嫌虚假披露、操纵证券市场的，中国证监会对收购人进行立案稽查，依法追究其法律责任；收购人聘请的财务顾问没有充分证据表明其勤勉尽责的，自收购人违规事实发生之日起1年内，中国证监会不受理该财务顾问提交的上市公司并购重组申报文件，情节严重的，依法追究法律责任。

专栏3-21　案例：收购人未聘请财务顾问被处罚

案例简介：

2015年12月8日，上市公司XHBH第二大股东SHBY增持上市公司451.26万股股票，该股东及其一致行动人已累计持有上市公司7220.21万股，占总股本的32%。该公司2015年12月15日披露《收购报告书》，但未披露财务顾问核查意见和律师专项意见。SHBY在《未聘请财务顾问、律师事务所等中介机构的情况说明》中表示，由于该公司及其法定代表人崔某已向中国证监会就前期宁夏证监局对其作出的行政处罚提起了行政复议，导致其在收购行为中接洽的律师及财务顾问均表示，无法对收购事项发表专业意见。因此，在制作相关《收购报告书》前，公司并未聘请财务顾问、律师事务等中介机构，并承诺尽快聘请。

处理结果：

2015 年 12 月 21 日，上海证券交易所对 XHBH 发出监管工作函，要求举牌股东聘请中介机构并及时履行信息披露义务。

2016 年 1 月 20 日，证监会宁夏监管局向 SHBY 下发《行政监管措施决定书》：按照《上市公司收购管理办法（2014 年修订）》第七十七条的规定，宁夏监管局责令公司于 2016 年 2 月 15 日前聘请中介机构就以上事项进行核查、发表明确意见并进行公开披露。在改正前，SHBY 不得对已经持有的 XHBH 股份行使表决权。公司应当在 2016 年 2 月 22 日前，向宁夏监管局提交书面报告。

2016 年 2 月 19 日，SHBY 公告了由律师事务所及财务顾问发表的专业意见。

4. 减持

4.1 减持概述

4.1.1 减持

上市公司股份减持制度是资本市场重要的基础性制度，对于完善上市公司治理、维护二级市场稳定、保护投资者特别是中小投资者合法权益具有十分重要的作用。目前我国已经形成了包括《公司法》《证券法》的相关法律、证监会部门规章、规范性文件和证券交易所自律规则在内的一套规范大股东、持有公司首次公开发行前股份、上市公司非公开发行股份的股东（以下并称“特定股东”）及董监高减持公司股份的规则体系，确立了以锁定期安排和后续减持比例限制、信息披露要求为基础的减持制度。

本章包含的内容主要有减持相关法律法规、各类减持情形的要点分析、减持的信息披露要求，同时结合减持案例进行简要分析。

4.1.2 相关法规

4.1.2.1 法律

与减持有关的法律如表 4 - 1 所示。

表 4－1 相关法律表

相关法规	发文部门	文号	颁布日期	涉及条文
《中华人民共和国证券法（2019 年修订）》	全国人民代表大会常务委员会	主席令第三十七号	2019 年 12 月 28 日	第六十三条、第一百八十六条、第一百九十七条
《中华人民共和国公司法（2018 年修正）》	全国人民代表大会及其常委会	主席令第十五号	2018 年 10 月 26 日	第一百四十一条

4.1.2.2 部门规章及规范性文件

与减持有关的部门规章及规范性文件如表 4－2 所示。

表 4－2 相关部门规章及规范性文件表

相关法规	发文部门	文号	颁布日期	涉及条文
《上市公司董事、监事和高级管理人员所持本公司股份及其变动管理规则（2022 年修订）》	中国证券监督管理委员会	证监会公告〔2022〕19 号	2022 年 1 月 5 日	全文
《北京证券交易所上市公司持续监管办法（试行）（2022 年修订）》	中国证券监督管理委员会	证监会令第 189 号	2021 年 10 月 30 日	第四章
《中国证券监督管理委员会限制证券买卖实施办法》	中国证券监督管理委员会	证监会令第 177 号	2020 年 10 月 30 日	第二条、第四条
《监管规则适用指引——上市类第 1 号》	中国证券监督管理委员会		2020 年 7 月 31 日	1－15
《创业板上市公司证券发行注册管理办法（试行）》	中国证券监督管理委员会	证监会令第 168 号	2020 年 6 月 12 日	第九十二条
《创业板上市公司持续监管办法（试行）》	中国证券监督管理委员会	证监会令第 169 号	2020 年 6 月 12 日	第十五条
《上市公司收购管理办法（2020 年修正）》	中国证券监督管理委员会	证监会令第 166 号	2020 年 3 月 20 日	第十三条、第十四条等
《上市公司创业投资基金股东减持股份的特别规定（2020 年修订）》	中国证券监督管理委员会	证监会公告〔2020〕17 号	2020 年 3 月 6 日	全文

续表

相关法规	发文部门	文号	颁布日期	涉及条文
《上市公司证券发行管理办法（2020年修订）》	中国证券监督管理委员会	证监会令第163号	2020年2月14日	第七十五条
《科创板上市公司持续监管办法（试行）》	中国证券监督管理委员会	证监会令第154号	2019年3月1日	第四章
《上市公司股东、董监高减持股份的若干规定》	中国证券监督管理委员会	证监会公告〔2017〕9号	2017年5月26日	全文
《中国证监会关于进一步推进新股发行体制改革的意见》	中国证券监督管理委员会	证监会公告〔2013〕42号	2013年11月30日	二、(二)
《上市公司股权分置改革管理办法》	中国证券监督管理委员会	证监发〔2005〕86号	2005年9月4日	第三十九条

4.1.2.3 业务规则

上交所、深交所、北交所与减持有关的业务规则及指南如表4－3、表4－4、表4－5所示。

表4－3　　上交所相关业务规则表

相关规则及指南	发文部门	发文文号	发文日期	有关条文
《上海证券交易所股票上市规则（2022年1月修订）》	上海证券交易所	上证发〔2022〕1号	2022年1月7日	第三章第四节
《上海证券交易所科创板上市公司自律监管指引第1号——规范运作》	上海证券交易所	上证发〔2022〕14号	2022年1月7日	2.4.3
《上海证券交易所上市公司自律监管指引第8号——股份变动管理》	上海证券交易所	上证发〔2022〕9号	2022年1月7日	第一章、第二章、第四章、第五章
《上海证券交易所上市公司股份协议转让业务办理指引》	上海证券交易所	上证发〔2021〕67号	2021年8月20日	全文

续表

相关规则及指南	发文部门	发文文号	发文日期	有关条文
《上海证券交易所科创板股票上市规则（2020 年 12 月修订）》	上海证券交易所	上证发〔2020〕101 号	2020 年 12 月 31 日	第二章第四节
《上海证券交易所科创板上市公司股东以向特定机构投资者询价转让和配售方式减持股份实施细则》	上海证券交易所	上证发〔2020〕49 号	2020 年 7 月 3 日	全文
《上海证券交易所上市公司创业投资基金股东减持股份实施细则（2020 年修订）》	上海证券交易所	上证发〔2020〕14 号	2020 年 3 月 6 日	全文
《上海证券交易所纪律处分和监管措施实施办法（2019 年修订）》	上海证券交易所	上证发〔2019〕97 号	2019 年 10 月 11 日	第二十一条、第二十二条
《上海证券交易所科创板股票盘后固定价格交易指引》	上海证券交易所	上证发〔2019〕26 号	2019 年 3 月 1 日	全文
《关于进一步明确上市公司大股东通过大宗交易减持股份相关事项的通知》	上海证券交易所	上证函〔2018〕183 号	2018 年 2 月 14 日	全文
《<上海证券交易所上市公司股东及董事、监事、高级管理人员减持股份实施细则>问题解答（一）》	上海证券交易所	上证函〔2018〕66 号	2018 年 1 月 12 日	全文
《上海证券交易所上市公司股东及董事、监事、高级管理人员减持股份实施细则》	上海证券交易所	上证发〔2017〕24 号	2017 年 5 月 27 日	全文

表 4-4　深交所相关业务规则表

相关规则及指南	发文部门	发文文号	发文日期	有关条文
《深圳证券交易所股票上市规则（2022 年修订）》	深圳证券交易所	深证上〔2022〕12 号	2022 年 1 月 7 日	第三章第四节
《深圳证券交易所上市公司自律监管指引第 10 号——股份变动管理》	深圳证券交易所	深证上〔2022〕22 号	2022 年 1 月 7 日	第一章、第二章、第四章、第五章
《深圳证券交易所创业板股票上市规则（2020 年修订）》	深圳证券交易所	深证上〔2020〕1292 号	2020 年 12 月 31 日	第二章第三节
《深圳证券交易所创业板上市公司证券发行上市审核规则》	深圳证券交易所	深证上〔2020〕502 号	2020 年 6 月 12 日	第四十八条
《深圳证券交易所上市公司创业投资基金股东减持股份实施细则（2020 年修订）》	深圳证券交易所	深证上〔2020〕143 号	2020 年 3 月 6 日	全文
《深圳证券交易所限制交易实施细则（2019 年修订）》	深圳证券交易所	深证会〔2019〕390 号	2019 年 11 月 29 日	第三条、第四条
《关于就 <深圳证券交易所上市公司股东及董事、监事、高级管理人员减持股份实施细则> 有关事项答投资者问（二）》	深圳证券交易所		2018 年 1 月 12 日	全文
《关于上市公司股东通过大宗交易减持股份不再采用人工受理方式的通知》	深圳证券交易所	深证会〔2017〕234 号	2017 年 7 月 28 日	全文

续表

相关规则及指南	发文部门	发文文号	发文日期	有关条文
《深圳证券交易所上市公司股东及董事、监事、高级管理人员减持股份实施细则》	深圳证券交易所	深证上〔2017〕820号	2017年5月27日	全文
《深圳证券交易所上市公司股东减持股份相关业务办理指南》	深圳证券交易所	深证上〔2017〕337号	2017年5月27日	全文

表4－5　北交所相关业务规则表

相关规则及指南	发文部门	发文文号	发文日期	有关条文
《北京证券交易所股票上市规则（试行）》	北京证券交易所	北证公告〔2021〕13号	2021年10月30日	第二章第四节

4.1.3　减持重点规则解读

4.1.3.1　《上市公司股东、董监高减持股份的若干规定》

2017年5月26日，证监会发布了《上市公司股东、董监高减持股份的若干规定》，主要措施内容如下：

（1）鼓励和倡导投资者形成长期投资、价值投资的理念，进一步强调上市公司股东应当严格遵守相关股份锁定期的要求，并切实履行其就限制股份减持所作出的相关承诺。

（2）完善大宗交易制度，防范“过桥减持”。明确有关股东通过大宗交易减持股份时，出让方、受让方要遵守证券交易所对减持数量和持股期限的要求。

（3）引导持有上市公司非公开发行股份的股东在股份锁定期届满后规范、理性、有序减持。特定股东通过集中竞价交易系统减持每90日不超过1%；大宗交易出让方、受让方要遵守证券交易所减持数量和持股期限要求，股份限售期届满之日起12个月通过集中竞价交易减持数量，要符合交易所规定的比例限制。

（4）进一步规范持有首次公开发行前发行的股份和上市公司非公开发行的股份的股东的减持行为。作为特定股东，通过集中竞价交易系统减持每 90 日不超过 1%。

（5）健全减持计划的信息披露制度。明确减持的信息披露要求，进一步健全和完善上市公司大股东、董监高转让股份的事前、事中和事后报告、备案、披露制度，防范和避免故意利用信息披露进行“精准式”减持。

（6）强化上市公司董监高的诚信义务，防范其通过辞职规避减持规则。

（7）落实《国务院关于促进创业投资持续健康发展的若干意见》要求，对专注于长期投资和价值投资的创业投资基金在市场化退出方面给予必要的政策支持。

（8）明确大股东与其一致行动人减持股份的，其持股应当合并计算，防止大股东通过他人持有的方式变相减持。

（9）切实加强证券交易所一线监管职责，对于违反证券交易所规则的减持行为，证券交易所采取相应的纪律处分和监管措施。

（10）严厉打击违法违规减持行为，对于利用减持进行操纵市场、内幕交易等违法行为的，加强稽查执法，加大行政处罚力度，严格追究违法违规主体的法律责任。

证监会将持续跟踪市场上出现的新情况、新问题，及时调整完善相关制度规则。

4.1.3.2 《上市公司股东及董事、监事、高级管理人员减持股份实施细则》

2017 年 5 月 27 日，沪深交易所分别发布《上市公司股东及董事、监事、高级管理人员减持股份实施细则》（以下简称《实施细则》，与证监会颁布的《上市公司股东、董监高减持股份的若干规定》合称减持新规）以及相关的配套规则，主要做了以下四个方面的制度完善：

一是扩大了适用范围。在规范大股东减持行为的基础上，将股东减持公司首次公开发行前股份、上市公司非公开发行股份（以下统称特定股份）的行为纳入监管。

二是细化了减持限制。新增规定包括：减持上市公司非公开发行股份的，在解禁后12个月内不得超过其持股量的50%；通过大宗交易方式减持股份，在连续90个自然日内不得超过公司股份总数的2%，且受让方在受让后6个月内不得转让；通过协议转让方式减持股份导致丧失大股东身份的，出让方、受让方应当在6个月内继续遵守减持比例和信息披露的要求；董监高届满前辞职的，仍须按原定任期遵守股份转让的限制性规定；等等。

三是强化了减持披露。即大股东、董监高应当通过向交易所报告并公告的方式，事前披露减持计划，事中披露减持进展，事后披露减持完成情况。

四是严格了减持罚则。即对违反《实施细则》、规避减持限制或者构成异常交易的减持行为，交易所可以采取书面警示、通报批评、公开谴责、限制交易等监管措施或者纪律处分。

另外，沪深交易所还以问答的形式于2017年5月27日发布了《〈上海证券交易所上市公司股东及董事、监事、高级管理人员减持股份实施细则〉答记者问》（以下简称上交所答记者问）、《深交所就〈深圳证券交易所上市公司股东及董事、监事、高级管理人员减持股份实施细则〉答记者问》（以下简称深交所答记者问）、《关于就〈深圳证券交易所上市公司股东及董事、监事、高级管理人员减持股份实施细则〉有关事项答投资者问》（以下简称深交所答投资者问（一））以及2018年1月12日发布了《〈上海证券交易所上市公司股东及董事、监事、高级管理人员减持股份实施细则〉问题解答（一）》（以下简称上交所减持问答（一））、《关于就〈深圳证券交易所上市公司股东及董事、监事、高级管理人员减持股份实施细则〉有关事项答投资者问（二）》（以下简称深交所答投资者问（二）），以便上市公司做好信息披露工作，确保股东及董监高依法合规减持。

4.1.3.3 再融资规则

2020年2月14日，为深化金融供给侧结构性改革，完善再融资市场化约束机制，增强资本市场服务实体经济的能力，助力上市公司抗击疫情、恢复生产，证监会发布了《关于修改〈上市公司证券发行管理办法〉的决定》《关于修改〈创业板上市公司证券发行管理暂行办法〉的决定》（现已失效）、《关于修改〈上市公司非公开发行股票实施细则〉的决定》（以下简称《再融资规则》），自发布之日起施行。

《再融资规则》明确了通过非公开发行股票取得的上市公司股份，其减持不适用《上市公司股东、董监高减持股份的若干规定》的有关规定（根据《深圳证券交易所创业板上市公司证券发行上市审核规则》第四十八条的规定，减持不适用《深圳证券交易所上市公司股东及董事、监事、高级管理人员减持股份实施细则》第九条和第十一条规定有关不得减持股份的规定除外）。

此前《上市公司股东、董监高减持股份的若干规定》要求连续 3 个月内集中竞价减持不得超过总股本的 1%，大宗交易减持不得超过总股本的 2% 且大宗受让方受让后 6 个月内不得减持，同时还要求定增股东解禁首年集中竞价减持不得超过所持定增股份的 50%。上述规定不仅限制了定增股东解禁后的流动性，而且还变相延长了定增股份的锁定期。正是折扣率的下降和锁定期的延长，导致了定增市场吸引力的大幅下降，从而带来了定增市场的持续低迷。本次《再融资规则》规定定增参与方将不再受减持规则的限制。

4.1.3.4 《上市公司创业投资基金股东减持股份的特别规定》

2020 年 3 月 6 日，证监会修订并发布了《上市公司创业投资基金股东减持股份的特别规定》，沪深交易所同步修订了《上市公司创业投资基金股东减持股份实施细则》，对反向挂钩政策简化优化，有利于缓解私募股权投资基金、创业投资基金“退出难”的问题。

《上市公司创业投资基金股东减持股份的特别规定》主要作了五方面的修订完善。

一是简化反向挂钩政策适用标准。明确创业投资基金项目投资时满足“早期企业”“中小企业”“高新技术企业”三个条件之一即可享受反向挂钩政策，并删除基金层面“对早期中小企业和高新技术企业的合计投资金额占比 50% 以上”的要求。

二是取消大宗交易方式下减持受让方的锁定期限制。为激活大宗交易方式下受让方的交易动力，通过同步修订证券交易所实施细则，完善大宗交易环节反向挂钩政策，取消减持受让方锁定期限制。

三是取消投资期限在 5 年以上的创业投资基金减持限制。加大对专注于长期投资的基金优惠力度，允许投资期限在 5 年以上的创业投资基金锁定期满后减持比例不受限制。

四是合理调整期限计算方式。投资期限截止点由“发行申请材料受理日”修改为“发行人首次公开发行日”。

五是拓宽享受反向挂钩政策的适用主体。在中国证券投资基金业协会依法备案的私募股权投资基金参照适用。

此次修订进一步完善了创业投资基金退出渠道，畅通“投资—退出—再投资”良性循环，促进创业资本形成，更好发挥创业投资对于支持中小企业、科创企业创业创新的作用，通过私募股权和创投基金助力疫情防控，加大对实体经济的支持力度。

4.1.3.5　北交所上市公司股份减持相关监管要求

北交所上市公司股份减持相关监管要求具体规定在《北京证券交易所上市公司持续监管办法（试行）》第四章和《北京证券交易所股票上市规则（试行）》第二章第四节，内容主要集中在两方面：一是信息披露要求，上市公司大股东、实际控制人、董事、监事、高级管理人员计划通过集中竞价交易减持其所持有本公司股份的，应当在首次卖出股份的 15 个交易日前预先披露减持计划，后续披露减持进展及结果公告；拟在 3 个月内卖出股份总数超过公司股份总数 1% 的，还应当在首次卖出的 30 个交易日前预先披露减持计划；实际控制人、大股东减持通过北交所和全国股转系统的竞价或做市交易买入本公司股份的除外。二是不得减持的负面情形，具体要求与沪深交易所一致。

4.2 减持要点分析

4.2.1 减持的整体合规要求

股份减持需关注信息披露的问题，主要包括事前、事中、事后披露，以及变动比例达到1%、5%、减持至5%以下时的披露等。在减持比例方面需要关注不同减持方式对于可减持比例的限制。同时，还要关注短线交易、敏感期交易、内幕交易的相关要求。

减持股份时须关注以下要点，如表4-6所示。

表4-6　减持股份要点表

分类	相关事项	具体要求
信息披露	减持预披露	上市公司大股东、董监高计划通过证券交易所集中竞价交易减持股份，应当在首次卖出的15个交易日前向证券交易所报告并预先披露减持计划，由证券交易所予以备案。 大股东、实际控制人、董监高拟在3个月内通过集中竞价交易卖出股份总数超过公司股份总数1%的，还应当在首次卖出的30个交易日前预先披露减持计划（北交所）。
	事中披露	1. 在减持时间区间内，大股东、董监高在减持数量过半或减持时间过半时，应当披露减持进展情况。 2. 公司控股股东、实际控制人及其一致行动人减持达到公司股份总数1%的，还应当在该事实发生之日起2个交易日内就该事项作出公告。 3. 减持时间区间内，上市公司发生高送转、并购重组等重大事项的，前款规定的股东应当同步披露减持进展情况，并说明本次减持与前述重大事项的关联性。

续表

<table>
<tr><th>分类</th><th colspan="2">相关事项</th><th>具体要求</th></tr>
<tr><td rowspan="4">信息披露</td><td colspan="2">减持计划实施完成公告</td><td>上市公司大股东、董监高减持股份，应当在股份减持计划实施完毕后的2个交易日内予以公告。上述主体在预先披露的股份减持时间区间内，未实施股份减持或股份减持计划未实施完毕的，应当在股份减持区间届满后的2个交易日内予以公告。</td></tr>
<tr><td colspan="2">每减持达到1%时</td><td>请参见《证券法》第六十三条、《上市公司收购管理办法》第十三条，持股5%以上股东每减少1%，应当在该事实发生的次日通知该上市公司，并予公告。</td></tr>
<tr><td colspan="2">每减持达到5%时</td><td>请参见《证券法》第六十三条、《上市公司收购管理办法》第十三条，在披露《权益变动报告书》3日后，方可以继续减持。</td></tr>
<tr><td colspan="2">减持达到低于5%时</td><td>请参见《证券法》第六十三条，并披露《权益变动报告书》、履行相关限售义务。</td></tr>
<tr><td rowspan="10">可减持股份的上限</td><td rowspan="2">投资期限≤36个月的创投基金</td><td>竞价交易减持上限</td><td>任意连续90自然日不超过1%。</td></tr>
<tr><td>大宗交易减持上限</td><td>任意连续90自然日不超过2%。
受让方在受让后6个月内，不得转让所受让的股份。</td></tr>
<tr><td rowspan="2">36个月＜投资期限≤48个月的创投基金</td><td>竞价交易减持上限</td><td>任意连续60自然日不超过1%。</td></tr>
<tr><td>大宗交易减持上限</td><td>任意连续60自然日不超过2%。
受让后不受“6个月内不得转让其受让股份”的限制。</td></tr>
<tr><td rowspan="2">48个月＜投资期限≤60个月的创投基金</td><td>竞价交易减持上限</td><td>任意连续30自然日不超过1%。</td></tr>
<tr><td>大宗交易减持上限</td><td>任意连续30自然日不超过2%。
受让后不受“6个月内不得转让其受让股份”的限制。</td></tr>
<tr><td rowspan="2">投资期限＞60个月以上的创投基金</td><td>竞价交易减持上限</td><td>无限制。</td></tr>
<tr><td>大宗交易减持上限</td><td>无限制。</td></tr>
<tr><td rowspan="2">其他首发股东</td><td>竞价交易减持上限</td><td>任意连续90自然日不超过1%。</td></tr>
<tr><td>大宗交易减持上限</td><td>任意连续90自然日不超过2%。
受让方在受让后6个月内，不得转让所受让的股份。</td></tr>
</table>

续表

分类	相关事项		具体要求
可减持股份的上限	2020年2月14日前认购非公开发行股份	竞价交易减持上限	任意连续90自然日不超过1%。 在股份限制转让期间届满后12个月内，减持数量还不得超过其持有的该次非公开发行股份的50%。
		大宗交易减持上限	任意连续90自然日不超过2%。 受让方在受让后6个月内，不得转让所受让的股份。
	2020年2月14日后认购非公开发行股份	竞价交易减持上限	无限制。
		大宗交易减持上限	无限制。
	科创板上市时未盈利的，在实现盈利前	减持比例	控股股东、实际控制人自公司股票上市之日起第4个会计年度和第5个会计年度内，每年减持的首发前股份不得超过公司股份总数的2%。
	创业板上市时未盈利的，在实现盈利前	减持比例	控股股东、实际控制人及其一致行动人自公司股票上市之日起第4个和第5个完整会计年度内，每年减持的首发前股份不得超过公司股份总数的2%。
	北交所上市时未盈利的，在实现盈利前	减持比例	控股股东、实际控制人、董事、监事、高级管理人员自公司股票上市之日起2个完整会计年度内，不得减持公开发行并上市前股份。
其他注意事项	敏感期	减持股份应避开敏感期，敏感期的相关要求请参见本书8. 敏感期交易。	
	短线交易	减持股份应避免短线交易，短线交易的相关要求请参见本书7. 短线交易。	
	内幕交易	减持股份应避免涉及内幕交易，内幕交易的相关要求请参见本书6. 内幕交易。	

注：①大股东减持通过集中竞价交易取得的股份时，不受《上市公司股东、董监高减持股份的若干规定》的限制。

②在基金业协会备案的创投基金和私募股权基金均适用《上市公司创业投资基金股东减持股份的特别规定》。

③创业投资基金所投资符合条件的企业是指满足下列情形之一的企业：（1）首次接受投资时，企业成立不满60个月；（2）首次接受投资时，企业职工人数不超过500人，根据会计事务所审计的年度合并会计报表，年销售额不超过2亿元、资产总额不超过2亿元；（3）截至发行申请材料受理日，企

业依据《高新技术企业认定管理办法》（国科发火〔2016〕32 号）已取得高新技术企业证书。

④根据《上市公司收购管理办法》第十二条规定，投资者在一个上市公司中拥有的权益，包括登记在其名下的股份和虽未登记在其名下但该投资者可以实际支配表决权的股份。因此计算股东减持后的持股比例应当以拥有的权益为基数计算，即［股东持有的（A 股股数 + H 股股数）］/［公司的（A 股总数 + H 股总数）］。

4.2.2 减持新规适用对象

《实施细则》本着问题导向、突出重点的思路，着眼于管住“关键少数”，减持新规适用对象主要分为以下三类：

（1）大股东减持，即上市公司控股股东（含一致行动人）、（合计）持股 5% 以上的股东减持其持有的股份，但其减持通过集中竞价交易取得的股份除外；

专栏 4-1　案例：大股东的一致行动人通过集中竞价减持未预披露被处罚

案例简介：

GZLGQHZ 投资管理合伙企业（有限合伙）系 JTSW 控股股东的一致行动人。经查，GZLGQHZ 投资管理合伙企业（有限合伙）于 2021 年 3 月 2 日通过集中竞价交易方式减持了 JTSW 股份 546415 股，占上市公司 JTSW 总股本的 0.55%，GZLGQHZ 投资管理合伙企业（有限合伙）未按规定在减持股份的 15 个交易日前预先披露减持计划，违反了《上市公司信息披露管理办法》（证监会令第 40 号，下同）第二条、《上市公司股东、董监高减持股份的若干规定》（证监会公告〔2017〕9 号）第八条等相关规定。

处理结果：

2021 年 8 月 25 日，根据《上市公司信息披露管理办法》第五十九条的规定，中国证券监督管理委员会广东监管局决定对 GZLGQHZ 投资管理合伙企业（有限合伙）采取出具警示函的行政监管措施。

（2）特定股东减持，即大股东以外持有公司首次公开发行前股份、上市公司非公开发行股份的股东（2020 年 2 月 14 日《再融资规则》颁布后认购非公开发行股份的股东除外），减持其持有的该等股份；

（3）董监高减持其持有的股份。

上述三类股东的突出特点是，或具有持股优势，如大股东对公司业务经营和管理决策具有较大影响；或具有持股成本优势，如持有公司 IPO 前股份、定增股份等特定股份，取得股份的价格通常较低；或具有信息优势，如董监高直接参与公司经营管理。由于这些股东具有优势地位，对其减持如不做必要的、有效的限制，极易破坏市场公平，损害中小投资者合法利益，需予以特别规范。

因司法强制执行、执行股权质押协议、赠与、可交换债换股、股票权益互换等减持股份的；特定股份在解除限售前发生非交易过户，受让方后续对该部分股份减持的，同样适用于减持新规。

减持新规除对上述股东的减持行为进行规范外，不涉及对其他投资者股票交易的限制，中小投资者的正常交易不受任何影响。另外，优先股不计入公司股份总数，其减持也不适用《实施细则》的规定。

4.2.3 减持方式及比例的要求

减持股份的方式，包括二级市场集中竞价交易减持、大宗交易减持、协议转让减持，以及因司法强制执行、执行股权质押协议、赠与、可交换债换股、股票权益互换等。

4.2.3.1 集中竞价交易

大股东减持或者特定股东（2020 年 2 月 14 日《再融资规则》颁布后认购非公开发行股份的股东除外）减持，采取集中竞价交易方式的，在任意连续 90 个自然日内，减持股份的总数不得超过公司股份总数的 1%（大股东减持通过集中竞价交易取得的股份除外（沪深交易所）；实际控制人、大股东通过北交所和全国股转系统的竞价或做市交易买入的股份除外（北交所）。

深交所咨询易（2019 年 11 月 5 日）：

问：假设公司披露了持股 5% 以上股东 A 未来 4 个月减持不超过 100 万股的减持计划公告，股东 A 的股份是公司向其非公开发行的；股东 A 的一致行动人股东 B 持有我司 50 万股股票，股东 B 所持的股份是二级市场买入的，卖出不需要预披露，公司未披露股东 B 的减持计划公告。如果未来 4 个月内股东 A 把预披露的减持额度 100 万股减持完了，这 4 个月内他的一致行动人股东 B 还能否减持？

答：根据您的描述，股东 B 减持二级市场买入的股份不在减持新规规范的范围内。

通过集中竞价交易减持上市公司非公开发行股份的（2020 年 2 月 14 日《再融资规则》颁布后认购非公开发行股份的股东除外），除遵守前款规定外，在股份限制转让期间届满后 12 个月内，减持数量还不得超过其持有的该次非公开发行股份的 50%。

上交所问题解答（一）及深交所答投资者问（二）规定：

《实施细则》发布后，上市公司非公开发行股份解除限售未满 12 个月的，投资者对该部分股份的减持仍应遵守《实施细则》规定的 12 个月内集中竞价交易减持数量合计不得超过其持有的该次非公开发行股份 50% 的要求。

具体操作上，需将其在《实施细则》发布前的减持数量与《实施细则》发布后的减持数量合并计算。也就是说，对《实施细则》发布前的减持需要追溯合并计算，即《实施细则》发布前投资者集中竞价交易减持达到或者超过该次非公开发行股份数量 50% 的，《实施细则》发布后不得继续减持，直至解除限售满 12 个月；《实施细则》发布前投资者集中竞价交易减持数量不到该次非公开发行股份 50% 的，投资者可以继续减持，但自解除限售之日起 12 个月集中竞价交易合计减持数量不得超过该次非公开发行股份数量的 50%。

深交所咨询易（2019 年 7 月 29 日）：

减持新规第四条规定第二款规定，特定股东通过集中竞价交易减持上市公司非公开发行的股份，在股份限制转让期间届满后 12 个月内，减持数量还不得超过其持有该次非公开发行股份数量的 50%。问：特定股东自股份解除限售之日起12个月内，在采用集中竞价减持股份的同时，能否采用大宗交易方式减持呢？

答：可以通过大宗交易方式减持，在任意连续90个自然日内，减持股份的总数不得超过公司股份总数的2%。

2020年3月6日，证监会修订并发布了《上市公司创业投资基金股东减持股份的特别规定》，沪深交易所同步修订了《上市公司创业投资基金股东减持股份实施细则》。

在中国证券投资基金业协会备案的创业投资基金，其所投资符合条件的企业上市后减持首发股份节奏快慢与创业投资基金在公司上市前投资期限长短反向挂钩。截至发行人首次公开发行上市日，投资期限不满36个月的，在3个月内通过集中竞价交易减持股份的总数不得超过公司股份总数的1%；投资期限从36个月到48个月的，在2个月内通过集中竞价交易减持股份的总数不得超过公司股份总数的1%；投资期限从48个月到60个月的，可在1个月内通过集中竞价交易减持股份的总数不得超过公司股份总数的1%；投资期限在60个月以上的，减持股份总数不再受比例限制。

4.2.3.2 大宗交易

2016年1月实施的减持制度主要规范集中竞价交易减持，对股东通过大宗交易减持股份未作限制。此后，一些大股东通过大宗交易“过桥减持”，规避了集中竞价交易减持比例的限制。针对这种情况，《实施细则》作出了相应规定，以保障减持制度的实施效果，防止监管套利。

一是要求出让方须遵守减持数量限制。大股东、持有特定股份的股东（2020年2月14日《再融资规则》颁布后认购非公开发行股份的股东除外），在任意连续90个自然日内，通过大宗交易减持相应股份的数量不得超过公司股份总数的2%。

二是要求受让方须遵守6个月禁止转让限制。对通过大宗交易，受让大股东集中竞价交易买入股份以外的股份，或者受让其他股东持有的特定股份，受让方在6个月内不得以任何方式进行转让（2020年2月14日《再融资规则》颁布后认购非公开发行股份的股东除外）。受让方通过大宗交易受让前述股份以外的其他股份的，则不受6个月的禁止转让限制。

上交所问题解答（一）及深交所答投资者问（二）规定：

在《实施细则》发布前，大股东减持、特定股东减持，采用大宗交易方式的，《实施细则》不追溯适用。如《实施细则》发布后大宗交易减持未满6个月的，受让方不受6个月不得转让相关股份的限制；《实施细则》发布前大宗交易减持的上市公司非公开发行股份，《实施细则》发布后解除限售未满12个月的，受让方的减持也不受股份解除限售之日起集中竞价交易减持股份数量不超过该次非公开发行股份数量50%的限制。

专栏4－2　案例：张某等投资者违规减持

案例简介：

2017年10月11日、12日，张某、孙某某、HNTH资产管理有限公司、YNGJ信托有限公司——ZY一号集合资金信托计划通过大宗交易受让上市公司股份。经核查，大宗交易出让方为上市公司大股东，转让前持股数量占总股本的9.66%。2017年10月13日，上述受让方即开始通过集中竞价交易系统大量减持所受让股份，违规性质恶劣。

处理结果：

作为上市公司大股东的大宗交易受让方，张某等主体所受让股份6个月内不得转让，但上述投资者受让股份后，在短时间内通过竞价交易系统集中、大量转让所受让的股份，情节恶劣，严重违反了《实施细则》第五条的相关规定。2017年10月27日，上交所决定分别对其名下相关证券账户实施限制交易6个月的纪律处分，通报中国证监会，并记入证券期货市场诚信档案数据库。

专栏4－3　案例：违规减持主动上缴违规所得

上市公司YLGF于2020年2月20日披露了《关于公司高级管理人员股份减持计划的预披露公告》，公司副总裁姜某先生计划以集中竞价交易或大宗交易方式减持公司股份累计不超过8000000股（占公司总股本比例的 0.9802%）。

姜某先生分别于 2020 年 8 月 28 日和 2020 年 9 月 7 日通过竞价交易方式共计减持其持有的公司股份 8042861 股，占公司总股本的 0.9854%，超额减持 42861 股，占公司总股本的 0.0053%，超额减持部分成交金额为人民币 268138.42 元。

2020 年 9 月 8 日公司发布《关于公司高级管理人员减持计划完成及超额减持公司股份的致歉公告》，姜某先生自愿将本次超额减持交易款即人民币 268138.42 元全额上缴本公司，作为对上述超额减持行为的处罚和补偿。同时出具《关于未来 12 个月内不减持公司股份的承诺函》，承诺自承诺函签署之日起 12 个月内不减持其持有的 YLGF 的股份。

根据《上市公司创业投资基金股东减持股份特别规定》及相关细则，符合条件的创业投资基金在减持首发股份时，截至首次公开发行上市日，投资期限不满 36 个月的，在 3 个月内通过大宗交易减持股份的总数不得超过公司股份总数的 2%；投资期限从 36 个月到 48 个月的，在 2 个月内通过大宗交易减持股份的总数不得超过公司股份总数的 2%；投资期限从 48 个月到 60 个月的，在 1 个月内通过大宗交易减持股份的总数不得超过公司股份总数的 2%；投资期限在 60 个月以上的，减持股份总数不受比例限制。受让方也不再受 6 个月的转让限制（投资期限不满 36 个月的除外）。

4.2.3.3 协议转让

沪深交易所于 2016 年 1 月发布的减持制度，对协议转让的最低受让比例、转让价格下限及后续义务等事项作出了规定。《实施细则》在保留原有规定的基础上，就特定股东减持等事宜作出了补充规定。

一是继续明确协议转让中单个受让方受让股份的比例不得低于总股本的 5%，转让价格下限比照大宗交易的规定执行。

二是通过协议转让取得特定股份的股东的后续义务。要求其与出让方在随后 6 个月内，继续遵守《实施细则》关于减持比例的要求。6 个月后，则不受此限，但如果受让方构成 5% 以上股东或者减持特定股份的，仍应遵守《实施细则》相关规定履行信息披露和减持比例的要求。

三是进一步明确因协议转让导致持股比例低于5%的股东的后续义务。要求其与受让方在随后6个月内，继续遵守《实施细则》关于减持比例的要求，并按照规定履行减持信息披露义务。

为强化相关股东的合规意识，沪深交易所将要求转让双方在办理协议转让业务时，书面承诺在转让完成后6个月内继续遵守《实施细则》关于减持比例以及信息披露的要求。

上交所问题解答（一）及深交所答投资者问（二）进一步明确了大股东减持采取协议转让方式，减持后不再具有大股东身份的，出让方、受让方应当在6个月内共同遵守任意连续90日集中竞价交易减持股份数量合计不得超过公司股份总数1%的规定，即共享该1%的减持额度，并分别履行相应信息披露义务；受让人持股达5%以上或为控股股东、董监高的，还应当遵守《实施细则》关于大股东减持、董监高减持的规定。

深交所咨询易（2019年9月11日）：

《深交所上市公司股东及董事、监事、高级管理人员减持股份实施细则》第六条第二款规定："大股东减持采取协议转让方式，减持后不再具有大股东身份的，出让方、受让方在6个月内应当继续遵守本细则第四条第一款减持比例的规定，还应当继续遵守本细则第十三条、第十四条信息披露的规定。"请问，上述"6个月"的起算点应如何计算？

答：《深交所上市公司股东及董事、监事、高级管理人员减持股份实施细则》第六条第二款中"6个月"的起算点应当以股票过户登记完成日为起算点计算。

股东通过协议转让方式减持特定股份的，出让方、受让方应当在6个月内共同遵守任意连续90日集中竞价交易减持股份数量合计不超过公司股份总数1%的规定，即共享该1%的减持额度；减持新规和《实施细则》没有对6个月后受让方的减持行为作出要求，受让人在协议转让6个月后无须继续遵守特定股份减持的相关要求，但应当遵守交易所关于协议转让业务的规则。受让人持股达5%以上或为控股股东、董监高的，还应当遵守《实施细则》关于大股东减持、董监高减持的规定。

例如：股东A持有上市公司15%的股份，拟协议转让12%的股份给B，转让完成后，A持有上市公司的股份降至3%。对此，交易完成后，虽然股东A已不再具有大股东身份，但根据上述规定，在此后的6个月内，股东A与B应当共同遵守“通过集中竞价交易方式在任意连续90日内，减持股份总数不得超过公司股份总数1%”规定中有关1%的减持比例的要求，即共享该1%的减持额度。而且，股东B在交易完成后属于持股5%以上的大股东，其还应当遵守《实施细则》其他有关大股东减持的规定。

专栏4-4　案例：3个月内减持上市公司股份超1%

案例简介：

BJQDHD创业投资有限公司作为持有XFH 5%以上股份的股东，于2021年11月5日至11月22日期间通过集中竞价交易方式减持XFH股票154.47万股，减持比例为1.54%。公司在3个月内通过集中竞价交易方式减持股份的总数超过1%，与公司2021年8月18日通过XFH披露的减持计划不符，违反了《上市公司股东、董监高减持股份的若干规定》（证监会公告〔2017〕9号，下同）第三条第二款的相关规定。

处理结果：

2021年12月30日，根据《上市公司股东、董监高减持股份的若干规定》第十四条、《上市公司监管指引第4号——上市公司实际控制人、股东、关联方、收购人以及上市公司承诺及履行》（证监会公告〔2013〕55号）第六条的规定，深圳证监局决定对BJQDHD创业投资有限公司采取出具警示函的监管措施。

专栏4-5　案例：大股东协议转让股份变成小股东后6个月内减持未遵守大股东规定被处罚

案例简介：

截至2020年1月5日，上市公司MKLD股东王某香持有28805607

股公司股份，占公司总股本的7.04%，股份来源为协议转让。2020年1月21日，王某香通过上海证券交易所系统大宗交易减持1850000股公司股份，占公司总股本的0.4519%。2020年1月5日，王某香与内蒙古MNRY（集团）股份有限公司签署了《股权转让协议》，转让持有的6488192股公司股份，占公司总股本的1.58%，并于2020年3月26日办理完成过户登记手续。上述权益变动后，王某香持有公司股份20467415股，占公司总股本的4.9999%，不再是公司持股5%以上的股东。2020年8月21日，公司披露公告，王某香于2020年7月21日至8月4日期间，通过上海证券交易所系统以集中竞价方式减持所持有的公司股份3344500股，占公司总股本的0.82%。

王某香在采取协议转让方式减持后，不再具有大股东身份的6个月内，通过集中竞价减持股份，未按规定在15个交易日前预先披露减持计划。

处理结果：

2020年11月17日，上海证券交易所对MKLD股东王某香予以监管关注。

另外，上交所问题解答（一）及深交所答投资者问（二）进一步明确了投资者赠与股份视同于协议转让，比照适用《实施细则》关于协议转让减持的规定，但《实施细则》第六条第一款关于受让比例、转让价格下限的规定除外。

三种减持方式主要对比如表4－7所示。

科创板上市公司控股股东、实际控制人在协议转让时如涉及控制权的变动，根据《上海证券交易所科创板上市公司自律监管指引第1号——规范运作》2.4.3规定：

控股股东、实际控制人协议转让科创公司控制权，应当保证交易公允、公平、合理，不得利用控制权转让损害科创公司和其他股东的合法权益。

控股股东、实际控制人转让控制权之前，应当对拟受让人的主体资格、诚信状况、受让意图、履约能力等情况进行合理调查，保证交易公允、公

表 4－7　　三种减持方式对比表

	集中竞价交易	大宗交易	协议转让
概念	股东通过证券交易所集中竞价交易系统进行的股票转让。	股东通过证券交易所大宗交易系统进行的单笔买卖申报数量不低于 30 万股或者交易金额不低于人民币 200 万元的股票转让。 有价格涨跌幅限制证券的协议，大宗交易的成交价格在该证券当日涨跌幅限制价格范围内确定。无价格涨跌幅限制证券的协议，大宗交易的成交价格在前收盘价的上下 30% 之间确定。	相关主体就上市公司股份转让达成一致意见后，在证券交易所内进行，在中国登记结算机构办理过户交割（无须通过证券交易所交易系统）的股票转让。
时限	任意连续 90 个自然日内不得超过公司股份总数的 1%（符合条件的创投基金适用特别规定，2020 年 2 月 14 日《再融资规则》颁布后认购非公开发行股份的股东除外）。	任意连续 90 个自然日内不得超过公司股份总数的 2%（符合条件的创投基金适用特别规定，2020 年 2 月 14 日《再融资规则》颁布后认购非公开发行股份的股东除外）。	单个受让方的受让比例不得低于公司股份总数的 5%。

注：上述条款中，深交所规则表述为“90 个自然日”，上交所规则表述为“90 日”。

平、合理。

控股股东、实际控制人在转让控制权之前，存在占用科创公司资金等损害科创公司和其他股东合法权益情形的，应当采取措施予以消除；存在未清偿对科创公司负债或者未解除科创公司为其负债所提供担保的情形的，应当配合科创公司提出解决措施；存在未履行承诺情形的，应当采取措施保证承诺履行不受影响。

控股股东、实际控制人转让公司控制权时，应当关注、协调新老股东更换，确保科创公司董事会以及公司管理层平稳过渡。

4.2.3.4　科创板、创业板盘后固定价格交易

2019 年 3 月 1 日，上交所发布了《上海证券交易所科创板股票盘后固定价格交易指引》，科创板引入了盘后固定价格交易方式。

盘后固定价格交易指在竞价交易结束后，投资者通过收盘定价委托，按照收盘价买卖股票的交易方式。盘后固定价格交易是盘中连续交易的有效补充，可以满足投资者在竞价撮合时段之外以确定性价格成交的交易需求，也有利于减少被动跟踪收盘价的大额交易对盘中交易价格的冲击。

盘后固定价格交易时间是每个交易日的15:05至15:30，当日15:00仍处于停牌状态的股票不进行盘后固定价格交易。

2020年6月12日，深交所发布了《深圳证券交易所创业板交易特别规定》，创业板股票新增盘后定价交易，进一步满足投资者按照收盘价成交的需求。

每个交易日的15:05至15:30为盘后定价交易时间。盘后定价交易申报的时间为每个交易日的9:15至11:30、13:00至15:30。开市期间停牌的，停牌期间可以继续申报。当日15:00仍处于停牌状态的，不进行盘后定价交易。

4.2.3.5 科创板询价转让、配售减持

2020年7月3日，上交所发布了《上海证券交易所科创板上市公司股东以向特定机构投资者询价转让和配售方式减持股份实施细则》，为股东减持科创板上市公司首次公开发行前已发行股份拓宽了渠道。

（1）询价转让和配售减持适用范围：

按照《上海证券交易所科创板上市公司股东以向特定机构投资者询价转让和配售方式减持股份实施细则》的规定，科创板上市公司股东以向特定机构投资者询价转让、配售方式减持所有的公司股份仅限于首次公开发行前已发行股份（解除限售后）。

（2）询价转让和配售减持要点对比：

询价转让和配售减持要点对比如表4-8所示。

（3）科创板首发前股东主要减持方式对比：

科创板首发前股东主要减持方式的对比如表4-9所示。

表 4－8　　询价转让和配售减持要点对比

<table>
<tr><th>转让方式</th><th>询价转让</th><th>配售</th></tr>
<tr><td>出让方的要求</td><td colspan="2">作为出让方的股东存在《上市公司股东、董监高减持股份的若干规定》《上海证券交易所上市公司股东及董事、监事、高级管理人员减持股份实施细则》规定的不得减持情形的，不得进行询价转让和配售。
按照上述规则的规定，不得减持情形如下：
（1）上市公司或者股东因涉嫌证券期货违法犯罪，在被中国证监会立案调查或者被司法机关立案侦查期间，以及在行政处罚决定、刑事判决作出之后未满 6 个月的；
（2）股东因违反证券交易所规则，被证券交易所公开谴责未满 3 个月的；
（3）上市公司因欺诈发行或者重大信息披露违法被证监会行政处罚或被移送公安机关之日起至股票终止上市或恢复上市前。</td></tr>
<tr><td>限制减持的期间要求</td><td colspan="2">控股股东、实际控制人、董事、监事、高级管理人员及核心技人员不得在下列期间内启动、实施或者参与询价转让和配售：
（1）定期报告公告前 30 日内（因特殊原因推迟定期报告公告日期的，自原预约公告日前 30 日起算，至实际公告前 1 日）；
（2）业绩预告、业绩快报公告前 10 日内；
（3）自可能对科创公司股票的交易价格产生较大影响的重大事件发生之日或者在决策过程中，至依法披露后 2 个交易日内；
（4）中国证监会及交易所规定的其他期间。
根据《科创板股票上市规则》的相关规定，科创公司处于年度报告披露期内但尚未披露年度报告的，控股股东、实际控制人不得参与询价转让。</td></tr>
<tr><td>受让方的要求</td><td>（1）受让方的积极要件：
受让方符合科创板首次公开发行股票网下投资者条件的机构或者交易所规定的其他条件，或者已经在中国证券投资基金业协会完成登记的其他私募基金管理人（且其管理的拟参与本次询价转让的产品已经在中国证券投资基金业协会完成备案）。
（2）受让方的消极要件：
存在下列情形的受让方不得参与询价转让的询价及认购：
①存在直接、间接控制关系或受同一主体控制的机构；
②前项所列机构的董事、监事、高级管理人员能够实施控制、共同控制或者施加重大影响的机构；</td><td>以配售方式减持股份的，应当向股权登记日登记在册的科创公司其他股东进行配售，但在本次配售中卖出股份的股东除外。</td></tr>
</table>

续表

转让方式	询价转让	配售
受让方的要求	③与第①项所列人员或者所列机构的控股股东、实际控制人、董事、监事、高级管理人员关系密切的亲属能够实施控制、共同控制或者施加重大影响的机构； ④按照《上市公司收购管理办法》与参与转让的股东构成一致行动人，或者参与询价转让可能导致不当行为或者利益输送的其他机构。 前款所列人员或者机构持有权益的金融产品不得参与询价转让的询价及认购，但是依法以公开募集方式设立的证券投资基金和其他资产管理产品除外。 关系密切的亲属是指配偶、子女及其配偶、父母及配偶的父母、兄弟姐妹及其配偶、配偶的兄弟姐妹、子女配偶的父母。 （3）受让方的限售期： 在受让后6个月内不得转让；所受让股份不属于《减持细则》规定的特定股份，不适用特定股份减持的规定。 6个月后，持股5%以上的受让方卖出所受让股份的适用《减持细则》关于大股东减持的规定。	以配售方式减持股份的，应当向股权登记日登记在册的科创公司其他股东进行配售，但在本次配售中卖出股份的股东除外。
转让比例	单独或者合计拟转让的股份数量不得低于科创公司股份总数的1%。	单独或者合计拟减持股份数量达到科创公司股份总数的5%。
定价的方式与限制	（1）询价对象： 证券公司组织实施询价转让的，询价对象： ①不少于10家公募基金管理公司； ②不少于5家证券公司。 （2）原则与方式： 依次按照价格优先、数量优先、时间优先的原则确定转让价格。 ①询价对象累计有效认购股份总数等于或者超过拟转让股份总数的，达到拟转让股份总数时的最低报价为转让价格； ②询价对象累计有效认购股份总数少于拟转让股份总数，全部有效认购中的最低报价为转让价格。	配售的价格由参与配售的股东协商确定，但不得低于本次配售首次公告日前20个交易日科创公司股票交易均价的70%；同次配售的股份，价格应当相同。

续表

转让方式	询价转让	配售
定价的方式与限制	（3）价格限制： 认购邀请书应当载明本次转让的价格下限，且不得低于发送认购邀请书之日前 20 个交易日科创公司股票交易均价的 70%。	配售的价格由参与配售的股东协商确定，但不得低于本次配售首次公告日前 20 个交易日科创公司股票交易均价的 70%；同次配售的股份，价格应当相同。
信息披露	（1）在认购邀请书发出次一交易日，参与转让的股东应当披露询价转让计划书。 （2）证券公司确定转让价格的次一交易日，参与转让的股东应当披露提示性公告。 （3）询价转让股份变更登记完成的次一交易日，参与转让的股东应当披露询价转让结果报告书。	（1）股东以配售方式减持股份的，应当披露配售计划书。 （2）参与配售的股东应当在股份配售股权登记日的次一交易日披露提示性公告。 （3）参与配售的股东应当在股份配售变更登记完成的次一交易日披露配售结果报告书。

表 4－9　科创板首发前股东主要减持方式对比

	询价转让	配售	集中竞价交易	大宗交易	协议转让	盘后交易
出让方	（1）不存在现行减持规则中不得减持股份情形； （2）不违反之前作出的承诺； （3）控股股东、实际控制人、董事、监事、高级管理人员以及核心技术人员不得在敏感期内买卖股票； （4）定期报告披露期内但尚未披露的，控股股东、实际控制人不得参与。		（1）不存在现行减持规则中不得减持股份情形； （2）不违反之前作出的承诺； （3）控股股东、实际控制人、董事、监事、高级管理人员以及核心技术人员不得在敏感期内买卖股票。			

续表

	询价转让	配售	集中竞价交易	大宗交易	协议转让	盘后交易
受让方	(1) 符合 IPO 网下投资者条件的机构或已经登记备案的私募基金； (2) 本次以询价转让方式进行减持的股东、证券公司及其关联方不得参与。	股权登记日登记在册的其他所有股东。	二级市场普通投资者	大宗交易系统实行准入制度，上交所会员（具有自营和客户资产管理业务资格的）和合格投资者直接参与大宗交易系统专场业务，其他投资者应当委托会员参与。	协议受让方	二级市场普通投资者
比例限制	单独或者合计拟转让的股份数量不得低于科创公司股份总数的1%。	单独或者合计拟减持首发前股份数量达到科创公司股份总数的5%。	任意连续 90 日内，减持不得超过1%。	任意连续 90 日内，减持不得超过2%。	单个受让方的受让比例不低于公司总股本的5%。	单笔申报数量应当不小于 200 股，且不超过100万股。
价格限制	不得低于发送认购邀请书之日前 20 个交易日科创公司股票交易均价的70%。	不得低于本次配售首次公告日前 20 个交易日科创公司股票交易均价的70%。	受二级市场涨幅限制。	(1) 有涨跌幅限制为当日涨跌幅； (2) 无涨跌幅限制为前收盘价上下 30%或当日最高至最低价格间。		当日收盘价
交易方式	首发前股东和机构投资者等市场主体自主完成转让委托、确定询价对象发送认购邀请书、收集认购报价、确定转让结果及申报过户等环节。	首发前股东向上市公司现有其他股东配售其持有的首发前股份，其他股东根据出让方提供的价格和数量安排，自主决定是否参与配售。	二级市场交易	达到规定的最低限额的证券单笔买卖申报，买卖双方在大宗交易系统经过协议达成一致并经交易所确定成交。	买卖双方依据依法订立的协议，就交易价格、交易量等交易事项达成一致进行转让。	收盘集合竞价结束后，上交所交易系统按照时间优先顺序对收盘定价申报进行撮合，并以当日收盘价成交。

续表

	询价转让	配售	集中竞价交易	大宗交易	协议转让	盘后交易
受让后限制	（1）在受让后 6 个月内不得转让； （2）6 个月后，持股 5% 以上的受让方卖出所受让股份的，适用《减持细则》关于大股东减持的规定； （3）所受让股份不属于《减持细则》规定的特定股份，不适用特定股份减持的规定。	—	—	在受让后 6 个月内不得转让。	在受让后 6 个月内，出让方、受让方应当在 6 个月内共享 1% 的减持额度。	—
信息披露	（1）在认购邀请书发出次一交易日，参与转让的股东应当披露询价转让计划书； （2）证券公司确定转让价格的次一交易日，参与转让的股东应当披露提示性公告； （3）询价转让股份变更登记完成的次一交易日，参与转让的股东应当披露询价转让结果报告书。	（1）股东以配售方式减持股份的，应当披露配售计划书； （2）参与配售的股东应当在股份配售股权登记日的次一交易日披露提示性公告； （3）参与配售的股东应当在股份配售变更登记完成的次一交易日披露配售结果报告书。	（1）大股东、董监高需提前 15 个交易日披露减持计划； （2）大股东、董监高在减持数量过半或减持时间过半时，应当披露减持进展情况； （3）控股股东、实际控制人及其一致行动人减持达到 1% 披露进展； （4）实施完毕或减持期间届满披露减持结果公告； （5）大股东每减少 1%，披露提示公告；每减持 5%，披露简式权益变动报告书。	大股东每减少 1% 应披露提示性公告；每减少 5% 披露简式权益变动报告书。	披露简式权益变动报告书	大股东每减持 1%，披露提示公告；每减持 5%，披露简式权益变动报告书。

4.2.4 减持与承诺的关系

根据《上市公司股东、董监高减持股份的若干规定》第三条规定：

上市公司股东、董监高应当遵守《公司法》《证券法》和有关法律、法规，中国证监会规章、规范性文件，以及证券交易所规则中关于股份转让的限制性规定。上市公司股东、董监高曾就限制股份转让作出承诺的，应当严格遵守。

即通常来说，股东和董监高的股份减持限制一般由两个部分组成：

（1）法定限制；

（2）承诺限制。

深交所咨询易（2019年12月17日）：

问：公司董事曾作“解禁后2年内累计减持不超过公司总股本的5%”的承诺，假如2018年3月至2020年3月为解禁后的2年，那么2018年3月至2019年12月累计减持无限接近5%，现在2020年1月公司要提早注销一部分股权激励限制性股票，那么按照注销后的总股数计算，累计减持的股数就超过总股本的5%了，那是不是涉及违反承诺了？还是需要在2020年3月后注销限制性股票才合规？

答：因公司股份注销导致董事持股被动稀释不构成违反承诺，该董事在2020年1~3月期间不得继续减持公司股份。

专栏4-6　案例：上市公司股东违反不减持承诺被出具警示函

案例简介：

2019年10月15日、10月21日，刘某作为持有QXH 160万股股份（占公司总股份的0.46%）的股东，与BHTZ签署了《一致行动协议》及《一致行动协议之补充协议》，约定一致行动有效期限为2019年10月15日至2020年10月21日，并约定在有效期限内，承诺不减持所持有的公司股票。2019年11月29日，刘某与BHTZ及其他5名自然人共同成为 QXH 控股股东。2020 年 4 月 22 日，刘某将持有的 QXH 160 万股股票通过集中竞价方式全部减持。

上述减持行为发生在一致行动有效期限内以及中国证监会对 QXH 立案调查期间，违反了《上市公司收购管理办法（2014 年修订》第七十四条和《上市公司股东、董监高减持股份的若干规定》（证监会公告〔2017〕9 号）第三条、第六条的规定。

处理结果：

2021 年 3 月 24 日，根据《上市公司收购管理办法（2014 年修订》第七十五条和《上市公司股东、董监高减持股份的若干规定》（证监会公告〔2017〕9 号）第十四条的规定，深圳证监局决定对刘某采取出具警示函的行政监管措施。

专栏 4－7 案例：上市公司股东违反不减持承诺被公开谴责

案例简介：

截至 2018 年 12 月 20 日，HZYY 持有上市公司 LHKJ 股份 3924.06 万股，占 LHKJ 总股本的 4.29%。2019 年 6 月 12 日至 6 月 19 日，HZYY 通过集中竞价交易方式减持当时持有的全部 LHKJ 股份，减持金额为 1.89 亿元，违反了其在 2019 年 1 月 9 日作出的“自 2018 年 12 月 20 日至未来 12 个月内不减持所持有的 LHKJ 股份”的承诺。

处理结果：

2020 年 1 月 17 日，深圳证券交易所对 HZYY 给予公开谴责的处分。

4.2.5 减持与股权质押、司法强制执行的关系

根据《上市公司股东、董监高减持股份的若干规定》第四条规定：因司法强制执行、执行股权质押协议、赠与、可交换债换股、股票权

益互换等减持股份的，应当按照本规定办理。

根据《上市公司股东、董监高减持股份的若干规定》第十二条规定：

上市公司大股东的股权被质押的，该股东应当在该事实发生之日起2日内通知上市公司，并予公告。

中国证券登记结算公司应当统一制定上市公司大股东场内场外股权质押登记要素标准，并负责采集相关信息。证券交易所应当明确上市公司大股东办理股权质押登记、发生平仓风险、解除股权质押等信息披露内容。因执行股权质押协议导致上市公司大股东股份被出售的，应当执行本规定。

上交所问题解答（一）及深交所答投资者问（二）对司法强制执行、执行股权质押协议涉及的股份转让做出了规定：

司法强制执行和执行股权质押协议，按照具体执行方式分别适用《实施细则》，即通过集中竞价交易执行的，适用《实施细则》关于集中竞价交易减持的规定；通过大宗交易执行的，适用《实施细则》关于大宗交易减持的规定；通过司法扣划、划转等非交易过户的，比照适用《实施细则》关于协议转让减持的规定，但《实施细则》第六条第一款有关受让比例、转让价格下限的规定除外；过户后，过出方不再具有大股东身份或者过户标的为特定股份的，过出方、过入方的后续减持应当遵守《实施细则》第六条第二款、第三款有关减持比例、信息披露的规定。

关于股票质押协议转让方式违规处置的相关要求，具体参见本书11. 股权质押、冻结、拍卖或设定信托。

4.2.6 减持与员工持股计划的关系

上交所问题解答（一）及深交所答投资者问（二）对员工持股计划持有的股份做出了规定：

单只员工持股计划持股5%以上或者构成控股股东的，适用《实施细则》关于大股东减持的规定。

员工持股计划的股票来源于认购上市公司非公开发行股份的，还应当遵守《实施细则》关于非公开发行股份减持的规定。

员工持股计划股票来源于股东赠与的，该赠与行为适用《实施细则》关于协议转让减持的规定，但《实施细则》第六条第一款有关受让比例、转让价格下限的规定除外；赠与后，赠与股东不再具有大股东身份或者赠与标的为特定股份的，赠与股东、员工持股计划的后续减持应当遵守《实施细则》第六条第二款、第三款有关减持比例、信息披露的规定。

员工本人所持股份与其通过员工持股计划持有的上市公司股份，在减持股份时不合并计算，但员工与员工持股计划构成一致行动人的除外。

4.2.7 减持与解除限售之间的关系

减持政策调整不涉及首发锁定期内的股份。即首发锁定期内，相关股东及董监高仍需继续执行现有规定，不得减持股份。根据《公司法》第一百四十一条，公司公开发行股份前已发行的股份，自公司股票在证券交易所上市交易之日起 1 年内不得转让。根据沪深北交易所《股票上市规则》，控股股东、实际控制人应当承诺自公司股票在证券交易所上市之日起 36 个月内不得转让。科创板、创业板、北交所公司上市时未盈利的，在实现盈利前，控股股东、实际控制人及其一致行动人、董监高、核心技术人员（科创板）自公司股票上市之日起 3 个（北交所为 2 个）完整会计年度内，不得减持首发前股份。

关于上市公司非公开发行股票锁定期问题，2020 年 2 月 14 日前，根据《上市公司证券发行管理办法》（证监会令〔2006〕第 30 号，已被修改）及《上市公司非公开发行股票实施细则》（证监会公告〔2017〕5 号，已失效），上市公司控股股东、实际控制人或其控制的关联人认购非公开发行股票的，通过认购本次发行的股份取得上市公司实际控制权的投资者，以及董事会拟引入的境内外战略投资者，认购的股份自发行结束之日起 36 个月内不得转让。其他发行对象通过竞价方式认购的非公开发行股份，自发行结束之日起 12 个月内不得转让。2020 年 2 月 14 日后，根据《上市公司证券发行管理办法》（证监会令第 163 号）及《上市公司非公开发行股票实施细则》（证监会公告〔2020〕11 号），上市公司董事会决议提前确定全部发行对象，且发行对象为上市公司的控股股东、实际控制人或其控制的关联人，通过认购本次发行的股份取得上市公司实际控制权的投资者，董事会拟引入的境内外战略投资者情形之一的，认购的股份自发行结束之日起 18 个月内不得转让；上市公司在取得发行核准批文后，按照规定以竞价方式确定发行价格和发行对象，发行对象认购的股份自发行结束之日起 6 个月内不得转让。

上市公司发行股份购买资产的，有关主体应当遵守《上市公司重大资产重组管理办法》（证监会令第 166 号）有关锁定期的规定。

不同类别的限售股其锁定期各有不同，一般而言，只有达到锁定期后解除限制了才可以进行减持，具体可参考本书 9. 股份限售与解除限售的相关内容。

4.2.8 限售股解禁后的减持

近年来，限售股包括首次公开发行前股份、上市公司非公开发行股份减持出现了较多违规操作，减持新规新增了对这两类“特定股份”的减持规范：

一是特定股份减持须遵守减持数量限制。持有特定股份的股东，无论其持股比例，在任意连续 90 个自然日内，通过竞价交易减持的解禁限售股不得超过总股本的 1%，通过大宗交易减持的解禁限售股不得超过总股本的 2%，合计不得超过 3%（符合条件的创业投资基金适用特别规定，2020 年 2 月 14 日《再融资规则》颁布后认购非公开发行股份的股东除外）。

二是上市公司非公开发行股份减持还须遵守特别限制。针对上市公司非公开发行股份存在的“清仓式”减持情况，《实施细则》新增了进一步的减持限制，即除须遵守减持数量限制外，股东在非公开发行股份解除限售后的 12 个月内，通过竞价交易减持的数量不得超过其持有该次非公开发行股份总数的 50%（2020 年 2 月 14 日《再融资规则》颁布后认购非公开发行股份的股东不再适用）。也就是说，相关股东须同时遵守这两项限制，具体按照“孰低”原则执行。

需注意的是，上述特定股份，除了股东通过 IPO 和上市公司非公开发行直接取得的股份外，还包括在上述股份解除限售前，股东通过非交易过户取得的股份。但股份解除限售后，股东通过任何方式受让的特定股份，不再视为特定股份，股东减持该股份不受上述限制。

4.2.9 已解禁尚未卖出股份减持的管理

《实施细则》自发布之日起实施，所有符合《实施细则》相关规定的市场主体，即《实施细则》发布日起，大股东、持有特定股份的股东以及上市公司董监高，均应遵守《实施细则》的减持规定。

因此，对于《实施细则》发布前已经解除限售但尚未卖出的特定股份，其减持同样应当遵守《实施细则》关于特定股份的减持要求。

4.2.10 董监高在任职届满前离职，可减持股份的计算

上市公司董监高对公司负有忠实、勤勉义务，关系到公司内部治理和经营稳定。《公司法》规定董监高在任职期间内每年减持股份不得超过其所持股份的 25%，离职后半年内不得减持股份，其主要考虑就是将董监高利益与公司利益适度绑定，防范其提前减持全部股票。实践中，个别公司董监高为了尽早减持股份，在任期届满前辞去职务，背离了其对公司的基本义务，有违公司全体股东对其的信赖。

《实施细则》对董监高在任职届满前离职的可减持的股份做出了进一步的限制，依据第十二条：

董监高在任期届满前离职的，应当在其就任时确定的任期内和任期届满后六个月内，继续遵守下列限制性规定：

（一）每年转让的股份不得超过其所持有本公司股份总数的 25%；

（二）离职后半年内，不得转让其所持本公司股份；

（三）《公司法》对董监高股份转让的其他规定。

如果公司董监高在 3 年任期的第一年辞职，其不仅在离职半年内不得

减持股份，在剩余未满任期及其后的半年内也还应遵守每年减持不得超过25%的比例要求。例如：某上市公司高管2017年6月1日任职，原定任期3年，但其于2017年12月1日即提前离职。按照上述规定，其离职后6个月内，即自2017年12月1日至2018年6月1日前不得转让股份；自2018年6月1日起，至2020年12月1日前，即在剩余未满任期及其后的6个月内，其减持股份应当遵守每年不得超过25%的规定。

上交所问题解答（一）、深交所答投资者问（二）对新规前离职的董监高做出了明确：

董监高在《实施细则》发布前离职的，离职后的减持行为不适用《实施细则》有关董监高减持的规定，但仍为大股东或者持有特定股份的，应当遵守《实施细则》的相关规定。

另外，深交所答投资者问（二）指出：

根据《实施细则》第十九条第二款的规定，《实施细则》发布后不再执行深交所《中小企业板上市公司规范运作指引》第3.8.3条和第3.8.14条第二款以及《关于进一步规范创业板董事、监事和高级管理人员买卖本公司股票行为的通知》的相关规定。

深交所咨询易（2020年5月18日）：

问：如果董监事会换届延迟，离任董监高的虚拟任期是否也要相应延迟？

答：根据本所《上市公司股东及董事、监事、高级管理人员减持股份实施细则》第十二条的规定，董监高在任期届满前离职的，应当在其就任时确定的任期内和任期届满后6个月内，继续遵守限制性规定。因就任时确定的任期不随董监事会换届延迟而变更，故提前离任董监高的虚拟任期无须延迟。

深交所咨询易（2019年7月18日）：

问：高管在任期内离职，其间接持有的公司首发前限售股在原定任期内和任期届满后6个月内是否受减持新规每年转让不得超过25%的限制。

答：关于上市公司高管减持间接持股无禁止性规定，但高管或直接持股股东做出其他承诺的，还应按承诺履行。

4.2.11 禁止减持的情形

4.2.11.1 大股东不得减持股份的情形

（1）上市公司或者大股东因涉嫌证券期货违法犯罪，在被中国证监会立案调查或者被司法机关立案侦查期间，以及在行政处罚决定、刑事判决作出之后未满6个月的；

（2）大股东因违反证券交易所规则，被证券交易所公开谴责未满3个月的；

（3）中国证监会规定的其他情形。

4.2.11.2 董监高不得减持股份的情形

（1）董监高因涉嫌证券期货违法犯罪，在被中国证监会立案调查或者被司法机关立案侦查期间，以及在行政处罚决定、刑事判决作出之后未满6个月的；

（2）董监高因违反证券交易所规则，被证券交易所公开谴责未满3个月的；

（3）中国证监会规定的其他情形。

4.2.11.3 上市公司违法犯罪导致禁止减持的情形

上市公司存在下列情形之一，触及退市风险警示标准的，自相关决定作出之日起至公司股票终止上市或者恢复上市前，其控股股东、实际控制人、董监高及其一致行动人不得减持所持有的公司股份：

（1）上市公司因欺诈发行或者因重大信息披露违法受到中国证监会行政处罚；

（2）上市公司因涉嫌欺诈发行罪或者因涉嫌违规披露、不披露重要信息罪被依法移送公安机关；

（3）其他重大违法退市情形。

上市公司披露公司无控股股东、实际控制人的，其第一大股东及第一大股东的实际控制人应当遵守前款规定。

根据上交所问题解答（一）及深交所答投资者问（二）规定：

上市公司及其董监高在《实施细则》发布前，出现因涉嫌证券期货违法犯罪被中国证监会立案调查，或者被司法机关立案侦查，或者被行政处罚、刑事判决、公开谴责等《实施细则》第九条、第十条、第十一条规定的违法违规情形，《实施细则》发布后仍在立案期间或者被行政处罚、刑事判决、公开谴责未满规定期限或者公司仍未恢复上市或者公司终止上市的，相关主体仍需遵守《实施细则》不得减持股份的规定。

4.2.11.4 上市公司触及重大违法强制退市禁止减持情形

根据《上海证券交易所股票上市规则》9.5.10、《深圳证券交易所股票上市规则》9.5.13：

上市公司可能触及重大违法强制退市情形的，自相关行政处罚事先告知书或者司法裁判作出之日起，至下列任一情形发生前，其控股股东、实际控制人、董事、监事、高级管理人员，以及上述主体的一致行动人，不得减持公司股份：

（一）公司股票终止上市并摘牌；

（二）公司收到相关行政机关相应行政处罚决定或者人民法院生效司法裁判，显示公司未触及重大违法强制退市情形。

公司披露无控股股东、实际控制人的，其第一大股东及第一大股东的实际控制人应当遵守前款规定。

专栏4-8　案例：在禁止转让期限内违规减持

案例简介：

2019年11月4日至2019年11月28日，高某根作为SLJM控股股东、董事长兼总经理，因股票质押式回购业务触发违约条款，所持公司股份被中信证券股份有限公司通过集中竞价方式强制平仓，累计减持919.15万股，占公司总股本的0.27%，涉及金额2130.20万元。高某根未按规定在上述股份首次卖出的15个交易日前预先披露减持计划。

SLJM 因涉嫌信息披露违法违规，于 2020 年 8 月 7 日被中国证监会立案调查，目前仍未结案。2021 年 4 月至 8 月，高某根所持 1952435 万股公司股份被司法拍卖，占公司总股本的 5.67%，涉及金额 47387.02 万元。高某根作为 SLJM 大股东，在上市公司被中国证监会立案调查期间存在违规减持公司股份的行为。

处理结果：

2021 年 12 月 10 日，鉴于上述违规事实及情节，依据深圳证券交易所《股票上市规则（2018 年 11 月修订）》第 17.2 条、深圳证券交易所《股票上市规则（2020 年修订）》第 16.2 条和深圳证券交易所《上市公司纪律处分实施标准（试行）》第三十三条的规定，经深圳证券交易所纪律处分委员会审议通过，深圳证券交易所作出如下处分决定：对 SLJM 控股股东、董事长兼总经理高某根给予通报批评的处分。

4.2.11.5 未盈利科创板、创业板、北交所上市公司禁止减持的情形

根据《上海证券交易所科创板股票上市规则》《深圳证券交易所创业板股票上市规则》《北京证券交易所股票上市规则（试行）》的规定，公司上市时未盈利的，在公司实现盈利前，相关人员禁止减持要求如表 4－10 所示。

表 4－10 科创板、创业板、北交所未盈利企业减持要求

相关主体	科创板	创业板	北交所
上市时未盈利的，在公司实现盈利前			
控股股东、实际控制人	自公司股票上市之日起 3 个完整会计年度内，不得减持首发前股份；自公司股票上市之日起第 4 个会计年度和第 5 个会计年度内，每年减持的首发前股份不得超过公司股份总数的 2%，并应当符合《减持细则》关于减持股份的相关规定。	—	自公司股票上市之日起 2 个完整会计年度内，不得减持公开发行并上市前股份。

续表

<table>
<tr><th>相关主体</th><th>科创板</th><th>创业板</th><th>北交所</th></tr>
<tr><td>控股股东、实际控制人及其一致行动人</td><td>—</td><td>自公司股票上市之日起 3 个完整会计年度内，不得减持首发前股份；自公司股票上市之日起第 4 个和第 5 个完整会计年度内，每年减持的首发前股份不得超过公司股份总数的 2%，并应当符合《减持细则》关于减持股份的相关规定。</td><td>—</td></tr>
<tr><td>董事、监事、高级管理人员</td><td colspan="2">自公司股票上市之日起 3 个完整会计年度内，不得减持首发前股份；在前述期间内离职的，应当继续遵守本款规定。</td><td>自公司股票上市之日起 2 个完整会计年度内，不得减持公开发行并上市前股份；在前述规定期间内离职的，应当继续遵守前述规定。</td></tr>
<tr><td>核心技术人员</td><td>自公司股票上市之日起 3 个完整会计年度内，不得减持首发前股份；在前述期间内离职的，应当继续遵守本款规定。</td><td>—</td><td>—</td></tr>
<tr><td colspan="4">实现盈利后</td></tr>
<tr><td>前述主体</td><td>可以自当年年度报告披露后次日起减持首发前股份，但应当遵守法律法规要求的其他规定。</td><td>自当年年度报告披露后次日起减持首发前股份，但应当遵守法律法规要求的其他规定。</td><td>自当年年度报告披露后次日起减持公开发行并上市前股份，但应遵守《北京证券交易所股票上市规则（试行）》相关规定。</td></tr>
</table>

4.2.12 单个股东多账户减持的管理

一人多户机制实施后，投资者可能开立多个证券账户，持有同一家公司股份；此外，大股东也可能与一致行动人持有同一家公司股份。对此类情形，《实施细则》按照“合并计算”的原则予以处理：

股东开立多个证券账户的，在计算《实施细则》第四条、第五条规定的减持比例时，对证券账户名称与证件号码相同的证券账户的持股合并计算；股东开立客户信用证券账户的，对客户信用证券账户与证券账户的持股合并计算。

股东开立多个证券账户、客户信用证券账户的，可减持数量按照投资者在各账户和托管单元上所持无限售条件的受限股份数量的比例分配确定。其中，受限股份是指相关股东持有的受《实施细则》规范的股份。

例如：股东E持有某上市公司10%的股份，其中，通过证券账户1持有公司3%股份，来源于大宗交易买入；通过证券账户2的X托管单元持有3%的股份，来源于公司非公开发行的股份，通过证券账户2的Y托管单元持有4%的股份，来源于集中竞价交易买入。如E拟通过集中竞价交易减持股份的，那么在任意连续90个自然日内，其通过证券账户1可减持0.5%的股份，通过证券账户2的X托管单元可减持另外0.5%的股份，而其通过证券账户2的Y托管单元持有的集中竞价取得的全部股份无须适用《实施细则》的规定。

另外，一致行动人合并计算，根据《上市公司收购管理办法》的规定，构成一致行动人的多个股东，其持股数量将被合并计算，并作为一个整体来遵守细则关于减持比例、信息披露等方面的规定。

对于合计未超过5%的情形，深交所咨询易指出减持时无须合并计算。

深交所咨询易（2019年12月11日）：

问：投资者咨询，《深交所上市公司股东及董事、监事、高级管理人员减持股份实施细则》规定，计算减持比例时，大股东及其一致行动人持股应当合并计算。请问，特定股东及其一致行动人持股是否也需要合并计算？

答：根据《深交所上市公司股东及董事、监事、高级管理人员减持股份实施细则》第八条的规定，计算减持比例时，特定股东与一致行动人的持股不需要合并计算。

4.2.13 混合持股情况，股份性质的认定及计算

实践当中，大股东、拥有特定股份的股东可能同时持有受到减持规定限制和不受减持规定限制的股份。《实施细则》第四条、第五条对上述股东减持相关股份的比例作了限制规定（不受减持规定限制的股份除外）。在具体执行中，将按照如下原则来认定股东减持的股份性质：

一是在规定的减持比例范围内，视为优先减持受到减持规定限制的股份。例如，大股东在任意连续 90 日内，通过集中竞价交易减持股份数量未超过公司股份总数 1% 的，所减持的股份均视为受到减持限制规定的股份。

二是在规定的减持比例范围外，视为优先减持不受到减持规定限制的股份。例如，大股东在任意连续 90 日内减持数量超过公司股份总数 1% 的，超出部分视为减持不受减持规定限制的股份。

三是首次公开发行前股份视为优先于上市公司非公开发行股份（2020 年 2 月 14 日《再融资规则》颁布后认购非公开发行股份的股东除外）进行减持。即股东同时持有首次公开发行前股份和上市公司非公开发行股份的情形，在计算相应减持比例时，其首次公开发行前股份将优先计入减持份额。

例如：股东 C 持有上市公司甲 3% 的股份，其中 0.5% 属于甲公司首次公开发行前股份，1.5% 为 2020 年 2 月 14 日前认购甲公司非公开发行的股份；其余的 1% 来源于集中竞价交易买入的股份，不适用《实施细则》的规定。假定 C 在连续 90 个自然日内，通过集中竞价交易进行两笔减持，分别减持了 0.7%、0.8% 的股份，共计减持了 1.5% 的股份。根据《实施细则》的相关规定和上述计算原则，C 在其第一笔减持中已将持有的甲公司首次公开发行前股份全部减持完毕，剩余 0.2% 为其持有的甲公司非公开发行的股份；第二笔减持比例中包含了 0.3% 的来源于认购甲公司非公开发行的股份和 0.5% 的来源于集中竞价买入的股份。同时，C 在上述减持过程中，共计减持了 0.5% 的来源于认购甲公司非公开发行的股份，未超过其认购该次非公开发行股份数量的 50%，也符合《实施细则》第四条第二

款“关于股东在限售期届满后 12 个月内，减持数量不得超过其持有的该次非公开发行股份的 50%”的要求。

再如：股东 D 持有上市公司乙 10% 的股份，其中 8% 来源于协议方式受让的股份，2% 来源于集中竞价交易买入的股份。假定 D 在连续 90 个自然日内，通过集中竞价交易发生一笔减持，共减持 1.5% 的股份。根据《实施细则》的相关规定和上述计算原则，上述减持行为中，可认定其中 1% 的比例属于减持来源于 D 持有的协议方式受让的股份；其余 0.5% 为减持其集中竞价交易买入的股份，不适用《实施细则》的规定。在减持行为发生后，D 仍持有乙公司 8.5% 的股份，其中 7% 来源于协议方式受让的股份，1.5% 来源于集中竞价交易买入的股份。

4.3 减持信息披露要求

4.3.1 减持过程信息披露的要求

相较于中小股东，上市公司大股东、董监高具有持股、信息等优势，其减持行为对市场预期影响较大，有必要建立其在股份减持前的预披露制度，满足广大中小投资者的知情权。《实施细则》根据实践需要，将大股东、董监高纳入减持预披露的适用范围，同时从下列三方面对信息披露要求作了优化完善。

4.3.1.1 事前——减持预披露的要求

（1）沪深交易所《实施细则》、北交所《股票上市规则》的要求：

在事前披露方面，要求大股东、董监高拟在未来 6 个月内通过集中竞价交易减持股份的，需提前 15 个交易日报告并公告其减持计划，披露减持股份的数量、来源、原因以及时间区间和价格区间。

根据沪深交易所《实施细则》第十三条的规定：

上市公司大股东、董监高通过交易所集中竞价交易减持股份的，应当在首次卖出的15个交易日前向交易所报告减持计划，在交易所备案并予以公告。

前款规定的减持计划的内容包括但不限于拟减持股份的数量、来源、原因、方式、减持时间区间、价格区间等信息。每次披露的减持时间区间不得超过6个月。

根据《北京证券交易所股票上市规则（试行）》2.4.10的规定：

上市公司大股东、实际控制人、董事、监事、高级管理人员计划通过集中竞价交易减持其所持有本公司股份的，应当及时通知公司，并按照下列规定履行信息披露义务：

（一）在首次卖出股份的15个交易日前预先披露减持计划，每次披露的减持时间区间不得超过6个月。

此条规定仅针对集中竞价减持设立预披露制度，对仅通过大宗交易转让的，无预披露要求。

深交所咨询易（2020年6月5日）：

问：公司大股东第一轮减持计划将要结束，拟开始第二轮的减持计划，请问是否可以在第一轮减持计划截止前15个交易日披露第二轮减持计划的预告，在第一轮减持计划结束后立刻开始第二轮减持？请问系统是否允许此操作？

答：本所《上市公司股东及董事、监事、高级管理人员减持股份实施细则》未对两次计划的间隔期作出限制，但须确保任意连续90个自然日的减持数量符合减持规定的要求。

深交所咨询易（2020年2月24日）：

问：董监高在任期届满前离职，在其就任时确定的任期内和任期届满后6个月内，如果想通过集中竞价交易减持股份的，是否需要在首次卖出的15个交易日前向交易所报告减持计划并公告？

答：根据本所《上市公司股东及董事、监事、高级管理人员减持股份实施细则》第十二条规定，董监高在任期届满前离职的，其离职后半年内不得转让其所持公司股份，其就任时的任期内每年转让的股份不得超过其所持公司股份数的25%，前述人员还须遵守《公司法》关于董监高股份转让的其他规定。

该细则第十三条规定，“上市公司董监高通过本所集中竞价交易减持股份的，应当在首次卖出的15个交易日前公告”，适用于上市公司任职期间的董监高。

深交所咨询易（2019年12月19日）：

问：假设公司高管原不持有公司股份，2018年3月2日从二级市场上买入10000股，2019年5月6日当天通过集中竞价交易卖出1000股，未提前进行预披露，这样操作会违反交易所的规定吗？

答：根据《深圳证券交易所上市公司股东及董事、监事、高级管理人员减持股份实施细则》第十三条的规定，上市公司大股东、董监高通过本所集中竞价交易减持股份的，应当在首次卖出的15个交易日前向本所报告减持计划，在本所备案并予以公告。因此，高管减持二级市场买入的股份需要提前进行预披露。

深交所咨询易（2019年3月5日）：

问：公司部分董事、监事、高级管理人员通过有限合伙企业认购公司非公开发行股份，该有限合伙企业（持股不足5%）减持过程中，是否因董监高持有份额而需要披露减持计划？

答：若满足以下条件之一，该有限合伙企业需披露减持计划：（1）这些董监高累计持有的份额控制该有限合伙企业；（2）董监高对其间接持有的股份做出减持预披露的承诺，如减持前3个交易日披露减持计划等。

事前预披露示例：

上市公司KFDQ在2017年6月6日收到公司股东《关于股份减持计划的告知函》，公司按照减持新规的规定披露了关于股东15个交易日后的6个月内以竞价交易方式减持预披露公告（见图4-1）。

[redacted]股份有限公司

关于股东减持计划的预披露公告

> 股东[redacted]保证向本公司提供的信息内容真实、准确、完整，没有虚假记载、误导性陈述或重大遗漏。
>
> 本公司及董事会全体成员保证公告内容与信息披露义务人提供的信息一致。

特别提示：

合计持本公司股份 33,248,260.00 股（占本公司总股本比例 12.22%）的股东[redacted]计划在本公告发布之日起十五个交易日后的六个月内，以集中竞价方式减持本公司股份不超过 4,107,550 股（占本公司总股本比例 1.51%）。

[redacted]股份有限公司（以下简称“公司”）于 2017 年 6 月 6 日收到公司股东[redacted]的《关于股份减持计划的告知函》，现将有关情况公告如下：

一、股东情况

姓名	职务	持有股数	占总股本的比例（%）	持有的无限售流通股股数
[redacted]	董事、高级管理人员	7,390,600	2.7171	752,650
[redacted]	董事、高级管理人员	2,559,740	0.9410	87,110
[redacted]	监事	4,721,700	1.7359	600,150
[redacted]	监事	4,448,560	1.6355	849,640
[redacted]	高级管理人员	4,677,700	1.7197	557,800
[redacted]	高级管理人员	5,505,400	2.0240	1,376,350
[redacted]	高级管理人员	3,944,560	1.4502	236,140

图 4-1　事前预披露公告图

专栏 4-9　案例：减持前未预披露被通报批评

案例简介：

KRTC 持有 SHLS 87033.39 万股股份，占 SHLS 总股本的比例为 12.91%。2018 年至 2021 年 10 月，KRTC 因股票质押融资违约被动平仓，通过集中竞价交易减持其持有的 SHLS 股份 107127415 股，占 SHLS 总股本的 1.59%。KRTC 未在首次减持上述股份的 15 个交易日前予以公告。

LSZG 持有 SHLS 54815.88 万股股份，占 SHLS 总股本的比例为 8.13%。2018 年至 2021 年 10 月，LSZG 因股票质押融资违约被动平仓，通过集中竞价交易减持其持有的 SHLS 股份 88354133 股，占 SHLS 总股本的 1.31%。LSZG 未在首次减持上述股份的 15 个交易日前予以公告。

处理结果：

2021 年 12 月 29 日，鉴于上述违规事实及情节，依据《深圳证券交易所股票上市规则（2020 年修订）》第 16.2 条和《上市公司纪律处分实施标准（试行）》第三十三条的规定，经深圳证券交易所纪律处分委员会审议通过，深圳证券交易所作出如下处分决定：

（一）对 KRTC 给予通报批评的处分；

（二）对 LSZG 给予通报批评的处分。

（2）《关于进一步推进新股发行体制改革的意见》的要求

根据《关于进一步推进新股发行体制改革的意见》二、（二）规定：

提高公司大股东持股意向的透明度。发行人应当在公开募集及上市文件中披露公开发行前持股 5% 以上股东的持股意向及减持意向。持股 5% 以上股东减持时，须提前 3 个交易日予以公告。

事前预披露示例：

上市公司 MDGF 收到持有公司股份 5000000 股（占公司总股本的 3.75%）股东陈某民先生送达的《减持股份告知函》。因陈某民先生在《首次公开发行 A 股股票招股说明书》中承诺：在实施减持时，本人将提前 3 个交易日通过公司进行公告，未履行公告程序前不得减持。公司按照股东承诺于 2020 年 7 月 14 日披露了关于股东 3 个交易日后的 6 个月内通过大宗交易方式减持股份的预披露公告（见图 4－2）。

[redacted]股份有限公司

关于公司特定股东股份减持计划的预披露公告

公司特定股东[redacted]先生保证向本公司提供的信息内容真实、准确、完整，没有虚假记载、误导性陈述或重大遗漏。

本公司及董事会全体成员保证公告内容与信息披露义务人提供的信息一致。

特别提示：

[redacted]股份有限公司（以下简称"公司"）于近日收到持有公司股份 5,000,000 股（占公司总股本的 3.75%）股东[redacted]先生送达的《减持股份告知函》，[redacted]先生因个人资金需要，拟在本公告披露之日起三个交易日后的六个月内通过大宗交易方式减持公司股份不超过 2,666,800 股（占公司总股本的 2.00%），现将相关情况公告如下：

图 4－2　特定股东事前预披露公告图

专栏 4－10　案例：股东未遵守承诺进行减持预披露被通报批评

案例简介：

ADLC 作为上市公司 TXHJ 的股东，存在以下违规行为：

截至 2018 年 12 月 12 日，ADLC 持有 TXHJ 4.45% 的股份。ADLC 在 TXHJ《首次公开发行股票并在创业板上市招股说明书》中承诺："若在公司上市之日起 36 个月后，公司董事会研究决定减持股份，将在符合相关规定的前提下通过大宗交易方式、二级交易市场或其他合法方式实现减持并提前 3 个交易日公告。"2018 年 12 月 13 日至 2019 年 3 月 15 日期间，ADLC 通过集中竞价交易减持 TXHJ 股份 873.98 万股，占 TXHJ 总股本的 2%，减持金额总计 5201.99 万元。ADLC 未预先披露减持计划，违反了上述承诺。

处理结果：

2019 年 8 月 27 日，深圳证券交易所对 ADLC 给予通报批评的处分。

（3）北交所《股票上市规则》要求

根据《北京证券交易所股票上市规则（试行）》2. 4. 10 规定：

上市公司大股东、实际控制人、董事、监事、高级管理人员计划通过集中竞价交易减持其所持有本公司股份的，拟在 3 个月内卖出股份总数超过公司股份总数 1% 的，除按照本条第一款第一项规定履行披露义务外，还应当在首次卖出的 30 个交易日前预先披露减持计划。

提示性公告示例：

上市公司 TLGF2021 年 12 月 24 日披露《持股 5% 以上股东减持股份计划公告》，持股 5% 以上股东公告后 30 个交易日后的 3 个月内减持不高于 2. 21%（见图 4 – 3）。

证券代码：[redacted]　　证券简称：[redacted]　　公告编号：2021-105

[redacted]股份有限公司

持股 5%以上股东减持股份计划公告

本公司及董事会全体成员保证公告内容的真实、准确和完整，没有虚假记载、误导性陈述或者重大遗漏，并对其内容的真实性、准确性和完整性承担个别及连带法律责任。

一、　减持主体的基本情况

股东名称	股东身份	持股数量（股）	持股比例	当前持股股份来源
[redacted]投资中心（有限合伙）	持股 5%以上股东	38,400,000	8.4857%	北交所上市前取得（含权益分派转增股）

二、　减持计划的主要内容

股东名称	计划减持数量（股）	计划减持比例	减持方式	减持期间	减持价格区间	拟减持股份来源	拟减持原因
[redacted]投资中心（有限合伙）	不高于 10, 000, 000	不高于 2. 21%	竞价方式或大宗交易	公告后 30 个交易日后的 3 个月内	按市场价格进行减持	北交所上市前取得（含权益分派转增股）	企业经营需要

（一）拟在 3 个月内卖出股份总数是否超过公司股份总数 1%

√是 □否

图 4 – 3　拟在 3 个月内卖出股份总数超过公司股份总数 1% 提示性公告

4.3.1.2 事中——披露要求

在事中披露方面，上交所《上市公司股东及董事、监事、高级管理人员减持股份实施细则》第十四条、深交所《上市公司股东及董事、监事、高级管理人员减持股份实施细则》第十三条规定：

在减持时间区间内，大股东、董监高在减持数量过半或减持时间过半时，应当披露减持进展情况。

公司控股股东、实际控制人及其一致行动人减持达到公司股份总数1%的，还应当在该事实发生之日起2个交易日内就该事项作出公告。

在前款规定的减持时间区间内，上市公司发生高送转、并购重组等重大事项的，前款规定的股东应当同步披露减持进展情况，并说明本次减持与前述重大事项的关联性。

根据《北京证券交易所股票上市规则（试行）》2.4.10规定：

上市公司大股东、实际控制人、董事、监事、高级管理人员计划通过集中竞价交易减持其所持有本公司股份的，应当及时通知公司，并按照下列规定履行信息披露义务：

（三）在减持时间区间内，减持数量过半或减持时间过半时，披露减持进展情况。

深交所咨询易（2019年12月26日）：

问：公司披露的大股东减持计划中，包含大宗交易（3个交易日后）和集中竞价（15个交易日后）。那应该怎样计算减持时间过半？是大宗起始日至集中尾日的中间值，还是集中起始日至集中尾日的中间值？中间值的计算是按天累计还是按月累计？

答：根据《深圳证券交易所上市公司股东及董事、监事、高级管理人员减持股份实施细则》第十三条的规定，大股东、董监高通过本所集中竞价交易减持公司股份的，应当在首次卖出前15个交易日进行预披露，且在减持数量过半或减持时间过半时，应当披露减持进展情况。

事中披露示例：

2017年6月7日，上市公司JSY股东由于减持计划时间过半，按照减持新规的规定，公司披露了关于持股5%以上股东股份减持计划进展情况的公告（见图4－4）。

证券代码：[redacted]　　证券简称：[redacted]　　公告编号：2017-046

[redacted]股份有限公司
关于持股5%以上股东股份减持计划进展情况的公告

本公司董事会及全体董事保证本公告内容不存在任何虚假记载、误导性陈述或者重大遗漏，并对其内容的真实性、准确性和完整性承担个别及连带责任。

重要提示

●股东持股的基本情况：截至本公告披露日，[redacted]持有公司无限售条件流通股13,891万股，占公司总股本的11.07%。

●减持计划的主要内容：自减持计划公告之日（2016年12月27日）起三个交易日后六个月内[redacted]通过大宗交易或集中竞价的方式减持合计不超过6,272.5万股，即不超过公司总股本的5%，其中任意连续三个月内通过集中竞价交易减持股份合计不超过公司总股本的1%。

●减持计划的实施进展：截至本公告披露日，减持计划时间已过半，[redacted]尚未通过任何形式减持我公司股份，仍持有我公司13,891万股，占公司总股本的11.07%。

一、股东的基本情况

（一）股东的名称：[redacted]（集团）有限公司（简称“[redacted]”）

（二）股东持有股份的总数量、持股股份的具体来源：

截至本公告披露日，[redacted]持有[redacted]股份有限公司（简称“公司”）无限售条件流通股13,891万股，占公司总股本的11.07%，其持有的公司股份全部来源于公司首次公开发行股票上市前，于2015年7月3日解除

图4－4　事中披露公告图

关于事中公告披露次数的问题，深交所咨询易指出事中公告仅需披露一次即可。

深交所咨询易（2019年12月12日）：

问：减持实施细则里面说，在减持时间区间内，大股东、董监高在减持数量过半或减持时间过半时，应当披露减持进展情况。是哪个先到披露哪个进展？还是数量过半时、时间过半时都要分别披露进展？

答：大股东、董监高进行股份减持的进展公告，按照数量过半和减持时间过半先到先披露的原则进行，只披露一次即可。

此外，根据《上市公司股权分置改革管理办法》第三十九条规定：

持有、控制公司股份5%以上的原非流通股股东，通过证券交易所挂牌交易出售的股份数量，每达到该公司股份总数1%时，应当在该事实发生之日起两个工作日内做出公告，公告期间无须停止出售股份。

专栏4-11　案例：JLT减持限售存量股份达1%未及时披露

案例简介：

JLT持有上市公司LTSY 143795644股股份，占公司已发行股份的40.04%。JLT筹划减持事项的主要参与人员为JLT时任总经理程某海和时任财务部部长张某军。2014年11月20日至2015年2月11日期间，JLT累计减持LTSY解除限售存量股17348506股股份，占公司总股本的4.83%。减持期间JLT仅于2014年11月28日发布了《关于公司股东减持股份的提示性公告》及《简式权益变动报告书》，但未在每减持达1%时进行公告。2015年1月28日，经交易所提示关注后，JLT通知LTSY补充披露了减持事项。JLT减持LTSY解除限售存量股事项属于《证券法（2014年修正）》第六十七条第二款第（八）项规定的重大事项。JLT的上述行为违反了《上市公司股权分置改革管理办法》第三十九条关于“持有、控制公司股份5%以上的原非流通股股东，通过证券交易所挂牌交易出售的股份数量，每达到该公司股份总数1%时，应当在该事实发生之日起2个工作日内做出公告”的规定。

处理结果：

2015年11月27日，对此证监会决定：（1）对JLT给予警告，并处以30万元罚款。（2）对负责此减持事项的程某海给予警告，并处以5万元罚款和对张某军给予警告，并处以3万元罚款。

4.3.1.3 事后——减持计划实施完毕

在事后披露方面，上交所《上市公司股东及董事、监事、高级管理人员减持股份实施细则》第十五条、深交所《上市公司股东及董事、监事、高级管理人员减持股份实施细则》第十四条规定：

上市公司大股东、董监高减持股份，应当在股份减持计划实施完毕后的2个交易日内予以公告。上述主体在预先披露的股份减持时间区间内，未实施股份减持或者股份减持计划未实施完毕的，应当在股份减持时间区间届满后的2个交易日内予以公告。

根据《北京证券交易所股票上市规则（试行）》2.4.10的规定：

上市公司大股东、实际控制人、董事、监事、高级管理人员计划通过集中竞价交易减持其所持有本公司股份的，应当及时通知公司，并按照下列规定履行信息披露义务：

（四）在股份减持计划实施完毕或者披露的减持时间区间届满后及时公告具体减持情况。

深交所咨询易（2019年4月22日）：

问：前一次股份减持计划预披露公告中披露的减持截止日还有几天到期，还没有发出减持实施结果公告。目前可以发布下一次减持计划吗？

答：如公司已减持完毕，可以提前披露减持实施结果公告，之后再发布下一次减持计划。

事后披露示例：

2017年6月1号，SYDQ股东减持计划实施完成，按照减持新规的规定，公司披露了关于股东减持计划实施完毕的公告（见图4-5）。

4.3.1.4 权益变动——减持股份变动达到5%的披露要求

根据《上市公司收购管理办法》第十三条的规定：

通过证券交易所的证券交易，投资者及其一致行动人拥有权益的股份达到一个上市公司已发行股份的5%时，应当在该事实发生之日起3日内编制权益变动报告书，向中国证监会、证券交易所提交书面报告，通知该上市公司，并予公告；在上述期限内，不得再行买卖该上市公司的股票，但中国证监会规定的情形除外。

[redacted]有限公司关于股东减持计划实施完毕的公告

> **股东[redacted]女士保证向本公司提供的信息内容真实、准确、完整，没有虚假记载、误导性陈述或重大遗漏。**
>
> **本公司及董事会全体成员保证公告内容与信息披露义务人提供的信息一致。**

[redacted]股份有限公司（以下简称“公司”）于2017年2月16日公告了2017-003号《大股东减持股份预披露公告》，持有公司股份51,507,415股（占本公司总股本比例6.78%）的股东[redacted]女士计划自本减持股份预披露公告之日，通过集中竞价交易或大宗交易方式减持公司股份不超过16,652,000股（占公司总股本的2.2%），其中集中竞价交易期间为自减持计划公告之日起十五个交易日后的六个月内（即自2017年2月16日起至2017年9月9日止）。

近日，公司收到[redacted]女士出具的关于减持计划实施完成的函告，截至本公告披露之日，[redacted]女士本次减持计划实施完毕，现将有关事项公告如下：

一、股东减持情况

1. 股东减持股份情况

股东名称	减持方式	减持期间	减持均价（元）	减持股数（股）	减持比例（%）
[redacted]	大宗交易	2017年2月22日	14.00	5,210,670	0.69
	大宗交易	2017年2月28日	14.01	8,286,330	1.09
	合计			13,497,000	1.78

2. 股东本次减持计划前后持股情况

股东姓名	股份性质	本次减持计划前持股		本次减持计划后持股	
		股数（股）	占总股本比例（%）	股数（股）	占总股本比例（%）
[redacted]	合计持有股份	51,507,415	6.78	38,010,415	4.99999
	其中：无限售流通股股份	51,507,415	6.78	38,010,415	4.99999
	有限售流通股股份	0	0	0	0

图4－5　事后披露公告图

前述投资者及其一致行动人拥有权益的股份达到一个上市公司已发行股份的5%后，通过证券交易所的证券交易，其拥有权益的股份占该上市公司已发行股份的比例每增加或者减少5%，应当依照前款规定进行报告和公告。在该事实发生之日起至公告后3日内，不得再行买卖该上市公司的股票，但中国证监会规定的情形除外。

注：法规中的每增加或减少5%，是指股东累积增加或减少5%。该条中“3日”是指交易日，不含公告日当天。

专栏4-12　案例：上市公司股东违规减持超5%未披露

案例简介：

根据JKC2021年9月18日、9月23日披露的《关于持股5%以上股东减持部分股份的公告》，GZKL于2021年9月16日至22日通过集中竞价交易的方式减持JKC股份17709615股，占JKC总股本的0.98%，减持金额合计5973万元，但GZKL未能按照相关规定在首次减持JKC股份的15个交易日前预先披露减持计划。

根据JKC10月22日披露的《关于持股5%以上股东减持比例达到1%的提示性公告》，GZKL于2021年9月16日至10月12日通过集中竞价交易及协议转让方式累计减持JKC 4.97%的股份，并于2021年10月20日通过大宗交易方式减持JKC 1%的股份。2021年10月23日，GZKL作为信息披露义务人披露《简式权益变动报告书》，GZKL持有JKC的股份比例从27.85%降至21.88%，累计减持比例为5.97%。GZKL在持有JKC股份比例变动达到5%时未能按照《上市公司收购管理办法（2020年修订）》第十三条的规定停止交易并及时履行信息披露义务。

根据JKC10月28日披露的《关于持股5%以上股东减持部分股份的公告》，2021年10月26日，GZKL通过大宗交易方式减持JKC股份600万股，占JKC总股本的0.33%。GZKL未能按照相关规定在披露权益变动报告书后3日内停止交易。

GZKL的上述行为违反了《上市公司收购管理办法》第十三条、深圳证券交易所《股票上市规则（2020年修订）》第1.4条、第2.1条、第3.1.8条、第11.8.1条和深圳证券交易所《上市公司股东及董事、监事、高级管理人员减持股份实施细则》第十三条的规定。

处理结果：

2021 年 12 月 10 日，依据深圳证券交易所《股票上市规则（2020 年修订）》第 16.2 条和深圳证券交易所《上市公司纪律处分实施标准（试行）》第三十三条、第三十四条的规定，经深圳证券交易所纪律处分委员会审议通过，深圳证券交易所作出如下处分决定：对 GZKL 给予通报批评的处分。

4.3.1.5 减持至 5% 以下的披露要求

根据《监管规则适用指引——上市类第 1 号》上市公司收购相关事项之四：

《上市公司收购管理办法》第十三条第二款“占该上市公司已发行股份的比例每增加或者减少 5%”，对此规定应当理解如下：

（一）该条“占该上市公司已发行股份的比例每增加或者减少 5%”是指通过证券交易所的证券交易，投资者及其一致行动人拥有权益的股份“变动数量”达到上市公司已发行股份的 5% 时（如从 11% 降至 9%，虽然跨越 10% 刻度，也不触发相关义务），应当依照相关规定进行公告。在公告后 3 日内，不得再行买卖该上市公司的股票。

（二）根据《证券法》第六十三条的规定，如通过证券交易所的证券交易，投资者及其一致行动人拥有权益的股份降至 5% 以下时，即使“变动数量”未达到上市公司已发行股份的 5%（如从 5.5% 降至 4%），也应当披露权益变动报告书、履行相关限售义务。但上市公司披露的上市公告书中已包含权益变动信息的，可不再单独披露权益变动报告书。对于因增发股份等原因导致持股比例被动降至 5% 以下后又主动减持股份的，应当披露权益变动报告书、履行相关限售义务。

（三）该条中时间是指交易日，不含公告日当天。

专栏4－13　案例：减持至5%以下未及时披露

案例简介：

经查明，截至2021年3月31日，顾某富持有JFJY股票34411280股，占公司股份总额的5.14%，相关股份来源为通过上海证券交易所集中竞价交易系统增持所得。2021年4月21～28日，顾某富通过上海证券交易所集中竞价交易系统合计减持公司股票3143770股。截至4月28日收盘，顾某富累计持有公司股票31267510股，持股比例下降至4.67%，不再是公司持股5%以上股东。此后，顾某富于2021年5月11日至6月22日继续交易公司股票，截至6月22日收盘累计持有公司股票21040599股，持股比例下降至3.145%。根据中国证监会《监管规则适用指引——上市类第1号》相关规定，投资者及其一致行动人拥有权益的股份降至5%以下时，应当及时披露权益变动报告书并履行相关限售义务。但顾某富未按规定履行信息披露和限售义务，直至2021年6月23日才披露简式权益变动报告书，对上述交易情况予以公告。

顾某富作为公司股东，在所持公司股份降至公司已发行股份5%以下时，未及时披露权益变动报告书，且未履行相关限售义务，超比例违规减持占公司总股本的1.855%，违规情节严重。上述行为违反了《中华人民共和国证券法（2019年修订）》第六十三条、《上市公司收购管理办法》第十三条和《上海证券交易所股票上市规则》（以下简称《股票上市规则》）第1.4条、第2.1条、第3.1.7条、第11.9.1条等的有关规定。对于本次纪律处分事项，顾某富回复无异议。

处理结果：

2021年10月11日，鉴于上述违规事实和情节，根据《股票上市规则》第16.2条和《上海证券交易所纪律处分和监管措施实施办法》《上海证券交易所上市公司自律监管规则适用指引第2号——纪律处分实施标准》等的有关规定，上海证券交易所做出如下纪律处分决定：对JFJY股东顾某富予以公开谴责。

4.3.1.6 减持1%的披露要求

根据《上市公司收购管理办法》第13条第三款规定：

前述投资者及其一致行动人拥有权益的股份达到一个上市公司已发行股份的5%后，其拥有权益的股份占该上市公司已发行股份的比例每增加或者减少1%，应当在该事实发生的次日通知该上市公司，并予公告。

减持1%披露示例：

上市公司XJHJ在2020年9月11日收到公司持股5%以上股东的告知函，股东JDTZ于2020年7月20日至2020年9月10日期间通过上海证券交易所集中竞价、大宗交易方式累计减持公司股份1612200股，占公司总股本的1.14%（见图4-6）。

4.3.2 信息披露格式指引

4.3.2.1 上交所相关公告格式指引

2019年11月8日，上交所修订了《临时公告格式指引第九十八号——上市公司股东及董监高集中竞价减持股份计划进展结果公告》。本次修订指引采取了最简洁明了的方式，将公告格式指引名称从“上市公司股东及董监高减持股份计划/进展/结果公告”，改为“上市公司股东及董监高集中竞价减持股份计划/进展/结果公告”。通过标题中新增“集中竞价”四个字，直观地告知大股东及董监高：

（1）仅在集中竞价减持时，才应遵守本格式指引要求进行披露。

（2）大股东及董监高如果同时采用集中竞价、大宗交易、协议转让等多种方式减持的，也仅需披露集中竞价方式减持的计划、进展、结果，避免频繁披露减持公告，造成市场扰动。

（3）采取其他方式减持的，上市公司大股东及董监高按照自愿原则参照披露。

上交所公告格式指引及其颁布时间如表4-11所示。

新疆[redacted]股份有限公司
关于持股5%以上股东减持超过1%的提示性公告

本公司董事会及全体董事保证本公告内容不存在任何虚假记载、误导性陈述或者重大遗漏，并对其内容的真实性、准确性和完整性承担个别及连带责任。

重要内容提示

- 本次权益变动属于股东减持，未触及要约收购
- 本次权益变动不会使公司控股股东及实际控制人发生变化。本次权益变动后，信息披露义务人持有公司股份比例将由7.19%减少至6.05%。

新疆[redacted]股份有限公司（以下简称“[redacted]”或“公司”）于2020年9月11日收到持股5%以上股东[redacted]投资中心(有限合伙)、[redacted]投资合伙企业（有限合伙）、[redacted]投资中心（有限合伙）、[redacted]投资中心（有限合伙）、[redacted]投资中心（有限合伙）、[redacted]创业投资中心（有限合伙）、[redacted]投资中心（有限合伙）（以上机构股东统称为“[redacted]投资”）的告知函，[redacted]投资于2020年7月20日至2020年9月10日期间通过上海证券交易所集中竞价、大宗交易方式累计减持公司股份1,612,200股，占公司总股本的1.14%。现将其有关权益变动情况公告如下：

一、信息披露义务人基本信息

名称	住所	权益变动时间
[redacted]投资中心（有限合伙）	[redacted]6幢1105室	2020年7月20日至202
[redacted]投资合伙企业（有限合伙）	[redacted]1号楼113室-25	
[redacted]投资中心（有	[redacted]1号楼512	

图4-6　减持1%披露公告图

表 4－11 上交所公告格式指引表

板块	公告格式指引	颁布时间
沪主板	上海证券交易所上市公司自律监管指南第 1 号——公告格式 第九十八号——上市公司股东及董监高集中竞价减持股份计划进展结果公告	2019 年 11 月 8 日
科创板	科创板日常信息披露公告格式第二十一号——科创板上市公司股东及董监高减持股份计划/进展/结果公告	2022 年 1 月 7 日

4.3.2.2 深交所相关公告格式指引

2022 年 1 月，为规范上市公司和相关信息披露义务人的信息披露行为，提高上市公司信息披露质量，深交所修订并发布以下格式指引，如表 4－12 所示。

表 4－12 深交所公告格式指引表

板块	公告格式指引	颁布时间
主板	股份变动类第 5 号——上市公司大股东及董事、监事、高级管理人员减持股份预披露公告格式	2022 年 1 月 7 日
	股份变动类第 4 号——上市公司股东减持股份实施情况公告格式	
创业板	创业板上市公司第 38 号——上市公司大股东及董事、监事、高级管理人员减持股份预披露公告格式	2022 年 1 月 7 日
	创业板上市公司第 30 号——上市公司股东减持股份实施情况公告格式	

注：2021 年 2 月 5 日，经中国证监会批准，深交所启动合并主板与中小板相关准备工作。合并主板与中小板，打造以主板、创业板为主体的深市市场格局。2021 年 3 月 31 日，深交所发布两板合并业务通知及相关规则，明确合并实施后的相关安排，于 2021 年 4 月 6 日正式实施两板合并。中小板上市公司的证券类别变更为“主板 A 股”，证券代码和证券简称保持不变。相关信息披露公告格式由原主板、中小板信息披露公告格式第 × 号变更为上市公司信息披露公告格式第 × 号。

4.3.2.3 北交所相关公告格式指引

根据北京证券交易所官方网站“法律规则”下的“服务指南”栏目，北交所发布了以下格式指引，如表 4－13 所示。

表 4 – 13　　北交所公告格式指引表

板块	公告格式指引	颁布时间
北交所	北京证券交易所上市公司持续监管临时公告格式模板第 52 号——上市公司持股 5% 以上股东、实际控制人、董监高减持股份计划/进展/结果公告格式模板	2022 年 1 月 7 日

4.4　违规减持的监管

在减持新规发布后，监管机构将综合采用事前、事中、事后多种手段，切实加强对股份减持的监管，严肃查处各类违规减持行为。

4.4.1　证监会行政处罚

根据《中华人民共和国证券法》规定：

第一百八十六条　违反本法第三十六条的规定，在限制转让期内转让证券，或者转让股票不符合法律、行政法规和国务院证券监督管理机构规定的，责令改正，给予警告，没收违法所得，并处以买卖证券等值以下的罚款。

第一百九十七条　信息披露义务人未按照本法规定报送有关报告或者履行信息披露义务的，责令改正，给予警告，并处以 50 万元以上 500 万元以下的罚款；对直接负责的主管人员和其他直接责任人员给予警告，并处以 20 万元以上 200 万元以下的罚款。发行人的控股股东、实际控制人组织、指使从事上述违法行为，或者隐瞒相关事项导致发生上述情形的，处以 50 万元以上 500 万元以下的罚款；对直接负责的主管人员和其他直接责任人员，处以 20 万元以上 200 万元以下的罚款。

信息披露义务人报送的报告或者披露的信息有虚假记载、误导性陈述或者重大遗漏的，责令改正，给予警告，并处以 100 万元以上 1000 万元以下的罚款；对直接负责的主管人员和其他直接责任人员给予警告，并处以 50 万元以上 500 万元以下的罚款。发行人的控股股东、实际控制人组织、指使从事上述违法行为，或者隐瞒相关事项导致发生上述情形的，处以100万元以上1000万元以下的罚款；对直接负责的主管人员和其他直接责任人员，处以50万元以上500万元以下的罚款。

根据《上市公司股东、董监高减持股份的若干规定》第十四条规定：

上市公司股东、董监高未按照本规定和证券交易所规则减持股份的，中国证监会依照有关规定采取责令改正等监管措施。

专栏4-14 案例：上市公司大股东减持未履行信息披露义务遭行政处罚

案例简介：

2018年8月15日至2020年3月10日期间，由于可交债换股、徐某微主动减持、法院强制执行等原因，JLJT及其一致行动人合计减持JLJD股份72294202股，占JLJD总股本的9.00%。2019年12月31日，JLJT所持3.13%JLJD股份被司法处置并完成股份转让权益登记。JLJT及一致行动人持有JLJD股份比例首次累计减少超过5%（含徐某微的主动减持）。上述事项发生后，JLJT及其一致行动人未及时履行报告、公告义务。此后，JLJT于2020年1月15日至2020年2月7日期间因司法处置减持JLJD股份800万股，JMO于2020年3月10日因司法处置减持JLJD股份200万股。

2020年8月19日，JLJT及其一致行动人就上述事项补充披露权益变动报告书。

处理结果：

2021年10月21日，根据当事人违法行为的事实、性质、情节与社会危害程度，依据2005年《证券法》第一百九十三条第二款、2019年《证券法》第一百九十七条第一款的规定，浙江证监局决定：

（1）对JLJT、JMO超比例减持未及时报告、公告的行为责令改正，给予警告，并处以70万元罚款。其中对JLJT处以40万元罚款，对JMO处以30万元罚款；

（2）对JLJT违法行为直接负责的主管人员金某平给予警告，并处以10万元罚款。

4.4.2 证券交易所自律监管措施和纪律处分

根据《上市公司股东、董监高减持股份的若干规定》第十三条规定：

上市公司股东、董监高未按照本规定和证券交易所规则减持股份的，证券交易所应当视情节采取书面警示等监管措施和通报批评、公开谴责等纪律处分措施；情节严重的，证券交易所应当通过限制交易的处置措施禁止相关证券账户6个月内或12个月内减持股份。

证券交易所为防止市场发生重大波动，影响市场交易秩序或者损害投资者利益，防范市场风险，有序引导减持，可以根据市场情况，依照法律和交易规则，对构成异常交易的行为采取限制交易等措施。

根据沪深交易所就《实施细则》答记者问的问题十四，对于违规减持行为，证券交易所将视情况采取以下措施：

一是对相关股东、董监高予以书面警示、通报批评、公开谴责、限制交易等监管措施或者纪律处分。

二是对导致股价异常波动、严重影响市场交易秩序或者损害投资者利益的违规减持行为，从重从快予以处分。

三是对涉嫌违法违规的减持行为，上报中国证监会予以查处。

专栏4－15　案例：上市公司大股东违规减持被公开谴责

案例简介：

截至2013年5月16日，HHWY持有TSKJ 4000万股，占TSKJ总股本的12.43%。因执行司法裁定，HHWY自2021年8月2日至11日期间，通过深圳证券交易所集中竞价交易方式减持TSKJ 1528.47万股股份，持股比例降至7.32%。其后，HHWY自2021年8月12日至18

日期间，继续通过深圳证券交易所集中竞价交易方式减持 TSKJ 1070.94 万股股份，持股比例降至 4.15%。HHWY 在持股比例变动达 5% 及降低至 5% 时，未按照《中华人民共和国证券法》第六十三条和《上市公司收购管理办法》第十三条的相关规定及时向深圳证券交易所提交书面报告并披露权益变动报告书，且未在规定期限内停止卖出 TSKJ 股份。

2021 年 8 月 2 日至 18 日，HHWY 因司法强制执行通过深圳证券交易所集中竞价方式减持 TSKJ 股份合计 2599.41 万股，占 TSKJ 总股本的 7.69%，涉及金额 9581.13 万元。HHWY 在减持该部分股份前，未在首次卖出的 15 个交易日前预先披露减持计划，且在 3 个月内通过深圳证券交易所集中竞价交易方式减持股份总数超过 TSKJ 总股本的 1%。

处理结果：

2021 年 11 月 19 日，鉴于上述违规事实及情节，依据深圳证券交易所《股票上市规则（2020 年修订）》第 16.2 条和深圳证券交易所《上市公司纪律处分实施标准（试行）》第三十三条、第三十四条的规定，经深圳证券交易所纪律处分委员会审议通过，深圳证券交易所作出如下处分决定：对 HHWY 给予公开谴责的处分。对于 HHWY 上述违规行为及深圳证券交易所给予的处分，深圳证券交易所将记入上市公司诚信档案，并向社会公开。

5. 股份回购

5.1 股份回购概述

5.1.1 回购

股份回购是指公司按一定的程序购回发行或流通在外的本公司股份的行为。

本章节包含的内容主要有股份回购相关法律法规、要点分析、操作指南，同时对以往典型回购案例以及违规回购案例进行了简要分析。

5.1.2 相关法规

5.1.2.1 法律

与股份回购相关的法律如表 5－1 所示。

表 5－1 相关法律表

法规名称	发文部门	文号	颁布日期	涉及条文
《中华人民共和国公司法（2018 年修正）》	全国人民代表大会常务委员会	主席令第十五号	2018 年 10 月 26 日	第一百四十二条

5.1.2.2 部门规章及规范性文件

与股份回购相关的部门规章及规范性文件如表 5－2 所示。

表 5－2　相关部门规章及规范性文件表

法规名称	发文部门	文号	颁布日期	涉及条文
《上市公司股份回购规则》	中国证券监督管理委员会	证监会公告〔2022〕4 号	2022 年 1 月 5 日	全文
《上市公司章程指引（2022 年修订）》	中国证券监督管理委员会	证监会公告〔2022〕2 号	2022 年 1 月 5 日	第二十四条
《上市公司股东大会规则（2022 年修订）》	中国证券监督管理委员会	证监会公告〔2022〕13 号	2022 年 1 月 5 日	第四十五条
《公司债券发行与交易管理办法》	中国证券监督管理委员会	证监会令第 180 号	2021 年 2 月 26 日	第六十三条
《关于就〈欺诈发行上市股票责令回购实施办法（试行）（征求意见稿）〉公开征求意见的通知》	中国证券监督管理委员会		2020 年 8 月 21 日	全文
《关于支持上市公司回购股份的意见》	中国证券监督管理委员会、中华人民共和国财政部、国务院国有资产监督管理委员会	证监会公告〔2018〕35 号	2018 年 11 月 9 日	全文
《上市公司股权激励管理办法（2018 年修正）》	中国证券监督管理委员会	证监会令第 148 号	2018 年 8 月 15 日	全文
《关于执行〈到境外上市公司章程必备条款〉的通知》	中国证券监督管理委员会	证委发〔1994〕21 号	1994 年 8 月 27 日	第四章、第五章

5.1.2.3 业务规则

上交所、深交所、北交所与股份回购相关的业务规则如表 5－3、表 5－4、表 5－5 所示。

表 5－3　　上交所相关业务规则表

法规名称	发文部门	文号	颁布日期	涉及条文
《上海证券交易所上市公司自律监管指引第 7 号——回购股份》	上海证券交易所	上证发〔2022〕8 号	2022 年 1 月 7 日	全文

表 5－4　　深交所相关业务规则表

法规名称	发文部门	文号	颁布日期	涉及条文
《深圳证券交易所上市公司自律监管指引第 9 号——回购股份》	深圳证券交易所	深证上〔2022〕21 号	2022 年 1 月 7 日	全文

表 5－5　　北交所相关业务规则表

法规名称	发文部门	文号	颁布日期	涉及条文
《北京证券交易所上市公司持续监管指引第 4 号——股份回购》	北京证券交易所	北证公告〔2021〕37 号	2021 年 11 月 2 日	全文

5.2　回购重点法规解读

5.2.1　《关于支持上市公司回购股份的意见》

2018 年 11 月 9 日，根据《全国人民代表大会常务委员会关于修改〈中华人民共和国公司法〉的决定》的规定，证监会、财政部、国资委联合发布了《关于支持上市公司回购股份的意见》（以下简称《意见》），《意见》拓宽了回购资金来源、适当简化实施程序、引导完善治理安排，鼓励各类上市公司实施股权激励或员工持股计划，强化激励约束，促进公司夯实估值基础，提升公司管理风险能力，提高上市公司质量。《意见》主要内容分为以下四个方面：

（1）依法支持各类上市公司回购股份用于实施股权激励及员工持股计划

上市金融企业可以在合理确定回购实施价格、切实防范利益输送的基础上，依法回购股份用于实施股权激励或者员工持股计划，并按有关规定做好管理。其中，上市证券公司可以通过资管计划、信托计划等形式实施员工持股计划。

（2）鼓励运用其他市场工具为股份回购提供融资等支持

继续支持上市公司通过发行优先股、可转债等多种方式，为回购本公司股份筹集资金。支持实施股份回购的上市公司依法以简便快捷方式进行再融资。上市公司实施股份回购后申请再融资的，在一定规模内取消再融资间隔期限制，审核中给予优先支持。上市公司以现金为对价，采用要约或集中竞价方式回购股份的，视同上市公司现金分红，纳入现金分红的相关比例计算。

（3）简化实施回购的程序

上市公司股价低于其每股净资产，或者20个交易日内股价跌幅累计达到30%的，可以为维护公司价值及股东权益进行股份回购；上市公司因该情形实施股份回购并减少注册资本的，不适用股票上市已满1年和现行回购窗口期限制。

（4）引导完善公司治理安排

鼓励上市公司在章程中完善股份回购机制，引导董事会主动与股东沟通交流，充分发挥公司治理积极作用。

《意见》鼓励上市公司回购的措施主要有三点：

①继续支持上市公司通过发行优先股、债券等多种方式，为回购本公司股份筹集资金。支持实施股份回购的上市公司依法以简便快捷方式进行再融资。鼓励上市公司的控股股东、实际控制人结合自身状况，积极增持上市公司股份，推动上市公司回购公司股份，并在资金方面提供支持。

②上市公司实施股份回购后申请再融资，融资规模不超过最近12个月股份回购总金额10倍的，本次再融资发行股票的董事会决议日距前次募集资金到位日不受融资间隔期的限制，审核中对此类再融资申请给予优先支持。

③股东大会授权董事会实施股份回购的，可以依法一并授权董事会实施再融资。上市公司实施股份回购的，可以同时申请发行可转换公司债券，

募集时间由上市公司按照有关规定予以确定。

5.2.2 沪深交易所《上市公司回购股份实施细则》

2019 年 1 月 11 日，沪深交易所颁布《上市公司回购股份实施细则》（以下简称《回购细则》，现已失效）。这是沪深交易所贯彻落实全国人大常委会关于修改《公司法》的决定、三部委《关于支持上市公司回购股份的意见》、证监会《关于认真学习贯彻〈全国人民代表大会常务委员会关于修改《中华人民共和国公司法》的决定〉的通知》等法律法规和文件精神，及时完善相关配套制度，切实响应市场需求，支持和规范上市公司依法实施股份回购的有力举措。

《回购细则》包括总则、一般规定、实施程序及信息披露、回购股份的处理、日常监管等，主要内容如下：

一是拓宽回购股份适用情形，明确“为维护上市公司价值及股东权益所必需”情形的回购要求。将回购目的拓宽为减少公司注册资本、用于员工持股计划或者股权激励、用于可转换公司债券股权转换以及维护上市公司价值及股东权益等多项情形。同时，进一步明确“为维护上市公司价值及股东权益所必需”的具体适用标准，明确该情形下回购股份的实施期限不得超过 3 个月，保证回购效果。

二是简化特定情形回购审议程序，规范回购股份的提议程序。因用于员工持股计划或者股权激励、可转换公司债券股权转换以及维护上市公司价值及股东权益等情形回购股份的，可以由公司章程规定或由股东大会授权董事会审议实施。对于董事长、控股股东、实际控制人等提议人向公司董事会提议回购股份的，提议应当明确具体，符合公司的实际情况，具有合理性和可行性，并规范提议程序、披露要求等。公司收到提议后应当尽快召开董事会审议，并将提议内容与董事会决议同时公告。

三是细化回购股份信息披露及方案变更要求，要求公司合理安排每日回购股份数量。公司回购股份用于多种用途的，应当在回购方案中明确各种用途下的回购股份数量或回购金额范围。公司披露回购方案后，非因充分正当事由不得变更或者终止。为维护上市公司价值及股东权益所必需实施回购且已明确用于减少注册资本的，不得变更回购股份用途。除“为维护上市公司价值及股东权益所必需”外，其他情形下每5个交易日回购股份的数量，不得超过首次回购股份事实发生之日前5个交易日该股票成交量之和的25%，但每5个交易日回购数量不超过100万股的除外。

四是明确回购资金来源，回购股份支付现金视同现金红利。上市公司可以用于回购股份的资金包括：自有资金；发行优先股、债券募集的资金；发行普通股股票取得的超募资金、募投项目结余资金和已依法变更为永久补充流动资金的募集资金；金融机构借款；其他合法资金。公司当年回购股份所支付的现金视同现金红利，与该年度利润分配中的现金红利合并计算。

五是明确回购股份的减持要求和限制。为维护上市公司价值及股东权益所必需回购的股份，可以在披露回购结果暨股份变动公告12个月后通过集中竞价方式减持，减持前应当提前15个交易日进行预披露，并应当遵守窗口期限制，履行减持进展信息披露义务。同时，每日减持的数量不得超过减持预披露日前20个交易日日均成交量的25%，但每日减持数量不超过20万股的除外。在任意连续90日内，减持股份的总数不得超过公司股份总数的1%。此外，该情形下公司董监高、控股股东及其一致行动人、实际控制人不得在公司回购期间直接或间接减持本公司股份。

5.2.3 《欺诈发行上市股票责令回购实施办法（试行）（征求意见稿）》

2020年8月21日，证监会就《欺诈发行上市股票责令回购实施办法（试行）（征求意见稿）》公开征求意见。欺诈发行责令回购是科创板试点注册制改革时探索创立、新《证券法》正式确立的一项重要制度创新，是借鉴境外成熟市场实践经验的制度成果，也是注册制改革的一项重要配套措施，对于提高违法成本，维护证券市场秩序，保护投资者合法权益具有重要意义。

《欺诈发行上市股票责令回购实施办法（试行）（征求意见稿）》共十五条，主要包括以下内容：

一是明确适用范围。股票发行人在招股说明书等证券发行文件中隐瞒重要事实或者编造重大虚假内容，已经公开发行并上市的，证监会可以责令发行人回购欺诈发行的股票，或者责令负有责任的控股股东、实际控制人买回股票。

二是明确回购对象范围。回购对象为本次欺诈发行至欺诈发行上市揭露日或者更正日期间买入股票，且在回购方案实施时仍然持有股票的投资者。《欺诈发行上市股票责令回购实施办法（试行）（征求意见稿）》同时规定，对欺诈发行负有责任的发行人董监高、控股股东、实际控制人、参与包销的证券公司及其关联方，以及买入股票时知悉或者应当知悉存在欺诈发行的投资者，不得成为回购对象。

三是明确回购价格。发行人或者负有责任的控股股东、实际控制人应当以市场交易价格回购股票；投资者买入股票价格高于市场交易价格的，以买入股票价格作为回购价格。

四是明确回购程序和方式。发行人或者负有责任的控股股东、实际控制人应当在责令回购决定书要求的期限内制定回购方案，并在制定方案后5个交易日内向符合条件的投资者发出回购要约并公告，启动回购工作。

五是明确证监会作出责令回购决定必须经主要负责人批准。

5.2.4 《上市公司股份回购规则》

为深入贯彻国务院金融委“建制度、不干预、零容忍”的工作要求，结合监管实践需要，2022年1月7日，中国证监会对《上市公司回购社会公众股份管理办法（试行）》（证监发〔2005〕51号）、《关于上市公司以集中竞价交易方式回购股份的补充规定》（证监会公告〔2008〕39号）、《关于认真学习贯彻〈全国人民代表大会常务委员会关于修改《中华人民共和国公司法》的决定〉的通知》（证监会公告〔2018〕37号）进行了修订、整合，同时吸收了《关于鼓励上市公司兼并重组、现金分红及回购股份的通知》(证监发〔2015〕61 号)、《关于支持上市公司回购股份的意见》(证监会公告〔2018〕35 号)有关回购方面的政策内容，形成了《上市公司股份回购规则》。

整合后的《回购规则》共七章四十二条，涉及回购条件、方式、实施期限，回购程序和信息披露等重要方面，并对“以集中竞价交易方式回购股份”和“以要约方式回购股份”提出具体要求。

一是明确适用范围。依据《公司法》第一百四十二条，在减少公司注册资本外，增加“将股份用于员工持股计划或者股权激励”“将股份用于转换上市公司发行的可转换为股票的公司债券”“上市公司为维护公司价值及股东权益所必需”三种回购适用情形，同时考虑到“与持有本公司股份的其他公司合并”以及“股东因对股东大会作出的公司合并、分立决议持异议，要求公司收购其股份”两种回购情形主要适用其他规则，未纳入《回购规则》适用范围。

二是调整监管要求。根据实际，删除了证监发〔2005〕51 号文中关于股份回购备案的要求。根据《公司法》修改的情况，调整、简化了回购决策程序，对回购程序区分董事会决定和股东大会决定做了差异化设定。此外，还吸收了其他政策文件中关于现金回购视为分红、支持回购股份后申请再融资、为维护公司价值及股东权益进行回购时豁免部分限制条件等内容。

三是强化监管执法。为防止回购过程中可能引发的内幕交易、市场操纵、利益输送以及滥用回购等问题，《回购规则》参照目前的规定和实践做法，对回购股份的信息披露、回购总量、回购方式、回购程序、回购时间等做出具体规定；对回购股份管理和转让做出针对性制度安排；明确了回购期间相关主体发生内幕交易、操纵市场、虚假陈述的法律责任。

同日，为优化上市公司自律监管规则体系，完善上市公司回购股份事项监管要求，沪深交易所在原《回购细则》的基础上，根据上位规则《上市公司股份回购规则》及最新监管实践，修订形成《上海证券交易所上市公司自律监管指引第 7 号——回购股份》《深圳证券交易所上市公司自律监管指引第 9 号——回购股份》。

5.3 股份回购要点分析

5.3.1 股份回购的目的

根据《公司法》第一百四十二条规定：

公司不得收购本公司股份。但是，有下列情形之一的除外：

（一）减少公司注册资本；

（二）与持有本公司股份的其他公司合并；

（三）将股份用于员工持股计划或者股权激励；

（四）股东因对股东大会作出的公司合并、分立决议持异议，要求公司收购其股份；

（五）将股份用于转换上市公司发行的可转换为股票的公司债券；

（六）上市公司为维护公司价值及股东权益所必需。

公司因前款第（一）项、第（二）项规定的情形收购本公司股份的，应当经股东大会决议；公司因前款第（三）项、第（五）项、第（六）项规定的情形收购本公司股份的，可以依照公司章程的规定或者股东大会的授权，经2/3以上董事出席的董事会会议决议。

公司依照本条第一款规定收购本公司股份后，属于第（一）项情形的，应当自收购之日起10日内注销；属于第（二）项、第（四）项情形的，应当在6个月内转让或者注销；属于第（三）项、第（五）项、第（六）项情形的，公司合计持有的本公司股份数不得超过本公司已发行股份总额的10%，并应当在3年内转让或者注销。

上市公司收购本公司股份的，应当依照《中华人民共和国证券法》的规定履行信息披露义务。上市公司因本条第一款第（三）项、第（五）项、第（六）项规定的情形收购本公司股份的，应当通过公开的集中交易方式进行。

公司不得接受本公司的股票作为质押权的标的。

5.3.1.1 减少注册资本

在公司经营方针和市场需求发生重大变化时，为了使经营规模与资本相称并减少分派股利的压力，公司可以购回发行或流通在外的股份并注销。《公司法》第一百四十二条第（一）项规定："公司不得收购本公司的股票，但为减少公司资本而注销股份除外。公司依照前款规定收购本公司股票后，应当自收购之日起10日内注销该部分股票。"

专栏5-1 案例：上市公司TYKG回购股份

2008年10月31日，TYKG公告了股份回购计划，该公司将在二级市场通过集中竞价方式用自有资金，以不超过3.5元/股的价格，回购不超过2000万股公司股份。2008年11月17日，TYKG 2008年第三次临时股东大会全体董事通过了关于公司回购社会公众股份的议案，成为首个宣布A股回购计划的公司。公告中，TYKG表示此次股票回购的目的在于：（1）体现了公司对未来发展充满信心；（2）以新的分配形式回报股东；（3）尝试用新的国际通行的分配形式维护资本市场稳定。公司用自有资金通过深圳证券交易所以集中竞价交易方式回购本公司社会公众股份。本次回购公司一共在二级市场上回购3588900股，占公司总股本的0.378%，购买的最高价为3.49元/股，购买的最低价为3.36元/股，注册资本由950489992元减少到946901092元。

专栏5-2 案例：通过资产重组实施股份回购

2013年9月，上市公司YTH发布重组公告，拟向控股股东出售其所持有的三家控股子公司股权，作价47.62亿元。控股股东以其持有的上市公司部分股权5.4亿股为对价认购上述标的资产。

公告显示，此次交易优先以控股股东持有的全部流通股作为对价，不足部分以限售股补足。其中，流通股每股均价为 9 元，限售股每股均价 8.55 元。

YTH 取得上述股份后将依法注销并相应减少注册资本，其总股本将减少至 11.29 亿股，控股股东持股数量将降至 6.08 亿股，持股比例由之前的 68.76% 降至约 53.83%。

5.3.1.2 用于股权激励和员工持股计划

随着股权激励和员工持股计划的不断完善和发展，上市公司可以将回购股份作为股权激励和员工持股计划的股票来源。

《关于上市公司实施员工持股计划试点的指导意见》也规定：员工持股计划可以通过以下方式解决股票来源：（1）上市公司回购本公司股票；……

专栏 5－3 案例：上市公司 SHCD 回购公司股份以实施股权激励计划

2017 年 5 月 26 日，SHCD 公告，拟以集中竞价交易方式回购公司股份，用于后期实施股权激励计划。在回购资金总额不超过 1.2 亿元、回购股份平均成本不超过 12 元/股的条件下，预计回购股份约为 1000 万股，约占公司总股本的 1.48%。

5.3.1.3 调整股权结构

根据沪深北交易所《股票上市规则》的规定，股份有限公司申请其股票上市的，其向社会公开发行的股份应达到公司股份总数的 25% 以上；公司股本总额超过人民币 4 亿元的，其向社会公开发行的股份应达到公司股份总数的 10% 以上。

专栏 5－4 案例：上市公司 SNGF 依法调整股权

1999 年 11 月，SNGF 以每股 2.51 元的净资产价格协议回购并注销由 SNGF 持有的 10 亿股国有法人股，从而其注册资本由 26 亿元减少至16亿元，股份总额由26亿股减少到16亿股，国有法人股由占总股本的80%减少到68%，而社会公众股由占总股本的10%增加到15%。

5.3.1.4 稳定公司股价

过低的股价无疑将对公司市场形象造成严重影响，也降低了二级市场投资者对公司的信心。在这种情况下，公司回购本公司股份以支撑公司股价，有利于改善公司形象。股价在上升过程中，投资者又重新关注公司的运营情况，公司也恢复了股权融资的可能。因此，在股价过低时回购股份，是维护公司形象的有力途径。

专栏5-5 案例：上市公司WKA回购股份稳定股价

2015年股市动荡期间，为保护投资者利益，WKA在综合考虑业务增长、财务状况、未来发展战略以及合理估值水平等因素的基础上，拟以自有资金回购公司A股股份。回购的股份将予以注销，从而减少公司的注册资本，并提升每股收益水平。本次回购A股股份的价格为不超过2015年7月3日公司A股收盘价格，即不超过人民币13.70元/股。回购的资金总额为不超过人民币100亿元。

5.3.1.5 股东因对股东大会作出的公司合并、分立决议持异议，要求公司收购其股份

专栏5-6 案例：保护股东利益，BST赋予异议股东收购选择权

上市公司BST针对与DFMZ换股吸收合并事宜，为充分保护BST股东的利益，拟赋予BST异议股东以收购选择权。BST关于吸收合并事项异议股东的提示公告如图5-1所示。

证券代码：[redacted]　　股票简称：[redacted]　　编号：临 2014-072

[redacted]股份有限公司

关于吸收合并事项异议股东的提示公告

本公司董事会及全体董事保证本公告内容不存在任何虚假记载、误导性陈述或者重大遗漏，并对其内容的真实性、准确性和完整性承担个别及连带责任。

根据[redacted]份有限公司（以下简称“本公司”、“[redacted]”）于 2014 年 11 月 21 日审议通过的第七届董事会第二十九次会议决议，就本公司与[redacted]股份有限公司（以下简称“[redacted]”）换股吸收合并事宜，为充分保护[redacted]股东的利益，拟赋予[redacted]异议股东以收购选择权。有权行使收购请求权的[redacted]异议股东有权请求收购请求权提供方收购其异议股份。对于有效申报的[redacted]异议股份，收购请求权提供方将按照 32.54 元/股向异议股东支付现金，若[redacted]股票在本次换股吸收合并定价基准日至异议股东收购请求权实施日期间发生其他除权、除息的事项，则前述收购请求权的行权价格将进一步进行相应调整。

图 5－1　上市公司 BST 关于吸收合并事项异议股东的提示公告

公司异议股东收购请求权的股权登记日为 2015 年 4 月 29 日，申报时间为 2015 年 4 月 30 日（上午 9:30－11:30 和下午 1:00－3:00）。异议股东收购请求权申报结果如下：在上述收购请求权申报期间内，没有异议股东申报行使收购请求权。

5.3.1.6　将股份用于转换上市公司发行的可转换为股票的公司债券

在 2018 年《公司法》修订前，上市公司发行的可转债转股时，相应增加股份数额，换言之，此前可转债转股的股份为公司新发行的股份。2018 年《公司法》的修改允许将回购股份“用于转换上市公司发行的可转换为股票的公司债券”，上市公司可以选择回购方式取得的存量股份发行可转债。

另外，《关于支持上市公司回购股份的意见》支持上市公司通过发行优先股、债券等多种方式，为回购本公司股份筹集资金。

专栏 5－7　案例：JXKJ 回购股份用于发行可转债

上市公司 JXKJ 于 2018 年 11 月 24 日发布《公开发行可转换公司债券预案》的公告，拟发行总额不超过 10.226 亿元的可转债，11 月 26 日披露《回购报告书》称拟使用自有资金不少于（含）1 亿元，不超过（含）2 亿元以集中竞价交易方式回购公司部分股份，拟回购的股份将用于实施股权激励计划、转换上市公司发行的可转换为股票的公司债券、维护本公司价值及股东权益。JXKJ 回购股份报告书如图 5－2 所示。

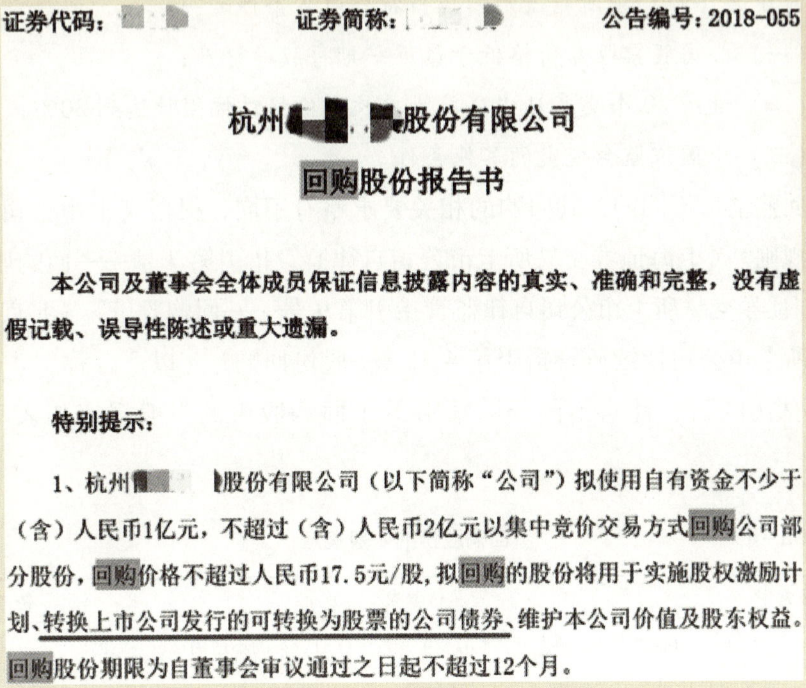
证券代码：[redacted]　证券简称：[redacted]　公告编号：2018-055

杭州[redacted]股份有限公司

回购股份报告书

本公司及董事会全体成员保证信息披露内容的真实、准确和完整，没有虚假记载、误导性陈述或重大遗漏。

特别提示：

1、杭州[redacted]股份有限公司（以下简称“公司”）拟使用自有资金不少于（含）人民币1亿元，不超过（含）人民币2亿元以集中竞价交易方式回购公司部分股份，回购价格不超过人民币17.5元/股，拟回购的股份将用于实施股权激励计划、转换上市公司发行的可转换为股票的公司债券、维护本公司价值及股东权益。回购股份期限为自董事会审议通过之日起不超过12个月。

图 5－2　上市公司回购股份用于转换上市公司发行的可转换为股票的公司债券

5.3.1.7　反收购措施

股份回购在国外经常是作为一种重要的反收购措施而被运用。回购将提高本公司的股价，减少在外流通的股份，给收购方造成更大的收购难度。

5.3.2 回购股份的一般规定

根据《上市公司股份回购规则》第二条的规定：

本规则所称上市公司回购股份，是指上市公司因下列情形之一收购本公司股份的行为：

（一）减少公司注册资本；

（二）将股份用于员工持股计划或者股权激励；

（三）将股份用于转换上市公司发行的可转换为股票的公司债券；

（四）为维护公司价值及股东权益所必需。

前款第（四）项所指情形，应当符合以下条件之一：

（一）公司股票收盘价格低于最近一期每股净资产；

（二）连续20个交易日内公司股票收盘价格跌幅累计达到30%；

（三）中国证监会规定的其他条件。

回购情形不同的，其回购的相关要求略有不同，根据《上市公司股份回购规则》《上海证券交易所上市公司自律监管指引第7号——回购股份》《深圳证券交易所上市公司自律监管指引第9号——回购股份》《北京证券交易所上市公司持续监管指引第4号——股份回购》（以下合称“沪深北《回购指引》”），针对不同回购情形关于回购股份的一般规定如表5-6所示。

表5-6 回购股份的一般规定

相关要素	具体要求	备注
回购条件	（1）公司股票上市已满1年；（情形4并减少注册资本的不适用该款）（北交所除外）； （2）公司最近1年无重大违法行为； （3）回购股份后，上市公司具备持续经营能力和债务履行能力； （4）回购股份后，上市公司的股权分布原则上应当符合上市条件；公司拟通过回购股份终止其股票上市交易的，应当符合证券交易所的相关规定； （5）中国证监会、证券交易所规定的其他条件。	

续表

相关要素	具体要求	备注
回购方式	（1）集中竞价方式；（2）要约方式；（3）其他方式。	情形1：减少公司注册资本 情形2：将股份用于员工持股计划或者股权激励； 情形3：将股份用于转换上市公司发行的可转换为股票的公司债券； 情形4：上市公司为维护公司价值及股东权益所必需。
回购总量	情形2、情形3、情形4：合计持有的本公司股份数不得超过本公司已发行股份总额的10%，3年内转让或注销。	
资金来源	（1）自有资金； （2）发行优先股、债券募集的资金； （3）发行普通股取得的超募资金、募投项目结余资金和已依法变更为永久补充流动资金的募集资金； （4）金融机构借款； （5）其他合法资金。	
回购规模	回购股份方案中明确拟回购股份数量或者资金总额的上下限，且上限不得超出下限的1倍。	
价格区间	上限高于董事会通过回购股份决议前30个交易日该股票交易均价的150%（北交所为200%）的应说明其合理性。	
实施期限	情形1、情形2、情形3：董事会或者股东大会审议通过最终回购股份方案之日起不超过12个月。 情形4：自董事会或者股东大会审议通过最终回购股份方案之日起不超过3个月。	
窗口期限制	上交所： （1）上市公司年度报告、半年度报告、季度报告前10个交易日内，因特殊原因推迟公告日期的，自原预约公告日前10个交易日起算，至公告前一日； （2）上市公司业绩预告或者业绩快报公告前10个交易日内； （3）自可能对本公司股票交易价格产生较大影响的重大事项发生之日或者在决策过程中，至依法披露之日； （4）中国证监会和交易所规定的其他情形。 深交所： （1）公司年度报告、半年度报告公告前10个交易日内，因特殊原因推迟公告日期的，自原预约公告日前10个交易日起算； （2）公司季度报告、业绩预告、业绩快报公告前10个交易日内； （3）自可能对本公司股票交易价格产生重大影响的重大事项发生之日或者在决策过程中，至依法披露之日内； （4）中国证监会规定的其他情形。	

续表

相关要素	具体要求	备注
窗口期限制	北交所： （1）上市公司定期报告、业绩预告或者业绩快报披露前 10 个交易日内； （2）自可能对本公司股票交易价格产生重大影响的重大事项发生之日或者在决策过程中，至依法披露后 2 个交易日内； （3）中国证监会和交易所规定的其他情形。 注：情形 4 并减少注册资本的不适用。	情形 1：减少公司注册资本 情形 2：将股份用于员工持股计划或者股权激励； 情形 3：将股份用于转换上市公司发行的可转换为股票的公司债券； 情形 4：上市公司为维护公司价值及股东权益所必需。
每日回购数量要求	每 5 个交易日回购股份的数量，不得超过首次回购股份事实发生之日前 5 个交易日该股票成交量之和的 25%，但每 5 个交易日回购数量不超过 100 万股（北交所为 60 万股）的除外。 注：情形 4 不适用。	
发行新股的限制	回购期间不得实施股份发行行为，但依照有关规定发行优先股的除外。	
回购股份的权利	不享受股东大会表决权、利润分配、公积金转增股本、认购新股和可转换公司债券等权利，不得质押和出借。	
聘请中介机构	上市公司自主决定是否需要聘请财务顾问、律师事务所、会计师事务所等证券服务机构就相关问题出具专业意见。	
程序及披露	应当履行相关审议程序及进行信息披露。	
回购股份的处理	属于情形 4 回购的，在发布回购结果暨股份变动公告 12 个月后采用集中竞价交易方式减持，同时要注意敏感期、时间、数量及价格限制，及时履行事前事中事后披露。	
监管要求	扩大回购内幕信息知情人名单的填报范围，加大对涉及股份回购的内幕交易和操纵股价的市场监察力度。	

5.3.3 股份回购的方式

根据《上市公司股份回购规则》第八条规定：

上市公司回购股份可以采取以下方式之一进行：

（一）集中竞价交易方式；

（二）要约方式；

（三）中国证监会认可的其他方式。

5.3.4 股份回购应当符合的条件

根据《上市公司股份回购规则》第七条规定：

上市公司回购股份应当同时符合以下条件：

（一）公司股票上市已满1年；

（二）公司最近1年无重大违法行为；

（三）回购股份后，上市公司具备持续经营能力和债务履行能力；

（四）回购股份后，上市公司的股权分布原则上应当符合上市条件；公司拟通过回购股份终止其股票上市交易的，应当符合证券交易所的相关规定。

根据《北京证券交易所上市公司持续监管指引第4号——股份回购》第十一条：

上市公司实施竞价回购应当符合以下条件：

（一）回购股份后，公司具备债务履行能力和持续经营能力；

（二）回购股份后，公司的股权分布原则上应当符合上市条件；公司拟通过回购股份终止其股票上市交易的，应当符合相关规定；

（三）中国证监会规定的其他条件。

注：北交所上市公司为在全国股转系统挂牌满1年的创新层公司，进入北交所时已在公开市场运行满1年以上，北交所允许公司上市1年内实施回购。

5.3.5 以要约方式回购的特殊规定

根据《上市公司股份回购规则》第五章的相关规定：

第三十二条　上市公司以要约方式回购股份的，要约价格不得低于回购股份方案公告日前30个交易日该种股票每日加权平均价的算术平均值。

第三十三条　上市公司以要约方式回购股份的，应当在公告回购报告书的同时，将回购所需资金全额存放于证券登记结算机构指定的银行账户。

第三十四条　上市公司以要约方式回购股份，股东预受要约的股份数量超出预定回购的股份数量的，上市公司应当按照相同比例回购股东预受的股份；股东预受要约的股份数量不足预定回购的股份数量的，上市公司应当全部回购股东预受的股份。

第三十五条　上市公司以要约方式回购境内上市外资股的，还应当符合证券交易所和证券登记结算机构业务规则的有关规定。

5.3.6　通知债权人

根据《公司法》第一百七十七条规定：

公司需要减少注册资本时，必须编制资产负债表及财产清单。公司应自作出减少注册资本决议之日起10日内通知债权人，并于30日内在报纸上公告。债权人自接到通知书之日起30日内，未接到通知书的自公告之日起45日内，有权要求公司清偿债务或者提供相应的担保。

目前，一些上市公司为稳定股价而回购注销股份就属于“减少注册资本”事项。由于回购相当于向部分股东返还出资，进而导致上市公司资本和总资产减少、清偿能力降低，可能损害债权人的利益，此时债权人若担心权益受损就有权要求公司清偿债务或提供相应的担保。

《公司债券发行与交易管理办法》第六十三条规定：

存在下列情形的，债券受托管理人应当按规定或约定召集债券持有人会议：

（五）发行人减资、合并等可能导致偿债能力发生重大不利变化，需要决定或者授权采取相应措施；

（六）发行人分立、被托管、解散、申请破产或者依法进入破产程序。

但这条规定模棱两可，只是要求必须召开债权人会议，并没有明确“发行人减资”等事宜必须经债权人会议审议通过才可实施。从语境来看，似乎无须债权人会议审议多数同意通过，上市公司回购等事项也可实施。

在上市公司回购股份的实际操作中，债权人对上市公司回购的态度，是上市公司必须认真对待的问题。按照《公司法》的要求，上市公司在回购股份时，若债权人要求公司提前清偿债券，将可能给上市公司带来不确定性风险或损失。

专栏 5-8　案例：债权人审议通过回购议案

2012 年 9 月 21 日上市公司 BGGF 首次开始回购，几周后的公司债权人会议上，债权人审议了《关于不要求公司提前清偿债务及提供额外担保的议案》，并获得 100% 通过。

案例：债权人审议未通过回购议案

2012 年 7 月 20 日上市公司 NB 公告称要启动 B 股回购计划；当年 8 月 6 日，NB 召开临时股东大会通过了回购方案；不过，当年 12 月 NB 公告称，债权人会议审议了回购议案，但同意比例未达 50%，无法形成有效决议，若公司实施回购将面临债券持有人要求提前清偿债券的风险，为此将继续与债券持有人沟通；但沟通并无结果，2013 年 8 月 6 日 NB 发布公告称，股东大会通过的回购 B 股的决议已到期失效，该回购方案因此自动终止。

5.4 股份回购操作指南

5.4.1 股份回购的实施程序

在股份回购的实施层面，为使上市公司更为灵活、便捷实施股份回购，沪深北《回购指引》从上市公司实际情况出发，细化了股份回购相关的具体事项，其实施程序和涉及的信息披露具体如图 5-3 所示。

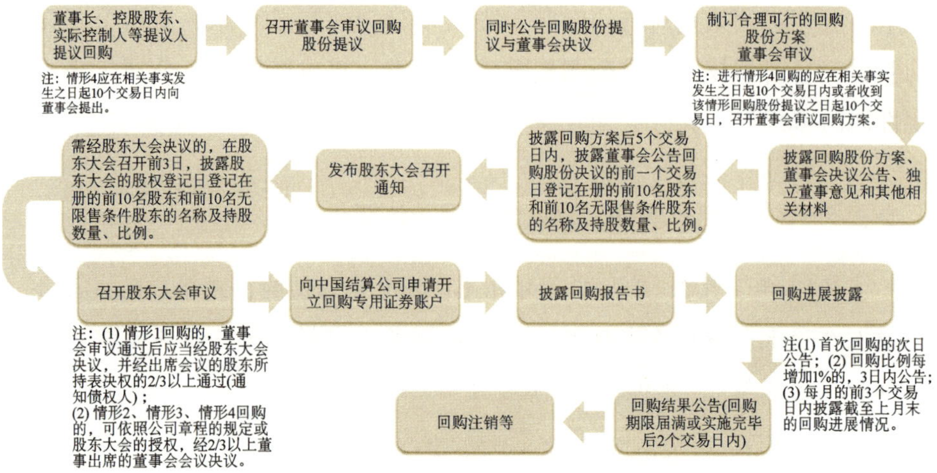

图 5－3　股份回购流程图

5.4.2　股份回购的信息披露

5.4.2.1　信息披露要求

（1）提议回购

为防范以“忽悠式”回购提议误导投资者，沪深北《回购指引》规定，根据相关法律法规及公司章程等享有董事会、股东大会提案权的提议人可以向上市公司董事会提议回购股份。提议人的提议应当明确具体，符合公司的实际情况，具有合理性和可行性，提议人提议回购股份时，应明确回购股份的原因、目的、种类、方式、价格区间、数量、金额以及提议人在提议前 6 个月内买卖公司股票情况、在回购期间的增减持计划等情况。在董事会审议回购提议后，上市公司应将回购股份提议与董事会决议同时公告，如图 5－4 所示。

此外，沪深北《回购指引》明确，提议人拟提议“上市公司为维护公司价值及股东权益所必需”而回购股份的，应当在相关事实发生之日起 10 个交易日内向董事会提出。上市公司应当在相关事实发生或者收到该情形回购股份提议之日起 10 个交易日内，召开董事会审议回购股份方案。

(一)提议人基本情况及提议时间;

(二)提议人提议回购股份的原因和目的;

(三)提议人提议回购股份的种类、方式、价格区间、数量、占公司总股本的比例及拟用于回购的资金总额。

(四)提议人在提议前6个月内是否存在买卖本公司股份的情况,以及提议人在回购期间是否存在增减持计划的说明;

(五)提议人将推动公司尽快召开董事会或者股东大会审议回购股份事项,并对公司回购股份议案投赞成票的承诺(如适用);

(六)公司董事会对回购股份提议的意见及后续安排;

(七)中国证监会和本所认为需要披露的其他内容。

图5-4 提议回购公告内容

(2)回购方案

沪深北《回购指引》对回购方案的披露要求包括:

①明确披露具体筹资方式,充分说明回购可能产生的影响;

②回购股份拟用于多种目的用途的,应明确披露各目的用途具体对应的拟回购股份数量、占公司总股本的比例及资金金额等,如图5-5所示。

(三)回购股份的用途

本次实际回购股份的60%用于转换上市公司发行的可转换为股票的公司债券、20%用于股权激励或员工持股计划、20%用作注销以减少公司注册资本或国家政策法规允许范围内的其他用途,本次回购的股份应该在三年内转让或者注销。

按回购资金总额不超过人民币13亿元、回购股份价格不超过3.60元/股测算,预计本次回购的股份约为361,111,111股,占公司目前已发行总股本的比例约为9.08%。预计用于转换上市公司发行的可转换为股票的公司债券的股份为216,666,667股,占公司目前已发行总股本的比例约为5.45%;预计用于股权激励或员工持股计划的股份为72,222,222股,占公司目前已发行总股本的比例约为1.82%;预计用作注销以减少公司注册资本或国家政策法规允许范围内的其他用途的股份为72,222,222股,占公司目前已发行总股本的比例约为1.82%。

图5-5 回购股份拟用于多种目的用途示例

③就回购价格相关信息披露要求作出统一规定,即回购价格区间上限

高于董事会通过回购股份决议前30个交易日该股票交易均价的150%（北交所为200%）的，应当在回购股份方案中充分说明其合理性。

④计算上市公司已回购股份占公司总股本的比例时，总股本以公司最近一次公告的总股本为准，不扣减回购专用账户中的股份。

计算上市公司定期报告中披露的每股收益等相关指标时，发行在外的总股本以扣减回购专用账户中的股份后的股本数为准。

专栏5-9　案例：上市公司HXYY未及时履行信息披露义务，交易所发出监管函

案例简介：

2018年2月26日，上市公司HXYY 2018年第一次临时股东大会审议通过了回购股份相关事项；3月20日，HXYY披露了《回购报告书》，回购期限为自公司股东大会审议通过回购股份方案之日起12个月内。在回购股份期间，HXYY未在每个月的前3个交易日公告截至上月末的回购进展情况。

HXYY的上述行为违反了深交所《股票上市规则（2018年修订）》第1.4条和第11.6.8条的规定。

处理结果：

2018年5月18日，深圳证券交易所公司中小板管理部对HXYY发出监管函。

5.4.2.2　股份回购相关信息披露文件

（1）股份回购报告书

根据《上市公司股份回购规则》第二十五条规定：

上市公司应当在董事会或者股东大会审议通过最终回购股份方案后及时披露回购报告书。回购报告书至少应当包括本规则第二十二条回购股份方案所列事项及其他应说明的事项。

备注：

第二十二条：回购股份方案至少应当包括以下内容：

（一）回购股份的目的、方式、价格区间；

（二）拟回购股份的种类、用途、数量及占公司总股本的比例；

（三）拟用于回购的资金总额及资金来源；

（四）回购股份的实施期限；

（五）预计回购后公司股权结构的变动情况；

（六）管理层对本次回购股份对公司经营、财务及未来发展影响的分析；

（七）上市公司董事、监事、高级管理人员在董事会作出回购股份决议前6个月是否存在买卖上市公司股票的行为，是否存在单独或者与他人联合进行内幕交易及市场操纵的说明；

（八）证券交易所规定的其他事项。

以要约方式回购股份的，还应当披露股东预受要约的方式和程序、股东撤回预受要约的方式和程序，以及股东委托办理要约回购中相关股份预受、撤回、结算、过户登记等事宜的证券公司名称及其通信方式。

专栏5－10 案例：未按规定披露回购报告书，交易所发监管函

案例简介：

2018年1月23日晚间，上市公司XKY披露了《关于回购公司部分社会公众股份的预案》，并于2月8日召开股东大会审议通过前述回购方案，回购期限为2月8日至6月8日。XKY直至6月6日才披露《关于回购公司部分社会公众股份的报告书》，但在6月5日实施首次回购，回购股份4300股、回购金额14.65万元（含佣金等），且未能按照《创业板股票上市规则（2014年修订）》《创业板股票上市规则（2018年修订）》相关规定及时披露回购进展。

XKY的上述行为违反了《创业板股票上市规则（2014年修订）》第11.6.6条、第11.6.7条、第11.6.8条以及《创业板股票上市规则（2018年修订）》第11.6.7条的规定。

处理结果：

2018年7月5日，深圳证券交易所创业板公司管理部对XKY发出监管函。

（2）独立财务顾问报告、律师事务所法律意见书

根据《上市公司股份回购规则》第五条的规定：

上市公司回购股份，可以结合实际，自主决定聘请财务顾问、律师事务所、会计师事务所等证券服务机构出具专业意见，并与回购股份方案一并披露。前款规定的证券服务机构及人员应当诚实守信，勤勉尽责，对回购股份相关事宜进行尽职调查，并保证其出具的文件真实、准确、完整。

上市公司采用集中竞价交易方式回购的，不强制聘请独立财务顾问、律师事务所；采用要约方式回购的，仍应当聘请独立财务顾问、律师事务所。

沪深北《回购指引》也强调了：回购股份情况复杂、涉及重大问题专业判断的，上市公司可以聘请财务顾问、律师事务所、会计师事务所等证券服务机构就相关问题出具专业意见，并与回购股份方案一并披露。

（3）回购相关公告格式

为了在信息披露方面加强规范上市公司的回购行为，沪深北交易所相关公告格式如表5－7所示。

表5－7　回购业务相关公告格式

板块	公告格式指引	颁布时间
上交所	上海证券交易所上市公司自律监管指南第1号——公告格式 第八十六号——股份回购实施结果暨股份变动公告	2019年1月11日
	上海证券交易所上市公司自律监管指南第1号——公告格式 第八十五号——上市公司回购股份方案/进展公告	2021年9月28日
科创板	科创板日常信息披露公告格式第二十三号——科创板上市公司回购股份方案、进展公告 科创板日常信息披露公告格式第二十四号——科创板上市公司股份回购实施结果（暨股份变动）公告	2022年1月7日

续表

板块	公告格式指引	颁布时间
深主板	其他事项类第 7 号 上市公司回购股份业务相关公告格式	2022 年 1 月 7 日
创业板	创业板信息披露公告格式第 42 号——上市公司回购股份业务相关公告格式	2022 年 1 月 7 日
北交所	北交所上市公司持续监管临时公告格式模板第 41 号——上市公司竞价/要约回购股份方案公告格式模板 北交所上市公司持续监管临时公告格式模板第 42 号——上市公司定向回购方案公告格式模板 北交所上市公司持续监管临时公告格式模板第 43 号——上市公司回购进展情况公告格式模板 北交所上市公司持续监管临时公告格式模板第 44 号——上市公司回购股份结果公告格式模板 北交所上市公司持续监管临时公告格式模板第 45 号——上市公司回购股份或库存股注销完成暨股份变动公告格式模板	2021 年 11 月 12 日

5.4.3 回购尚未解除限售的限制性股票流程

当出现不得实行股权激励、其他终止实施股权激励计划的情形或激励对象未达到解除限售条件，或者《上市公司股权激励管理办法》第二十六条规定的情形，上市公司应当回购尚未解除限售的限制性股票。

根据《上市公司股权激励管理办法》第二十七条的规定：

上市公司应当在本办法第二十六条规定的情形出现后及时召开董事会审议回购股份方案，并依法将回购股份方案提交股东大会批准。回购股份方案包括但不限于以下内容：

（一）回购股份的原因；

（二）回购股份的价格及定价依据；

（三）拟回购股份的种类、数量及占股权激励计划所涉及的标的股票的比例、占总股本的比例；

（四）拟用于回购的资金总额及资金来源；

（五）回购后公司股本结构的变动情况及对公司业绩的影响。

律师事务所应当就回购股份方案是否符合法律、行政法规、本办法的规定和股权激励计划的安排出具专业意见。

专栏5-11　案例：ZJGF股权激励未实现被迫回购并注销

上市公司ZJGF自2006年7月起实施股票期权激励计划。2008年2月，公司将全体激励对象（十名）所持可行权股票期权予以统一行权，行权价格4.02元，行权数量636.48万股。后由于内控制度不够完善，公司发生大股东违规占用资金事件，占用余额达1698.54万元。2008年5月16日，深交所对ZJGF及相关当事人给予了公开谴责的处分。5月26日，公司董事高管集体请辞。

随后，ZJGF于2009年3月12日公告称，拟回购股权激励已行权但尚未解锁的全部636.48万股，并予以注销，回购股份占总股本的2.56%。拟用于回购的资金总额为2600万元左右，为公司自有资金，回购期限为通过方案之日起9个月内。

公司表示，由于股权激励对象均为前任或现任高管，在大股东违规占用公司资金事件中负有一定责任，因此，公司董事会拟回购股权激励已行权但尚未解锁的全部股份并予以注销。

回购定价原则将取以下三个价格中的较低者：股权激励行权价4.02元、审议回购事项的股东大会召开前20个交易日内的公司股票均价、回购方案实施日前一个交易日的公司股票均价。

此次回购前，公司总股本为249020800股，其中有限售条件股为99193536股，无限售条件股为149827264股，分别占总股本的39.83%和60.17%。回购后，公司总股本为242656000股，其中有限售条件股为92828736股，无限售条件股数不变，分别占总股本的38.26%和61.74%。

5.4.4 回购股份注销流程

根据沪深北《回购指引》的规定：

上市公司应当按照本所和中国证券登记结算有限责任公司（以下简称中国结算）的有关业务规则，办理与回购股份相关的申领股东名册、开立回购专用账户、查询相关人员和证券服务机构买卖股票情况、注销回购股份等手续。

上市公司回购股份后拟予以注销的，应当在股东大会作出回购股份注销的决议后，依照《公司法》的有关规定通知债权人。

上市公司已发行公司债券的，还应当按照债券募集说明书履行相应的程序和义务。

上市公司拟注销回购股份的，应当向本所提交回购股份注销申请，以及中国结算出具的回购专用账户持股数量查询证明。

股份注销完成后，上市公司应当及时披露，并及时办理变更登记手续。

上市公司回购的股份未按照披露用途转让，根据有关规定在3年持有期限届满前注销的，应当经公司股东大会决议，并及时履行债权人通知义务。

5.4.5 回购股份的减持

上市公司为维护公司价值及股东权益所必需而回购股份的（情形4），在发布回购结果暨股份变动公告12个月后可以采用集中竞价交易方式减持，但相关减持行为需满足沪深北《回购指引》的相关要求，具体如表5－8所示。

表 5-8　　回购股份的处理

相关要素	具体要求
减持敏感期限制	在发布回购结果暨股份变动公告 12 个月后采用集中竞价交易方式减持，但下列期间除外： 上交所： （1）上市公司年度报告、半年度报告、季度报告公告前 10 个交易日内，因特殊原因推迟定期报告公告日期的，自原预约公告日前 10 个交易日起算，至公告前 1 日； （2）上市公司业绩预告或者业绩快报公告前 10 个交易日内； （3）自可能对本公司股票交易价格产生较大影响的重大事项发生之日或者在决策过程中，至依法披露之日； （4）中国证监会和交易所规定的其他情形。 深交所： （1）公司年度报告、半年度报告公告前 10 个交易日内，因特殊原因推迟公告日期的，自原预约公告日前 10 个交易日起算； （2）公司季度报告、业绩预告、业绩快报公告前 10 个交易日内； （3）自可能对本公司股票交易价格产生重大影响的重大事项发生之日或者在决策过程中，至依法披露之日内； （4）中国证监会规定的其他情形。 北交所： （1）上市公司定期报告、业绩预告或者业绩快报公告前 10 个交易日内； （2）自可能对本公司股票交易价格产生重大影响的重大事项发生之日或者在决策过程中，至依法披露后 2 个交易日内； （3）中国证监会和交易所规定的其他情形。
减持披露	减持预披露：董事会审议通过，首次卖出股份的 15 个交易日前预披露； 减持进展披露：首次减持事实发生次日（北交所为 2 个交易日内）、减持每达到 1% 的事实发生之日起 3 日内（北交所为 2 个交易日内）、每个月的前 3 个交易日内（北交所为 2 个交易日内）披露进展情况； 减持结果披露：期限届满或实施完毕，2 个交易日内披露。
减持时间限制	下列时间不得进行减持申报： 开盘集合竞价； 收盘前半小时内； 股票价格无涨跌幅限制的交易日（上交所、深交所）。
减持申报价格	不得为公司股票当日交易跌幅限制的价格。

续表

相关要素	具体要求
减持数量限制	集中竞价方式：每日减持的数量不得超过减持预披露日前20个交易日日均成交量的25%，但每日减持数量不超过20万股（北交所为10万股）的除外。 在任意连续90个自然日内，减持股份的总数不得超过公司股份总数的1%（上交所、深交所）。

5.5 欺诈发行责令回购要点

根据《证券法》第二十四条的规定：

国务院证券监督管理机构或者国务院授权的部门对已作出的证券发行注册的决定，发现不符合法定条件或者法定程序，尚未发行证券的，应当予以撤销，停止发行。已经发行尚未上市的，撤销发行注册决定，发行人应当按照发行价并加算银行同期存款利息返还证券持有人；发行人的控股股东、实际控制人以及保荐人，应当与发行人承担连带责任，但是能够证明自己没有过错的除外。

股票的发行人在招股说明书等证券发行文件中隐瞒重要事实或者编造重大虚假内容，已经发行并上市的，国务院证券监督管理机构可以责令发行人回购证券，或者责令负有责任的控股股东、实际控制人买回证券。

责令回购不等同于《公司法》中规定的“回购”，虽都是从投资者手里购回股票，但责令回购属于证监会的监管措施，不属于发行人的自主决策行为。另外由于责令回购属于注册制的配套措施，仅适用于实行注册制的科创板、创业板的股票发行行为，暂不适用于目前实行核准制的沪深主板。

根据《欺诈发行上市股票责令回购实施办法（试行）（征求意见稿）》，欺诈发行责令回购要点如表5-9所示。

表 5－9　　欺诈发行责令回购要点

要点	要求
适用范畴	(1) 构成欺诈发行，且股票已上市交易（仅适用于股票）。 (2) 发行人或其负有责任的控股股东、实际控制人被证监会责令回购。
回购要约对象	(1) 自本次发行至欺诈发行揭露日或者更正日期间买入欺诈发行的股票。 (2) 发出要约时仍然持有股票。
不得参与回购的对象	对欺诈发行负有责任的发行人的董监高、控股股东、实际控制人、参与包销的证券公司及其关联方，以及买入股票时知悉或应知悉欺诈发行的投资者均不得参与回购申报。
回购价格	以市场交易价格回购股票；投资者买入股票价格高于市场交易价格的，以买入股票价格作为回购价格（注：市场交易价格按照欺诈发行揭露日前 30 个交易日每日加权平均的算术平均值确定）。
回购决定书内容	回购方案的制定期限、回购对象范围、回购股份数量、发行人和负有责任的控股股东、实际控制人各自需要承担的回购股份数量、回购价格或者价格确定方式等。
回购方案及实施	回购方案由发行人或者负有责任的控股股东、实际控制人在责令回购决定书要求的期限内制定，并在制订方案后 5 个交易日内向符合条件的投资者发出回购要约并公告。上述主体可委托投资者保护机构协助制定、实施。作为中小投资者的利益代表，投保机构的介入预期可为更多投资者尤其是散户提供权益保护。如股票回购方案不符合规定或者责令回购决定书要求的，证监会可以要求发行人或者负有责任的控股股东、实际控制人重新制定股票回购方案。
审议程序	由于责令回购与一般的股份回购本质不同，因此在回购程序上不适用《公司法》的有关规定，不需要提交董事会或者股东大会决议。

5.6　违规股份回购的监管

5.6.1　证监会行政处罚

根据《上市公司股份回购规则》的规定：

第三十七条　在股份回购信息公开前，该信息的知情人和非法获取该信息的人，买卖该公司的证券，或者泄露该信息，或者建议他人买卖该证券的，中国证监会依照《证券法》第一百九十一条进行处罚。

第三十八条　利用上市公司股份回购，有《证券法》第五十五条禁止行为的，中国证监会依照《证券法》第一百九十二条进行处罚。

第三十九条　上市公司未按照本规则以及证券交易所规定披露回购信息的，中国证监会、证券交易所可以要求其补充披露、暂停或者终止回购股份活动。

第四十条　上市公司未按照本规则以及证券交易所规定披露回购股份的相关信息，或者所披露的信息存在虚假记载、误导性陈述或者重大遗漏的，中国证监会依照《证券法》第一百九十七条予以处罚。

第四十一条　为上市公司回购股份出具专业文件的证券服务机构及其从业人员未履行诚实守信、勤勉尽责义务，违反行业规范、业务规则的，由中国证监会责令改正，并可以采取监管谈话、出具警示函等监管措施。前款规定的证券服务机构及其从业人员所制作、出具的文件存在虚假记载、误导性陈述或者重大遗漏的，依照《证券法》第二百一十三条予以处罚；情节严重的，可以采取市场禁入的措施。

专栏5－12　案例：上市公司HTGJ回购实施情况与回购预案存在较大差异

案例简介：

深圳证监局在日常监管中关注到，HTGJ于2018年12月25日召开2018年第二次临时股东大会，审议通过《关于回购公司部分社会公众股份的预案的议案》，计划回购总金额不低于人民币2亿元、不超过人民币3亿元的公司股份。至2019年12月24日该次回购期限届满，HTGJ实际回购A股金额2273.77万元人民币，回购B股金额209.9万港币，合计约占计划回购金额下限2亿元的12.3%，回购实施情况与回购预案存在较大差异，且未履行相应决策程序对回购计划予以变更或豁免。

HTGJ 未信守承诺的行为，违反中国证监会《上市公司监管指引第 4 号——上市公司实际控制人、股东、关联方、收购人以及上市公司承诺及履行》的相关规定，造成了不良影响。

处理结果：

2020 年 8 月 21 日，深圳证监局对 HTGJ 提出如下监管要求：

（一）HTGJ 应充分重视上述问题、吸取教训，完善公司内部控制，提高规范运作意识，采取切实有效措施杜绝上述问题再次发生，切实维护上市公司全体股东特别是中小股东利益。

（二）HTGJ 董事、监事和高级管理人员，应切实加强新《证券法》《上市公司信息披露管理办法》《上市公司监管指引第 4 号——上市公司实际控制人、股东、关联方、收购人以及上市公司承诺及履行》等证券法律法规的学习，从维护上市公司全体股东特别是中小股东利益出发，忠实、勤勉、谨慎履职，严格履行信息披露义务，确保信息披露内容的真实、准确、完整、及时、公平。

5.6.2 证券交易所自律监管措施和纪律处分

根据沪深北《回购指引》的规定：

本所将对上市公司通过回购专用账户进行回购股份的交易行为，以及相关内幕信息知情人买卖公司股票等交易行为进行监管。

上市公司未按照本指引及其他相关规定披露回购股份信息的，本所可以要求其补充披露相关信息、暂停或者终止回购股份活动。

上市公司回购股份违反本指引规定的，本所将视情节轻重对上市公司及相关当事人采取自律监管措施或者给予纪律处分。涉嫌违反法律法规及中国证监会有关规定的，本所将上报中国证监会查处。

专栏 5－13　案例：上市公司超额回购被予以监管关注

案例简介：

2021 年 1 月 20 日，上市公司 DFSS 披露经董事会审议通过的以集中竞价交易方式回购股份的回购报告书。根据公司章程授权，本次回购无须提交股东大会审议。公司计划自董事会审议通过本次回购股份方案之日起 12 个月内，以自有资金回购公司股份，回购金额不低于人民币 15000 万元且不超过人民币 30000 万元，回购目的为用于员工持股计划。

2021 年 1 月 20 日当日，公司回购账户共计买入公司股票 11829184 股，占总股本的比例为 1.94%，成交总金额 1.57 亿元。根据《上海证券交易所上市公司回购股份实施细则》第十九条的规定，因用于员工持股计划情形回购股份的，每 5 个交易日回购股份的数量不得超过首次回购股份事实发生之日前 5 个交易日该股票成交量之和的 25%。公司首次回购股份数量为 11829184 股，前 5 个交易日股票成交量之和约 2539 万股，首次回购股份数量即超过前 5 个交易日股票成交量之和的 25%（约 634 万股），超额回购数量约 548 万股，约占总股本的 0.92%。

公司未按照规则要求合理安排每日股份回购数量，回购数量超过规定限额，其行为违反了《上海证券交易所上市公司回购股份实施细则》第三条、第十九条以及《上海证券交易所股票上市规则》第 1.4 条等有关规定。责任人方面，时任董事会秘书黄某（任期自 2020 年 9 月 15 日至今）负责本次回购方案的实施，其未勤勉尽责，对上述回购违规负有责任，违反了《股票上市规则》第 3.1.4 条、第 3.2.2 条等有关规定及其在《董事（监事、高级管理人员）声明及承诺书》中做出的承诺。

处理结果：

2021 年 3 月 8 日，鉴于上述违规事实和情节，根据《股票上市规则》第16.1条和《上海证券交易所纪律处分和监管措施实施办法》等的有关规定，上海证券交易所上市公司监管一部做出如下监管措施决定：对DFSS及时任董事会秘书黄某予以监管关注。

第二部分
禁止性交易

6. 内幕交易

6.1 内幕交易概述

6.1.1 内幕交易的定义

根据《证券法》第五十三条的规定，内幕交易是指证券交易内幕信息的知情人和非法获取内幕信息的人在内幕信息公开前，买卖该证券，或者泄露该信息，或者建议他人买卖证券的违法行为。

本章节包含的内容主要有内幕交易的危害、认定要点分析以及上市公司内幕信息合规管理，同时对以往违规案例进行了简要分析。

6.1.2 内幕交易的危害

内幕交易严重侵蚀资本市场公开、公平、公正的原则，严重侵害广大中小投资者的利益。特别是近年来以泄露、打探内幕信息为主要特征的传递型内幕交易，进一步延伸了内幕交易非法牟利链条，掩饰了靠内幕信息炒股的违法本质，助长了打探消息、投机炒作的不良风气，严重影响了市场秩序和市场参与者的投资信心，损害了资本市场功能作用的有效发挥。

6.1.2.1 内幕交易违背公开、公平、公正的基本原则

内幕交易者在内幕信息公开之前利用内幕信息进行交易，是为不公开；凭借其特殊地位，通过便利渠道获取信息，并以此与不知情的投资者交易，是为不公平；内幕交易使少数交易者凭借其特殊地位获得暴利，广大投资人遭受损失，更与“公正”原则背道而驰。因此，禁止内幕交易是公开的投资环境、公平的证券交易、公正的市场秩序的必然要求。

6.1.2.2 内幕交易有悖于诚实信用的原则

内幕交易中，上市公司内部人员出于获取个人利益的目的而将内幕信息泄露给他人，或自行利用该信息进行交易，违背了对公司及股东的诚实信用义务，构成了对公司的背叛和欺诈，背离了诚实信用原则。

6.1.2.3 内幕交易损害了证券交易的效益和效率

内幕交易会使内幕信息所涉及的上市公司丧失投资者的信任，由于内幕交易具有随意性，饱受内幕交易之害的投资者难以确认哪家公司的内幕信息知情人员会利用内幕信息买卖该公司证券，从而推测证券市场的每一次交易都潜藏着莫测的风险。如果内幕交易猖獗失控，投资者的投资成本和投资风险将普遍增加，并会因此失去对证券市场公正性的信心而减少交易或完全退出证券市场。

同时，内幕交易使证券价格和指数的形成过程失去了时效性和客观性，它使证券价格和指数成为少数人利用内幕信息炒作的结果，而不是广大投资者对公司业绩综合评价的结果，扰乱了证券市场乃至整个金融市场的运行秩序，最终会使证券市场丧失优化资源配置功能，失去国民经济“晴雨表”的作用。因此，内幕交易在世界各国都被法律明令禁止。

6.1.3 相关法规

6.1.3.1 法律及司法解释

与内幕交易相关的法律及司法解释如表6－1所示。

表 6－1　相关法律及司法解释表

法规名称	发文部门	文号	颁布日期	涉及条文
《中华人民共和国证券法（2019 年修订）》	全国人民代表大会常务委员会	主席令第三十七号	2019 年 12 月 28 日	第五条、第五十条、第五十一条、第五十二条、第五十三条、第五十四条、第一百七十条、第一百九十一条
《中华人民共和国证券投资基金法（2015 年修正）》	全国人民代表大会常务委员会	主席令第二十三号	2015 年 4 月 24 日	第七十三条、第一百一十三条
《最高人民法院、最高人民检察院关于办理内幕交易、泄露内幕信息刑事案件具体应用法律若干问题的解释》	中华人民共和国最高人民法院、中华人民共和国最高人民检察院	法释〔2012〕6 号	2012 年 3 月 29 日	全文
《关于审理证券行政处罚案件证据若干问题的座谈会纪要》	中华人民共和国最高人民法院	法〔2011〕225 号	2011 年 7 月 13 日	全文
《最高人民检察院、公安部关于公安机关管辖的刑事案件立案追诉标准的规定（二）》	中华人民共和国最高人民检察院、中华人民共和国公安部	公通字〔2010〕23 号	2010 年 5 月 7 日	第三十五条、第三十六条
《中华人民共和国刑法修正案（七）》	全国人民代表大会常务委员会	主席令第十号	2009 年 2 月 28 日	二、
《最高人民法院关于充分发挥审判职能切实维护企业和社会稳定的通知》	中华人民共和国最高人民法院	法〔2002〕132 号	2002 年 6 月 21 日	第三条

6.1.3.2 行政法规及国务院办公厅文件

与内幕交易相关的行政法规及国务院办公厅文件如表 6－2 所示。

表 6－2　　相关行政法规及国务院办公厅文件表

法规名称	发文部门	文号	颁布日期	涉及条文
《国务院关于进一步提高上市公司质量的意见》	中华人民共和国国务院	国发〔2020〕14 号	2020 年 10 月 5 日	六（12）
《期货交易管理条例（2017 年修订）》	中华人民共和国国务院	国务院令第 676 号	2017 年 3 月 1 日	第三条、第四十七条、第六十九条、第八十一条
《国务院办公厅转发证监会等部门关于依法打击和防控资本市场内幕交易意见的通知》	中华人民共和国国务院办公厅	国办发〔2010〕55 号	2010 年 11 月 16 日	全文
《证券、期货投资咨询管理暂行办法》	国务院证券委员会（原）	证委发〔1997〕96 号	1997 年 12 月 25 日	第二十一条、第二十四条
《股票发行与交易管理暂行条例》	中华人民共和国国务院	国务院令第 112 号	1993 年 4 月 22 日	第七十二条、第八十一条

6.1.3.3 部门规章及规范性文件

与内幕交易相关的部门规章及规范性文件如表 6－3 所示。

表 6－3　　相关部门规章及规范性文件表

法规名称	发文部门	文号	颁布日期	涉及条文
《上市公司监管指引第 5 号——上市公司内幕信息知情人登记管理制度》	中国证券监督管理委员会	证监会公告〔2022〕17 号	2022 年 1 月 5 日	全文

续表

法规名称	发文部门	文号	颁布日期	涉及条文
《上市公司信息披露管理办法（2021年修订）》	中国证券监督管理委员会	证监会令第182号	2021年3月18日	第三条、第三十条、第三十九条、第四十八条、第五十六条
《上市公司重大资产重组管理办法（2020年修正）》	中国证券监督管理委员会	证监会第166号令	2020年3月20日	第七条、第十六条、第四十一条
《上市公司收购管理办法（2020年修正）》	中国证券监督管理委员会	证监会第166号令	2020年3月20日	第三条、第六十八条
《最高人民法院、最高人民检察院、公安部、中国证监会关于办理证券期货违法犯罪案件工作若干问题的意见》	中华人民共和国最高人民法院、中华人民共和国最高人民检察院、中华人民共和国公安部、中国证券监督管理委员会	证监发〔2011〕30号	2011年4月27日	全文

6.1.3.4　业务规则

上交所、深交所、北交所与内幕交易相关的业务规则如表6－4、表6－5、表6－6所示。

表6－4　　上交所相关业务规则表

法规名称	发文部门	文号	颁布日期	涉及条文
《上海证券交易所股票上市规则（2022年1月修订）》	上海证券交易所	上证发〔2022〕1号	2022年1月7日	2.3.4
《上海证券交易所上市公司自律监管指引第2号——信息披露事务管理》	上海证券交易所	上证发〔2022〕3号	2022年1月7日	第四章

续表

法规名称	发文部门	文号	颁布日期	涉及条文
《上海证券交易所科创板股票上市规则（2020年12月修订）》	上海证券交易所	上证发〔2020〕101号	2020年12月31日	4.2.3、5.1.7、5.2.4、5.4.4
《上海证券交易所科创板上市公司自律监管指引第1号——规范运作》	上海证券交易所	上证发〔2022〕14号	2022年1月7日	第七章 第二节

表6－5　深交所相关业务规则表

法规名称	发文部门	文号	颁布日期	涉及条文
《深圳证券交易所股票上市规则（2022年修订）》	深圳证券交易所	深证上〔2022〕12号	2022年1月7日	2.3.4
《深圳证券交易所上市公司自律监管指引第5号——信息披露事务管理》	深圳证券交易所	深证上〔2022〕17号	2022年1月7日	第四章
《深圳证券交易所创业板股票上市规则（2020年12月修订）》	深圳证券交易所	深证上〔2020〕1292号	2020年12月31日	4.3.2、5.2.9、5.3.3、

表6－6　北交所相关业务规则表

法规名称	发文部门	文号	颁布日期	涉及条文
《北京证券交易所股票上市规则（试行）》	北京证券交易所	北证公告〔2021〕13号	2021年10月30日	5.4.8、5.4.9
《北京证券交易所上市公司持续监管指引第6号——内幕信息知情人管理及报送》	北京证券交易所	北证公告〔2021〕39号	2021年11月2日	全文

6.1.4 重点规则解读

6.1.4.1 《中华人民共和国证券法》

2019年12月28日，第十三届全国人民代表大会常务委员会第十五次会议审议通过新修订的《中华人民共和国证券法》，新《证券法》于2020年3月1日正式实行。

新《证券法》对于内幕交易要求的变化主要体现在以下三个方面。

（1）扩大内幕信息知情人范围

新《证券法》对内幕知情人范围的修改主要体现在第五十一条，具体如表6－7所示。

表6－7 新旧《证券法》内幕信息知情人条款对比

原《证券法》	新《证券法》
第七十四条 证券交易内幕信息的知情人包括： （一）发行人的董事、监事、高级管理人员； （二）持有公司5%以上股份的股东及其董事、监事、高级管理人员，公司的实际控制人及其董事、监事、高级管理人员； （三）发行人控股的公司及其董事、监事、高级管理人员； （四）由于所任公司职务可以获取公司有关内幕信息的人员； （五）证券监督管理机构工作人员以及由于法定职责对证券的发行、交易进行管理的其他人员； （六）保荐人、承销的证券公司、证券交易所、证券登记结算机构、证券服务机构的有关人员； （七）国务院证券监督管理机构规定的其他人。	第五十一条 证券交易内幕信息的知情人包括： （一）发行人及其董事、监事、高级管理人员； （二）持有公司5%以上股份的股东及其董事、监事、高级管理人员，公司的实际控制人及其董事、监事、高级管理人员； （三）发行人控股或者实际控制的公司及其董事、监事、高级管理人员； （四）由于所任公司职务或者因与公司业务往来可以获取公司有关内幕信息的人员； （五）上市公司收购人或者重大资产交易方及其控股股东、实际控制人、董事、监事和高级管理人员； （六）因职务、工作可以获取内幕信息的证券交易场所、证券公司、证券登记结算机构、证券服务机构的有关人员； （七）因职责、工作可以获取内幕信息的证券监督管理机构工作人员； （八）因法定职责对证券的发行、交易或者对上市公司及其收购、重大资产交易进行管理可以获取内幕信息的有关主管部门、监管机构的工作人员； （九）国务院证券监督管理机构规定的可以获取内幕信息的其他人员。

与原《证券法》相比，新《证券法》扩大了法定内幕信息知情人的范围。发行人自身、发行人实际控制的公司及其董监高、与公司业务往来可以获取内幕信息的人、上市公司收购人或重大资产交易方及其控股股东实控人及董监高均被纳入法定内幕信息知情人范围。

本次扩大法定内幕信息知情人的范围，一定程度上降低了监管部门对内幕交易的证明门槛，内幕交易的监管范围将有所扩大。

（2）调整内幕信息的范围

新《证券法》对内幕信息范围的调整主要体现在五十二条、第八十条及第八十一条，具体如表6－8所示。

表6－8　　新旧《证券法》内幕信息范围条款对比

原《证券法》	新《证券法》
第七十五条 证券交易活动中，涉及公司的经营、财务或者对该公司证券的市场价格有重大影响的尚未公开的信息，为内幕信息。 下列信息皆属内幕信息： （一）本法第六十七条第二款所列重大事件； （二）公司分配股利或者增资的计划； （三）公司股权结构的重大变化； （四）公司债务担保的重大变更； （五）公司营业用主要资产的抵押、出售或者报废一次超过该资产的30%； （六）公司的董事、监事、高级管理人员的行为可能依法承担重大损害赔偿责任； （七）上市公司收购的有关方案； （八）国务院证券监督管理机构认定的对证券交易价格有显著影响的其他重要信息。	第五十二条 证券交易活动中，涉及发行人的经营、财务或者对该发行人证券的市场价格有重大影响的尚未公开的信息，为内幕信息。 本法第八十条第二款、第八十一条第二款所列重大事件属于内幕信息。 第八十条 发生可能对上市公司、股票在国务院批准的其他全国性证券交易场所交易的公司的股票交易价格产生较大影响的重大事件，投资者尚未得知时，公司应当立即将有关该重大事件的情况向国务院证券监督管理机构和证券交易场所报送临时报告，并予公告，说明事件的起因、目前的状态和可能产生的法律后果。 前款所称重大事件包括： （一）公司的经营方针和经营范围的重大变化； （二）公司的重大投资行为，公司在一年内购买、出售重大资产超过公司资产总额的30%，或者公司营业用主要资产的抵押、质押、出售或者报废一次超过该资产的30%； （三）公司订立重要合同、提供重大担保或者从事关联交易，可能对公司的资产、负债、权益和经营成果
第六十七条 发生可能对上市公司股票交易价格产生较大影响的重大事件，投资者尚未得知时，上市公司应当立即将有关该重大事件的情况向国务院证券监督管理机构和证券交易所报送临时报告，并予公告，说明事件的	

续表

原《证券法》	新《证券法》
起因、目前的状态和可能产生的法律后果。 下列情况为前款所称重大事件： （一）公司的经营方针和经营范围的重大变化； （二）公司的重大投资行为和重大的购置财产的决定； （三）公司订立重要合同，可能对公司的资产、负债、权益和经营成果产生重要影响； （四）公司发生重大债务和未能清偿到期重大债务的违约情况； （五）公司发生重大亏损或者重大损失； （六）公司生产经营的外部条件发生的重大变化； （七）公司的董事、1/3 以上监事或者经理发生变动； （八）持有公司 5% 以上股份的股东或者实际控制人，其持有股份或者控制公司的情况发生较大变化； （九）公司减资、合并、分立、解散及申请破产的决定； （十）涉及公司的重大诉讼，股东大会、董事会决议被依法撤销或者宣告无效； （十一）公司涉嫌犯罪被司法机关立案调查，公司董事、监事、高级管理人员涉嫌犯罪被司法机关采取强制措施； （十二）国务院证券监督管理机构规定的其他事项。	产生重要影响； （四）公司发生重大债务和未能清偿到期重大债务的违约情况； （五）公司发生重大亏损或者重大损失； （六）公司生产经营的外部条件发生的重大变化； （七）公司的董事、1/3 以上监事或者经理发生变动，董事长或者经理无法履行职责； （八）持有公司 5% 以上股份的股东或者实际控制人持有股份或者控制公司的情况发生较大变化，公司的实际控制人及其控制的其他企业从事与公司相同或者相似业务的情况发生较大变化； （九）公司分配股利、增资的计划，公司股权结构的重要变化，公司减资、合并、分立、解散及申请破产的决定，或者依法进入破产程序、被责令关闭； （十）涉及公司的重大诉讼、仲裁，股东大会、董事会决议被依法撤销或者宣告无效； （十一）公司涉嫌犯罪被依法立案调查，公司的控股股东、实际控制人、董事、监事、高级管理人员涉嫌犯罪被依法采取强制措施； （十二）国务院证券监督管理机构规定的其他事项。 公司的控股股东或者实际控制人对重大事件的发生、进展产生较大影响的，应当及时将其知悉的有关情况书面告知公司，并配合公司履行信息披露义务。 第八十一条 发生可能对上市交易公司债券的交易价格产生较大影响的重大事件，投资者尚未得知时，公司应当立即将有关该重大事件的情况向国务院证券监督管理机构和证券交易场所报送临时报告，并予公告，说明事件的起因、目前的状态和可能产生的法律后果。 前款所称重大事件包括： （一）公司股权结构或者生产经营状况发生重大变化；

续表

原《证券法》	新《证券法》
	（二）公司债券信用评级发生变化； （三）公司重大资产抵押、质押、出售、转让、报废； （四）公司发生未能清偿到期债务的情况； （五）公司新增借款或者对外提供担保超过上年年末净资产的 20%； （六）公司放弃债权或者财产超过上年年末净资产的 10%； （七）公司发生超过上年年末净资产 10% 的重大损失； （八）公司分配股利，作出减资、合并、分立、解散及申请破产的决定，或者依法进入破产程序、被责令关闭； （九）涉及公司的重大诉讼、仲裁； （十）公司涉嫌犯罪被依法立案调查，公司的控股股东、实际控制人、董事、监事、高级管理人员涉嫌犯罪被依法采取强制措施； （十一）国务院证券监督管理机构规定的其他事项。

新《证券法》调整了内幕信息的组成结构：

一是将对债券交易价格产生较大影响的重大事件纳入内幕信息的范围。此前关于债券交易的内幕信息主要规定在证监会发布的《公司债券发行与交易管理办法》第五十四条，新《证券法》对该条内容也进行了吸收和调整。

二是内幕信息与“应当履行临时披露义务事件”的关系方面，由原法的“内幕信息 = 应当履行临时披露义务事件 + 其他”调整为“内幕信息 = 应当履行临时披露义务事件”。与此相呼应的是兜底条款的表述，由“国务院证券监督管理机构认定的对证券交易价格有显著影响的其他重要信息”调整为“国务院证券监督管理机构规定的其他事项”。虽然此前各板块的《股票上市规则》基本将上述“其他”的内容也纳入履行临时披露义务的范围，但本次新《证券法》正式调整了两个范围的关系，逻辑更加顺畅，也更加契合内幕信息"重大性"和"未公开性"的实质特征，同时也警示着防范内幕交易需更加谨慎。

（3）加大行政处罚力度

新《证券法》对内幕交易行政处罚力度的修改主要体现在第一百九十一条，具体如表6-9所示。

表6-9 新旧《证券法》内幕交易处罚条款对比

原《证券法》	新《证券法》
第二百零二条 证券交易内幕信息的知情人或者非法获取内幕信息的人，在涉及证券的发行、交易或者其他对证券的价格有重大影响的信息公开前，买卖该证券，或者泄露该信息，或者建议他人买卖该证券的，责令依法处理非法持有的证券，没收违法所得，并处以违法所得1倍以上5倍以下的罚款；没有违法所得或者违法所得不足3万元的，处以3万元以上60万元以下的罚款。单位从事内幕交易的，还应当对直接负责的主管人员和其他直接责任人员给予警告，并处以3万元以上30万元以下的罚款。证券监督管理机构工作人员进行内幕交易的，从重处罚。	第一百九十一条 证券交易内幕信息的知情人或者非法获取内幕信息的人违反本法第五十三条的规定从事内幕交易的，责令依法处理非法持有的证券，没收违法所得，并处以违法所得1倍以上10倍以下的罚款；没有违法所得或者违法所得不足50万元的，处以50万元以上500万元以下的罚款。单位从事内幕交易的，还应当对直接负责的主管人员和其他直接责任人员给予警告，并处以20万元以上200万元以下的罚款。国务院证券监督管理机构工作人员从事内幕交易的，从重处罚。 违反本法第五十四条的规定，利用未公开信息进行交易的，依照前款的规定处罚。

新《证券法》对内幕交易的罚款上限从违法所得的5倍提高到10倍；对于没有违法所得或违法所得较小的（"较小"的标准由3万元以下提高至50万元以下），罚款金额从3万～60万元提高到50万～500万元；对于单位从事内幕交易的，责任人员的罚款金额从3万～30万元提高到了20万～200万元。

6.1.4.2 《中华人民共和国刑法修正案（七）》

6.1.4.2.1 修订背景

2009年2月28日，全国人民代表大会常务委员会第七次会议审议通过了《中华人民共和国刑法修正案（七）》。本次修订集中在贪污贿赂、破坏社会主义市场经济秩序、侵犯公民权利三大类犯罪上，其中与金融证券和公司经营密切相关的内幕交易、逃避纳税、非法经营、窝赃销赃等罪名引起重点关注。对内幕交易这一相关条文的修改，不仅要打击泄露内幕信息的行为，还要打击利用自己掌握内部消息，明示或者暗示他人从事证券、期货交易的行为。

6.1.4.2.2 将“证券”扩大为“证券、期货”，并新增“明示、暗示他人从事上述交易活动”的犯罪行为

《中华人民共和国刑法修正案（七）》第二条规定，将《中华人民共和国刑法》第一百八十条第一款修改为：“证券、期货交易内幕信息的知情人员或者非法获取证券、期货交易内幕信息的人员，在涉及证券的发行，证券、期货交易或者其他对证券、期货交易价格有重大影响的信息尚未公开前，买入或者卖出该证券，或者从事与该内幕信息有关的期货交易，或者泄露该信息，或者明示、暗示他人从事上述交易活动，情节严重的，处5年以下有期徒刑或者拘役，并处或者单处违法所得1倍以上5倍以下罚金；情节特别严重的，处5年以上10年以下有期徒刑，并处违法所得1倍以上5倍以下罚金。”

6.1.4.2.3 扩大内幕交易的主体范围

《中华人民共和国刑法修正案（七）》第二条规定，第一百八十条增加一款作为第四款：“证券交易所、期货交易所、证券公司、期货经纪公司、基金管理公司、商业银行、保险公司等金融机构的从业人员以及有关监管部门或者行业协会的工作人员，利用因职务便利获取的内幕信息以外的其他未公开的信息，违反规定，从事与该信息相关的证券、期货交易活动，或者明示、暗示他人从事相关交易活动，情节严重的，依照第一款的规定处罚。”

6.1.4.2.4 司法解释补充立案追诉标准

最高人民检察院、公安部联合印发的《最高人民检察院、公安部关于公安机关管辖的刑事案件立案追诉标准的规定（二）》，对《中华人民共和国刑法》第一百八十条“情节严重”“情节特别严重”进行了解释，明确内幕交易相关行为涉嫌下列情形之一的，应予立案追诉：

（1）证券交易成交额累计在50万元以上的；

（2）期货交易占用保证金数额累计在30万元以上的；

（3）获利或避免损失数额累计在15万元以上的；

（4）多次进行内幕交易、泄露内幕信息的。

6.1.4.3 《关于办理内幕交易、泄露内幕信息刑事案件具体应用法律若干问题的解释》

2012年3月29日，最高人民法院、最高人民检察院出台了《关于办理内幕交易、泄露内幕信息刑事案件具体应用法律若干问题的解释》（以下简称《解释》），并于2012年6月1日施行。《解释》共11条，着眼于维护证券、期货市场管理秩序，依法惩治证券、期货犯罪，较为系统地对内幕信息知情人员、非法获取内幕信息人员、内幕信息敏感期、内幕交易、泄露内幕信息定罪处罚标准以及单位犯罪等问题作出了规定。

（1）对症下药，内幕交易认定不再困难

司法解释在现有刑事法律制度框架下，归纳和明确了内幕交易的证明标准，公诉机关只要证明犯罪嫌疑人的特定身份等基本事实和内幕信息敏感期内有明显异常交易行为等内容，犯罪嫌疑人如果无正当理由或者正当信息来源，可以认定构成内幕交易罪。

（2）难逃法网，三类人属于非法获取内幕信息的人员

以下三类人如果在内幕信息敏感期内，从事或者明示、暗示他人从事，或者泄露内幕信息导致他人从事与该内幕信息有关的交易，相关交易行为明显异常，且无正当理由或者正当信息来源的，应直接认定为非法获取内幕信息人员：

①非法手段型获取内幕信息的人员，即利用窃取、骗取、套取、窃听、利诱、刺探或者私下交易等手段获取内幕信息的；

②特定身份型获取内幕信息的人员，即内幕信息知情人员的近亲属，或其他与内幕信息知情人员关系密切的人员；

③积极联系型获取内幕信息的人员，即内幕信息敏感期内与内幕信息知情人员有联络、接触的。

（3）科学认定，内幕信息敏感期难打“擦边球”

司法解释没有将内幕信息的形成时间局限于正式形成有关“计划”或

"方案"的时间，针对那些能够影响公司并购重组、重大投资或重要合同等重大事项的决策者或执行者，如董事长、总经理或实际控制人等，明确其形成动议、决意、决策或者执行之时即为内幕信息的形成时间。

内幕信息敏感期如图 6－1 所示。

图 6－1　内幕信息的形成时间

（4）明确定罪量刑标准

为便于定罪量刑，司法解释从犯罪金额与犯罪情节方面对《中华人民共和国刑法》第一百八十条规定的"情节严重"与"情节特别严重"两种情形做出详细解释，最高刑期可达 10 年。

情节严重具体指：

①证券交易成交额在 50 万元以上的；

②期货交易占用保证金数额在 30 万元以上的；

③获利或者避免损失数额在 15 万元以上的；

④3 次以上的；

⑤具有其他严重情节的。

情节特别严重具体指：

①证券交易成交额在 250 万元以上的；

②期货交易占用保证金数额在 150 万元以上的；

③获利或者避免损失数额在 75 万元以上的；

④具有其他特别严重情节的。

（5）精确打击，规定"违法所得"的认定方法

司法解释规定，通过内幕交易获得的利益或避免的损失均属"违法所得"，对于泄露内幕信息但并未直接从事内幕交易的人员，规定应以其间接引起的内幕交易违法所得作为定罪处罚标准，从而减少量刑过程中的不确定性。

专栏6-1　案例：上市公司监事内幕交易案

案例简介：

2020年5月9日，SHJT研究同意YNSH增资事项。

2020年7月9日上午11:01，SHGF向深圳证券交易所提交了《关于筹划重大事项的提示性公告》（公告编号：2020-047），拟对YNSH进行增资。该公告最早于当日11:45公开发布。

2020年10月13日，SHGF公告本次重大资产重组事项完成。

SHGF2020年7月9日公告的公司拟筹划的重大事项具有重大性和未公开性，符合《证券法》第五十二条的相关规定，属于内幕信息。内幕信息敏感期起点为2020年5月9日，公开时间为2020年7月9日上午11:45。鉴于曹某华所任公司监事职务，其属于《证券法》第五十一条第一项规定的法定内幕信息知情人。

内幕信息敏感期内，曹某华使用他人证券账户，买入SHGF 202500股，成交金额1030226元；2020年7月7日、13日全部卖出，成交金额1117268元，获利85667.03元。

曹某华的上述行为违反了《证券法》第五十条、第五十三条第一款的规定，构成《证券法》一百九十一条第一款所述的内幕交易行为。

处理结果：

2021年11月6日，根据当事人违法行为的事实、性质、情节与社会危害程度，依据《证券法》第一百九十一条第一款的规定，河南监管局决定：没收曹某华违法所得85667.03元，并处600000.00元罚款。

6.2 内幕交易要点分析

6.2.1 内幕信息及其认定

6.2.1.1 内幕信息

我国《证券法》规定，内幕信息是指证券交易活动中，涉及公司的经营、财务或者对该公司证券的市场价格有重大影响的尚未公开的信息。

根据《证券法》关于内幕交易的认定：内幕信息公开是指内幕信息在证券交易场所的网站和符合国务院证券监督管理机构规定条件的媒体公开发布（根据证监会2020年9月11日颁布的《具备证券市场信息披露条件的媒体名单》），具备条件的媒体有：金融时报、经济参考报、中国日报、中国证券报、证券日报、上海证券报、证券时报，以及其依法开办的互联网站：www. financialnews. com. cn，www. jjckb. cn，www. chinadaily. com. cn，www. cs. com. cn，www. zqrb. cn，www. cnstock. com，www. stcn. com）。这些信息对上市公司股票、债券交易价格均有程度不一的影响，属于证券交易的敏感信息。《证券法》第八十条、第八十一条规定了内幕信息的范围。

根据《中华人民共和国证券法》第八十条规定：

发生可能对上市公司、股票在国务院批准的其他全国性证券交易场所交易的公司的股票交易价格产生较大影响的重大事件，投资者尚未得知时，公司应当立即将有关该重大事件的情况向国务院证券监督管理机构和证券交易场所报送临时报告，并予公告，说明事件的起因、目前的状态和可能产生的法律后果。

前款所称重大事件包括：

（一）公司的经营方针和经营范围的重大变化；

（二）公司的重大投资行为，公司在1年内购买、出售重大资产超过公司资产总额30%，或者公司营业用主要资产的抵押、质押、出售或者报废一次超过该资产的30%；

（三）公司订立重要合同、提供重大担保或者从事关联交易，可能对公司的资产、负债、权益和经营成果产生重要影响；

（四）公司发生重大债务和未能清偿到期重大债务的违约情况；

（五）公司发生重大亏损或者重大损失；

（六）公司生产经营的外部条件发生的重大变化；

（七）公司的董事、1/3以上监事或者经理发生变动，董事长或者经理无法履行职责；

（八）持有公司5%以上股份的股东或者实际控制人持有股份或者控制公司的情况发生较大变化，公司的实际控制人及其控制的其他企业从事与公司相同或者相似业务的情况发生较大变化；

（九）公司分配股利、增资的计划，公司股权结构的重要变化，公司减资、合并、分立、解散及申请破产的决定，或者依法进入破产程序、被责令关闭；

（十）涉及公司的重大诉讼、仲裁，股东大会、董事会决议被依法撤销或者宣告无效；

（十一）公司涉嫌犯罪被依法立案调查，公司的控股股东、实际控制人、董事、监事、高级管理人员涉嫌犯罪被依法采取强制措施；

（十二）国务院证券监督管理机构规定的其他事项。

公司的控股股东或者实际控制人对重大事件的发生、进展产生较大影响的，应当及时将其知悉的有关情况书面告知公司，并配合公司履行信息披露义务。

根据《中华人民共和国证券法》第八十一条规定：

发生可能对上市交易公司债券的交易价格产生较大影响的重大事件，投资者尚未得知时，公司应当立即将有关该重大事件的情况向国务院证券监督管理机构和证券交易场所报送临时报告，并予公告，说明事件的起因、目前的状态和可能产生的法律后果。

前款所称重大事件包括：

（一）公司股权结构或者生产经营状况发生重大变化；

（二）公司债券信用评级发生变化；

（三）公司重大资产抵押、质押、出售、转让、报废；

（四）公司发生未能清偿到期债务的情况；

（五）公司新增借款或者对外提供担保超过上年末净资产的20%；

（六）公司放弃债权或者财产超过上年末净资产的10%；

（七）公司发生超过上年末净资产10%的重大损失；

（八）公司分配股利，作出减资、合并、分立、解散及申请破产的决定，或者依法进入破产程序、被责令关闭；

（九）涉及公司的重大诉讼、仲裁；

（十）公司涉嫌犯罪被依法立案调查，公司的控股股东、实际控制人、董事、监事、高级管理人员涉嫌犯罪被依法采取强制措施；

（十一）国务院证券监督管理机构规定的其他事项。

6.2.1.2 内幕信息认定

无论内幕信息知情人的认定还是内幕交易行为的界定，都以内幕信息为基础。因此，内幕信息是内幕交易认定中的基础环节。根据《证券法》的相关规定，内幕信息应具备重大性和非公开性：

（1）重大性

重大性一般以消息对股票价格的显著影响力作为判断标准，包括涉及公司经营方针和经营范围的重大变化、重大投资行为、公司高管人员的变动等方面的消息。在通常情况下，该信息一旦公开，可能会导致公司证券交易价格在一段时期内与市场指数或相关分类指数发生显著偏离，或者致使大盘指数发生显著波动。

（2）非公开性

非公开性即价格敏感期，从内幕信息开始形成之日起至内幕信息公开或者该信息对证券的交易价格不再有显著影响时止，在该期间内利用内幕信息进行的交易构成内幕交易。

从实践看，敏感期间终结的时点较为容易认定，即依照信息披露的相关法律法规进行披露之时内幕信息丧失非公开性。具体而言，若内幕信息在证券交易场所的网站和符合国务院证券监督管理机构规定条件的媒体发布，则内幕信息丧失非公开性。现行法律法规对内幕信息的形成时点没有一个明确的规定。实践中依据的标准为信息是否已经确定，例如公司或控股股东与第三方签订意向书等，具体需要结合不同案件的情况进行认定。

专栏 6－2　案例：终止重组系内幕信息，避损型内幕交易被行政处罚

案例简介：

夏某武先生作为 ZYKJ 2018 年发行股份购买资产事项的内幕信息知情人，在公司拟终止该次重组事项的内幕敏感期内，通过大宗交易卖出其持有的 ZYKJ 无限售流通股 11552730 股，卖出资金 111945953.70 元，占 ZYKJ 总股本的 1.9919%。经计算，夏某武避损金额为 21308432.85 元。

证监会认为：夏某武卖出 ZYKJ 股票的行为违反了 2005 年《证券法》第七十三条、第七十六条第一款的规定，构成 2005 年《证券法》第二百零二条所述内幕交易行为。

处理结果：

2021 年 12 月 3 日，根据当事人违法行为的事实、性质、情节与社会危害程度，依据 2005 年《证券法》第二百零二条的规定，证监会决定：没收夏某武违法所得 21308432.85 元，并处以 21308432.85 元罚款。

6.2.2　内幕信息知情人（内幕交易的行为主体）及其认定

内幕交易的行为主体具有一定的特定性。只有属于法律法规规定的内幕信息知情人范围的人员，才可能触犯内幕交易这根“高压线”。依据《证券法》第五十条的规定，内幕信息知情人包括两大类：一是证券交易内幕信息的知情人；二是非法获取内幕信息的人员。

相关法规中，对于内幕信息知情人的定义如下：

根据《中华人民共和国证券法》第五十一条的规定：

证券交易内幕信息的知情人包括：

（一）发行人及其董事、监事、高级管理人员；

（二）持有公司5%以上股份的股东及其董事、监事、高级管理人员，公司的实际控制人及其董事、监事、高级管理人员；

（三）发行人控股或者实际控制的公司及其董事、监事、高级管理人员；

（四）由于所任公司职务或者因与公司业务往来可以获取公司有关内幕信息的人员；

（五）上市公司收购人或者重大资产交易方及其控股股东、实际控制人、董事、监事和高级管理人员；

（六）因职务、工作可以获取内幕信息的证券交易场所、证券公司、证券登记结算机构、证券服务机构的有关人员；

（七）因职责、工作可以获取内幕信息的证券监督管理机构工作人员；

（八）因法定职责对证券的发行、交易或者对上市公司及其收购、重大资产交易进行管理可以获取内幕信息的有关主管部门、监管机构的工作人员；

（九）国务院证券监督管理机构规定的可以获取内幕信息的其他人员。

根据《期货交易管理条例》第八十一条第十二项的规定：

本条例下列用语的含义：

（十二）内幕信息的知情人员，是指由于其管理地位、监督地位或者职业地位，或者作为雇员、专业顾问履行职务，能够接触或者获得内幕信息的人员，包括：期货交易所的管理人员以及其他由于任职可获取内幕信息的从业人员，国务院期货监督管理机构和其他有关部门的工作人员以及国务院期货监督管理机构规定的其他人员。

根据《中华人民共和国刑法》第一百八十条第四款的规定：

证券交易所、期货交易所、证券公司、期货经纪公司、基金管理公司、商业银行、保险公司等金融机构的从业人员以及有关监管部门或者行业协会的工作人员，利用因职务便利获取的内幕信息以外的其他未公开的信息，违反规定，从事与该信息相关的证券、期货交易活动，或者明示、暗示他人从事相关交易活动，情节严重的，依照第一款的规定处罚。

根据《关于办理内幕交易、泄露内幕信息刑事案件具体应用法律若干问题的解释》第二条的规定：

下列人员应当认定为《中华人民共和国刑法》刑法第一百八十条第一款规定的“证券、期货交易内幕信息的知情人员”：

（1）利用窃取、骗取、套取、窃听、利诱、刺探或者私下交易等手段获取内幕信息的人员。

（2）具有特殊身份，即内幕信息知情人员的近亲属或者其他与其关系密切的人员。

（3）在内幕信息敏感期内与内幕信息知情人员联络、接触的人员。

对于后两类人员，只要在内幕信息敏感期内从事或者明示、暗示他人从事，或者泄露内幕信息导致他人从事与内幕信息有关的证券、期货交易，相关行为被认定为明显异常，且无正当理由或者正当信息来源的，就应当认定为非法获取内幕信息的人员。

专栏6－3　案例：证券公司员工家庭微信群透露内幕信息

案例简介：

2019年，某证券公司作为SXJG财务顾问就重组事项提供建议，项目组成员通过内部微信群就项目日常过程性事项进行讨论沟通。陈某明女儿陈某霖所在的“西安小分队”微信群在2019年11月26日前即有关于重组方案讨论内容，2019年11月27日该微信群内发布《SXJG集团有限公司重组上市实施方案——11.27》。2019年12月18日该群内发布《YCHJ重大资产重组项目立项报告——1217clean》，同日该群内发布信息通知项目组成员填写内幕信息知情人登记表，陈某霖发微信要求陈某明提供身份证号，称“有个项目要填内幕信息知情人登记表”。

内幕信息敏感期内，陈某明与陈某霖所在的家庭微信群存在多次长时间通讯记录，陈某明使用“刘某花”证券账户买入YCHJ，并在股票复牌后将涉案股份陆续全部卖出。

陈某明的上述行为违反了 2005 年《证券法》第七十三条“禁止证券交易内幕信息的知情人和非法获取内幕信息的人利用内幕信息从事证券交易活动”和第七十六条第一款“非法获取内幕信息的人，在内幕信息公开前，不得买卖该公司的证券”的规定，构成该法第二百零二条“非法获取内幕信息的人，在涉及证券的发行、交易或者其他对证券的价格有重大影响的信息公开前，买卖该证券”所述的交易行为。

处理结果：

2021 年 3 月 7 日，根据当事人违法行为的事实、性质、情节及社会危害程度，依据 2005 年《证券法》第二百零二条的规定，陕西证监局决定：没收陈某明违法所得 4163.88 元，并处以 5 万元罚款。

6.2.3 内幕交易行为及其认定

6.2.3.1 常见的内幕交易行为

（1）交易型

内幕信息知情人直接利用内幕信息买卖证券。

（2）泄露型

内幕信息知情人向他人泄露内幕信息，他人据此从事交易。

（3）建议型

内幕信息知情人建议他人买卖证券。

6.2.3.2 内幕交易行为认定

《证券法》第五十三条将内幕交易行为分成了三类：

（1）利用内幕信息进行交易

利用内幕信息进行证券交易包括内幕信息知情人以本人名义，直接或委托他人买卖证券，或者以他人名义买卖证券，或者为他人买卖证券。其中，以他人名义买卖证券较难认定。目前，采用的标准是以资金来源和收益所得进行认定，即紧盯资金的来源与去向。若提供证券或资金给他人购买证券，且该他人所持有证券之利益或损失，全部或部分归属于本人，或对他人所持有的证券具有管理、使用和处分的权益，则属于以他人名义进行的买卖行为。

专栏 6-4　案例：会议室等候时听到重大信息进行内幕交易

案例简介：

易某自认 2018 年 10 月 13 日下午向孟某沟通工作问题，在会客室等候时听到孟某以及其他人在会议室里提到 H 项目、DF 集团和 DFXK 的股权、收购等信息，易某结合自己平时对 XKGF 的了解，根据有 H 的项目代号，XKGF 的主要利润来源于 DFXK，而且 DFXK 货币资金很充足等，就基本判断 XKGF 应该要与 DF 集团开展重大资产重组，可能会想办法把 DF 集团持有 DFXK 的股权以某种方式转为由 XKGF 全部持有，从而解决 XKGF 的资金问题。另外，孟某也证实 2018 年 10 月 13 日下午商议 DFXK 股权上翻到 XKGF 的可行性与方案时，易某在会客厅等候。

同时，易某与孟某在内幕信息敏感期内存在通信联络。易某与孟某于 2018 年 10 月 13 日、10 月 31 日有通信联系 3 次，其中 2018 年 10 月 13 日易某与孟某有通信联络 2 次，2018 年 10 月 31 日易某与孟某有通信联络 1 次。易某与胡某在 2018 年 10、11 月有通信联络 6 次。

易某和朋友控制使用"陈某珠"等 14 个证券账户买入 XKGF 股票。

处理结果：

2021 年 1 月 26 日，基于任何人不能因违法行为获利的法律原则，根据当事人违法行为的事实、性质、情节与社会危害程度，依据 2005 年《证券法》第二百零二条的规定，中国证监会决定：没收易某违法所得 636271.12 元，并处以 1908813.36 元罚款。

（2）泄露内幕信息

泄露内幕信息是指内幕信息的知情人员将内幕信息告诉或传播给第三

人，使其利用内幕信息进行交易或者转告给他人的行为。泄露包括以明示或暗示方式向他人泄露内幕信息。泄露者只要客观上实施该行为，而不强调其行为的动机，因此无论故意还是过失，内幕信息知情人都应当承担相应的法律责任。

专栏6-5 案例：FDKJ 职员微信朋友圈泄露内幕信息和内幕交易案

案例简介：

2017 年 6 月 1 日下午收市后，FDKJ 董事长肖某提出员工增持股票倡议的想法，董事会秘书谢某拟定《关于向公司内部员工增持公司股票的倡议书》并由肖某书面签署。

2017 年 6 月 2 日 7 点，谢某电话告知证券事务代表周某上述事项需公开披露。7 点 30 分，谢某、周某与证券事务代表助理罗某赶到公司处理信息披露事宜，因提交时间晚于交易所要求的早间披露时间导致该信息未正式公开披露。其间，罗某不慎将《倡议书公告》遗忘于文印室复印机台上。

8 点 05 分，该公司市场部员工钟某和销售技术中心文员杨某在公司文印室看到《倡议书公告》，杨某当场用手机对该文件进行了拍照并发至其微信朋友圈，钟某将杨某微信朋友圈中《倡议书公告》的图片发到名称为公司内部微信群，微信群成员林某在微信群中看到了该信息。当日 11 点 05 至 07 分，林某买入 FDKJ 69000 股，买入成交金额 806630 元，分别于 2017 年 6 月 7 日和 8 月 14 日卖出，获利 106715.08 元。

2017 年 6 月 2 日中午休市期间，FDKJ 正式对外披露《倡议书公告》。

综上所述，董事长肖某提出公司内部员工增持公司股票的倡议，是“国务院证券监督管理机构认定的对证券交易价格有显著影响的其他重要信息”，属于《证券法（2014 年修正）》第七十五条第二款第（八）项规定的内幕信息，《倡议书公告》的内容与董事长肖某提出的公司内部员工增持公司股票倡议的内容一致。该内幕信息不晚于2017年6月1日17点形成，于2017年6月2日中午休市期间公开。

杨某对《倡议书公告》进行拍照并发送至微信朋友圈的行为，违反了《证券法（2014年修正)》第七十六条、第二百零二条的规定，构成泄露内幕信息的行为。林某利用《倡议书公告》的内幕信息，通过本人证券账户交易FDKJ股票，违反了《证券法（2014年修正)》第七十六条的规定，构成了内幕交易的行为。

处理结果：

2018年4月8日，海南证监局对杨某泄露内幕信息的行为处以3万元罚款。没收林某内幕交易违法所得106715.08元，并处以106715.08元罚款。

（3）内幕信息知情人利用内幕信息建议他人买卖证券

此类内幕交易行为是指内幕信息的知情人员在知悉内幕信息的基础上，向第三人提供咨询或者推荐意见，使其进行交易的行为。主体方面，建议方应为内幕信息知情人，被建议方应为非内幕信息知情人。行为方面，建议方并不仅仅是直接将内幕信息提供给第三人，而是基于其掌握的内幕信息，建议第三人进行证券交易。建议方起到鼓励、推动和指导的作用。这类行为特点是行为人知悉内幕信息并且在此基础上向第三人提供咨询或推荐意见。行为人有理由相信第三人会利用其所提供的意见进行证券交易，而且第三人确实利用内幕信息进行了交易。

专栏6-6　案例：劝他人不要买股票也构成内幕交易

案例简介：

2020年7月16日上午，HG集团召开董事会审议通过FDHB重大资产重组的框架性方案，毛某列席。当晚，毛某与袁某3次微信语音通话，通话中提到HG集团已召开关于FDHB重组的董事会了，再次向袁某强调不要买入FDHB股票和HGGF股票。当晚，朱某电话联系袁某，袁某向其告知了毛某开会情况，不能用“袁某”账户买 FDHB 股票和 HGGF 股票，因为女儿毛某是内幕信息知情人，家属不能买这两只股票。朱某表示虽然袁某的账户不能买，但他自己的账户可以买。

2020 年 7 月 17 日，朱某控制并操作“朱某”“张某珍”账户，合计买入 FDHB35.97 万股。

2020 年 8 月 3 日，FDHB 复牌当日，朱某卖出所持全部其股票；“张某珍”账户曾于当日发出过卖出所持全部 FDHB 股票的指令，但未最终成交。

处理结果：

2021 年 8 月 2 日，根据当事人违法行为的事实、性质、情节与社会危害程度，依据《证券法》第一百九十一条第一款的规定，浙江证监局决定：

（1）没收朱某违法所得 109826.43 元，并处以 55 万元的罚款。

（2）对袁某处以 50 万元的罚款。

6.2.4 内幕交易敏感期及其认定

根据最高人民法院、最高人民检察院司法解释，“内幕信息敏感期”是指内幕信息自形成至公开的期间。《证券法》第八十条第二款、第八十一条第二款所列“重大事件”的发生时间以及《期货交易管理条例》第八十一条第十一项规定的“政策”“决定”等的形成时间，应当认定为内幕信息的形成之时。影响内幕信息形成的动议、筹划、决策或者执行人员，其动议、筹划、决策或者执行初始时间，应当认定为内幕信息的形成之时。

专栏 6－7　案例：SYDQ 利润分配计划敏感期内幕交易案

案例简介：

2012 年 1 月 14 日，上市公司 SYDQ 公布了《关于 2011 年度业绩预告修正公告》。2012 年 2 月 27 日，SYDQ 董事会决议通过并于次日公告披露了《公司 2011 年度利润分配及资本公积金转增股本的方案》等议案，其中关于 2011 年度公司利润分配及资本公积转增股本预案，即每 10 股送 2 股派现 2 元并转增 8 股的方案，该方案对 SYDQ 股票价格具有重大影响。内幕信息敏感期为 2012 年 1 月 14 日至 2 月 28 日相关董事会决议公布之日。

楚某某是 SYDQ 的实际控制人、股东和法定代表人。楚某某与齐某、张某某熟识，2012 年初齐某、张某某访问 SYDQ，并与楚某某见面。2012 年 1 月 10 日、11 日、16 日、17 日、18 日，2 月 8 日、21 日，楚某某与齐某、张某某有手机通话记录。

2012 年 1 月 13 日，齐某在东兴证券郑州营业部开立资金账户，办理深圳股东账户挂失补办手续，并转入 800 万元。2012 年 1 月 19 日、20 日、30 日，2 月 6 日、8 日，在齐某决策下，由张某某操作，在上述齐某账户分次买入 SYDQ 股票共计 301800 股，成交金额人民币 5978400 元（不含税费）。至 2012 年 2 月 28 日，上述股票账面盈利人民币 1005424.8 元。截至该案调查终止日，该账户仅交易 SYDQ 一只股票，且尚未卖出。

处理结果：

2013 年 3 月 28 日，证监会认定齐某、张某某利用涉案内幕信息买卖 SYDQ 股票，对齐某和张某某分别处以 30 万元罚款。

6.3 内幕信息合规管理

信息披露是上市公司最基本、最重要的责任义务。近年来，为了规范发行人、上市公司及其他信息披露义务人的信息披露行为，加强信息披露事务管理，保护投资者合法权益，中国证监会、沪深北交易所等陆续出台了多份关于信息披露的相关办法规定，如《上市公司信息披露管理办法》

《上市公司监管指引第5号——上市公司内幕信息知情人登记管理制度》《上海证券交易所上市公司自律监管指引第2号——信息披露事务管理》《深圳证券交易所上市公司自律监管指引第5号——信息披露事务管理》《北京证券交易所上市公司持续监管指引第6号——内幕信息知情人管理及报送》等，要求容易获知内幕信息的上市公司董监高及其他内幕信息知情人员，应重视内幕信息的保密，建立有效的内幕信息管理制度，控制内幕信息知情范围，并及时做好内幕信息知情人登记和档案报送等工作。

6.3.1 需报备内幕信息知情人的情形

对于相关重大事项，上市公司应将内幕信息知情人档案及重大事项进程备忘录报备交易所。

6.3.1.1 内幕信息知情人档案

上市公司在内幕信息依法公开披露前，应当填写公司内幕信息知情人档案，并在内幕信息首次依法公开披露后5个交易日内向交易所报备。需报送内幕信息知情人的重大事项如表6－10所示。

表6－10　需报送内幕信息知情人的重大事项

深交所	上交所	北交所
上市公司发生以下重大事项的，应当按本指引规定向本所报送相关内幕信息知情人档案： （1）重大资产重组； （2）高比例送转股份； （3）导致实际控制人或者第一大股东发生变更的权益变动； （4）要约收购； （5）证券发行； （6）合并、分立、分拆上市； （7）股份回购； （8）年度报告、半年度报告；	上市公司发生下列事项的，应当按照本指引的规定报送内幕信息知情人档案信息： （1）重大资产重组； （2）高比例送转股份； （3）导致实际控制人或第一大股东发生变更的权益变动； （4）要约收购； （5）发行证券； （6）合并、分立、分拆上市； （7）回购股份；	上市公司披露以下重大事项的，应当按照本指引等本所相关规定及时报备内幕信息知情人档案相关材料： （1）年度报告、中期报告； （2）证券发行； （3）股份回购； （4）重大资产重组； （5）公司被收购； （6）公司合并、分立； （7）申请转板或向境外其他证券交易所申请股票上市；

续表

深交所	上交所	北交所
（9）股权激励草案、员工持股计划； （10）中国证监会或者本所要求的其他可能对公司股票及其衍生品种的交易价格有重大影响的事项。	（8）中国证监会和本所要求的其他可能对公司股票及其衍生品种的市场价格有重大影响的事项。	（8）中国证监会和本所规定的其他重大事项。 上市公司实施股权激励计划、权益分派等事项的，也应做好内幕信息知情人登记管理工作。

6.3.1.2 重大事项进程备忘录

上市公司发生收购、重大资产重组、发行证券、合并、分立、分拆上市、回购股份等重大事项，除填写上市公司内幕信息知情人档案外，还应当制作重大事项进程备忘录。公司披露可能会对公司股票及其衍生品种的市场价格有重大影响的事项时，交易所也可以要求公司按照本指引的规定制作重大事项进程备忘录。

重大事项进程备忘录应当真实、准确、完整地记载重大事项的每一具体环节和进展情况，包括方案论证、接洽谈判、形成相关意向、作出相关决议、签署相关协议、履行报批手续等事项的时间、地点、参与机构和人员等。

专栏6-8 案例：ZXGF内幕信息知情人登记管理不规范

案例简介：

深圳证监局自2019年10月起对ZXGF进行了现场检查。检查发现，ZXGF存在以下问题：

ZXGF未对收购上海ZL实业有限公司股权和非公开发行债券事项填写内幕信息知情人档案并制作重大事项进程备忘录，违反了《关于上市公司建立内幕信息知情人登记管理制度的规定》第六条、第十条的规定。此外，ZXGF内幕信息登记表缺少公司盖章及法定代表人签字，不符合《关于上市公司建立内幕信息知情人登记管理制度的规定》的格式要求。

处理结果：

2020年3月16日，深圳证监局决定对ZXGF采取责令改正的行政监管措施。

6.3.2 内幕信息相关管理工作

上市公司内幕信息涉及范围较广，控制内幕信息的扩散范围非常重要。因此，做好内幕信息知情人登记、保密等工作是董事会秘书的重要职责之一。

根据证监会《上市公司监管指引第 5 号——上市公司内幕信息知情人登记管理制度》，“上市公司董事会应当按照本指引以及证券交易所相关规则要求及时登记和报送内幕信息知情人档案，并保证内幕信息知情人档案真实、准确和完整，董事长为主要责任人。董事会秘书负责办理上市公司内幕信息知情人的登记入档和报送事宜。董事长与董事会秘书应当对内幕信息知情人档案的真实、准确和完整签署书面确认意见。上市公司监事会应当对内幕信息知情人登记管理制度实施情况进行监督。”上市公司应当建立健全内幕信息知情人管理制度体系，使内幕信息管理做到“有法可依”。

董事会是公司内幕信息的管理机构，董事会秘书为公司内幕信息保密工作负责人，董事会办公室为公司内幕信息的监督、管理、登记、披露及备案的日常工作部门。

登记备案工作由董事会秘书负责，当董事会秘书不能履行职责时，由证券事务代表代行董事会秘书的职责。董事会秘书应在相关人员知悉内幕信息的同时登记备案，登记备案材料保存至少 10 年以上。

公司董事、监事、高级管理人员及部门、分公司、控股子公司的主要负责人应当积极配合公司做好内幕信息知情人登记备案工作，及时告知公司内幕信息知情人情况以及相关内幕信息知情人的变更情况。

公司的股东、实际控制人、收购人、交易对手方、中介服务机构等内幕信息知情人，应当积极配合公司做好内幕信息知情人档案工作，及时告知公司已发生或拟发生的重大事件的内幕信息知情人情况以及相关内幕信息知情人的变更情况。

上市公司进行内幕信息知情人登记，应当按照《证券法》所规定的内幕信息知情人范围，根据内幕信息的实际扩散情况，真实、准确、完整地填写内幕信息知情人档案。

内幕信息知情人档案应当包括：

（1）姓名或名称、身份证件号码或统一社会信用代码；

（2）所在单位、部门，职务或岗位（如有），联系电话，与上市公司的关系；

（3）知悉内幕信息时间、方式、地点；

（4）内幕信息的内容与所处阶段；

（5）登记时间、登记人等其他信息。

前款规定的知悉内幕信息时间是指内幕信息知情人知悉或应当知悉内幕信息的第一时间。

前款规定的知悉内幕信息方式，包括但不限于会谈、电话、传真、书面报告、电子邮件等。内幕信息所处阶段，包括商议筹划，论证咨询，合同订立，公司内部的报告、传递、编制、决议等。

内幕信息知情人登记备案的程序：

（1）当内幕信息发生时，知晓该信息的知情人应在第一时间告知董事会秘书。董事会秘书应及时告知相关知情人各项保密事项和责任，并依据各项法规制度控制内幕信息传递和知情范围；

（2）董事会秘书应第一时间组织相关内幕信息知情人填写《内幕信息知情人登记表》，记录商议筹划、论证咨询、合同订立等阶段及报告、传递、编制、决议、披露等环节的内幕信息知情人名单，及其知悉内幕信息的时间、地点、依据、方式、内容等信息，并及时对内幕信息加以核实，以确保《内幕信息知情人登记表》所填写的内容真实、准确；

（3）董事会秘书核实无误后，按照规定向证监会、交易所进行报备。

6.3.3 内幕交易的防控

上市公司应从“认识、制度、环节、人员、配合”五个方面做好内幕交易防控工作。

6.3.3.1 认识要充分

上市公司应认真关注监管机构颁布的政策法规，及时解读并将政策精神传达给公司包括董事、监事、高级管理人员在内的每一位员工，避免“认识”误区，让员工了解作为上市公司一分子应有的责任和义务，培养其保密意识，树立良好的职业道德观念。

6.3.3.2　制度要健全

根据监管机构的要求，上市公司应结合自身实际制定《信息披露事务管理制度》《重大信息内部报告制度》《内幕信息知情人登记规定》《外部信息使用人管理规定》等相关制度，明确规定公司内幕信息、内幕信息知情人的范围、登记备案、保密及处罚等事项，建立内幕信息知情人员档案，进一步完善公司内控制度和信息披露管理制度，落实监管要求。

6.3.3.3　把握好关键环节和关键时点

上市公司应完善涉及上市公司重大事项的决策程序，把握好重要事项的筹划、审议、审批、发布等关键环节和关键时点。研究论证涉及上市公司重大事项时，原则上应当在相关公司证券停牌后或非交易时间进行。相关单位在履行行政管理职责时，原则上应使用上市公司已经公开发布的信息，在没有明确法律法规依据的情况下，不得要求上市公司提供内幕信息。

6.3.3.4　管理好关键岗位和关键人员

当内幕信息发生时，上市公司应严格按照《内幕信息知情人登记规定》《外部信息使用人管理规定》等制度，严控知情人范围，如属于必须登记事项时，自内幕信息首次讨论或相关会议召开后便进行内幕信息知情人的信息登记，同时提醒内幕信息知情人保密义务并与其签署保密协议。在做好内部登记的同时，需及时关注内幕信息的知情人范围以及知情人对信息范围知悉的程度，在与相关外部机构接触时应主动提示，提请其遵守保密义务。

6.3.3.5　积极配合交易所和监管机构

6.3.3.5.1　及时核查

上市公司应积极关注公司股票价格的变化情况，自内幕信息产生之日起严格按照公司《内幕信息知情人登记管理制度》做好登记，并定期核查内幕信息知情人及其亲属的交易情况、信息的保密情况，如出现信息已无法保密时，应及时对外披露相关信息。

6.3.3.5.2　准确披露

内幕信息公开后，上市公司应及时披露其进展情况。如涉及拟注入资产事项的，需准确披露注入资产的相关风险。如涉及重大资产重组的，公告必须以特别提示的方式，充分披露本次重组事项尚存在的重大不确定风险，明确说明是否存在可能导致上市公司董事会或者交易对方撤销、中止本次重组方案或者对本次重组方案作出实质性变更的相关事项。

6.3.3.5.3　严控风险

当内幕信息无法保密时，上市公司除应及时对外披露相关信息外，如证券交易出现极端异常情况，上市公司应审慎启动停牌申请，控制炒作风险。在筹划重大资产重组的过程中如发生内幕交易情形，上市公司应暂缓、中止或终止重大资产重组。

6.3.3.5.4　配合调查

上市公司应按监管要求积极协助监管机构调查，包括提交完整的内幕信息知情人档案等资料，涉及重大事项的，还需提供筹划、决议、报批等阶段涉及的文件、会议记录、合同等资料。

6.4　内幕交易法律责任

在我国内幕交易行为涉及的主要法律责任包括行政责任、刑事责任和民事责任。

6.4.1　内幕交易的行政责任

根据《证券法》《证券投资基金法》《期货交易管理条例》和《证券市场禁入规定》的相关规定，内幕交易行为人可能承担的行政责任主要有：

（1）责令依法处理非法持有的证券；

（2）没收违法所得；

（3）处以违法所得1倍以上10倍以下的罚款，没有违法所得或者违法所得不足 50 万元的，处以 50 万元以上 500 万元以下的罚款；

涉及期货内幕交易的，没收违法所得，并处违法所得 1 倍以上 5 倍以下的罚款；没有违法所得或者违法所得不满 10 万元的，处 10 万元以上 50 万元以下的罚款；

（4）对直接负责人员的主管人员和其他直接责任人员暂停或者撤销基金从业资格；

（5）视情节给予 3 至 10 年或终身市场禁入；

（6）单位从事内幕交易的，还应当对直接负责的主管人员和其他直接责任人员给予警告，并处以 20 万元以上 200 万元以下的罚款。

单位涉及期货内幕交易的，应当对直接负责的主管人员和其他直接责任人员给予警告，并处 3 万元以上 30 万元以下的罚款。

根据《国务院关于进一步提高上市公司质量的意见》：

六、（十二）加大执法力度

严格落实证券法等法律规定，加大对欺诈发行、信息披露违法、操纵市场、内幕交易等违法违规行为的处罚力度。加强行政机关与司法机关协作，实现涉刑案件快速移送、快速查办，严厉查处违法犯罪行为。完善违法违规行为认定规则，办理上市公司违法违规案件时注意区分上市公司责任、股东责任与董事、监事、高级管理人员等个人责任；对涉案证券公司、证券服务机构等中介机构及从业人员一并查处，情节严重、性质恶劣的，依法采取暂停、撤销、吊销业务或从业资格等措施（证监会、公安部、最高人民法院、财政部、司法部等单位与各省级人民政府负责）。

6.4.2 内幕交易的民事责任

内幕交易行为给投资者造成损失的，投资者可以依法起诉，根据法院判决，相关行为人应当依法承担民事赔偿责任。

6.4.3 内幕交易的刑事责任

根据《刑法》第一百八十条第一款和第二款的规定：

证券、期货交易内幕信息的知情人员或者非法获取证券、期货交易内幕信息的人员，在涉及证券的发行，证券、期货交易或者其他对证券、期货交易价格有重大影响的信息尚未公开前，买入或者卖出该证券，或者从事与该内幕信息有关的期货交易，或者泄露该信息，或者明示、暗示他人从事上述交易活动，情节严重的，处 5 年以下有期徒刑或者拘役，并处或者单处违法所得 1 倍以上 5 倍以下罚金；情节特别严重的，处 5 年以上 10 年以下有期徒刑，并处违法所得 1 倍以上 5 倍以下罚金。

单位犯前款罪的，对单位判处罚金，并对其直接负责的主管人员和其他直接责任人员，处 5 年以下有期徒刑或者拘役。

存在《最高人民法院、最高人民检察院关于办理内幕交易、泄露内幕信息刑事案件具体应用法律若干问题的解释》第六条规定的情形之一的，应当认定为《刑法》第一百八十条第一款规定的“情节严重”。存在第七条规定的情形之一的，应当认定为《刑法》第一百八十条第一款规定的“情节特别严重”。

7. 短线交易

7.1 短线交易概述

7.1.1 短线交易

根据《证券法》第四十四条的规定：

上市公司、股票在国务院批准的其他全国性证券交易场所交易的公司持有5%以上股份的股东、董事、监事、高级管理人员，将其持有的该公司的股票或者其他具有股权性质的证券在买入后6个月内卖出，或者在卖出后6个月内又买入，由此所得收益归该公司所有，公司董事会应当收回其所得收益。但是，证券公司因购入包销售后剩余股票而持有5%以上股份，以及有国务院证券监督管理机构规定的其他情形的除外。

前款所称董事、监事、高级管理人员、自然人股东持有的股票或者其他具有股权性质的证券，包括其配偶、父母、子女持有的及利用他人账户持有的股票或者其他具有股权性质的证券。

公司董事会不按照第一款规定执行的，股东有权要求董事会在30日内执行。公司董事会未在上述期限内执行的，股东有权为了公司的利益以自己的名义直接向人民法院提起诉讼。

公司董事会不按照第一款的规定执行的，负有责任的董事依法承担连带责任。

本章节包含的内容主要有短线交易认定要点分析以及上市公司短线交易合规管理，同时对以往违规案例进行了简要分析。

7.1.2 相关法规

7.1.2.1 法律

与短线交易相关的法律如表 7－1 所示。

表 7－1 相关法律表

法规名称	发文部门	发布文号	发布日期	涉及条文
《中华人民共和国证券法（2019 年修订）》	全国人民代表大会常务委员会	主席令第三十七号	2019 年 12 月 28 日	第四十四条、第一百八十九条

7.1.2.2 行政法规

与短线交易相关的行政法规如表 7－2 所示。

表 7－2 相关行政法规表

法规名称	发文部门	发布文号	发布日期	涉及条文
《股票发行与交易管理暂行条例》	中华人民共和国国务院	中华人民共和国国务院令第 112 号	1993 年 4 月 22 日	第三十八条

7.1.2.3 部门规章及规范性文件

与短线交易相关的部门规章及规范性文件如表 7－3 所示。

表 7－3 相关部门规章及规范性文件表

法规名称	发文部门	发布文号	发布日期	涉及条文
《上市公司章程指引（2022 年修订）》	中国证券监督管理委员会	证监会公告〔2022〕2 号	2022 年 1 月 5 日	第三十条

7.1.2.4 业务规则

上交所、深交所与短线交易相关的业务规则如表7－4、表7－5所示。

表7－4　　上交所相关业务规则表

法规名称	发文部门	发布文号	发布日期	涉及条文
《上海证券交易所股票上市规则（2022年1月修订）》	上海证券交易所	上证发〔2022〕1号	2022年1月7日	3.4.10
《上海证券交易所科创板上市公司自律监管指引第1号——规范运作》	上海证券交易所	上证发〔2022〕14号	2022年1月7日	4.6.7
《关于可转换公司债券适用短线交易相关规定的通知》	上市公司监管一部、二部科创板公司监管部		2021年2月24日	全文

表7－5　　深交所相关业务规则表

法规名称	发文部门	发布文号	发布日期	涉及条文
《深圳证券交易所股票上市规则（2022年修订）》	深圳证券交易所	深证上〔2022〕12号	2022年1月7日	3.4.10
《深圳证券交易所上市公司自律监管指引第2号——创业板上市公司规范运作》	深圳证券交易所	深证上〔2022〕14号	2022年1月7日	4.1.12
《关于可转换公司债券适用短线交易相关规定的通知》	深圳证券交易所		2021年2月25日	全文

7.1.3 短线交易立法沿革

7.1.3.1 《股票发行与交易管理暂行条例》

1993年4月国务院发布的《股票发行与交易管理暂行条例》（国务院令第112号）第三十八条规定：

股份有限公司的董事、监事、高级管理人员和持有公司5%以上有表决权股份的法人股东，将其所持有的公司股票在买入后6个月内卖出或者在卖出后6个月内买入，由此获得的利润归公司所有。前款规定适用于持有公司5%以上有表决权股份的法人股东的董事、监事和高级管理人员。

本条规定具备了短线交易认定的雏形，但其缺陷也是相当明显的：仅仅规定了收益的归入权，但对收益归入权的行使没有更进一步的详细规定，使得本条规定流于形式，在实践中未能受到应有的重视。此外，原有法律法规对内幕交易的规定尚缺乏可操作性，导致上市公司董监高买卖股票的行为难以受到约束，利用内幕消息从事短线交易获取暴利者比比皆是，严重侵害了公司中小股东的合法利益，破坏了证券市场应当具有的公平性。

7.1.3.2 1999年版《证券法》

1999年7月1日起施行的《证券法》第四十二条规定：

前条规定的股东（持有一个股份有限公司已发行的股份5%的股东），将其所持有的该公司的股票在买入后6个月内卖出，或者在卖出后6个月内又买入，由此所得收益归该公司所有，公司董事会应当收回该股东所得收益。但是，证券公司因包销购入售后剩余股票而持有5%以上股份的，卖出该股票时不受6个月时间限制。公司董事会不按照前款规定执行的，其他股东有权要求董事会执行。公司董事会不按照第一款的规定执行，致使公司遭受损害的，负有责任的董事依法承担连带赔偿责任。

这在原《股票发行与交易管理暂行条例》第三十八条规定的基础上做了较大的修改。然而，从防止公司内部人滥用内幕信息进行股票交易的立法目的的角度来看，本条规定尚欠周延，在实际运作中仍有不尽人意之处：

首先，它将短线交易的对象仅限于持股5%以上的大股东，从而排除了对公司董监高的适用。

其次，原《证券法》第四十二条实施后，由于公司董事会缺乏主动行使归入权的动力，而少数股东既没有畅通的法律诉讼渠道，也很难在股东大会上取得足够的话语权，通过股东大会来要求董事会行使归入权成本又过高，因此真正行使归入权的案例非常少。

7.1.3.3 2006年版《证券法》

在借鉴美国、日本和台湾地区等国家和地区先进经验的基础上，2006

年版的《证券法》第四十七条对短线交易归入权制度作了修改和完善：

上市公司董事、监事、高级管理人员、持有上市公司股份5%以上的股东，将其持有的该公司的股票在买入后6个月内卖出，或者在卖出后6个月内又买入，由此所得收益归该公司所有，公司董事会应当收回其所得收益。但是，证券公司因包销购入售后剩余股票而持有5%以上股份的，卖出该股票不受6个月时间限制。

公司董事会不按照前款规定执行的，股东有权要求董事会在30日内执行。公司董事会未在上述期限内执行的，股东有权为了公司的利益以自己的名义直接向人民法院提起诉讼。

公司董事会不按照第一款的规定执行的，负有责任的董事依法承担连带责任。

此外，2006年版的《证券法》第一百九十五条对短线交易的行政责任做了明确的规定：

上市公司的董事、监事、高级管理人员、持有上市公司股份5%以上的股东，违反本法第四十七条的规定买卖本公司股票的，给予警告，可以并处3万元以上10万元以下的罚款。

2006年版的《证券法》第四十七条的规定采纳了多数学者和实务界人士的意见，将公司董监高纳入短线交易的主体范围，且明确规定了股东代位诉讼制度，即公司董事会怠于行使归入权时，股东可以自己名义直接提起诉讼，这些都是立法上相当大的进步。

7.1.3.4 2019年版《证券法》

2019年12月28日，第十三届全国人民代表大会常务委员会第十五次会议通过了新修订的《证券法》，第四十四条对短线交易相关规定进行了修订，从短线交易的主体范围、行为内容、客体范围、豁免条款及具体罚则等多个方面进行了明确与修订。

具体来说，新《证券法》主要对短线交易的以下几点问题进行了修订与明确：

（1）不仅规范上市公司持有5%以上股份的股东、董事、监事、高级管理人员的短线交易行为，新三板挂牌公司中的前述相关人员亦纳入短线交易监管范围；

（2）短线交易的客体不仅包括股票，还包括“其他具有股权性质的证券”；

（3）将持有5%以上股份的股东、董事、监事、高级管理人员持有的公司的股票或者其他具有股权性质的证券中的“持有”明确规定为包括“其配偶、父母、子女持有及利用他人账户持有”；

（4）短线交易的豁免条款除“证券公司因购入包销售后剩余股票”外，增加了“以及有国务院证券监督管理机构规定的其他情形”；

（5）短线交易处罚力度加大，违反短线交易的处罚从原先的“3万元以上10万元以下”上升至“10万元以上100万元以下”。

7.2 短线交易要点分析

7.2.1 短线交易的适用主体

原《证券法》中，短线交易的适用主体限于上市公司的董监高、5%以上股东，新《证券法》将短线交易的监管主体做了两次放大，一是新三板挂牌公司相关主体纳入短线交易监管范围，二是将监管个体扩大到近亲属。

7.2.1.1 新三板挂牌公司纳入监管

新《证券法》出台后，不仅仅上市公司董监高、5%以上股东及其近亲属需要遵守短线交易的限制，新三板挂牌公司的前述人员也需要遵守短线交易限制。这一改变将短线交易适用群体扩大至新三板挂牌公司的相关主体，立法更加合理化。

7.2.1.2 近亲属纳入监管

原《证券法》有关短线交易的规定只限制上市公司的董监高、5%以上股东，并没有把监管对象扩展至前述人员的近亲属。虽然一些上市公司在管理实践中严格要求，要求近亲属也遵守短线交易限制。但新《证券法》是第一次明确将这种限制写入法律条文。

不过，前述近亲属的范围被限定为配偶、父母、子女，并未扩展至配偶父母、兄弟姐妹及其配偶、子女配偶、配偶的兄弟姐妹和子女配偶的父母等个人，算是一次有限的扩展。上市公司董监高、5%以上股东应该向其配偶、父母及子女做好新规普及，避免违规。

专栏7-1　案例：《证券法》修订后，高管近亲属短线交易

案例简介：

经查，蒋某担任上市公司BHCX董事、总经理期间，蒋某配偶谢某于2020年9月10日至2020年10月23日通过名下证券账户以集中竞价方式，累计买入公司股票38900股，累计卖出公司股票12000股。上述6个月内买卖公司股票的行为构成短线交易，违反了《证券法》第四十四条的规定。

处理结果：

2020年12月10日，北京证监局决定对蒋某采取出具警示函的监督管理措施。

7.2.1.3　利用他人账户进行交易纳入短线交易监管

上市公司、新三板挂牌公司的董监高、5%以上股东及其近亲属利用他人证券账号进行交易的，也受短线交易限制。实践中，在新《证券法》未出台前，这种利用、控制他人证券账号进行短线交易的行为也会受到证券监管部门监管。新《证券法》进一步明确了这种行为属于短线交易。

专栏7-2　案例：账户组持股比例超过5%后6个月内反向交易被认定为短线交易

案例简介：

蔡某某为上市公司HDGF的股东，其控制的蔡某某账户组包含蔡某某、施某、DMSY、XMSY、HMFC 5 个证券账户。

蔡某某账户组在 2014 年 1 月 1 日至 2014 年 11 月 25 日及 2014 年 12 月 1 日至 2015 年 2 月 3 日两个时段内，累计持有 HDGF 5% 以上的股份，具备“持有上市公司 5% 以上股权的股东”身份，符合短线交易的主体要件。蔡某某在合计持股达 5% 时，未及时按相关规定予以报告和公告，违反了《证券法（2014 年修正）》第 86 条规定，构成《证券法（2014 年修正）》第 193 条所述信息披露违法行为。此后在 2014 年 12 月 2 日至 4 日期间，继续买入 HDGF，违反了《证券法（2014 年修正）》第 38 条、第 86 条规定，构成《证券法（2014 年修正）》第 204 条所述限制期内买卖股票行为。账户组在 2014 年 1 月 1 日至 11 月 25 日及 2014 年 12 月 1 日至 2015 年 2 月 3 日期间累计持有 HDGF 股票占上市公司已发行股份的 5% 以上。2014 年 11 月 12 日至 11 月 25 日，蔡某某、“XMSY 2 个账户累计买入 HDGF 股票 222.33 万股，DMSY、XMSY 2 个账户累计卖出 HDGF 股票 405.61 万股；2014 年 12 月 1 日至 2015 年 2 月 3 日，5 个账户先后多次买卖 HDGF 股票，违反了《证券法（2014 年修正）》第 47 条规定，构成了《证券法（2014 年修正）》第 195 条所述短线交易行为。

处理结果：

2016 年 5 月 24 日，证监会就蔡某某上述违规行为决定：

（1）对蔡某某超比例持股未披露、限制期交易及短线交易行为予以警告。

（2）对蔡某某超比例持股未披露行为处以 40 万元罚款，对蔡某某限制期交易行为处以 50 万元罚款，对蔡某某短线交易行为处以 5 万元罚款，合计 95 万元罚款。

专栏7-3　案例：YST实际控制人、时任董事长借用他人账户短线交易

案例简介：

经查明，何某模存在以下违规行为：何某模作为YST实际控制人、时任董事长，以借用他人账户的方式，于2016年11月3日买入YST股票204100股，于2016年12月5日卖出YST股票204100股，之后又于2017年1月13日买入YST股票207400股，于2017年2月3日至2月8日期间累计卖出YST股票207400股。何某模的前述股票交易行为构成《证券法（2014年修正）》第四十七条规定的短线交易。

何某模的上述行为违反了深圳证券交易所《创业板股票上市规则（2014年修订）》第1.4条、第3.1.11条、第3.1.12条，《创业板上市公司规范运作指引（2015年修订）》第3.8.16条、第4.2.16条的规定。

处理结果：

2018年8月22日，鉴于上述违规事实及情节，依据深圳证券交易所《创业板股票上市规则（2014年修订）》第16.3条和《创业板股票上市规则（2018年修订）》第16.3条的规定，经深圳证券交易所纪律处分委员会审议通过，深圳证券交易所做出如下处分决定：

对YST实际控制人、时任董事长何某模给予公开谴责的处分。

7.2.1.4　特殊投资者的认定

7.2.1.4.1　社保基金

（1）根据中国证监会《关于全国社会保障基金委托投资若干问题的复函》的规定，全国社保基金委托的单一投资管理人持有上市公司的股份超过5%时，则应严格遵循《证券法》第四十四条有关短线交易的规定。

（2）全国社保基金合并持有上市公司5%股份后，若社保基金理事会与各投资管理人以及各投资管理人之间的投资决策是相互独立的，则对该公司股票的买卖可以不受6个月持有期的限制（即《证券法》第四十四条的规定）。

（3）若社保基金理事会与各投资管理人以及各投资管理人之间的投资决策不是相互独立的，则对该公司股票的买卖应受6个月持有期的限制。

7.2.1.4.2　公募基金

2007年1月，中国证监会基金监管部对于基金管理公司管理的公募基金的持股变动的信息披露问题予以了明确：

（1）对于一家基金管理公司管理下的几只公募基金持有某一上市公司的股份累计达到5%的，是否披露，由基金管理公司自己选择；鉴于基金管理公司没有要约收购的功能，在当前市场环境下，不鼓励基金管理公司进行此类的披露。同时，要防止基金管理公司通过披露集中持股的行为引导市场操作股票。

（2）对于一家基金管理公司管理下的一只公募基金持有某一上市公司的股份累计达到5%的，需要依法披露，并应遵守短线交易的相关规定。

专栏7-4　案例：同一基金管理公司管理下的多只公募基金持有某一上市公司的股份合计超过5%无须履行信息披露义务

2013年4月23日，HDXX发布2013年一季报。据HDXX一季报显示，截至2013年3月31日，中国农业银行-JSCC内需增长贰号股票型证券投资基金成为HDXX第5大股东，持股数量为357.98万股，占比2.02%；中国工商银行-JSCC精选蓝筹股票型证券投资基金位居公司第6大股东，持股数量为339.98万股，占比1.92%。此外，中国农业银行-JSCC内需增长开放式证券投资基金持有上市公司242.74万股，占比1.37%，位居第10大股东。这三大股东累计持有HDXX940.7万股，占比5.31%，已超过5%。

根据证监会基金监管部的意见，虽然JSCC基金管理公司管理下的三只公募基金持有HDXX的股份合计超过5%，但JSCC无须履行信息披露义务。

专栏7－5　案例：单只公募基金持有某一上市公司的股份累计达到5%需要依法披露

案例简介：

截至2013年7月3日，YH基金公司受托管理的YH行业优选股票型证券投资基金通过深交所交易系统累计买入FLX股份6600002股，占FLX总股本的5.2381%。

该公司在买入FLX的股份达到5%时，没有及时向中国证监会和深交所提交书面报告并披露权益变动报告书，在履行报告和披露义务前也没有停止买入FLX的股份，违反了《证券法（2013年修正）》第八十六条和《上市公司收购管理办法》第十三条的规定，属于《深圳证券交易所限制交易实施细则》第三条规定的重大异常交易。

处理结果：

2013年7月3日，深交所对YH基金公司受托管理的上述证券账户采取了限制交易措施。

7.2.1.4.3　私募基金

2013年9月17日，中国证监会上市公司监管一部给深交所发送了《关于对同一投资顾问的多只阳光私募基金产品持股信息披露问题的答复意见》（上市一部函〔2013〕633号），指出："根据在《证券法》第八十六条、《上市公司收购管理办法》第十二条和第八十三条等有关规定，为确保股份权益变动的透明度，除非有关当事人提出相反证据予以充分证明，否则，同一管理人担任投资顾问的多只阳光私募基金产品应当合并计算持股数量并相应履行信息披露义务"。因此如果合计持股5%以上的股东是私募基金，多只产品合计持股超过5%的，应当披露简式权益变动报告书，各产品之间的反向交易可能构成短线交易。

深交所咨询易（2015年3月16日）：

问：公司5%以上股东为某基金，其旗下有若干基金分别持有公司股份，其中一只基金在半年内增持过，而另一只将到期，到期这只基金是否可以因到期而豁免短线交易的限制？（按规定除去券商因包销而成为5%以上的情况是不可以的。如不可以，以下两种方式是否可行？（1）延长基金期限半年后再卖出。（2）由内部其他基金增持，保持比例不变。如可以，除去这两种方法还有什么方法比较合适？谢谢！

答：关于您的问题，需要关注该股东基金的性质。如果该股东是公募基金，任一单只产品持股不超过5%，但多只产品合计持股超过5%的，不需要披露简式权益变动报告书，各产品之间的反向交易不视为短线交易；如果该股东是私募基金，多只产品合计持股超过5%的，应当披露简式权益变动报告书，各产品之间的反向交易可能构成短线交易。

7.2.2 短线交易的客体

原《证券法》对短线交易的规定只限于“股票”交易，新《证券法》将其扩大至“股票或者其他具有股权性质的证券”，即如果相关主体买卖具有股权性质的证券，也应当受短线交易规制。通常意义上，上市公司发行的可转换公司债券、优先股应当属于股权性质的证券。但对于CDR、股票期权、可交换债券，甚至股票基金等证券是否属于股权性质的证券，目前尚无明确界定。

根据沪深交易所《关于可转换公司债券适用短线交易相关规定的通知》：

一、可转换公司债券属于《证券法》规定的其他具有股权性质的证券，无论是否进入转股期，均应适用短线交易的相关规定。

二、可转换公司债券买入（含申购）、卖出行为均发生在《可转换公司债券管理办法》施行以后的情形，纳入短线交易规制范围。

三、可转换公司债券转股、赎回及回售不适用短线交易规定。

专栏7－6 案例：YKYL董事长可转债构成短线交易

案例简介：

经中国证监会核准上市公司YKYL于2019年8月16日公开发行了470万张可转换公司债券，发行总额4.70亿元。2019年9月10日起在深交所挂牌交易。转股期为自可转债发行结束之日（2019 年 8 月 22 日）起满 6 个月后的第一个交易日起至可转债到期日止，即 2020 年 2 月 24 日至 2025 年 8 月 15 日（如遇法定节假日或休息日延至其后的第一个工作日；顺延期间付息款项不另计息）。

刘某毅作为 YKYL 控股股东、实际控制人、董事长，2020 年 3 月 5 日至 12 日期间，累计卖出 YK 转债 419950 张，减持金额 135071703.30 元。3 月 10 日、11 日，刘某毅分别买入 YK 转债 6000 张、12470 张，买入金额分别为 1995532.43 元、4153434.08 元。

因刘某毅上述买卖 YK 转债的行为发生在 YK 转债转股期内，构成《证券法》第四十四条规定的短线交易。刘某毅的上述行为违反了深圳证券交易所《创业板股票上市规则（2018 年 11 月修订）》第 1.4 条、第 3.1.11 条规定。

处理结果：

2020 年 5 月 5 日，深圳证券交易所创业板公司管理部对对 YKYL 控股股东、实际控制人、董事长刘某毅发出监管函。

7.2.3 短线交易的时间认定：6 个月内

根据《证券法》第四十四条规定，短线交易的时间认定为在买入后 6 个月内卖出，或者在卖出后 6 个月内又买入，由此所得收益归该公司所有，公司董事会应当收回其所得收益。

上述“买入后 6 个月内卖出”是指最后一笔买入时点起算 6 个月内卖出的；“卖出后 6 个月内又买入”是指最后一笔卖出时点起算 6 个月内又买入的，如图 7－1 所示。

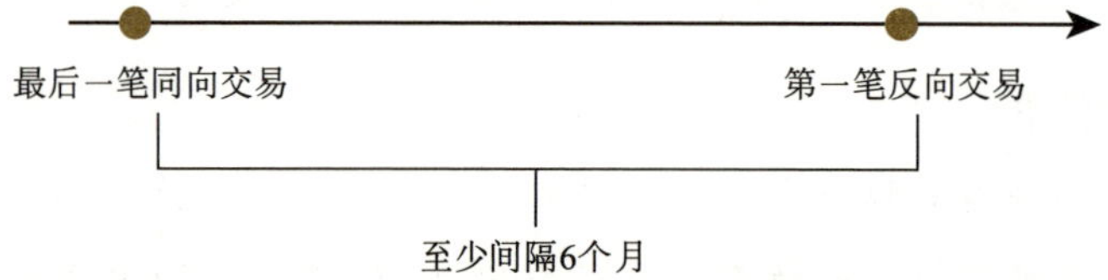

图 7－1 短线交易简要示意图

该条款明确规定了短线交易6个月的计算时点，是指最后一笔同向交易到下一笔反向交易之间，应当间隔6个月。

7.2.4 归入权

根据《证券法》第四十四条的规定，短线交易所得收益归该公司所有，公司董事会应当收回其所得收益。

公司董事会不按照《证券法》第四十四条第一款规定执行的，股东有权要求董事会在30日内执行。公司董事会未在上述期限内执行的，股东有权为了公司的利益以自己的名义直接向人民法院提起诉讼。

7.2.5 “买入”与“卖出”行为的认定

在证券交易中，集中竞价交易、大宗交易、协议转让的买卖行为会被认定为短线交易中的“买入”和“卖出”，对于股权转让、非公开（或公开）发行认购、股权激励授予等各种交易形式，是否认定为短线交易买入卖出的情形各有不同，同样有可能会触发短线交易行为。详细内容如表7－6所示。

表7－6 短线交易相关交易行为汇总表

交易类型	是否适用短线交易	备注
股票集中竞价交易买入	是	
股票集中竞价交易卖出	是	
股票大宗交易买入	是	
股票大宗交易卖出	是	
协议转让受让方受让	是	
协议转让转让方转让	是	
公开增发中的认购	是	
定向增发中的认购	是	
股票期权行权	是	

续表

交易类型	是否适用短线交易	备注
限制性股票授予登记或归属	是	
限制性股票卖出	是	
股权激励未满足行权条件，高管股份被回购	否	
通过员工持股计划获得股票	视情况而定	注1
约定购回式股票中的初始交易	是	注2
约定购回式股票中的购回	是	
上市公司A、B股反向交易	是	注3
董监高、持股5%以上股东配偶、父母、子女买卖股票	是	
持股5%以上股东参与转融通的出借	否	
持股5%以上股东参与转融通的赎回	否	
间接持股与直接持股互相转换	是	注4
质押股票到期解除质押	否	
合计持股5%以上的公募基金数个产品间发生反向交易	否	
合计持股5%以上的私募基金数个产品间发生反向交易	是	
被动平仓	是	
买卖可转债	是	

注：①根据深交所热线问答（2015年6月11日），董监高参与的员工持股计划实施获取公司股票暂不等同于董监高自行买入公司股份，故员工持股计划前6个月内卖出股票不触发短线交易；但若员工持股计划到期后存在股份直接划转至董监高名下的，应当视为董监高买入公司股份。

②约定购回式证券交易，是指符合条件的客户以约定价格向托管其证券的证券公司卖出标的证券，并约定在未来某一日期由客户按照另一约定价格从证券公司购回标的证券。标的证券保存在证券公司约定购回专用证券账户。约定购回式证券交易属于以融资为目的的交易行为，原股东的初始交易、购回交易参照适用股份出售、买入有关权益变动和信息披露的规则。

③例如，持有同一家公司的A股和B股，现想出售A股，然后在6个月内买进B股，属于短线交易。

④间接持股与直接持股的互相转换，一般指董监高个人名义直接持股与通过资管计划等持股的互相转换。

专栏7-7　案例：公司大股东及一致行动人进行约定购回式证券交易

2019年10月10日上市公司LJJT发布《关于公司持股5%以上股东之一致行动人进行约定购回式证券交易的公告》。公司第二大股东黑龙江YLJY投资管理合伙企业（以下简称“YLJY”）之一致行动人HYKG有限公司（以下简称“HYKG”）于2019年10月9日，将持有LJJT的无限售流通股1480万股（占公司总股本的1.12%），与国泰君安证券股份有限公司进行约定购回式证券交易。初始交易日为2019年10月9日，购回交易日为2020年10月8日。本次交易后HYKG持有上市公司股份从1.12%变成0%。

2020年9月4日公司发布《关于持股5%以上股东之一致行动人约定购回式证券交易提前赎回的公告》，购回后HYKG持有上市公司股份从0%变成1.12%。

7.2.5.1　集中竞价交易、大宗交易、协议转让等情形

在证券交易中，集中竞价交易、大宗交易、协议转让的行为会被认定为短线交易中的“买入”和“卖出”。

深交所热线问答（2017年5月2日）：

请问，“买入和卖出”如何界定？是否只限于股票的竞价交易和大宗交易？是否包括协议转让、司法划拨、拍卖？

答：根据实践中的监管案例，《证券法（2014年修正）》第四十七条所称“买入”和“卖出”，并不局限于通过证券交易所的证券交易，协议转让、股权激励行权等其他方式也可能被视为“买入”和“卖出”行为。

专栏7-8　案例：集中竞价交易构成的短线交易

案例简介：

2019年1月24日至2020年2月14日期间，钟某辉通过个人账户、HZ投资证券账户与控制其朋友母某证券账户反复交易KCXY股

票，在卖出后6个月内买入，买入后6个月内卖出，其中2019年7月17日至8月23日通过控制母某证券账户集中竞价交易买入KCXY股票102.92万股，买入金额1975.00万元；2019年1月24日至2020年2月14日通过其个人证券账户、HZ投资证券账户与控制母某证券账户集中竞价交易卖出KCXY股票355.69万股，卖出金额11105.40万元。上述行为构成《证券法》界定的短线交易。

处理结果：

2021年12月8日，依据深圳证券交易所《创业板股票上市规则(2018年11月修订)》第16.2条和《上市公司纪律处分实施标准（试行)》第七条、第十九条、第三十五条的规定，经深圳证券交易所纪律处分委员会审议通过，深圳证券交易所作出如下处分决定：对钟某辉给予公开谴责的处分。

专栏7－9　案例：协议转让构成的短线交易

案例简介：

JLD于2009年3月12～18日期间以大宗交易的方式累计买入DHRD股票1616万股，成为DHRD持股5%以上股东。

2009年3月28日，DHRD控股股东拟向JLD协议转让DHRD公司股份2184万股；2009年5月19日，上述协议转让的股份已完成过户，该次协议转让股份的价格为6.03元/股。2009年9月21日，JLD通过深圳证券交易所以集合竞价的方式卖出公司股票136.941万股，成交均价10.175元/股，成交总额1393.3346万元。减持后JLD持有DHRD股份3663.059万股，占DHRD总股本的11.33%。

JLD此次短线交易的收益为567.62万元［136.941×(10.175－6.03)=567.62万元］，DHRD董事会已与JLD进行了协商，JLD同意将本次短线交易的收益567.62万元在2009年12月31日之前上交DHRD。

2009 年 12 月 30 日，DHRD 公告称，已收到 JLD 上述短线交易收益款 570 万元（其中：567.62 万元为短线交易公司股票的收益，2.38 万元为该笔收益 2009 年 9 月至 12 月的资金占用费即利息）。

处理结果：

2010 年 2 月 25 日，对于 JLD 的上述短线交易行为，深交所对其采取了 3 个月的限制交易措施和通报批评的纪律处分措施。

7.2.5.2 认购增发股份的情形

7.2.5.2.1 公开增发的行为认定

公开增发股票中的认购行为均被认定为短线交易中的“买入”行为，因此在认购行为发生前后 6 个月内，都不能进行反向卖出。

专栏 7-10 案例：公开增发中认购行为被认定为短线交易“买入”

案例简介：

社保基金一一二组合 2008 年 1 月 22 日通过认购 MLZY 公开增发股份 6233.86 万股（价格为 15.23 元/股），合计持有 6983.86 万股（占公司总股本的 7.26%）。增发股份于 1 月 28 日上市，该组合分别于 1 月 29 日、30 日卖出 141.79 万股、277.78 万股，成交均价为 14.4181 元/股。

处理结果：

MLZY2008 年 3 月 1 日发布公告称，社保基金一一二组合作为持股 5% 以上的股东，买入公司股票后 6 个月内卖出，以上行为构成短线交易，由此所得收益归公司所有。

7.2.5.2.2 定向增发的行为认定

在实务操作中，如董监高和持股 5% 以上的股东拟认购非公开发行股份的，证监会审核时一般要求保荐机构和律师核查前述自然人或法人及其一致行动人从定价基准日前 6 个月至发行完成后 6 个月内是否存在减持或者减持计划并发表明确意见。可见，定向增发中的认购行为，也被认定为短线交易中的买入行为。

深交所热线问答（2014 年 10 月 13 日）：

《证券法（2014 年修正）》第四十七条规定，上市公司董事长通过定向增发获得新股的，在该行为发生后 6 个月内不得卖出其所持本公司股份，否则所得收益应归公司所有并承担相应法律责任。投资者咨询，定向增发的股份有 2 个时间节点，上述规定 6 个月内不能卖出股份的起算点是股权登记日还是上市日？

答：《证券法（2014 年修正）》第四十七条对短线交易作出了明确规定，在此，相关人员在买入后 6 个月内不得卖出，或在卖出后 6 个月内不得买入，均以该人员买卖股份的实际成交日或股份过户到账日为准。通过定向增发认购的股份应以股权登记日为准。

即，通过定增获得股权的，自本次定增股权登记日起 6 个月内不得卖出其所持该公司股份，如图 7－2 所示。

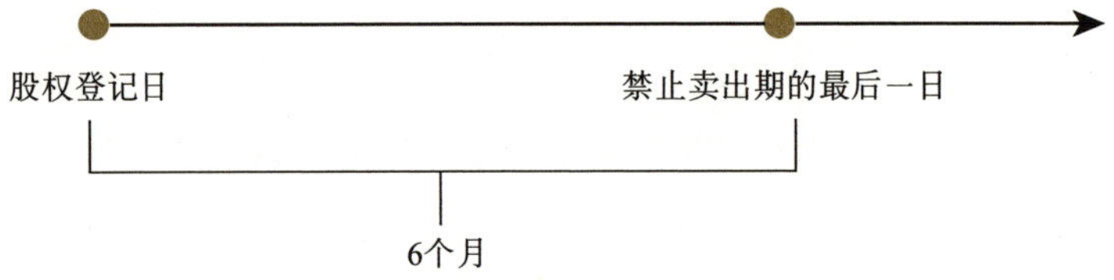

图 7－2　定增股份的短线交易禁止交易期

专栏 7－11　案例：定向增发中因存在短线交易而调整发行方案

2014 年 6 月 23 日，BSGJ 实际控制人之一陈某某通过交易系统以大宗交易方式出售公司股份 150 万股，占公司总股本的 0.67%；2014 年 10 月 28 日（定价基准日），公司董事会审议非公开发行方案，公司实际控制人之一陈某某之子陈某拟参与本次非公开发行认购，鉴于陈某为陈某某之一致行动人，而陈某某在本次非公开发行定价基准日前 6 个月内卖出过公司股份，2015 年 5 月 5 日，BSGJ 召开董事会审议通过了《关于调整公司非公开发行股票方案的议案》，陈某退出本次认购，同时发行数量相应调减。

7.2.5.2.3 非公开发行顺利过会的建议

从审慎的角度出发，为了上市公司定向增发能顺利实施并确保股东认购行为符合交易规则的要求，建议拟认购上市公司定向增发股票的股东在该公司召开审议定向增发事项的董事会前 6 个月内及本次定向增发股票的股权登记日后 6 个月内都不卖出所持该公司股份。

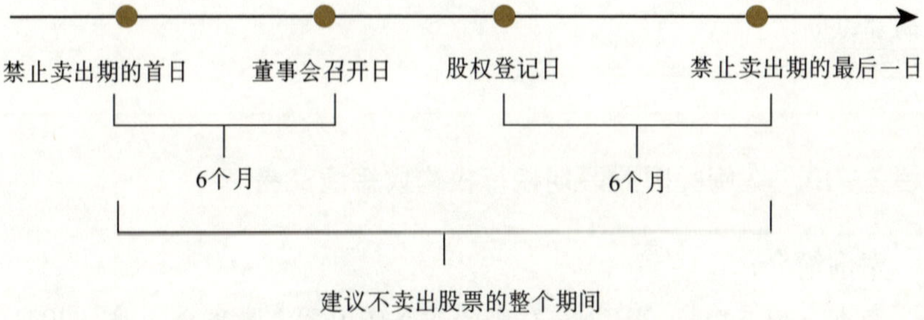

图 7－3 定增股份建议不卖出股票的时间区间

7.2.5.3 股权激励方案实施中的情形

在实际操作中，部分激励对象在期权统一行权前 6 个月内有卖出股份的行为，建议公司可采用通过实施自主行权（激励对象在行权期内自行择机行权，非董事会安排集中行权）方式予以规避。对于授予限制性股份对象在授予前 6 个月内有卖出股份的行为，原中小板已有分开授予的先例。

专栏 7－12 案例：因限制性股票而构成短线交易

案例简介：

2011 年 11 月 16 日至 2017 年 6 月 27 日，刘某芳担任上市公司 JZT 副总经理。2017 年 5 月 26 日，其名下的证券账户通过证券交易所集中竞价交易，卖出原持有的公司股票 10000 股。此前的 2017 年 5 月 15 日，按照公司股权激励计划的安排，刘某芳与公司签订了 250000 股限制性股票认购协议书；2017 年 5 月 31 日，刘某芳将限制性股票认购款 2495000.00 元汇入公司招商银行账户；2017 年 6 月 16 日中国证券登记结算有限责任公司上海分公司将刘某芳买入的 250000 股限制性股票登记在其名下，该买入行为完成。2017 年 6 月 22 日，刘某芳名下的证券账户通过证券交易所集中竞价交易，再次卖出原持有的公司股票 56000 股。

处理结果：

2018 年 4 月 9 日，湖北证监局决定对刘某芳给予警告，并处 3 万元的罚款。

专栏 7－13　案例：因股票期权行权构成短线交易

案例简介：

经查，彭某红于 2017 年 3 月起至今任 JFSW 监事会主席。2021 年 4 月 22 日，彭某红的子女彭某程通过交易所行权交易方式，买入 JFSW 股票 7125 股，买入均价为 36.41 元/股，成交金额 259421.25 元；5 月 13 日卖出 JFSW 股票 7125 股，成交均价 99 元/股，成交金额 704528.54 元。

彭某红作为 JFSW 的监事，彭某红的子女将持有的 JFSW 股票在买入后 6 个月内卖出，有关行为违反了《证券法》第四十四条的相关规定。

处理结果：

2021 年 8 月 9 日，根据《证券法》第一百七十条的规定，广东证监局决定对彭某红采取出具警示函的行政监管措施。

7.2.5.4　股权激励未满足行权条件需向高管股东回购股份的情形

对于股权激励涉及的因未满足行权条件而导致的股份强制性回购，证监会不认定为短线交易的“卖出”。2012 年 6 月 20 日，上市部《关于就上市公司回购高管人员获授的限制性股票相关问题的复函》：股权激励涉及的股份回购是上市公司股权激励计划的组成部分，是上市公司与激励对象约定的利益返还方式，回购的条件和价格等主要内容已在股权激励计划中披露且经股东大会审议，与二级市场交易行为明显不同，引发内幕交易的风险很低。因此，不将股权激励股份回购认定为高管人员卖出股份；高管人员参与股权激励股份回购，不应占用当年可转让股份的额度，所回购的股份应当从计算可转让额度的股份基数中扣除。

7.2.5.5 员工持股计划方案实施中的情形

深交所咨询易（2015年6月11日）

问： A公司拟实施员工持股计划，公司董事B先生打算在员工持股计划前将持股的A公司股票卖掉25%，然后再参与认购A公司拟在半个月内实施执行的员工持股计划，这样是否触发短线交易？

答： 根据证监会《关于上市公司实施员工持股计划试点的指导意见》的要求，任何人不能利用员工持股计划进行内幕交易、操纵证券市场等证券欺诈行为。

针对问询具体问题：董监高参与的员工持股计划实施获取公司股票暂不等同于董监高自行买入公司股份，故问题所述情况不触发短线交易；但若员工持股计划到期后存在股份直接划转至董监高名下的，应当视为董监高买入公司股份。

如果员工持股计划直接给董监高个人，需要注意不得短线交易。

专栏7-14　案例：员工持股计划与实控人为一致行动人

2017年3月31日上市公司TSL发布《第一期员工持股计划（草案）》，本次员工持股参加总人数为16人。公司实际控制人为闫某军、吴某峰、闫某境、李某慧，其中闫某军、吴某峰、闫某境分别持有员工持股计划9.38%份额。

2017年6月10日TSL发布《2017年员工持股计划完成股票购买的公告》。鉴于本次员工持股计划与公司控股股东TSL控股集团有限公司构成一致行动人关系，需要与控股股东持股合并计算，故公司本次员工持股计划增减持将遵照相关规定进行。

控股股东、实际控制人在6个月内不得卖出公司股票，否则会造成短线交易。

专栏 7－15　案例：员工持股计划过户至董监高个人

2015 年 3 月 28 日，上市公司 KLY 发布《第一期员工持股计划（草案）》，员工持股计划的参与对象为公司员工，其中：参加本员工持股计划的董事、监事和高级管理人员共计 11 人，占员工持股计划总份额的比例为 23.17%；公司管理骨干及核心技术人员约 80 人，占员工持股计划总份额的比例为 51.83%；其他员工认购总份额占员工持股计划总份额的比例预计为 25%。

2015 年 6 月 1 日公司发布《关于控股股东减持股份暨公司第一期员工持股计划完成股票购买的公告》。

2018 年 5 月 9 日公司发布《关于公司第一期员工持股计划出售完毕暨终止的公告》，本员工持股计划对应的资管计划所持公司股票已通过大宗交易方式全部出售完毕，全部出售给公司控股股东、董事、监事、高管人员及其他人员，成交数量：12675000 股，占公司总股本的 0.86%。

相关董监高在 6 个月不得卖出公司股票，否则会构成短线交易。

7.2.5.6　发生约定购回式证券交易的情形

根据中国证监会 2013 年《关于对约定购回式证券交易法律适用相关请示问题的复函》：约定购回式证券交易属于以融资为目的交易行为，原股东的初始交易、购回交易参照适用股份出售、买入有关权益变动和信息披露的规则。

根据《上海证券交易所上市公司自律监管指南第十二号——约定购回式证券交易中的信息披露》的规定：

约定购回式证券交易是投资者以融资为目的的交易行为，属于通过证券交易所的证券交易。原股东的初始交易、购回交易分别参照适用股份出售、股份买入有关权益变动和信息披露的规则。

专栏 7-16　案例：因短线交易风险而导致约定购回式交易违约

案例简介：

2014 年 3 月 15 日，上市公司 SZGD 公告称，持股 5% 以上股东 RFMY 于 2013 年 3 月 14 日与 DWZQ 签订协议，将持有的 2060 万股公司股票进行约定购回式证券交易，期限一年，按照协议需于 2014 年 3 月 14 日购回 2060 万股公司股票。

由于 RFMY 在 2014 年 1 月 2 日对公司股票进行过减持，RFMY 在 2014 年 7 月 2 日前不能购回公司股票，否则属于短线交易。

处理结果：

RFMY 无法按时购回，DWZQ 对此做违约交易处理。

7.2.5.7　持有同一上市公司的 A 股和 B 股的情形

《证券法》第四十四条关于上市公司持股 5% 以上的股东，不得进行短线交易的规定，是以同一上市公司的股份来计算的，不区分股票种类。

例如：某境外投资者持有某主板上市公司的 A 股和 B 股，分别占总股本的 10%（合计占 20%），现想卖出全部 A 股，然后在 6 个月内再买进 B 股，属于短线交易。

7.2.5.8　董监高、大股东等主体的近亲属交易上市公司股票的情形

深交所咨询易（2020 年 9 月 17 日）：

问：对新《证券法》第 44 条规定的短线交易如何理解存在疑虑，短线交易是对单个个体进行约束还是将其配偶、父母、子女作为一个整体进行约束？如持有公司 5% 以上股东 A（非控股股东和实际控制人）减持公司 0.5% 股份，在 6 月内，A 的配偶、父母或其子女 B 的是否可以增持，其增持行为，是否构成短线交易？

答：2020 年 3 月 1 日起实施的新《证券法》第四十四条明确规定："……前款所称董事、监事、高级管理人员、自然人股东持有的股票或者其他具有股权性质的证券，包括配偶、父母、子女持有的及利用他人账户持有的股票或者其他具有股权性质的证券"。据此，您所述情况构成短线交易。

专栏7－17 案例：JZYY职工监事配偶短线交易

2020年9月8日，上市公司JZYY发布《关于公司职工监事配偶短线交易公司股票的公告》，职工监事许某君先生的配偶王某冰女士于2020年3月6日至2020年7月9日期间数次买卖公司股票，上述交易构成了短线交易。在本次短线交易期间，王某冰女士买卖公司股票累计获得的税后收益人民币68866.31元（计算过程：卖出成交金额减去买入成交金额，并扣减所涉及的佣金、印花税、过户费），已全数收归公司所有。

深交所热线问答（2015年3月19日）：

问：深圳主板的控股股东、实际控制人的配偶卖出股票的行为是否视同控股股东、实际控制人的行为？如控股股东、实际控制人（持股超过5%）马上有一笔约定购回式交易到期了，假如控股股东、实际控制人的配偶在到期日前6个月内卖出了所持有的公司股票，是否界定为短线交易？是否需要区分其配偶本身是否持有超过5%以上的股份？

答：主板控股股东、实际控制人的配偶卖出股票是否视同控股股东、实际控制人的行为需要视具体情况界定，假如控股股东、实际控制人与其配偶持有同一上市公司股份，两者因存在一致行动关系，配偶卖出股票的行为应当与控股股东、实际控制人买卖行为一并考虑。持有公司5%以上股份的股东在进行约定购回式证券交易时，应当综合考虑通过其他方式发生的股份买卖行为，合理确定约定购回式证券交易的初始交易、购回交易的时间，避免发生短线交易。

7.2.5.9 持股5%以上股东参与转融通业务的情形

根据中国证监会融资融券工作小组办公室第十一次会议纪要（2012年3月23日）：持股5%以上股东参与转融通业务转融通出借和收回证券不属于《证券法（2014年修正）》第四十七条规定的买和卖行为，不适用该条关于短线交易禁止的规定。

根据《上海证券交易所上市公司自律监管指南第十一号——融资融

券、转融通相关信息披露》的规定：

持有上市公司股份5%以上的股东未直接或间接增加或减少拥有权益的股份数量，仅参与转融通业务在6个月内出借和收回证券的，原则上不适用短线交易有关规定。

7.2.5.10 间接持股转为直接持股的情形

深交所热线问答（2017年3月21日）：

问：创业板上市公司董监高通过一家投资公司间接持有上市公司股份，该董监高是否可以将持有投资公司的股份通过大宗交易转为直接持有？是否需要公告？

答：董监高通过投资公司间接持有上市公司股份，可以通过大宗交易转为直接持有（但需符合大宗交易条件、董监高减持等相关要求）。如果该投资公司持股高于5%，需遵照《证券法（2014年修正）》第47条、《上市公司收购管理办法》第13条、《创业板股票上市规则（2014年修订）》11.8.3以及《减持规定》的相关规定进行股份转让和信息披露。

7.2.5.11 质押股票到期解除质押的情形

深交所热线问答（2014年8月18日）：

问：若上市公司董监高及持股5%以上的股东把其股票进行质押融资，质押期限到期后的回购交易是否算作买入行为？质押到期回购交易后6个月内卖出股票，是否构成短线交易？

答：股票质押式回购交易的购回交易是指融入方按约定返还资金，解除质押登记的行为，不视为买入证券。到期购回交易后6个月内卖出股票的，不构成短线交易。

7.2.5.12 被动平仓的情形

专栏7-18 案例：5%以上股东增持后被动平仓触发短线交易

案例简介：

日照YJ股权投资中心（有限合伙）（以下简称“YJ合伙”）为上市公司AGLS持股5%以上的股东。2020年3月23日，YJ合伙以集中竞价交易方式增持 AGLS 股份 1 万股，成交金额 2.32 万元。4 月 27 日，YJ 合伙披露减持预披露公告，计划自公告披露之日起 15 个交易日后的 3 个月内通过集中竞价交易减持 AGLS 股份合计不超过 1836.40 万股，占 AGLS 总股本的 1%。4 月 27 日至 5 月 6 日，YJ 合伙因被动平仓以集中竞价交易方式卖出 AGLS 股份 952.58 万股，成交金额 2138.72 万元。

YJ 合伙的上述股票交易行为构成《证券法（2019 年修订）》第四十四条规定的短线交易，违反了深圳证券交易所《股票上市规则（2018 年 11 月修订）》第 1.4 条、第 3.1.8 条的规定；卖出行为距离减持预披露公告不足 15 个交易日，违反了深圳证券交易所《上市公司股东及董事、监事、高级管理人员减持股份实施细则》第十三条的规定。

处理结果：

2020 年 8 月 13 日，深圳证券交易所对 AGLS 股东 YJ 合伙发出监管函。

7.2.5.13 买卖可转债的情形

深交所咨询易（2020 年 7 月 8 日）：

问：根据新证券法，可转债属于具有股权性质的证券。可转债进入转股期后，公司董监高、5% 以上股东、5% 以上可转债持有人是否都应纳入短线交易的监管范围？

答：《证券法》第四十四条规定，上市公司持有 5% 以上股份的股东、董事、监事、高级管理人员，将其持有的该公司的股票或者其他具有股权性质的证券在买入后 6 个月内卖出，或者在卖出后 6 个月内又买入，由此所得收益归该公司所有，公司董事会应当收回其所得收益。本所《股票上市规则（2018 年 11 月修订）》3.1.9 条规定，上市公司董事、监事、高级管理人员、持有公司股份 5% 以上的股东，将其持有的该公司的股票在买入后 6 个月内卖出，或者在卖出后 6 个月内又买入，由此所得收益归该公司所有，公司董事会应当收回其所得收益，并及时披露相关情况。综上所述，若5%以上可转债持有人所持有的标的仅为公司可转债，不属于持有5%以上股份的股东，5%以上可转债持有人不纳入短线交易范围。

根据沪深交易所《关于可转换公司债券适用短线交易相关规定的通知》，大股东、董监高等相关主体在6个月内进行可转债的反向交易，构成短线交易。

7.3 短线交易合规管理

7.3.1 短线交易的披露指南

根据《上海证券交易所股票上市规则》3.4.10、《科创板上市公司自律监管指引第1号——规范运作》4.6.7、《深圳证券交易所股票上市规则》3.4.10、《深圳证券交易所上市公司自律监管指引第2号——创业板上市公司规范运作》4.1.12：

上市公司持有5%以上股份的股东、董事、监事和高级管理人员违反《证券法》相关规定，将其所持本公司股票或者其他具有股权性质的证券在买入后6个月内卖出，或者在卖出后6个月内又买入的，公司董事会应当收回其所得收益，并及时披露以下内容：

（一）相关人员违规买卖的情况；

（二）公司采取的处理措施；

（三）收益的计算方法和董事会收回收益的具体情况；

（四）本所要求披露的其他事项。

前款所称董事、监事、高级管理人员、自然人股东持有的股票或者其他具有股权性质的证券，包括其配偶、父母、子女持有的及利用他人账户持有的股票或者其他具有股权性质的证券。

此外，即使短线交易发生亏损，上市公司仍需遵照相关要求，履行信息披露义务。

7.3.2 短线交易的管理及防控

上市公司法定内部人持股披露制度，是《证券法》持续信息披露义务的有机组成部分，其规则体系的合理性对防范内幕交易、提升上市公司治理水平具有重要价值，在规范功能上对于侦测潜在的短线交易具有辅助作用。

7.3.2.1 完善制度建设，理顺内部审批流程

上市公司应根据《公司法》《证券法》制定公司内部《董事、监事和高级管理人员所持公司股份及其变动管理制度》，加强公司对董事、监事和高级管理人员所持公司股份及其变动的管理，明确管理程序。

7.3.2.2 组织学习，提高认识，强化法制观念

上市公司应定期组织全体董事、监事和高管人员学习《公司法》《证券法》《上市公司信息披露管理办法》等法律法规和规范性文件。重点强化其对买卖公司股份的申报程序、短线交易禁止等规定的认识，并使组织学习常态化和制度化，从而强化全体董监高人员的法制意识，规范个人的行为。

7.3.2.3 落实交易报告制度，依法依规履行信息披露义务

上市公司大股东、董监高持有公司股票情况发生变动的，必须及时向上市公司书面申报，并作信息披露。

7.4 违规短线交易的监管

7.4.1 证监会行政处罚

根据《证券法》第一百八十九条的规定：

上市公司、股票在国务院批准的其他全国性证券交易场所交易的公司

的董事、监事、高级管理人员、持有该公司5%以上股份的股东，违反本法第四十四条的规定，买卖该公司股票或者其他具有股权性质的证券的，给予警告，并处以10万元以上100万元以下的罚款。

专栏7－19　案例：多次短线交易，独立董事被证监会行政处罚

案例简介：

1. 宋某交易SYGF股票情形

2008年6月20日至2014年9月3日，宋某担任SYGF独立董事。

2013年7月23日，宋某使用“张某某”账户买入SYGF 26200股，成交金额887918元；2013年8月5日卖出26200股，成交金额943200元，扣除税费后盈利52141.46元。

2014年6月12日、25日，宋某使用“邢某”账户买入SYGF 43500股，成交金额682515元；2014年8月14日，卖出43600股，成交金额645324.1元，扣除税费后亏损40375.89元。

2. 宋某交易SWHB股票情形

2008年9月21日至2015年8月18日，宋某担任SWHB独立董事。2015年3月13日，宋某使用“邢某”账户卖出SWHB 20000股，成交金额416200元；2015年4月2日买入SWHB 2000股，成交金额52354元，2015年4月17日买入20000股，成交金额552600元，扣除税费后亏损134199.96元。

3. 宋某交易JNZY股票情形

2012年12月6日至2016年初证监会调查时，宋某担任JNZY独立董事。

2014年10月13日、14日、16日，宋某使用“邢某”账户买入JNZY 65000股，成交金额455291元；2014年11月6日、7日，卖出JNZY 65000股，成交金额411905元，亏损44569.67元。

2015年4月13日，宋某使用“邢某”账户买入JNZY 30000股，成交金额290400元；2015年4月15日卖出JNZY 30000股，成交金额

270601 元，亏损 20273.89 元。

处理结果：

2017 年 1 月 9 日，证监会就此决定对宋某两次短线交易 SYGF 的行为，给予警告，并分别处以 10 万元罚款；对宋某短线交易 SWHB 的行为，给予警告，并处以 10 万元罚款；对宋某两次短线交易 JNZY 的行为，给予警告，并分别处以 10 万元罚款。综上所述，对宋某给予警告，合计处以 50 万元罚款。

专栏 7－20　案例：操纵市场并短线交易，实际控制人被证监会行政处罚

案例简介：

上市公司 YST 实际控制人 HSM 涉嫌存在如下违规情形：

1. HSM 借用“朱某”证券账户交易 YST 的事实

2016 年 11 月 3 日，朱某证券资金账户转入资金 510 万元。同日，朱某使用该证券账户买入 YST 204100 股，2016 年 12 月 5 日全部卖出。2017 年 1 月 13 日，“朱某”证券账户再次买入 YST 207400 股，2017 年 2 月 3 日至 2 月 8 日全部卖出。

上述转入朱某证券资金账户中的 500 万元为 HSM 所有，转账交易指令由 HSM 作出。朱某在其账户资金转账及两次交易 YST 前后，与 HSM 均存在通信联系，且通信时点与资金转账、交易时点吻合。2016 年 12 月 5 日卖出 YST 后，朱某将该操作微信告知 HSM。此外，朱某在其证券账户交易 GLDQ、HLSN 前后也与 HSM 存在通信或微信联系。上述事实表明，HSM 借用“朱某”证券账户交易 YST，朱某为操作人。

2. YST 成立员工持股计划并买入 YST

2015 年 2 月 4 日，YST 成立员工持股计划，委托人为 YST，管理人为国金证券股份有限公司（以下简称“国金证券”）、托管人为交通银行北京市分行，有效期自2015年2月4日至2017年2月3日，实际到位资金95519123.48元，包括员工自筹资金11693017.64元、YZDF集团有限公司通过股权质押融资向员工提供的无息借款70158105.84元及为后续招聘人才预留份额而垫付款项13668000元。YST董事会秘书赵某红等为员工持股计划管理委员会委员，员工持股计划的交易指令均由HSM作出，通过赵某红送国金证券执行。2015年4月28日至6月29日，HSM决策员工持股计划买入YST 2006808股，买入金额96223540.08元，平均成本为47.95元。

3. HSM操纵YST的事实

（1）HSM控制提出并公告高送转预案提案的时点；

（2）HSM决策员工持股计划和“朱某”证券账户高位卖出YST，且未如实披露员工持股计划减持情况。在YST披露高送转预案提案后，YST连续五个交易日涨停。HSM于2016年12月1日、12月5日决策员工持股计划卖出YST 1200000股和2992600股，卖出股数占持股计划总股数的96.15%。截至2016年12月5日，员工持股计划尚持有余股168094股，扣除交易税费后获利60769322.50元。2016年12月5日，HSM将“朱某”证券账户所持YST全部卖出，扣除交易税费后获利3227736.75元。上述交易扣除税费后共计获利63997059.25元。

4. HSM短线交易的事实

2017年1月13日，HSM借用“朱某”证券账户再次买入YST207400股，成交金额8054607元。2017年2月3日至2月8日卖出207400股，成交金额8501833元，扣除交易税费后获利435412.90元。

处理结果：

2018年5月24日，根据当事人操纵市场行为的事实、性质、情节与社会危害程度，证监会决定：对HSM没收违法所得63997059.25元，并处63997059.25元罚款。

根据当事人短线交易行为的事实、性质、情节与社会危害程度，证监会决定：对HSM给予警告，并处以100000元罚款。

7.4.2 证券交易所自律监管措施及纪律处分

证券交易所在监控中，根据大数据核查，发现董监高及持有上市公司股份5%以上的股东等相关人员或机构出现短线交易行为，将立即发出电话警示和书面警示函。在收到交易所的警示后，相关人员或机构应当及时纠正交易行为，消除对市场的不良影响。若相关行为主体不听劝阻，继续进行违规交易，对市场交易活动造成严重影响的，交易所可依据有关规定对这些账户采取限制交易、上报中国证监会立案查处等措施。

同时，证券交易所对于短线交易行为一般根据违规金额对相关责任人予以关注函、监管函等自律监管措施以及通报批评、公开谴责等纪律处分。案情严重的，将提请证监会立案调查核实，并由证监会予以行政处罚。

专栏7-21　案例：大股东因短线交易被交易所公开谴责

案例简介：

截至2015年4月7日，RFSD持有HZSK股票10950000股，是HZSK持股5%以上股东。RFSD于4月8日买入HZSK股票595002股，成交均价为每股28.02元，成交金额为1667.28万元。当日，RFSD又卖出HZSK股票4262274股，成交均价为每股27.96元，成交金额为11917.50万元，构成短线交易行为。

处理结果：

2015年11月18日，深圳证券交易所就此对RFSD给予公开谴责的处分。

专栏7-22　案例：董监高因短线交易被交易所通报批评

案例简介：

2015年8月19日，HBGF董事兼高管曹某通过深交所证券交易系统以竞价交易方式增持 HBGF 股票 25400 股，成交均价为每股 18.45 元，总金额为 46.86 万元。2016 年 2 月 4 日，曹某通过本所证券交易系统以竞价交易方式减持 HBGF 股票 70000 股，成交均价为每股 17.37 元，总金额为 121.60 万元。曹某在任职 HBGF 董事、高级管理人员期间，将持有的 HBGF 股票在买入后 6 个月内又卖出，构成《证券法(2014 年修正)》第四十七条规定的短线交易。

处理结果：

2016 年 5 月 11 日，深圳证券交易所对 HBGF 董事兼高管曹某给予通报批评处分。

8. 敏感期交易

8.1 敏感期交易概述

8.1.1 敏感期交易的定义

本章所涉及的敏感期交易主要是指上市公司控股股东及实际控制人、上市公司董监高等相关主体，在上市公司敏感信息披露前后一定时期内，买卖本公司股票的行为。市场俗称“窗口期交易”。

由于以往实践中多有上市公司股东或董监高等在敏感信息发布的前后买卖本公司股票，涉嫌内幕交易，但很难有足够证据予以查处。为避免上述主体利用信息优势谋取私利，证监会在《上市公司董事、监事和高级管理人员所持本公司股份及其变动管理规则》，沪深北交易所在《上海证券交易所上市公司自律监管指引第 8 号——股份变动管理》《上海证券交易所科创板上市公司自律监管指引第 1 号——规范运作》《深圳证券交易所上市公司自律监管指引第 10 号——股份变动管理》《北京证券交易所股票上市规则（试行）》等法律法规中直接禁止敏感期交易，例如定期报告、业绩预告、重大事项往往涉及影响公司股价的敏感信息，出于对证券交易公平、公正、公开原则的遵循，以及保护中小投资者的目的，监管部门直接限定特定人员在这些敏感期期间不得买卖本公司股票。

本章节包含的内容主要有敏感期交易的危害、认定要点分析以及上市公司敏感期交易合规管理，同时对以往违规案例进行了简要分析。

8.1.2 敏感期交易的危害

由于上市公司控股股东及实际控制人、董监高等相关主体比普通投资者更加了解上市公司的实际情况，当上市公司发生可能对公司股票价格产生较大影响的重大事件时，知情人“抢跑”即敏感期交易很可能会危害普通投资者的利益，有失交易公平。

与内幕交易类似，敏感期交易也是监管部门严打的重点。尽管监管层对敏感期交易一直保持高压态势，上市公司内部知情人在敏感期违规交易现象仍然屡禁不止。监管部门严打敏感期交易可以保护广大投资者利益不受损害，有利于增进市场信心，维护市场的相对稳定。

8.1.3 相关法规

8.1.3.1 部门规章及规范性文件

与敏感期有关的部门规章及规范性文件如表 8 – 1 所示。

表 8 – 1　　相关部门规章及规范性文件表

法规名称	发文部门	文号	颁布日期	涉及条文
《上市公司股份回购规则》	中国证券监督管理委员会	证监会公告〔2022〕4 号	2022 年 1 月 5 日	第三十条
《上市公司董事、监事和高级管理人员所持本公司股份及其变动管理规则（2022 年修订）》	中国证券监督管理委员会	证监会公告〔2022〕19 号	2022 年 1 月 5 日	第十二条

8.1.3.2 业务规则

上交所、深交所、北交所与敏感期有关的业务规则如表 8 – 2、表 8 – 3、表 8 – 4 所示。

表 8-2　　上交所相关业务规则表

法规名称	发文部门	文号	颁布日期	涉及条文
《上海证券交易所上市公司自律监管指引第 8 号——股份变动管理》	上海证券交易所	上证发〔2022〕9 号	2022 年 1 月 7 日	第十条
《上海证券交易所上市公司自律监管指引第 7 号——回购股份》	上海证券交易所	上证发〔2022〕8 号	2022 年 1 月 7 日	第十八条、第四十五条
《上海证券交易所科创板上市公司自律监管指引第 1 号——规范运作》	上海证券交易所	上证发〔2022〕14 号	2022 年 1 月 7 日	2.4.2、4.6.8

表 8-3　　深交所相关业务规则表

法规名称	发文部门	文号	颁布日期	涉及条文
《深圳证券交易所上市公司自律监管指引第 9 号——回购股份》	深圳证券交易所	深证上〔2022〕21 号	2022 年 1 月 7 日	第十七条、第四十三条
《深圳证券交易所上市公司自律监管指引第 10 号——股份变动管理》	深圳证券交易所	深证上〔2022〕22 号	2022 年 1 月 7 日	第十三条

表 8-4　　北交所相关业务规则表

法规名称	发文部门	文号	颁布日期	涉及条文
《北京证券交易所上市公司持续监管指引第 4 号——股份回购》	北京证券交易所	北证公告〔2021〕37 号	2021 年 11 月 2 日	第十五条、第三十八条
《北京证券交易所股票上市规则（试行）》	北京证券交易所	北证公告〔2021〕13 号	2021 年 10 月 30 日	2.4.14、2.4.15

8.2 敏感期交易要点分析

8.2.1 敏感期的认定

根据证监会在《上市公司董事、监事和高级管理人员所持本公司股份及其变动管理规则》，沪深北交易所在《上海证券交易所上市公司自律监管指引第 8 号——股份变动管理》《上海证券交易所科创板上市公司自律监管指引第 1 号——规范运作》《深圳证券交易所上市公司自律监管指引第 10 号——股份变动管理》《北京证券交易所股票上市规则（试行）》中对敏感期规定的细化，沪深北交易所对敏感期的期间、涉及主体的规定有所差异。以下将根据不同主体的有关敏感期认定问题进行分析。

8.2.1.1 董监高的敏感期认定

根据《上市公司董事、监事和高级管理人员所持本公司股份及其变动管理规则》第十二条的规定：

上市公司董事、监事和高级管理人员在下列期间不得买卖本公司股票：

（一）上市公司年度报告、半年度报告公告前 30 日内；

（二）上市公司季度报告、业绩预告、业绩快报公告前 10 日内；

（三）自可能对本公司证券及其衍生品种交易价格产生较大影响的重大事件发生之日或在决策过程中，至依法披露之日内；

（四）证券交易所规定的其他期间。

根据《上海证券交易所上市公司自律监管指引第 8 号——股份变动管理》第十条规定：

上市公司董事、监事和高级管理人员在下列期间不得买卖本公司股份：

（一）公司年度报告、半年度报告公告前 30 日内，因特殊原因推迟年度报告、半年度报告公告日期的，自原预约公告日前 30 日起算，至公告前 1 日；

（二）公司季度报告、业绩预告、业绩快报公告前10日内；

（三）自可能对本公司股票及其衍生品种交易价格产生较大影响的重大事件发生之日或者进入决策程序之日，至依法披露之日；

（四）中国证监会及本所规定的其他期间。

根据《上海证券交易所科创板上市公司自律监管指引第1号——规范运作》4.6.8的规定：

科创公司董监高在下列期间不得买卖本公司股票及其衍生品种：

（一）公司定期报告公告前30日内，因特殊原因推迟年度报告、半年度报告公告日期的，自原预约公告日前30日起算，至公告前1日；

（二）公司业绩预告、业绩快报公告前10日内；

（三）自可能对本公司股票及其衍生品种交易价格或者投资决策产生较大影响的重大事项发生之日或者进入决策程序之日，至依法披露后2个交易日内；

（四）中国证监会和本所规定的其他期间。

根据《深圳证券交易所上市公司自律监管指引第10号——股份变动管理》第十三条的规定：

上市公司董事、监事、高级管理人员在下列期间不得买卖本公司股份：

（一）公司年度报告、半年度报告公告前30日内，因特殊原因推迟公告日期的，自原预约公告日前30日起算；

（二）公司季度报告、业绩预告、业绩快报公告前10日内；

（三）自可能对本公司股票及其衍生品种交易价格产生较大影响的重大事件发生之日或者进入决策程序之日至依法披露之日；

（四）中国证监会及本所规定的其他期间。

根据《北京证券交易所股票上市规则（试行）》2.4.14的规定：

上市公司董事、监事和高级管理人员在下列期间不得买卖本公司股票：

（一）公司年度报告、中期报告公告前30日内及季度报告公告前10日内；因特殊原因推迟年度报告、中期报告公告日期的，自原预约公告日前30日起算，直至公告日日终；

（二）公司业绩预告、业绩快报公告前10日内；

（三）自可能对公司股票交易价格、投资者投资决策产生较大影响的重大事件（以下简称重大事件或重大事项）发生之日或者进入决策程序之日，至依法披露之日内；

（四）中国证监会、本所认定的其他期间。

专栏8-1 案例：上市公司董事定期报告敏感期买卖股票

案例简介：

2021年7月30日至8月2日期间，韩某卖出JXD股票合计148700股，交易金额1379780元。JXD于2021年8月25日披露《2021年半年度报告》。韩某作为JXD董事，上述减持发生在公司2021年半年度报告披露前30日内，构成敏感期交易。

韩某的上述行为违反了深圳证券交易所《创业板股票上市规则（2020年12月修订）》第1.4条、第2.3.1条和《创业板上市公司规范运作指引（2020年修订）》第3.8.15条的规定。

处理结果：

2021年8月25日，深圳证券交易所创业板公司管理部对韩某发出监管函。

深交所热线问答（2015年5月13日）：

问：某合伙企业的合伙人曾在创业板上市公司任职高管，现已离职，请问该企业是否还要遵循董监高在窗口期不能减持股份的规定？

答：如高管已离职超过6个月，且无其他法定限售条件或自愿限售承诺的，该企业不需遵守董监高在窗口期不能买卖股份的规定。

深交所热线问答（2015年2月4日）：

问：上市公司董事、监事和高级管理人员在上市公司业绩预告、业绩快报公告前10日内不得买卖本公司股票，请问“前10日内”是否包括公告当日？

答：“前10日内”不包括公告当日，但《创业板上市公司规范运作指引》3.7.13条同时规定“自可能对本公司股票交易价格产生重大影响的重大事项发生或进入决策程序之日，至依法披露后2个交易日内”上市公司董事、监事、高级管理人员及前述人员的配偶不得买卖本公司股票。建议上述人员在买卖本公司股票前将买卖计划以书面方式通知董事会秘书，以避免买卖行为发生不当情形。

深交所咨询易（2020年8月20日）：

问：董监高为合伙企业LP（合伙企业属于特定股东），在职期间减持合伙企业所持公司股份，是否需要遵守定期报告敏感期不得交易等相关规定。

答：《深圳证券交易所上市公司规范运作指引（2020年修订）》3.8.14条和《深圳证券交易所创业板上市公司规范运作指引（2020年修订）》3.8.15条规定了上市公司董事、监事、高级管理人员、证券事务代表及其前述人员的配偶不得在敏感期买卖公司股票，合伙企业不属于前述规定人员，无须适用敏感期交易的规定，但因董监高属于公司内幕信息知情人，由董监高担任LP的合伙企业仍需遵守内幕信息交易的相关规定。

深交所咨询易（2019年7月19日）：

问：上市公司持股5%以上股东是一家公司A，A不是上市公司的控股股东；A的第一大股东是上市公司现任董事；请问A公司进行减持（大宗交易或集中竞价方式）是否需要遵守敏感期的规定？

答：上述股东不在相关规定之列，但不得发生因获知内幕信息而买卖公司股票的行为。

8.2.1.2 控股股东、实际控制人的敏感期认定

根据《北京证券交易所股票上市规则（试行）》第2.4.15条的规定：

上市公司控股股东、实际控制人在下列期间不得买卖本公司股票：

（一）公司年度报告公告前30日内，因特殊原因推迟年度报告公告日期的，自原预约公告日前30日起算，直至公告日日终；

（二）本规则第2.4.14条第二项至第四项规定的期间。

注：2.4.14上市公司董事、监事和高级管理人员在下列期间不得买卖本公司股票：

（一）公司年度报告、中期报告公告前30日内及季度报告公告前10日内；因特殊原因推迟年度报告、中期报告公告日期的，自原预约公告日前

30日起算，直至公告日日终；

（二）公司业绩预告、业绩快报公告前10日内；

（三）自可能对公司股票交易价格、投资者投资决策产生较大影响的重大事件（以下简称重大事件或重大事项）发生之日或者进入决策程序之日，至依法披露之日内；

（四）中国证监会、本所认定的其他期间。

根据《上海证券交易所科创板上市公司自律监管指引第1号——规范运作》2.4.2的规定：

控股股东、实际控制人在下列情形下不得增持科创公司股票：

（一）科创公司定期报告披露前10日内；科创公司因特殊原因推迟定期报告公告日期的，则自原预约公告日期前10日起到定期报告实际公告之日的期间内；

（二）科创公司业绩快报、业绩预告披露前10日内；

（三）自知悉可能对科创公司股票交易价格产生较大影响的事件发生或在决策过程中，至该事件依法披露后2个交易日内；

（四）控股股东、实际控制人承诺一定期限内不买卖本公司股票且在该期限内；

（五）《证券法》第四十四条、第六十三条规定的情形；

（六）有关法律法规规定或认定的其他情形。

8.2.1.3 科创板询价转让敏感期认定

根据《上海证券交易所科创板上市公司股东以向特定机构投资者询价转让和配售方式减持股份实施细则》第六条的规定：

科创公司控股股东、实际控制人、董事、监事、高级管理人员及核心技术人员不得在下列期间内启动、实施或者参与询价转让：

（一）科创公司定期报告公告前30日内（因特殊原因推迟定期报告公告日期的，自原预约公告日前30日起算，至实际公告前1日）；

（二）科创公司业绩预告、业绩快报公告前10日内；

（三）自可能对科创公司股票的交易价格产生较大影响的重大事件发生之日或者在决策过程中，至依法披露后2个交易日内；

（四）中国证监会及上交所规定的其他期间。

根据《科创板股票上市规则》的相关规定，科创公司处于年度报告披露期内但尚未披露年度报告的，控股股东、实际控制人不得参与询价转让。

8.2.1.4 上市公司回购股份的敏感期认定

根据《上海证券交易所上市公司自律监管指引第7号——回购股份》的规定：

第十八条 上市公司在下列期间不得回购股份：

（一）上市公司年度报告、半年度报告、季度报告前10个交易日内，因特殊原因推迟公告日期的，自原预约公告日前10个交易日起算，至公告前1日；

（二）上市公司业绩预告或者业绩快报公告前10个交易日内；

（三）自可能对本公司股票交易价格产生较大影响的重大事项发生之日或者在决策过程中，至依法披露之日；

（四）中国证监会和本所规定的其他情形。

上市公司因本指引第二条第一款第（四）项规定的情形实施股份回购并为减少注册资本的，不适用前款规定。

根据《深圳证券交易所上市公司自律监管指引第9号——回购股份》的规定：

第十七条 上市公司在下列期间不得回购股份：

（一）公司年度报告、半年度报告公告前10个交易日内，因特殊原因推迟公告日期的，自原预约公告日前10个交易日起算；

（二）公司季度报告、业绩预告、业绩快报公告前10个交易日内；

（三）自可能对本公司股票交易价格产生重大影响的重大事项发生之日或者在决策过程中，至依法披露之日内；

（四）中国证监会规定的其他情形。

上市公司因本指引第二条第一款第（四）项情形回购股份并为减少注册资本的，不适用前款规定。

根据《北京证券交易所上市公司持续监管指引第4号——股份回购》的规定：

第十五条 上市公司在下列期间不得回购股份：

（一）上市公司定期报告、业绩预告或者业绩快报披露前10个交易日内；

（二）自可能对本公司股票交易价格产生重大影响的重大事项发生之日或者在决策过程中，至依法披露后2个交易日内；

（三）中国证监会和本所规定的其他情形。

上市公司因维护公司价值及股东权益所必需而实施股份回购并减少注册资本的，不适用前款规定。

专栏8-2　案例：BGGF敏感期暂停回购股份

BGGF于2012年9月17日召开第二次临时股东大会，审议通过了《关于以集中竞价交易方式回购本公司股票的议案》，并于2012年9月21日披露《回购报告书》。截至2013年4月11日，公司累计回购股份7.67亿股。

根据《关于上市公司以集中竞价交易方式回购股份的补充规定》等规则，上市公司定期报告公告前10个交易日内不得回购股份。公司于2013年4月26日披露2013年第一季度报告，自2013年4月12日至4月25日暂停回购。

2013年5月23日，BGGF披露《回购结果暨股份变动公告》，公告公司回购方案已实施完毕。

专栏8-3　案例：重大事项披露后2日内回购违规

案例简介：

2018年7月3日上市公司JSKJ披露《关于终止筹划重大事项暨复牌的公告》，终止筹划购买资产的重大事项，JSKJ股票于2018年7月3日开市起复牌。2018年7月4日，JSKJ披露《关于回购股份比例达1%暨回购进展公告》称，JSKJ于2018年7月3日回购股份数量6699700股，占截至公告日JSKJ总股本666548401股的1.01%，成交均价为8.57元/股，支付总金额为57426763.96元（含交易费用）。

2018 年 7 月 5 日，JSKJ 披露《关于回购股份比例达 3% 暨回购进展公告》称，JSKJ 于 2018 年 7 月 4 日回购股份数量 14474300 股，占截至公告日 JSKJ 总股本 666548401 股的 2.17%，成交均价为 8.03 元/股，支付总金额为 116264150.37 元（含交易费用）。

JSKJ 的上述行为违反了深圳证券交易所《股票上市规则（2018 年修订）》第 1.4 条和《深圳证券交易所上市公司以集中竞价交易方式回购股份业务指引》第十八条的规定。

处理结果：

2018 年 8 月 21 日，深圳证券交易所中小板公司管理部对 JSKJ 发出监管函。

8.2.1.5 上市公司减持回购股份的敏感期认定

根据《上海证券交易所上市公司自律监管指引第 7 号——回购股份》的规定：

第四十五条 上市公司因本指引第二条第一款第（四）项规定的情形所回购的股份，可以按照本章规定在发布回购结果暨股份变动公告 12 个月后采用集中竞价交易方式减持，但下列期间除外：

（一）上市公司年度报告、半年度报告、季度报告公告前 10 个交易日内，因特殊原因推迟定期报告公告日期的，自原预约公告日前 10 个交易日起算，至公告前 1 日；

（二）上市公司业绩预告或者业绩快报公告前 10 个交易日内；

（三）自可能对本公司股票交易价格产生较大影响的重大事项发生之日或者在决策过程中，至依法披露之日；

（四）中国证监会和本所规定的其他情形。

根据《深圳证券交易所上市公司自律监管指引第 9 号——回购股份》的规定：

第四十三条 上市公司因本指引第二条第一款第（四）项情形回购的股份，可以按照本章规定在披露回购结果暨股份变动公告 12 个月后采用集中竞价交易方式减持，但下列期间除外：

（一）公司年度报告、半年度报告公告前10个交易日内，因特殊原因推迟公告日期的，自原预约公告日前10个交易日起算；

（二）公司季度报告、业绩预告、业绩快报公告前10个交易日内；

（三）自可能对本公司股票交易价格产生重大影响的重大事项发生之日或者在决策过程中，至依法披露之日内；

（四）中国证监会规定的其他情形。

根据《北京证券交易所上市公司持续监管指引第4号——股份回购》的规定：

第三十八条 上市公司因维护公司价值及股东权益所必需而回购股份的，可以按照本章规定在发布回购结果公告12个月后采用竞价交易方式减持，但下列期间除外：

（一）上市公司定期报告、业绩预告或者业绩快报公告前10个交易日内；

（二）自可能对本公司股票交易价格产生重大影响的重大事项发生之日或者在决策过程中，至依法披露后2个交易日内；

（三）中国证监会和本所规定的其他情形。

8.2.2 敏感期涉及主体及差异对比

根据证监会、沪深北交易所有关规定，不同交易所针对敏感期禁止交易在敏感期期间、涉及主体上有所差异，详见表8－5。

表8－5　　沪深北交易所敏感期交易差异对比表

涉及对象 敏感期	沪主板		科创板		深交所		北交所	
	董监高	控股股东、实控人	董监高	控股股东、实控人	董监高	控股股东、实控人	董监高	控股股东、实控人
年报	前30日	—	前30日	前10日（限增持）	前30日	—	前30日	前30日
半年报	前30日	—	前30日	前10日（限增持）	前30日	—	前30日	—

续表

涉及对象 敏感期	沪主板		科创板		深交所		北交所	
	董监高	控股股东、实控人	董监高	控股股东、实控人	董监高	控股股东、实控人	董监高	控股股东、实控人
季度报	前 10 日	—	前 10 日	前 10 日（限增持）	前 10 日	—	前 10 日	前 10 日
业绩预告或快报	前 10 日	—	前 10 日	前 10 日（限增持）	前 10 日	—	前 10 日	前 10 日
重大事项	发生之日至依法披露之日	—	发生之日至依法披露之日	发生之日至披露后 2 个交易日（限增持）	发生之日至依法披露之日	—	发生之日至依法披露之日	发生之日至依法披露之日

注：①上交所表述为“因特殊原因推迟年度报告、半年度报告公告日期的，自原预约公告日前 30 日起算，至公告前 1 日”。深交所表述为：“因特殊原因推迟公告日期的，自原预约公告日前 30 日起算”。北交所表述为：“因特殊原因推迟年度报告、中期报告公告日期的，自原预约公告日前 30 日起算，直至公告日日终。”其他“前 30 日”表述亦同。

②科创板只对控股股东、实际控制人的增持行为做出敏感期限制，未见减持限制。对于因特殊原因推迟定期报告公告日期的，敏感期则自原预约公告日期前 10 日起到定期报告实际公告之日的期间内。其他“前 10 日”表述亦同。

8.2.3 敏感期有关重大事项的认定

根据《证券法》第八十条的规定：

发生可能对上市公司、股票在国务院批准的其他全国性证券交易场所交易的公司的股票交易价格产生较大影响的重大事件，投资者尚未得知时，公司应当立即将有关该重大事件的情况向国务院证券监督管理机构和证券交易场所报送临时报告，并予公告，说明事件的起因、目前的状态和可能产生的法律后果。

前款所称重大事件包括：

（一）公司的经营方针和经营范围的重大变化；

（二）公司的重大投资行为，公司在一年内购买、出售重大资产超过公司资产总额的30%，或者公司营业用主要资产的抵押、质押、出售或者报废一次超过该资产的30%；

（三）公司订立重要合同、提供重大担保或者从事关联交易，可能对公司的资产、负债、权益和经营成果产生重要影响；

（四）公司发生重大债务和未能清偿到期重大债务的违约情况；

（五）公司发生重大亏损或者重大损失；

（六）公司生产经营的外部条件发生的重大变化；

（七）公司的董事、1/3以上监事或者经理发生变动，董事长或者经理无法履行职责；

（八）持有公司5%以上股份的股东或者实际控制人持有股份或者控制公司的情况发生较大变化，公司的实际控制人及其控制的其他企业从事与公司相同或者相似业务的情况发生较大变化；

（九）公司分配股利、增资的计划，公司股权结构的重要变化，公司减资、合并、分立、解散及申请破产的决定，或者依法进入破产程序、被责令关闭；

（十）涉及公司的重大诉讼、仲裁，股东大会、董事会决议被依法撤销或者宣告无效；

（十一）公司涉嫌犯罪被依法立案调查，公司的控股股东、实际控制人、董事、监事、高级管理人员涉嫌犯罪被依法采取强制措施；

（十二）国务院证券监督管理机构规定的其他事项。

公司的控股股东或者实际控制人对重大事件的发生、进展产生较大影响的，应当及时将其知悉的有关情况书面告知公司，并配合公司履行信息披露义务。

根据《证券法》第八十一条的规定：

发生可能对上市交易公司债券的交易价格产生较大影响的重大事件，投资者尚未得知时，公司应当立即将有关该重大事件的情况向国务院证券监督管理机构和证券交易场所报送临时报告，并予公告，说明事件的起因、目前的状态和可能产生的法律后果。

前款所称重大事件包括：

（一）公司股权结构或者生产经营状况发生重大变化；

（二）公司债券信用评级发生变化；

（三）公司重大资产抵押、质押、出售、转让、报废；

（四）公司发生未能清偿到期债务的情况；

（五）公司新增借款或者对外提供担保超过上年末净资产的 20%；

（六）公司放弃债权或者财产超过上年末净资产的 10%；

（七）公司发生超过上年末净资产 10% 的重大损失；

（八）公司分配股利，作出减资、合并、分立、解散及申请破产的决定，或者依法进入破产程序、被责令关闭；

（九）涉及公司的重大诉讼、仲裁；

（十）公司涉嫌犯罪被依法立案调查，公司的控股股东、实际控制人、董事、监事、高级管理人员涉嫌犯罪被依法采取强制措施；

（十一）国务院证券监督管理机构规定的其他事项。

深交所热线问答（2015 年 9 月 10 日）：

问：某中小板上市公司定向增发的方案已经过股东大会审议通过并公告，目前正由中国证监会进行审批，请问，此时（不包括公司定期报告公告前 30 日内及公司业绩预告、业绩快报公告前 10 日内）公司高管是否可减持股份（高管每年可减持的 25% 以内的股份）？

答：根据深交所《股票上市规则（2014 年修订）》和《中小企业板上市公司规范运作指引（2015 年修订）》等的相关规定，上市公司董事、监事、高级管理人员、证券事务代表及前述人员的配偶在下列期间不得买卖上市公司股票：

（一）公司定期报告公告前 30 日内，因特殊原因推迟定期报告公告日期的，自原预约公告日前 30 日起算，至公告前 1 日；

（二）公司业绩预告、业绩快报公告前 10 日内；

（三）自可能对本公司股票及其衍生品种交易价格产生较大影响的重大事件发生之日或者进入决策程序之日，至依法披露后 2 个交易日内；

（四）中国证监会及本所规定的其他期间。

关于上市公司增发股票在中国证监会审核期间，并无明确规定是否可以减持上市公司股票，需由公司判断是否存在对公司股价可能产生重大影响的事项。上市公司董事、监事、高级管理人员和证券事务代表在买卖本公司股票及其衍生品种前，应当知悉《公司法》《证券法》等相关法律法规、部门规章、规范性文件、《股票上市规则》及《上市公司规范运作指引》和本所其他相关规定中关于内幕交易、操纵市场、短线交易等禁止性行为的规定，不得进行违法违规的交易。请参考相关业务规则，谨慎操作。

深交所咨询易（2014年7月28日）：

问：公司为央企控股公司，公司前三大股东A、B、C属同一实际控制人控制（其中C股东全资持有A、B股东）分别持股36%、11%、3%，同一控制人合计持股51%。现A股东拟向C股东无偿划转8%，拟向同一控制人下的D公司协议转让17%，转让后A、B、C、D分别持有10%、11%、12%、17%，同一控制人持股不变合计持股仍为51%。A股东的无偿划转与协议转让两个方式，是否受《中小板规范运作指引》"控股股东及其实际控制人在敏感期不得买卖上市公司股份"的限制？如受限制，出售该股份的时间是以无偿划转、协议转让等两个协议的签订时间计算，还是以股份登记过户的时间计算？

答：根据《中小企业板上市公司规范运作指引》第4.2.20条规定，在年度报告前30日内、业绩快报公告前10日内、重大事件发生之日或进入决策程序之日至披露后2个交易日内等期间，控股股东、实际控制人不得买卖上市公司股票。股份无偿划转，属于政府行为，一般不受上述窗口期限制。协议转让尽管在性质上为一对一转让，与股票二级市场买卖行为存在差异，但为避免内幕交易嫌疑，建议股东避免在上述窗口期进行协议转让。

8.3 敏感期交易合规管理

上市公司应当建立健全董监高及控股股东、实际控制人买卖本公司股票相关内部制度，并严格执行。

上市公司应加强全体董监高及控股股东、实际控制人对相关法律、法规及规则的学习。提倡上市公司参照相关规定对持有公司股份5%以上的其他股东买卖本公司股票进行必要的培训和指导。

上市公司应在定期报告、业绩报告发布之前、筹划重大事项等敏感期做好内幕信息知情人的登记报备工作；提醒董监高及控股股东、实际控制人在敏感期不得买卖本公司股票，并加强自身股票账户的管理，不将账户委托他人管理；做好内幕信息知情人股票交易的监控管理工作，及时履行信息披露义务。

8.4 违规敏感期交易的监管

根据《上海证券交易所上市公司自律监管指引第10号——纪律处分实施标准》《深圳证券交易所上市公司自律监管指引第12号——纪律处分实施标准》，若相关人员违反了股票上市规则或交易所有关规定的，交易所将视情节严重对相关人员给予公开谴责、通报批评、认定其不适合担任对应职位、予以监管关注、实施书面警示等纪律处分和监管措施。

专栏8-4 案例：敏感期违规买卖被通报批评

案例简介：

经查明，2020年10月10日，XJDQ披露时任董事兼副总经理邹某宇减持计划公告称，邹某宇拟自2020年11月2日至2021年2月2日期间内，通过集中竞价方式减持不超过1405600股公司股票。截至公告日，邹某宇持有公司股票29104600股，占公司总股本的20.71%。2021年1月16日，公司披露2020年度业绩预增公告。1月25日，公司披露公告称，董事邹某宇于2021年1月13日卖出公司股票39700股，占公司总股本的0.0282%，平均成交价格为69.86元/股，成交金额为2773442元。

邹某宇作为公司时任董事兼副总经理，在业绩预告披露前10日内卖出公司股份的行为，构成中国证监会《上市公司董事、监事和高级管理人员所持本公司股份及其变动管理规则》（以下简称《股份及其变动管理规则》）规定的窗口期交易，且违规交易数量较大、金额较高。上述行为违反了《股份及其变动管理规则》第十三条和《上海证券交易所股票上市规则》（以下简称《股票上市规则》）第1.4条、第3.1.7条等有关规定，也违反了邹某宇在《董事（监事、高级管理人员）声明及承诺书》中作出的承诺。对于本次纪律处分事项，邹某宇在规定期限内回复无异议。

处理结果：

2021年6月2日，鉴于上述违规事实和情节，经上海证券交易所纪律处分委员会审核通过，根据《股票上市规则》第16.3条和《上海证券交易所纪律处分和监管措施实施办法》和《上海证券交易所上市公司自律监管规则适用指引第2号——纪律处分实施标准》等有关规定，上海证券交易所做出如下纪律处分决定：对XJDQ时任董事兼副总经理邹某宇予以通报批评。

专栏8-5　案例：敏感期被动平仓违规

案例简介：

2020年2月28日，JKWH董事长王某因强制平仓以集中竞价方式减持JKWH股票1124.13万股，占公司总股本的比例为0.32%，涉及金额为4823万元，上述减持行为发生在JKWH2019年业绩快报披露前10日内。

王某的上述行为违反了深圳证券交易所《创业板股票上市规则（2018年11月修订）》第1.4条、第3.1.11条和《创业板上市公司规范运作指引（2015年修订）》第3.8.17条的规定。

处理结果：

2020年7月17日，依据深圳证券交易所《创业板股票上市规则(2018年11月修订)》第16.3条的规定，深交所对王某给予通报批评的处分。

第三部分
股权相关业务

9. 股份限售与解除限售

9.1 股份限售概述

9.1.1 股份限售

根据流通性质，可将上市公司股份分为有限售条件的流通股（以下简称“限售流通股”）及无限售条件的流通股（以下简称“流通股”）。限售流通股指交易或转让受特定条件（如期限、数量等）限制的上市公司股份，流通股指流通、转让不受限制的上市公司股份。限售流通股在解除限售条件满足后，可向交易所和中国证券登记结算有限责任公司（以下简称“中国结算”）申请解除限售上市流通，其股份性质由限售股变为流通股。

本章节包含的内容主要有限售股份的分类、解除限售的办理、操作指南及相关税收问题，同时对以往违规案例进行了简要分析。

9.1.2 相关法规

9.1.2.1 法律

与股份限售及解除限售相关的法律如表 9－1 所示。

表 9－1　相关法律表

名称	发布部门	发布文号	颁布日期	涉及条文
《中华人民共和国证券法（2019 年修订）》	全国人民代表大会常务委员会	主席令第三十七号	2019 年 12 月 28 日	第三十六条、第七十五条
《中华人民共和国公司法（2018 年修正）》	全国人民代表大会常务委员会	主席令第十五号	2018 年 10 月 26 日	第一百四十一条

9.1.2.2　部门规章及规范性文件

与股份限售及解除限售相关的部门规章及规范性文件如表 9－2 所示。

表 9－2　相关部门规章及规范性文件表

名称	发布部门	发布文号	颁布日期	涉及条文
《上市公司董事、监事和高级管理人员所持本公司股份及其变动管理规则（2022 年修订）》	中国证券监督管理委员会	证监会公告〔2022〕19 号	2022 年 1 月 5 日	第四条、第五条
《关于北京证券交易所税收政策适用问题的公告》	中华人民共和国财政部、中华人民共和国国家税务总局	财政部 税务总局公告 2021 年第 33 号	2021 年 11 月 14 日	全文
《北京证券交易所上市公司证券发行注册管理办法（试行）》	中国证券监督管理委员会	证监会令第 188 号	2021 年 10 月 30 日	第四十八条、第四十九条
《监管规则适用指引——关于申请首发上市企业股东信息披露》	中国证券监督管理委员会		2021 年 2 月 5 日	三
《科创板上市公司证券发行注册管理办法（试行）》	中国证券监督管理委员会	证监会令第 171 号	2020 年 7 月 3 日	第五十九条、第六十三条、第九十二条
《关于〈外国投资者对上市公司战略投资管理办法（修订草案公开征求意见稿）〉公开征求意见的通知》	中华人民共和国商务部、中国证券监督管理委员会、国务院国有资产监督管理委员会、中华人民共和国国家税务总局、国家市场监督管理总局、国家外汇管理局		2020 年 6 月 18 日	第七条

续表

名称	发布部门	发布文号	颁布日期	涉及条文
《创业板上市公司证券发行注册管理办法（试行）》	中国证券监督管理委员会	证监会令第168号	2020年6月12日	第五十九条、第六十三条、第九十二条
《创业板首次公开发行证券发行与承销特别规定》	中国证券监督管理委员会	证监会公告〔2021〕21号	2021年9月18日	第十六条、第十八条
《首发业务若干问题解答（2020年6月修订）》	中国证券监督管理委员会		2020年6月10日	问题3、问题4
《上市公司重大资产重组管理办法（2020年修正）》	中国证券监督管理委员会	证监会令第166号	2020年3月20日	第四十六条
《上市公司收购管理办法（2020年修正）》	中国证券监督管理委员会	证监会令第166号	2020年3月20日	第七十四条
《上市公司非公开发行股票实施细则（2020年修正）》	中国证券监督管理委员会	证监会公告〔2020〕11号	2020年2月14日	第七条、第八条
《上市公司证券发行管理办法（2020年修正）》	中国证券监督管理委员会	证监会令第163号	2020年2月14日	第七十五条
《关于个人转让全国中小企业股份转让系统挂牌公司股票有关个人所得税政策的通知》	中华人民共和国财政部、中华人民共和国国家税务总局、中国证券监督管理委员会	财税〔2018〕137号	2018年11月30日	全文
《上市公司股权激励管理办法（2018年修正）》	中国证券监督管理委员会	证监会令第148号	2018年8月15日	第二十四条、第二十五条、第三十条、第三十一条
《证券发行与承销管理办法（2018年修订）》	中国证券监督管理委员会	证监会令第144号	2018年6月15日	第十四条
《商业银行股权管理暂行办法》	中国银行业监督管理委员会	银监会令2018年第1号	2018年1月5日	第十七条
《关于上市公司实施员工持股计划试点的指导意见》	中国证券监督管理委员会	证监会公告〔2014〕33号	2014年6月20日	（六）

续表

名称	发布部门	发布文号	颁布日期	涉及条文
《中国证监会关于进一步推进新股发行体制改革的意见》	中国证券监督管理委员会	证监会公告〔2013〕42号	2013年11月30日	第二条
《关于企业转让上市公司限售股有关所得税问题的公告》	中华人民共和国国家税务总局	国家税务总局公告2011年第39号	2011年7月7日	第一、二、三条
《关于个人转让上市公司限售股所得征收个人所得税有关问题的补充通知》	中华人民共和国财政部、中华人民共和国国家税务总局、中国证券监督管理委员会	财税〔2010〕70号	2010年11月10日	第一、二、三、四、五、六条
《关于个人转让上市公司限售股所得征收个人所得税有关问题的通知》	中华人民共和国财政部、中华人民共和国国家税务总局、中国证券监督管理委员会	财税〔2009〕167号	2009年12月31日	第二、三、五、六、七条

9.1.2.3 业务规则

上交所、深交所、北交所与股份限售及解除限售相关的业务规则如表9-3、表9-4、表9-5所示。

表9-3 上交所相关业务规则表

名称	发布部门	发布文号	颁布日期	涉及条文
《上海证券交易所股票上市规则（2022年1月修订）》	上海证券交易所	上证发〔2022〕1号	2022年1月7日	第三章第三节
《全国中小企业股份转让系统挂牌公司向上海证券交易所科创板转板上市办法（试行）》	上海证券交易所	上证发〔2021〕17号	2021年2月26日	第二十九条
《上海证券交易所科创板股票上市规则（2020年12月修订）》	上海证券交易所	上证发〔2020〕101号	2020年12月31日	第二章第三节、10.7

续表

名称	发布部门	发布文号	颁布日期	涉及条文
《上海证券交易所科创板股票发行上市审核问答（二）》	上海证券交易所	上证发〔2019〕36号	2019年3月24日	2、6
《上海证券交易所科创板股票发行与承销实施办法（2021年修订）》	上海证券交易所	上证发〔2021〕76号	2021年9月18日	第十八条、第二十条
《上海证券交易所科创板发行与承销规则适用指引第1号——首次公开发行股票（2021年修订）》	上海证券交易所	上证发〔2021〕77号	2021年9月18日	第十九条
《上市公司股权分置改革工作备忘录（第十四号）：股改形成的有限售条件的流通股上市流通有关事宜》	上海证券交易所		2007年8月29日	全文

表9-4　深交所相关业务规则表

名称	发布部门	发布文号	颁布日期	涉及条文
《深圳证券交易所股票上市规则（2022年修订）》	深圳证券交易所	深证上〔2022〕12号	2022年1月7日	第三章第三节
《深圳证券交易所创业板上市公司自律监管指南第1号——业务办理》	深圳证券交易所	深证上〔2022〕28号	2022年1月7日	第一章第四节、第二章第二节
《深圳证券交易所上市公司自律监管指南第1号——业务办理》	深圳证券交易所	深证上〔2022〕26号	2022年1月7日	2.6、3.2
《深圳证券交易所关于全国中小企业股份转让系统挂牌公司向创业板转板上市办法（试行）》	深圳证券交易所	深证上〔2021〕233号	2021年2月26日	第三十三条

续表

名称	发布部门	发布文号	颁布日期	涉及条文
《深圳证券交易所创业板股票上市规则（2020年12月修订）》	深圳证券交易所	深证上〔2020〕1292号	2020年12月31日	第二章第三节、8.4.6
《深圳证券交易所创业板股票首次公开发行上市审核问答》	深圳证券交易所	深证上〔2020〕510号	2020年6月12日	12、18
《深圳证券交易所创业板首次公开发行证券发行与承销业务实施细则（2021年修订）》	深圳证券交易所	深证上〔2021〕919号	2021年9月18日	第四十五条

表9－5　北交所相关业务规则表

名称	发布部门	发布文号	颁布日期	涉及条文
《北京证券交易所上市公司业务办理指南第2号——股票限售及解除限售》	北京证券交易所	北证公告〔2021〕41号	2021年11月2日	全文
《北京证券交易所股票上市规则（试行）》	北京证券交易所	北证公告〔2021〕13号	2021年10月30日	第二章第四节

9.1.2.4　中国结算业务规则

中国证券登记结算有限责任公司发布的与股份限售及解除限售相关的业务规则及细则如表9－5所示。

表9－6　中国结算相关业务规则表

名称	发布部门	发布文号	颁布日期	涉及条文
《中国结算北京分公司北京证券交易所股票登记结算业务指南》	中国证券登记结算有限责任公司北京分公司	中国结算京业字〔2021〕2号	2021年11月2日	第二章第七节
《中国证券登记结算有限责任公司上海分公司股权激励计划登记结算业务指南（2021年7月修订）》	中国证券登记结算有限责任公司上海分公司	中国结算沪业字〔2021〕75号	2021年7月19日	第一章第三节
《中国证券登记结算有限责任公司深圳分公司证券发行人业务指南（2021年5月修订）》	中国证券登记结算有限责任公司深圳分公司	中国结算深业字〔2021〕5号	2021年5月19日	2.9

续表

名称	发布部门	发布文号	颁布日期	涉及条文
《中国证券登记结算有限责任公司上海分公司证券发行人业务指南（2021年7月修订）》	中国证券登记结算有限责任公司上海分公司	中国结算沪业字〔2021〕73号	2021年7月19日	第二章
《中国证券登记结算有限责任公司深圳分公司上市公司股权激励业务指南（2019年修订）》	中国证券登记结算有限责任公司深圳分公司	中国结算深业字〔2019〕8号	2019年4月25日	第二章第二节
《中国证券登记结算有限责任公司深圳分公司股票质押式回购登记结算业务指南（2021修订）》	中国证券登记结算有限责任公司深圳分公司	中国结算深业字〔2021〕15号	2021年6月25日	第四十二条、第四十三条

9.1.3 限售股份的分类

限售股包括在股权分置改革后由上市公司原非流通股转化而来的限售股份，股权分置改革新老划断后公司首次公开发行前已发行的股票，以及因上市公司非公开发行、配股、股权激励和监管部门要求等情形形成的限售股份。

中国结算对于上海证券市场的上市公司，股份性质标识为：

PT——普通股；

XL——有限售条件的流通股。

中国结算对于深圳证券市场的上市公司，股份性质标识为：

00——无限售流通股；

01——首发后限售股；

02——股权激励限售股；

05——首发前限售股；

07——首发后可出借限售股。

9.1.3.1 IPO 形成的限售股份

IPO 限售股份包括 IPO 原股东限售股份和 IPO 机构配售股份两部分。

根据沪深北交易所《股票上市规则》，IPO 各类股东的股份锁定要求如下：

9.1.3.1.1 控股股东/实际控制人及其一致行动人、亲属

根据各板块上市规则等相关规定，适用于控股股东、实际控制人及其一致行动人所持 IPO 前股份的锁定期主要规定如表 9－7 所示。

表 9－7 控股股东/实际控制人及其一致行动人、亲属锁定

适用情形	适用板块	锁定期	规则依据
IPO 前直接及间接所持全部股份	沪深主板、创业板、科创板	上市之日起 36 个月	沪深北交易所《股票上市规则》
	北交所	上市之日起 12 个月	
上市后 6 个月内如公司股票连续 20 个交易日的收盘价均低于发行价，或者上市后 6 个月期末收盘价低于发行价	沪深主板、创业板、科创板（北交所未有明确规定）	锁定期在原锁定期基础上自动延长 6 个月	《中国证监会关于进一步推进新股发行体制改革的意见》
上市时未盈利的，在公司实现盈利前	创业板、科创板	上市之日起 3 个完整会计年度，不得转让；第 4 个会计年度和第 5 个会计年度，每年减持不超过公司股份总数的 2%；盈利当年年报披露次日起可按规定减持	创业板、科创板、北交所《股票上市规则》
	北交所	上市之日起 2 个完整会计年度内不得转让；盈利当年年报披露次日起可按规定减持	

根据各板块上市规则，适用于控股股东、实际控制人的 36 个月锁定期，自上市之日起 1 年后，可在符合以下条件时豁免：

（1）沪深主板

①转让双方存在实际控制关系，或者均受同一实际控制人所控制，且受让方承继不转让股份的义务；

②因上市公司陷入危机或者面临严重财务困难，受让人提出挽救公司的方案获得该公司股东大会审议通过和有关部门批准，且受让人承诺继续遵守上述承诺；

③发行人没有或者难以认定控股股东、实际控制人的，按照相关规定承诺所持首次公开发行前股份自发行人股票上市之日起36个月内不得转让的股东，适用前款第（一）项规定（沪主板）。

（2）创业板/科创板

转让双方存在控制关系或者受同一控制的。

对于控股股东、实际控制人的亲属的比照锁定规则：

①主板、创业板及科创板首发问答中均规定：控股股东和实际控制人的亲属所持股份应比照该股东本人进行锁定。

②北交所上市规则直接针对亲属锁定期作了规定：控股股东、实际控制人的亲属所持有或控制的上市前股份，自上市之日起12个月内不得转让。亲属是指配偶、子女及其配偶、父母及配偶的父母、兄弟姐妹及其配偶、配偶的兄弟姐妹、子女配偶的父母以及其他关系密切的家庭成员。

9.1.3.1.2 IPO机构配售股

根据证监会《证券发行与承销管理办法》规定：

IPO股票数量在4亿股以上的，可以向战略投资者配售股票，战略投资者不参与网下询价，且应当承诺获得本次配售的股票持有期限不少于12个月，持有期自本次公开发行的股票上市之日起计算。

针对战略配售及券商跟投所取得的股份，根据《上海证券交易所科创板股票发行与承销实施办法》《上海证券交易所科创板发行与承销规则适用指引第1号——首次公开发行股票》《创业板首次公开发行证券发行与承销特别规定》《深圳证券交易所创业板首次公开发行证券发行与承销业务实施细则》规定：

战略投资者应当承诺获得本次配售的股票持有期限不少于12个月，持有期自本次公开发行的股票上市之日起计算。

发行人的高级管理人员与核心员工可以设立专项资产管理计划参与本次发行战略配售。前述专项资产管理计划获配的股票数量不得超过首次公开发行股票数量的10%，且应当承诺获得本次配售的股票持有期限不少于12个月。

参与配售的保荐机构相关子公司应当承诺获得本次配售的股票持有期

限为自发行人首次公开发行并上市之日起24个月。

根据《北京证券交易所股票上市规则（试行）》2.4.5规定：

发行人高级管理人员、核心员工通过专项资产计划、员工持股计划等参与战略配售取得的股份，自公开发行并上市之日起12个月内不得转让或委托他人代为管理。其他投资者参与战略配售取得的股份，自公开发行并上市之日起6个月内不得转让或委托他人代为管理。

9.1.3.1.3 适用于其他股东锁定期的一般性规定

对于不属于控股股东、实际控制人或其一致行动人、亲属的其他股东，锁定期的原则性规定如表9－8所示。若该等股东还兼具董监高、核心技术人员、突击入股等其他特殊情形，则以下一般性锁定期应与其他锁定期结合适用，并遵循孰长原则执行。

表9－8　适用于其他股东锁定期的一般性规定

适用情形	适用板块	锁定期	规则依据
上市前非控股股东所持公司股份	沪深主板、创业板、科创板	上市之日起12个月	《公司法》
上市前直接持有10%以上股份的股东或虽未直接持有但可实际支配10%以上股份表决权的相关主体，持有或控制的公司向不特定合格投资者公开发行前的股份	北交所		北交所《股票上市规则》

9.1.3.1.4 董监高、核心技术人员的特殊锁定

各板块对于董监高、核心技术人员所持上市前股份锁定期的规则如表9－9所示。

表9－9　董监高、核心技术人员的特殊锁定

适用情形	适用板块	锁定期	规则依据
董监高			
上市前所持公司股份	沪深主板、创业板、科创板、北交所	上市之日起12个月	《公司法》
任期之内	沪深主板、创业板、科创板、北交所	每年转让不得超过所持股份总数的25%	《公司法》

续表

适用情形	适用板块	锁定期	规则依据
董监高			
任期届满前离职的	沪深主板、创业板、科创板（北交所未有明确规定）	在就任时确定的任期内以及任期届满后6个月内，每年转让不得超过所持股份总数的25%	沪深交易所《上市公司股东及董事、监事、高级管理人员减持股份实施细则》
离职后	沪深主板、创业板、科创板、北交所	离职后6个月内不得转让	《公司法》
上市时未盈利的，在公司实现盈利前	创业板、科创板	上市之日起3个完整会计年度，不得转让（期间内离职应继续遵守）；盈利当年年报披露次日起可按规定减持	创业板、科创板、北交所《股票上市规则》
	北交所	上市之日起2个完整会计年度内不得转让（期间内离职应继续遵守）；盈利当年年报披露次日起可按规定减持	
公司上市后6个月内如公司股票连续20个交易日的收盘价均低于发行价，或者上市后6个月期末收盘价低于发行价	沪深主板、创业板、科创板（北交所未有明确规定）	锁定期自动延长6个月	《中国证监会关于进一步推进新股发行体制改革的意见》
核心技术人员			
上市前所持公司股份	科创板	上市之日起12个月	科创板《股票上市规则》
离职后		离职后6个月内不得转让	
所持股份限售期满之日起4年内		每年转让的首发前股份不得超过上市时所持首发前股份总数的25%（减持比例可以累积使用）	
公司上市时未盈利的，在公司实现盈利前		上市之日起3个完整会计年度，不得转让（期间内离职应继续遵守）；盈利当年年报披露次日起可按规定减持	

注：北交所转板或原精选层转板上市的公司，相关锁定期自转板上市之日起算。

9.1.3.1.5 突击入股、无实际控制人等特殊锁定

对于申报前突击入股的或者发行人无实际控制人的，还需适用以下特殊锁定安排，如表9－10所示。

表9－10　突击入股、无实际控制人等特殊锁定

适用情形	适用板块	锁定期	规则依据
申报前6个月增资扩股，新增股份的持有人	沪深主板、创业板、科创板	新增股份自工商变更完成之日起锁定3年	《首发业务若干问题解答》；《上海证券交易所科创板股票发行上市审核问答》（一）/（二）；《深圳证券交易所创业板股票首次公开发行上市审核问答》
申报前6个月内自控股股东/实际控制人处受让的股份		上市之日起锁定36个月	
申报前12个月内新增股东		新增股东所持新增股份自取得之日锁定36个月	《监管规则适用指引——关于申请首发上市企业股东信息披露》
发行人无实际控制人时，按持股比例从高到低排列，位列前发行人股份总数51%的股东（员工持股计划、持股5%以下的股东、以及符合一定条件的创业投资基金股东除外）		自上市之日起锁定36个月	各板块审核问答；《发行监管问答——关于首发企业中创业投资基金股东的锁定期安排》；《私募基金监管问答——关于首发企业中创业投资基金股东的认定标准》

注：科创板及创业板则还明确非发行人第一大股东且符合一定条件的创业投资基金股东，与《发行监管问答——关于首发企业中创业投资基金股东的锁定期安排》的规定是一致的。

中国证监会于2021年2月5日发布的《监管规则适用指引——关于申请首发上市企业股东信息披露》延长了临近上市前入股行为认定的时间标准，将申报前12个月内产生的新股东认定为突击入股，且股份取得方式包括增资扩股和股份受让。发行人申报前12个月内的新增股东应当承诺所持新增股份自取得之日起36个月内不得转让。在此之前已受理的企业不适用《指引》新增股东的股份锁定要求，但仍需按照《指引》的要求做好股东信息披露工作。

9.1.3.2 非公开发行形成的限售股份

其一，对于2020年2月14日之后通过非公开发行取得的股份，根据

《上市公司非公开发行股票实施细则》的规定：

一、上市公司董事会决议提前确定全部发行对象，且属于下列情形之一的，定价基准日可以为关于本次非公开发行股票的董事会决议公告日、股东大会决议公告日或者发行期首日，认购的股份自发行结束之日起18个月内不得转让：

（一）上市公司的控股股东、实际控制人或其控制的关联人；

（二）通过认购本次发行的股份取得上市公司实际控制权的投资者；

（三）董事会拟引入的境内外战略投资者。

二、发行对象属于上述以外情形的，上市公司应当在取得发行核准批文后，按照本细则的规定以竞价方式确定发行价格和发行对象。发行对象认购的股份自发行结束之日起6个月内不得转让。

另外，根据《上市公司证券发行管理办法》《科创板上市公司证券发行注册管理办法（试行）》《创业板上市公司证券发行注册管理办法（试行）》的规定：

依据本办法通过非公开发行股票取得的上市公司股份，其减持不适用《上市公司股东、董监高减持股份的若干规定》的有关规定。

其二，对于2020年2月14日之前通过非公开发行取得的股份，根据《上市公司股东、董监高减持股份的若干规定》以及沪深交易所《上市公司股东及董事、监事、高级管理人员减持股份实施细则》的规定：

采取集中竞价交易方式减持的，在任意连续90个自然日内，减持股份的总数不得超过公司股份总数的1%。股东通过集中竞价交易减持上市公司非公开发行股份的，除遵守前款规定外，在股份限制转让期间届满后12个月内，减持数量还不得超过其持有的该次非公开发行股份的50%。采取大宗交易方式的，在任意连续90个自然日内，减持股份的总数不得超过公司股份总数的2%，受让方在受让后6个月内，不得转让其受让的股份。

其三，针对非公开发行方式实施的员工持股计划，根据《关于上市公司实施员工持股计划试点的指导意见》的规定：

每期员工持股计划的持股期限不得低于12个月，以非公开发行方式实施员工持股计划的，持股期限不得低于36个月，自上市公司公告标的股票过户至本期持股计划名下时起算。

其四，符合沪深交易所《股票上市规则》豁免条件的情形：

上市公司股东认购公司发行的新股，应当遵守法律法规及本所相关规定中关于股份转让的限制性规定，在规定的期限内不得转让，但同一实际控制人控制的不同主体之间转让公司股份且受让方承继不得转让股份义务的除外。

股东认购公司发行的新股，就限制股份转让作出承诺的，在承诺的期限内不得转让，但依法依规履行承诺变更程序的除外。

根据《北京证券交易所上市公司证券发行注册管理办法（试行）》第四十八条的规定：

向特定对象发行的股票，自发行结束之日起6个月内不得转让，做市商为取得做市库存股参与发行认购的除外，但做市商应当承诺自发行结束之日起6个月内不得申请退出为上市公司做市。

发行对象属于本办法第四十四条第三款规定情形的，其认购的股票自发行结束之日起12个月内不得转让。法律法规、部门规章对前述股票的限售期另有规定的，同时还应当遵守相关规定。

注：第四十四条第三款 上市公司董事会决议提前确定全部发行对象，且发行对象属于下列情形之一的，定价基准日可以为关于本次发行股票的董事会决议公告日、股东大会决议公告日或者发行期首日：

（一）上市公司的控股股东、实际控制人或者其控制的关联方；

（二）按照本办法第二十八条规定参与认购的上市公司前十名股东、董事、监事、高级管理人员及核心员工；

（三）通过认购本次发行的股票成为上市公司控股股东或实际控制人的投资者；

（四）董事会拟引入的境内外战略投资者。

9.1.3.3 股权激励形成的限售股份

股权激励主要包括限制性股票和股票期权。

9.1.3.3.1 第一类限制性股票

第一类限制性股票指激励对象按照股权激励计划规定的条件，获得的转让等部分权利受到限制的本公司股票。根据《上市公司股权激励管理办法》的规定，第一类限制性股票应遵循如下限售条件：

(1) 限制性股票授予日与首次解除限售日之间的间隔不得少于12个月。

(2) 在限制性股票有效期内，上市公司应当规定分期解除限售，每期时限不得少于12个月，各期解除限售的比例不得超过激励对象获授限制性股票总额的50%。

9.1.3.3.2 第二类限制性股票

第二类限制性股票指符合股权激励计划授予条件的激励对象，在满足相应获益条件后分次获得并登记的本公司股票。根据《上海证券交易所科创板股票上市规则》《深圳证券交易所创业板股票上市规则》的规定：

上市公司授予激励对象第二类限制性股票，应当就激励对象分次获益设立条件，并在满足各次获益条件时分批进行股份登记。当次获益条件不满足的，不得进行股份登记。

公司应当在股权激励计划中明确披露分次授予权益的数量、获益条件、股份授予或者登记时间及相关限售安排。

获益条件包含12个月以上的任职期限的，实际授予的权益进行登记后，可不再设置限售期。

9.1.3.3.3 股票期权

股票期权指上市公司授予激励对象在未来一定期限内以预先确定的条件购买本公司一定数量股份的权利。根据《上市公司股权激励管理办法》的规定，股票期权应遵循如下限售条件：

(1) 股票期权授权日与获授股票期权首次可行权日之间的间隔不得少于12个月。

(2) 在股票期权有效期内，上市公司应当规定激励对象分期行权，每期时限不得少于12个月，后一行权期的起算日不得早于前一行权期的届满日。每期可行权的股票期权比例不得超过激励对象获授股票期权总额的50%。

9.1.3.4 因上市公司收购形成的限售股份

其一，上市公司收购是指为了获得或者巩固上市公司的控制权的行为，根据《证券法》的规定：

在上市公司收购中，收购人持有的被收购的上市公司的股票，在收购行为完成后的18个月内不得转让。

其二，收购人在被收购公司中拥有权益的股份在同一实际控制人控制的不同主体之间进行转让，根据《上市公司收购管理办法》的规定：

收购人在被收购公司中拥有权益的股份在同一实际控制人控制的不同主体之间进行转让不受前述18个月的限制，但应当遵守本办法第六章的规定。

其三，特殊行业要求，根据《商业银行股权管理暂行办法》第十七条的规定：

商业银行主要股东自取得股权之日起5年内不得转让所持有的股权。经银监会或其派出机构批准采取风险处置措施、银监会或其派出机构责令转让、涉及司法强制执行或者在同一投资人控制的不同主体之间转让股权等特殊情形除外。

9.1.3.5 重大资产重组形成的限售股份

其一，发行股份购买资产，根据《上市公司重大资产重组管理办法》的规定：

特定对象以资产认购而取得的上市公司股份，自股份发行结束之日起12个月内不得转让；属于下列情形之一的，36个月内不得转让：

一、特定对象为上市公司控股股东、实际控制人或者其控制的关联人；

二、特定对象通过认购本次发行的股份取得上市公司的实际控制权；

三、特定对象取得本次发行的股份时，对其用于认购股份的资产持续拥有权益的时间不足12个月。

属于本办法第十三条第一款规定的交易情形的，上市公司原控股股东、原实际控制人及其控制的关联人，以及在交易过程中从该等主体直接或间接受让该上市公司股份的特定对象应当公开承诺，在本次交易完成后36个月内不转让其在该上市公司中拥有权益的股份；除收购人及其关联人以外的特定对象应当公开承诺，其以资产认购而取得的上市公司股份自股份发行结束之日起24个月内不得转让。

另外，根据《上市公司重大资产重组管理办法》第四十八条的规定：

上市公司向控股股东、实际控制人或者其控制的关联人发行股份购买资产，或者发行股份购买资产将导致上市公司实际控制权发生变更的，认购股份的特定对象应当在发行股份购买资产报告书中公开承诺：本次交易完成后6个月内如上市公司股票连续20个交易日的收盘价低于发行价，或者交易完成后6个月期末收盘价低于发行价的，其持有公司股票的锁定期自动延长至少6个月。

其二，配套融资，根据《上市公司非公开发行股票实施细则》第六条的规定：

发行方案涉及中国证监会规定的重大资产重组的，其配套融资按照现行相关规定办理。

即配套融资的锁定期为6个月；如若取得控制权的，锁定期为18个月。

9.1.3.6 股权分置改革形成的限售股份

我国资本市场特色之一是股权分置。在20世纪90年代初期，市场对国有企业发行股票存在诸多疑虑，妥协的办法即将原有存量股份界定为非流通股，股票发行采取增量方式，新发行的股份成为流通股。这样，上市公司的股权就由三部分构成，包括国有股、法人股和流通股。其中只占总股本1/3的流通股可以在二级市场上交易，而其他股份不允许进入市场流通。

为了解决股权分置问题，2005年4月中国证监会发布了《关于上市公司股权分置改革试点有关问题的通知》，正式拉开了股权分置改革的序幕，由非流通股股东向流通股股东支付一定对价以获取流通权。另外，由于非流通股和流通股的持股成本差距悬殊，为了保障流通股股东的利益并维护市场稳定，非流通股在通过对价获得流通权的同时亦要接受一定的限售期限，这便是股权分置改革形成的限售股的由来。

根据2005年9月中国证监会发布的《上市公司股权分置改革管理办法》的规定：

一、股改后上市公司原非流通股股份，自股改方案实施之日起，12个月内不得上市交易或者转让；

二、持有上市公司股份总数5%以上的原非流通股股东（“大非”），在前项规定期满后，通过证券交易所出售原非流通股股份的数量占该公司股份总数的比例在12个月内不得超过5%，在24个月内不得超过10%。

同时，证监会明确了股权分置改革方案中股东承诺的履行职责。非流通股股东在改革方案中做出的承诺，应当与证券交易所和证券登记结算公司实施监管的技术条件相适应，或者由承诺方提供履行承诺事项的担保措施。非流通股股东应当以书面形式做出忠实履行承诺的声明。非流通股股东未完全履行承诺之前不得转让其所持有的股份，但是受让人同意并有能力代其履行承诺的除外。

9.1.3.7 董事、监事、高管人员的减持股份限制

9.1.3.7.1 任职限售规定

根据《公司法》第一百四十一条的规定：

公司董事、监事、高级管理人员应当向公司申报所持有的本公司的股份及其变动情况，在任职期间每年转让的股份不得超过其所持有本公司股份总数的25%；所持本公司股份自公司股票上市交易之日起1年内不得转让。上述人员离职后半年内，不得转让其所持有的本公司股份。公司章程可以对公司董事、监事、高级管理人员转让其所持有的本公司股份作出其他限制性规定。

根据《上市公司董事、监事和高级管理人员所持本公司股份及其变动管理规则》第四条的规定：

上市公司董事、监事和高级管理人员所持本公司股份在下列情形下不得转让：

（一）本公司股票上市交易之日起1年内；

（二）董事、监事和高级管理人员离职后半年内；

（三）董事、监事和高级管理人员承诺一定期限内不转让并在该期限内的；

（四）法律、法规、中国证监会和证券交易所规定的其他情形。

9.1.3.7.2 届满前离职限售规定

根据沪深交易所《上市公司股东及董事、监事、高级管理人员减持股

份实施细则》的规定：

第十二条 董监高在任期届满前离职的，应当在其就任时确定的任期内和任期届满后6个月内，继续遵守下列限制性规定：

（一）每年转让的股份不得超过其所持有本公司股份总数的25%；

（二）离职后半年内，不得转让其所持本公司股份；

（三）《公司法》对董监高股份转让的其他规定。

若公司董监高在3年任期的第一年辞职，其不仅在离职半年内不得减持股份，在剩余未满任期及其后的半年内也还应遵守每年减持不得超过25%的比例要求，如图9-1所示。

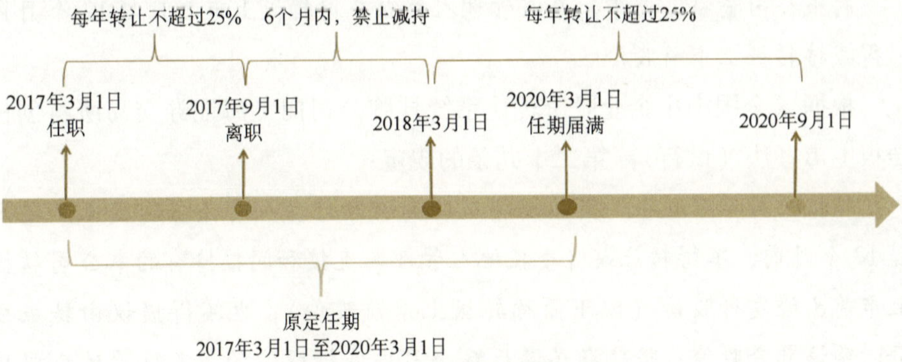

图9-1 届满前离职限售规定

9.1.3.8 外国投资者战略投资形成的限售股份

根据《关于〈外国投资者对上市公司战略投资管理办法（修订草案公开征求意见稿）〉公开征求意见的通知》第七条的规定：

外国投资者通过战略投资方式取得的上市公司A股股份12个月内不得转让。不符合本办法第四条、第五条规定的外国投资者通过虚假陈述等方式违规实施战略投资的，在其采取措施满足相应条件前及满足相应条件后12个月内，对所涉股份不得转让。

《证券法》和中国证监会规定、证券交易所规则对股份限售期有更长期限要求的，从其规定。

9.1.3.9 北交所转板形成的限售股份

根据《深圳证券交易所关于全国中小企业股份转让系统挂牌公司向创

业板转板上市办法（试行）》第三十三条的规定：

转板公司控股股东、实际控制人及其一致行动人自公司转板上市之日起 12 个月内不得减持或者委托他人管理其直接和间接持有的转板上市前股份，也不得提议由公司回购该部分股份。上述限售期满后 6 个月内，控股股东、实际控制人及其一致行动人减持股份的，不得导致公司控制权发生变更。

转板公司无控股股东、实际控制人的，应当参照控股股东、实际控制人进行股份限售的股东范围，参照适用创业板首次公开发行股票上市的相关规定，股份限售期为公司转板上市之日起 12 个月。

转板公司董事、监事、高级管理人员自公司转板上市之日起 12 个月内不得减持转板上市前股份。

根据《全国中小企业股份转让系统挂牌公司向上海证券交易所科创板转板上市办法（试行）》第二十九条的规定：

转板公司控股股东、实际控制人及其一致行动人自公司转板上市之日起 12 个月内，不得转让或者委托他人管理其直接和间接持有的本公司转板上市前已经发行股份（以下简称转板上市前股份），也不得提议由转板公司回购该部分股份；限售期届满后 6 个月内减持股份的，不得导致公司控制权发生变更。

转板公司没有或者难以认定控股股东、实际控制人的，参照控股股东、实际控制人进行股份限售的股东范围，应当适用科创板首次公开发行股票并上市的相关规定，股份限售期为公司转板上市之日起 12 个月。

9.2 解除限售要点分析

9.2.1 解除限售办理涉及对象

对于限售股份解除限售锁定，中国结算只受理上市公司的申请，而不直接受理股东的解除限售申请。

9.2.2 股票质押解除限售

根据《中国证券登记结算有限责任公司深圳分公司股票质押式回购登记结算业务指南》的规定：

在质押式回购中，融入方以限售股作为股票质押式回购标的物的，在限售期届满后，应及时委托上市公司向交易所和中国结算申请办理解除限售业务。

对于已申报股票质押式回购业务的限售股，上市公司受融入方的委托向中国结算申请解除限售时，融入方应向上市公司一并提供股份托管单元号和冻结序号信息。中国结算可根据上市公司申报的冻结序号和相应股份托管单元对该笔冻结序号下的限售股整笔或部分解除限售。解除限售后的股份仍处于质押冻结状态，冻结序号不变。

股份托管单元和冻结序号可通过以下方式获得：

（一）融入方可向证券公司进行查询，并提供给上市公司。

（二）上市公司可登录发行人 E 通道数据查询业务下载当日的股份冻结明细表和限售股份明细表。

9.2.3 冻结股份解除限售处理

解除限售涉及冻结股份的，可对已经冻结的股份申请全部或部分解除限售。

高管锁定股因为被冻结而未能在额度内解锁的，上市公司和相关股东应在相关股份解除冻结状态后及时提交申请，将相关解冻股份在额度内进行解锁。

对于同一证券账户所持股份部分存在冻结情况且需部分解除限售的，由上市公司向中国结算申报，申报时需详细写明相关情况，中国结算沪、深分公司根据上市公司指定，对相应股份进行解除限售操作。

9.2.4 限制性股票解除限售

股权激励计划全部限制性股票满足上市条件的，上市公司应向证券交易所申请股权激励计划限制性股票上市，中国结算根据证券交易所的业务通知完成相应股份的上市工作。

9.2.5 限售股涉及承诺事项

根据沪深北交易所《股票上市规则》规定：上市公司应当披露股东履行限售承诺的情况，保荐机构、证券服务机构应当发表意见并披露。

深交所咨询易（2020年9月25日）：

问：根据《深圳证券交易所上市公司规范运作指引（2020年修订）》第6.6.11条规定，承诺人作出股份限售等承诺的，其所持股份因司法强制执行、继承、遗赠、依法分割财产等原因发生非交易过户的，受让方应当遵守原股东作出的相关承诺。请问：（1）如果承诺人同时为公司监事，做出了“在任期每年转让不超过25%”等基于监事身份所做出的承诺，这个承诺是否也会伴随着离婚分割股权而需要受让方（前妻）应当遵守原股东（监事身份）作出的相关承诺？（双方分割股权时，男方为上市公司监事，股份处于限售期）还是说，第6.6.11条规定中关于“股份限售”承诺应当只针对股东身份，财产分割后，由于受让方（前妻）并不是监事，不应受监事身份而产生限售要求。（2）如果受让方（前妻）应当遵守原股东（监事身份）作出的相关承诺，而其拒绝签署相关承诺，公司应该如何敦促其合法合规履行承诺，承担相应责任呢？法律依据为什么？

答：（1）《深圳证券交易所上市公司规范运作指引（2020年修订）》第6.6.11条规定，承诺人作出股份限售等承诺的，其所持股份因司法强制执行、继承、遗赠、依法分割财产等原因发生非交易过户的，受让方应当遵守原股东作出的相关承诺。针对公司所述情形，公司监事因离婚分割股权，股权受让方（监事前妻）应当遵守原股东做出的相关承诺，如IPO前取得股份限售 12 个月等；

（2）如承诺人作出的基于其监事身份的减持承诺，因为股权受让方（监事前妻）未在上市公司担任董事、监事、高级管理人员职务，原则上无须遵守“在任期每年转让不超过25%”的承诺。

（3）《深圳证券交易所上市公司规范运作指引（2020 年修订）》第 6.6.12 条规定，上市公司董事会应当督促承诺人严格遵守承诺。承诺人违反承诺的，董事会应当主动、及时要求相关承诺人承担违约责任，并及时披露相关承诺人违反承诺的情况、公司采取的补救措施、违约金计算方法、董事会收回相关违约金的情况等内容。

专栏 9-1　案例：限售股拍卖仍需继续履行承诺

2012 年，SDDK 实施重大资产重组，公司向 SDLD 等 8 位对象发行 3.01 亿股股份，购买以铁矿石开采冶炼为主营业务的相关资产。按照当时交易对手的承诺，SDDK 购买资产在 2013 年、2014 年、2015 年扣除非净利润数额将分别不低于 12857.60 万元、15677.86 万元及 21439.65 万元。在 2013 年顺利完成业绩承诺之后，由于铁矿石价格大跌，SDDK 当初购入资产在 2014 年出现了 1199.16 万元的亏损，由此触发盈利预测补偿。

经 2015 年 5 月 28 日 SDDK 召开的 2015 年第二次临时股东大会审议通过，根据《盈利预测补偿协议》，SDDK 本次业绩承诺的补偿方式采用股份赠与方式，8 位发行对象应在 2 个月内将股份赠送给具有受偿权的其他股东。

SDHY 为 SDDK 公司 2012 年重大资产重组参与股东之一，并与公司签订了《盈利预测补偿协议》，本次业绩补偿应赠与股份总数为 23945190 股，但 SDHY 持有 17803126 股，均为限售股，且被质押尚未解除。同时，该公司应从二级市场回购 6142064 股用于股份补偿。

2016 年 9 月 1 日，上市公司发布公告称：SDHY 持有的 17803126 股上市公司股票因与白某某等 411 人存在民间借贷纠纷，被山东省宁阳县人民法院裁定依法拍卖，买入方分别为自然人齐某和DFCT。2016年10月21日，股份过户办理完成，SDHY不再持有上市公司股份，无法履行2014年度应补偿股份义务。上市公司不服，遂向山东省高院提起诉讼，后经山东省高院及最高人民法院两审判决，判定SDHY应当履行业绩补偿承诺，向上市公司支付23945190股股份，用于补偿中小股东的损失。

此外，根据《上市公司规范运作指引》的规定，承诺人已经作出股份限售等承诺的，即便其所持股份因协议转让、司法强制执行、继承、遗赠、依法分割财产等原因发生非交易过户的，受让方也应当遵守原股东作出的相关承诺。由于此次拍卖的股份属于因重大资产重组形成的限售股，其承诺未履行完，股份不得解除限售。竞拍者应当继续遵守SDHY作出的相关承诺，拍卖获得的股份不能上市流通。

9.2.6 解除限售与资金占用

根据《上海证券交易所股票上市规则》《科创板上市公司自律监管指南第6号——业务操作事项》《深圳证券交易所上市公司自律监管指南第1号——业务办理》《深圳证券交易所上市公司自律监管指引第2号——创业板上市公司规范运作》的规定：

申请解除限售的股东不存在对上市公司的非经营性资金占用或上市公司对该股东的违规担保等损害上市公司利益的行为。

9.2.7 董监高任职期间股份解除锁定计算法则

上市公司董监高每年可转让股份数量可以分4种情况计算：

9.2.7.1 可转让股份数量的基本计算公式

在当年没有新增股份的情况下，按照“可减持股份数量＝上年末持有股份数量×25%”的公式计算上市公司董监高可减持本公司股份的数量；

不超过 1000 股的，可一次全部转让，不受 25% 比例之限制。

例如，某上市公司董事刘先生，2015 年年末持有公司无限售股份 10000 股。2016 年度，按照“可减持股份数量 = 上年末持有股份数量 × 25%”的公式计算，刘先生理论上可减持股份数量为 2500 股。

9.2.7.2 对当年新增股份的处理

当年新增股票应分别两种情况处理：

第一，因送红股、转增股本等形式进行权益分派导致所持股票增加的，可同比例增加当年可减持的数量；

第二，因其他原因（上市公司公开或非公开发行股份、实施股权激励计划，或因董监高在二级市场购买、可转债转股、行权、协议受让等）新增股票的，新增无限售条件股票当年可转让 25%，新增有限售条件股票不能减持，但计入次年可转让股票基数。

继续以前述刘先生为例，直至公司 2015 年度股东大会召开完毕，刘先生并未减持公司股份。公司股东大会审议通过了 10 送 10 的红股分配方案，刘先生持有的公司股份变更为 20000 股。此后，刘先生通过二级市场增持 10000 股，还获得公司实施股权激励计划授予的 50000 股（但该部分股份需待 3 年后才能上市流通），刘先生持有本公司的股份变更为 80000 股，其中，30000 股为无限售条件股，50000 股为有限售条件股票。2016 年度，刘先生可以减持的股份数量，由 2500 股增加为 7500 股（因分红同比例增加 2500 股，因二级市场购买新增无限售条件股票当年可转让 25%，即 2500 股），而刘先生新增的有限售条件的 50000 股激励股份则不能上市流通，但计入次年可转让股票基数，董监高条件股解锁时间如表 9 – 11 所示。

表 9 – 11　　董监高解锁示例表（案例）

时间	变动事由	股份总数	有限售条件股	无限售条件股	可转让股数
2015 年度	—	10000	无	10000	10000 × 0.25 = 2500
2016 年度	送红股	10000 + 10000 = 20000	无	20000	2500 + 10000 × 0.25 = 5000
	二级市场增持	20000 + 10000 = 30000	无	30000	5000 + 10000 × 0.25 = 7500
	股权激励	30000 + 50000 = 80000	50000	30000	7500

9.2.7.3 对当年可转让未转让股份的处理

对于当年可转让但未转让的本公司股份，其额度不得累计到次年自由减持，而应当按当年末持有股票数量为基数重新计算可转让股份数量。

继续以刘先生为例，2016 年度，刘先生最终减持了 5000 股，尚有 2500 股可减持股份未减持。刘先生可转让但未转让的 2500 股，不得累计到次年自由减持，而应当按当年末持有股票数量为基数重新计算可转让股份数量。

2016 年年末，刘先生持有本公司股份为 75000 股（80000 股减去其减持了的 5000 股），根据前述规则计算，张先生 2017 年可以转让的公司股份数量按照“可减持股份数量 = 上年年末持有股份数量 × 25%”的公式计算应为 18750 股。股份解锁示例如表 9 – 12 所示。

表 9 – 12　　股份解锁示例表（案例）

时间	变动事由	股份总数	有限售条件股	无限售条件股	可转让股数
2016 年度	二级市场减持	80000 – 5000 = 75000	50000	25000	7500 – 5000 = 2500
2016 年度剩余的可减持未减持股份不得累积到次年					
2017 年度	—	75000	50000	25000	75000 × 0.25 = 18750

9.3 转让限售股相关税收问题

9.3.1 沪深交易所个人股东转让限售股税收

9.3.1.1 征税对象及税率

根据《关于个人转让上市公司限售股所得征收个人所得税有关问题的通知》（财税〔2009〕167 号）及补充通知（财税〔2010〕70 号）的规定，自 2010 年 1 月 1 日起，对个人转让限售股取得的所得，按照“财产转让所得”，适用 20% 的比例税率征收个人所得税。

限售股包括以下：

（1）个人所持 IPO 前限售股；

（2）个人受让而来的未解禁限售股；

（3）个人因依法继承或家庭财产依法分割取得的限售股；

（4）个人持有的从代办股份转让系统转到主板市场（或创业板市场）的限售股；

（5）上市公司吸收合并中，个人持有的原被合并方公司限售股所转换的合并方公司股份；

（6）上市公司分立中，个人持有的被分立方公司限售股所转换的分立后公司股份；

（7）其他限售股。

9.3.1.2　扣缴执行人

转让限售股中个人所得税征收流程中主要涉及的扣缴执行人主要有：个人限售股东、证券公司、主要税务机关及中国结算公司，如表 9－13 所示。

表 9－13　　扣缴执行人

纳税义务人	个人限售股东
扣税义务人	证券公司
征税机构	发生地税务机关
计税机构	中国结算

9.3.1.3　限售股派生股份征税情形

限售股份因权益分派等原因孳生的送转股，其股份性质仍为限售股份，且限售截止日与原限售股份一致，如表 9－14 所示。

表 9－14　　限售股派生股份征税情形

派生股份类别		是否征税
未解限限售股	送、转股	征税
	配股、增发等	不征税
已解限限售股	送、转股、配股和增发等	不征税

注：建议办理解除限售之后再进行权益分派可减少纳税额度。

9.3.1.4 征税环节安排

限售股转让征税环节分为两种，一种是未解限的限售股在每次转让时征收个人所得税，另一种是已解除限售的限售股在第一次转让时进行征收，如表9-15所示。

表9-15 限售股征税环节安排

征税环节安排	
未解限限售股	每次转让征收
已解限限售股	第一次转让征收

9.3.1.5 计税依据

转让收入：转让收入=转让数量×转让价格

应纳税所得额：应纳税所得额=转让收入-限售股原值-转让税费

应纳税额：应纳税额=应纳税所得额×所得税税率

计税方式：

“0”表示证券机构技术和制度准备完成前限售股转让预扣预缴个人所得税的计税方式；

“1”表示证券机构技术和制度准备完成后新上市公司的限售股转让直接扣缴个人所得税的计税方式。

当计税方式为“0”时：

转让价格=股改限售股股改复牌日收盘价或新股限售股上市首日收盘价；

限售股原值=转让收入×15%；

转让税费=0。

当计税方式为“1”时：

①若个人限售股股东未申报成本原值，则

限售股原值=转让收入×15%；

转让税费=0。

②若个人限售股股东已申报成本原值，则

限售股原值=转让数量×限售股单位成本原值；

转让税费为转让限售股过程中发生的印花税、佣金、过户费等与交易相关的税费之和。

9.3.1.6 转让价格认定

个人转让上市公司限售股按照证券机构技术和制度的完备情况，可以分为证券机构技术和制度准备完成前形成的限售股、证券机构技术和制度准备完成后新上市公司的限售股两个阶段。

证券机构技术和制度准备完成前形成的限售股，按照股改限售股股改复牌日收盘价或新股限售股上市首日收盘价计算转让收入，计算预扣预缴个人所得税额。实际减持时再清算。

证券机构技术和制度准备完成后新上市公司的限售股，以实际减持时取得的收入缴纳个人所得税，不采取预缴方法。不同方式转让的转让价格认定有所不同，具体如表9－16所示。

表9－16　　限售股转让价格认定

转让方式	转让价格
集中交易和大宗交易	交易价格
认购或申购ETF	认购过户或申购日的前1交易日收盘价
接受要约收购	要约价格
权证、现金选择权转让	实际行权价格
协议转让	合理协议价格
司法扣划	司法扣划价格
继承或财产分割	成本价格
股改垫付偿还	成本价格
定向资产划转	成本价格

9.3.2 北交所个人股东转让限售股税收

根据《关于北京证券交易所税收政策适用问题的公告》：

新三板精选层公司转为北交所上市公司，以及创新层挂牌公司通过公开发行股票进入北交所上市后，投资北交所上市公司涉及的个人所得税、印花税相关政策，暂按照现行新三板适用的税收规定执行。涉及企业所得税、增值税相关政策，按企业所得税法及其实施条例、《财政部 国家税务总局关于全面推开营业税改征增值税试点的通知》（财税〔2016〕36号）及有关规定执行。

根据《关于个人转让全国中小企业股份转让系统挂牌公司股票有关个人所得税政策的通知》：

自2018年11月1日（含）起，对个人转让新三板挂牌公司非原始股取得的所得，暂免征收个人所得税。

本通知所称非原始股是指个人在新三板挂牌公司挂牌后取得的股票，以及由上述股票孳生的送、转股。

二、对个人转让新三板挂牌公司原始股取得的所得，按照“财产转让所得”，适用20%的比例税率征收个人所得税。

本通知所称原始股是指个人在新三板挂牌公司挂牌前取得的股票，以及在该公司挂牌前和挂牌后由上述股票孳生的送、转股。

沪深交易所上市公司在限售期内基于限售股而进行送、转股所形成的股票同样视为限售股，解禁后转让这部分限售股仍需缴纳个人所得税，但上市公司在解禁后进行送、转股所形成的股票不属于限售股，个人在转让时产生的所得免征个人所得税。

沪深交易所上市公司在限售股解禁后实施高比例送、转股的情况时有发生，其个人股东之后转让这部分送、转股所形成的股票无须缴纳个人所得税，从而一定程度上达到了少缴个人所得税的效果。

按照现行新三板适用的税收规定，北交所上市公司限售股（原始股）在上市后孳生的送、转股，仍然属于限售股（原始股），个人转让这部分股票所得，仍将按照20%税率征收个人所得税。上述政策可以堵住上市公司利用限售股解禁之后大比例送、转股避税的漏洞。

9.3.3 沪深北交易所法人股东转让限售股税收

法人股东转让限售股所得被视为企业利润的组成部分，根据《中华人民共和国企业所得税法》（中华人民共和国主席令第二十三号）统一征收企业所得税。居民企业所得税税率为 25%。北交所上市公司适用的企业所得税政策与沪深交易所相同。

9.3.3.1 纳税义务人的范围界定问题

根据企业所得税法第一条及其实施条例第三条的规定，转让限售股取得收入的企业（包括事业单位、社会团体、民办非企业单位等），为企业所得税的纳税义务人。

9.3.3.2 企业转让代个人持有的限售股征税问题

因股权分置改革造成原由个人出资而由企业代持有的限售股，企业在转让时按以下规定处理：

（1）企业转让上述限售股取得的收入，应作为企业应税收入计算纳税。

上述限售股转让收入扣除限售股原值和合理税费后的余额为该限售股转让所得。企业未能提供完整、真实的限售股原值凭证，不能准确计算该限售股原值的，主管税务机关一律按该限售股转让收入的 15%，核定为该限售股原值和合理税费。

依照本条规定完成纳税义务后的限售股转让收入余额转付给实际所有人时不再纳税。

（2）依法院判决、裁定等原因，通过证券登记结算公司，企业将其代持的个人限售股直接变更到实际所有人名下的，不视同转让限售股。

9.3.3.3 企业在限售股解禁前转让限售股征税问题

企业在限售股解禁前将其持有的限售股转让给其他企业或个人（以下简称受让方），其企业所得税问题按以下规定处理：

（1）企业应按减持在证券登记结算机构登记的限售股取得的全部收入，计入企业当年度应税收入计算纳税。

（2）企业持有的限售股在解禁前已签订协议转让给受让方，但未变更股权登记、仍由企业持有的，企业实际减持该限售股取得的收入，依照本条第一项规定纳税后，其余额转付给受让方的，受让方不再纳税。

9.4　解除限售操作指南

9.4.1　解除限售业务办理流程及材料

9.4.1.1　上海市场解除限售办理流程及材料

根据《中国证券登记结算有限责任公司上海分公司证券发行人业务指南》，上海市场有限售股解除限售办理流程如下：

（1）在向交易所申请办理有限售条件的流通股解除限售业务前，证券发行人可以向中国结算上海分公司申请办理限售流通股股东持股及冻结情况查询业务，具体查询方式见该业务指南中的“证券发行人查询业务”。

（2）证券发行人根据查询结果填制“有限售条件的流通股上市流通申请表”，并以电子邮件方式发送给中国结算上海分公司相关经办人员。

（3）中国结算上海分公司收到上述申请表后，将在 2 个交易日内对申请表中的有关数据进行核对，核对内容仅包括证券账户、证券类别、流通类型、挂牌年份、原持有股份数量、冻结数量及冻结编号。核对完成后，中国结算上海分公司经办人员将申请表回传给证券发行人。

（4）证券发行人对中国结算上海分公司回传的申请表中的数据进行确认，确认无误并盖章后连同其他交易所要求的文件向交易所申请办理限售流通股的解除限售手续。

（5）交易所对证券发行人提交的材料进行审核，审核通过后，向中国结算上海分公司发送上市通知及经交易所确认的“有限售条件的流通股上市流通申请表”。

（6）中国结算上海分公司根据交易所发送的上市通知及经交易所确认的后“有限售条件的流通股上市流通申请表”，进行相应的解除限售操作。

股权分置改革后发行的同一限售期限的限售流通股整体解除限售时，无须填写“有限售条件的流通股上市流通申请表”。上海市场限售股份解除限售登记业务流程如图 9－2 所示。

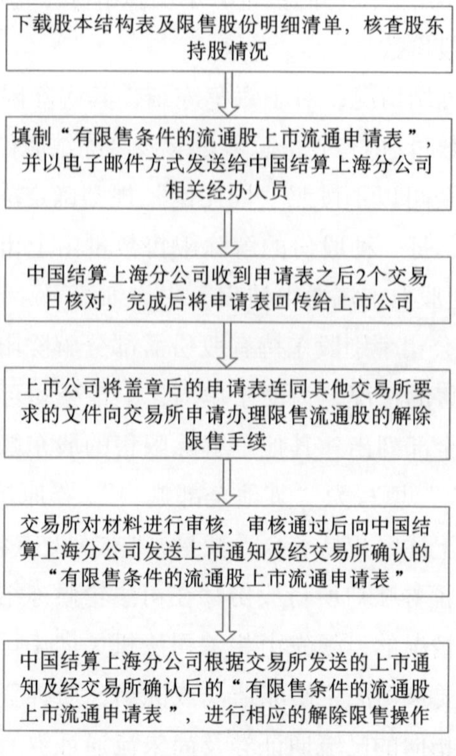

图 9－2　上海市场限售股份解除限售登记业务流程

填写《有限售条件的流通股上市流通申请表》的注意事项（上海）包括：

（1）对于同一证券账户中持有股份分批解除限售的，如该证券账户中拟解除限售的有限售流通股包含不同证券类别、流通类型、挂牌年份，需按照明细分别填写每一个细分类别的解除限售股份数量。

（2）对于同一证券账户所持股份部分存在权利限制（包括但不限于司法冻结、质押登记等，统称“冻结”）情况且需部分解除限售的，原则上按照同比例规则确定冻结股份的解除限售数量和未冻结股份的解除限售数量，原被冻结的限售流通股解除限售后依然处于冻结状态。同比例解除限售是指：

冻结股份中拟解除限售的数量＝本次拟解除限售股份总数量/持有股份

总数量×冻结股份数量

未冻结股份中拟解除限售的数量 = 本次拟解除限售股份总数量/持有股份总数量×未冻结股份数量

如果存在多笔冻结情况，对于每笔冻结，其解除限售股份数量 = 本次拟解除限售股份总数量/持有股份总数量×该笔冻结股份的数量。

（3）上市公司也可以不按照“同比例”规则确定冻结股份和非冻结股份的解除限售数量，每一种股份的解除限售数量由上市公司申报，需要在“有限售条件的流通股上市流通申请表”中详细填写。

（4）对于上市公司个别股东持有股份需部分解除限售，其余股东所持股份全部不解除限售的情况，为便于填写，上市公司可将部分解除限售的股东账户在申请中全部列出，其他不解除限售的股东账户，统一按以下方式填写：“证券账户”填写为“其他全部账户”，“原持有股份数量”“剩余股份数量”填写上述账户持有合计数量，“本次上市数量”填写为“0”。

（5）对于某一证券账户所持股份存在司法轮候冻结（或已质押登记的股权被司法冻结）情况的，须先由相关司法机关向中国结算上海分公司出具确认解除限售后要求司法轮候冻结（或冻结已质押登记的股权）的数量及明细（包括具体指向的已流通证券及尚未流通证券）的司法文书后，上市公司方能提交申请。存在多笔轮候的，须获得所有冻结机构对冻结标的一致的处理确认。具体的司法处理确认标准格式，上市公司可要求司法机关与中国结算上海分公司联系确定。

（6）对于外国投资者所持限售流通股解除限售的，上市公司需在限售流通股解除限售前向中国结算上海分公司提交外国投资者盖章确认（或签字）的《股份登记专用账户禁买、注销申请》，中国结算上海分公司在收到《股份登记专用账户禁买、注销申请》后 2 个交易日内解除该投资者证券账户单边冻结，否则该投资者证券账户将无法交易。

9.4.1.2 深圳市场解除限售办理流程及材料

根据《中国证券登记结算有限责任公司深圳分公司证券发行人业务指南》，深圳市场有限售股解除限售办理流程如下：

（1）下载相关报表，核查股东持股情况

在办理限售股份解除限售登记业务前，上市公司须登录发行人E通道，在“发行人业务—数据查询业务—无须人工审核的申请查询类—限售/非流通股查询”栏目查询、下载限售股份明细数据；在“发行人业务—数据查询业务—需要人工审核的申请查询类—股本结构查询”栏目查询、下载股本结构表。

上市公司根据下载的限售股份明细清单核查股东是否持有实物股票（含《证券登记证明书》）；如有，须收回并提交结算公司，同时提交《上市公司注销实物股票申请》（详见 www. chinaclear. cn —服务支持—业务表格—深圳市场—中国结算深圳分公司发行人业务申请表单）；如实物股票已遗失，股东还须在符合《证券法》及证监会规定的媒体上发布“股票遗失作废声明”（详见 www. chinaclear. cn —服务支持—业务表格—深圳市场—中国结算深圳分公司发行人业务申请表单）；因实物股票冻结等原因导致实物股票无法注销的，只可申请对实物股票对应的股份一次性全部解除限售，并申报托管在虚拟托管单元“××××××”上。

（2）向深交所提交解除限售申请

向深交所提交股本结构表、限售股份明细清单以及深交所要求提交的其他材料。

（3）深交所同意解除限售后，登录结算公司发行人E通道提交申请

①在线填报本次限售股份解除限售基本信息；

②提交申请书或申请表（除抬头外，须与向深交所提交的申请内容一致）；

③上传“限售股份解除限售承诺函”（详见 www. chinaclear. cn —服务支持—业务表格—深圳市场—中国结算深圳分公司发行人业务申请表单），表明申报的托管单元、冻结情况以及股数等内容已征得股东的书面同意；

④上传限售股份解除限售明细数据等。若限售股份的托管单元显示为“××××××”，可指定有效的证券公司托管单元；若变更限售股份托管单元的，还需由上市公司和股东同时出具申请，并提交转出方证券公司的同意函。前述限售股份不包括处于质押或司法冻结状态的股份。

结算公司收到深交所出具的解除股份限售确认书后，对上市公司的申请进行形式审核，审核通过后，向上市公司发送“限售股份解除限售申报

明细清单”。

（4）刊登限售股份上市流通的提示性公告

上市公司核对无误并确认“限售股份解除限售申报明细清单”后，接收结算公司出具的“股份变更登记确认书”，并联系深交所刊登限售股份上市流通的提示性公告等。

（5）接收限售股份解除限售结果报表

限售股份上市流通日，上市公司通过发行人 E 通道接收《解除限售变更登记明细清单》。

对于股份冻结状态发生变化、司法过户、转托管以及股票质押式回购业务涉及的托管单元变更等可能导致解除限售失败的情形，上市公司应当予以关注，并提示解限股东勿在业务办理期间进行相关操作，否则由此导致解除限售失败的责任由上市公司和股东自行承担；若解除限售失败，上市公司须重新提交申请。

深圳市场限售股份解除限售登记业务流程如图 9－3 所示。

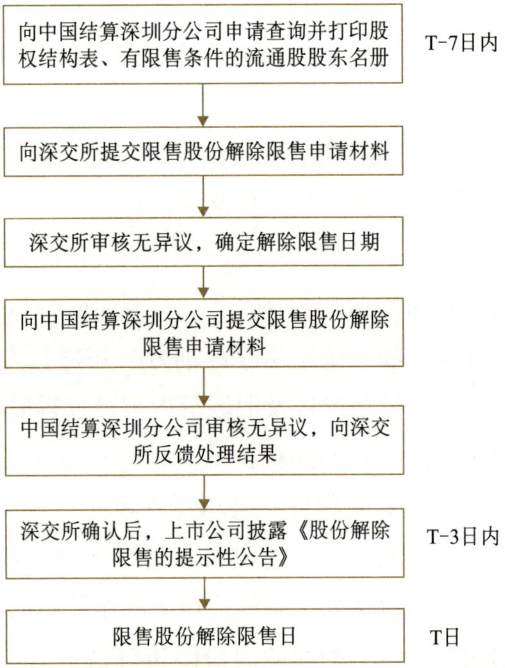

图 9－3　深圳市场限售股份解除限售登记业务流程图（T 日：上市流通日）

9.4.1.3 北交所解除限售办理流程及材料

根据《中国结算北京分公司北京证券交易所股票登记结算业务指南》，北交所有限售股解除限售办理流程如下：

（1）发行人提交股份解除限售登记申请

股东达到解除限售条件后，发行人应登录网上业务平台，查询限售股份明细数据及股份冻结数据，并通过持续督导券商向北交所申请股份解除限售。

北交所审核通过后，发行人登录网上业务平台，填写本次解除限售股东的身份信息等内容，发起股份解除限售登记申请。

（2）发行人确认明细数据

持续督导券商初审发行人填写的信息并补充完明细数据后，发行人对持续督导券商补充的明细数据进行确认，并提交至中国结算北京分公司审核。

（3）发行人确认申报清单并查看公告通知

中国结算北京分公司审核通过后，向发行人发送《解除限售变更登记申报明细清单》及《关于发布解除限售公告的通知》，发行人需根据下发的明细清单核对申报数据并查看公告通知。发行人确认数据无误并提交业务后，中国结算北京分公司向持续督导券商发送《关于发布解除限售公告的通知》。

（4）发行人信息披露

发行人及持续督导券商收到中国结算北京分公司发送的《关于发布解除限售公告的通知》后，自行确定解除限售股份可交易日（T 日），并在 T－3日前（含 T－3 日）按照北交所要求发布股份解除限售公告。中国结算北京分公司将根据已披露的解除限售公告办理业务。

（5）发行人查看登记结果

发行人可在 T 日 9：30 后查看并下载《股份解除限售登记结果报表》《股本结构对照表》《股份变更登记确认书》等登记证明文件。

（6）注意事项

股东可解除限售的股份数量可能受到质押、司法冻结的影响，在向北交所申请解除限售前，发行人及持续督导券商请务必查询证券质押及司法冻结明细数据，以核实拟解除限售的股东是否存在质押、司法冻结情况，并根据核实结果填报解除限售股份数量。

9.4.2 解除限售信息披露要求

9.4.2.1 股份解除限售一般信息披露要求

上交所规定上市公司应按照《上海证券交易所上市公司自律监管指南第 1 号——公告格式第二十六号——上市公司非股改限售股上市流通公告》和《上海证券交易所上市公司自律监管指南第 1 号——公告格式第二十五号——上市公司股改限售股上市流通公告》的要求进行披露。

深交所规定上市公司董事会应当在解除股份限售前 3 个交易日内刊登解除股份限售的提示性公告，公告应当按照《深圳证券交易所上市公司自律监管指南第 2 号——公告格式股份变动类 第 1 号上市公司首次公开发行前已发行股份上市流通公告格式》《深圳证券交易所上市公司自律监管指南第 2 号——公告格式股份变动类第 3 号上市公司股改限售股份上市流通公告格式》《深圳证券交易所创业板上市公司自律监管指南第 2 号——公告格式：第 18 号上市公司首次公开发行前已发行股份上市流通公告格式》的要求进行披露。

北交所规定办理股票解除限售业务的，上市公司应当在中国结算审核通过后，按照交易所临时公告格式模板编制股票解除限售公告，并根据《北交所股票登记结算业务指南》规定，最晚于解除限售生效前 3 个交易日披露，公告应当按照《北交所上市公司持续监管临时公告格式模板第 28 号——上市公司股票解除限售公告格式模板》的要求进行披露。

9.4.2.2 限制性股票解除限售信息披露要求

9.4.2.2.1 上交所对限制性股票解除限售作出的信息披露要求

根据《中国结算上海分公司股权激励计划登记结算业务指南》，股权激励计划全部限制性股票满足上市条件的，上市公司应向上海证券交易所申请股权激励计划限制性股票上市，经交易所同意后，上市公司董事会应当在限售流通股上市流通日前至少3个交易日发布公告。如原定上市流通日为非交易日的，则自动顺延至下一交易日。中国结算上海分公司根据上海证券交易所的业务通知完成相应股份的上市工作。

股权激励计划全部限制性股票满足上市条件的，参照《中国结算上海分公司证券发行人业务指南》“有限售条件的流通股解除限售”办理。

9.4.2.2.2 深交所对限制性股票解除限售作出的信息披露要求

根据《深圳证券交易所上市公司自律监管指南第1号——业务办理》《深圳证券交易所创业板上市公司自律监管指南第1号——业务办理》，当股份解除限售的条件成就后，上市公司应当召开董事会审议股权激励获得股份解除限售的有关事宜并公告。上市公司须在每次解除限售前召开董事会审议并公告。

上市公司履行信息披露义务后，可向深交所申请办理股权激励计划获得股份解除限售手续，提交《上市公司股权激励获得股份解除限售申请表》等申请材料。

上市公司应及时向中国结算深圳分公司提交有关材料，办理激励股份解除限售的相关手续，并及时刊登股权激励获得股票解除限售公告。

9.4.2.2.3 北交所对限制性股票解除限售作出的信息披露要求

根据《北京证券交易所上市公司持续监管指引第3号——股权激励和员工持股计划》，在限制性股票解除限售的条件成就后，上市公司应当在5个交易日内召开董事会审议解除限售事宜，并在披露董事会决议公告的同时披露限制性股票解除限售条件成就公告。

上市公司监事会、独立董事、独立财务顾问（如有）应当就解除限售条件是否成就发表意见，律师事务所应当对解除限售条件是否成就出具法律意见书，并与董事会决议公告同时披露。

上市公司应当在董事会决议公告披露后5个交易日内，向本所提交《限制性股票解除限售申请表》及要求的其他文件。经本所确认后，上市公司应当在取得确认文件后的5个交易日内向中国结算申请办理解除限售手续，并根据股票解除限售相关规定披露限制性股票解除限售公告。

9.5 违规解除限售的监管

在实际操作过程中，因上市公司解除限售业务属于事前审批，故在解除限售业务中除信息披露不充分之外，很难触发违规被监管的情况，但解除限售的后续操作大部分与股份减持有关，所以在解除限售后要特别注重因股份减持而带来的违规风险。

9.5.1 证监会行政处罚

专栏9－2 案例：解除限售后减持违规

案例简介：

陈某于2011年1月至2016年5月10日期间任NXZB副董事长、董事，2016年5月11日正式离职。截至2016年6月2日，陈某个人直接持有NXZB股票3444000股。陈某实际控制的GDTY持有JNTZ23.26%的股份，JNTZ持有NXZB股票2091000股。

2016年5月31日，NXZB披露《关于首次公开发行前已发行股份解除限售上市流通的提示性公告》，陈某在其中承诺：离职后6个月内，不转让所持有的发行人股份；按持股比例计算，陈某通过JNTZ等间接持有NXZB股票276791股，JNTZ在出售股份时将严格履行陈某所作出的有关承诺。根据陈某做出的上述承诺，同年6月1日，JNTZ召开会议，决定在持有的NXZB股票中预留300000股，作为陈某承诺在离职后6个月内不减持的股份数。

2016年6月2日至7月6日，JNTZ将持有的NXZB股票全部卖出，其中由于工作人员的失误操作，JNTZ将为陈某预留的300000股也卖出，导致陈某违法减持276791股NXZB股票，违法减持金额13003641.18元。

处理结果：

广东监管局2017年5月8日作出处罚决定：责令陈某改正，给予警告，并处40万元罚款。

9.5.2 证券交易所自律监管措施及纪律处分

专栏9-3 案例：减持违反解除限售做出的承诺

案例简介：

BJRD于2015年5月4日至6月1日期间累计减持GXDC股票953.9247万股，占GXDC总股本的5.27%。BJRD未在第一笔减持前披露减持提示性公告，违反了BJRD公司在2011年11月17日披露的《股份解除限售提示性公告》中所做出的承诺。

处理结果：

2015年9月2日，深圳证券交易所对BJRD给予通报批评处分的决定。

10. 协议转让与其他非交易过户

10.1 协议转让与其他非交易过户概述

根据《上市公司流通股协议转让业务办理暂行规则》、沪深北交易所《上市公司股份协议转让业务办理指引》，协议转让是指转让双方依据依法订立的协议申请转让上市公司流通股股份。随着减持新规的颁布，协议转让也成为一种越来越重要的股权调整方式。

根据《证券非交易过户业务实施细则（适用于继承、捐赠等情形）》《中国结算深圳分公司证券非交易过户业务指南》等业务规则的规定，非交易过户业务包括因证券协议转让（含行政划拨）、法人资格丧失、继承（含遗赠）、离婚财产分割、向基金会捐赠、公司合并与分立、合格境外机构投资者错误交易产生的证券非交易过户、证券公司定向资产管理业务所涉证券划转和社保基金证券账户所持证券划转等。

本章节包含的内容主要有协议转让与其他非交易过户的概述、协议转让关注要点、非交易过户操作指南，同时对以往违规案例进行了简要分析。

10.1.1 协议转让

上市公司股份协议转让是指买卖各方依据事先达成的转让协议，向股份上市所在证券交易所和登记机构申请办理股份转让过户的业务。

根据沪深交易所、中国结算颁布的《上市公司流通股协议转让业务办理暂行规则》规定：

上市公司流通股协议转让必须在证券交易所进行，由沪深交易所和中国结算集中统一办理。严禁进行场外非法股票交易和转让活动。

上市公司流通股股份转让涉及情形有：

（一）与上市公司收购及股东权益变动相关的股份转让；

（二）转让双方存在实际控制关系，或均受同一控制人所控制的；

（三）外国投资者战略投资上市公司所涉及的股份转让；

（四）中国证监会认定的其他情形。

收回股权分置改革中的垫付股份、行政划转上市公司股份等情形，比照《上市公司流通股协议转让业务办理暂行规则》办理。

根据北交所、中国结算颁布的《北京证券交易所上市公司股份协议转让细则》规定：

上市公司股份协议转让必须在证券交易所进行，由北交所和中国证券登记结算有限责任公司集中统一办理。

严禁进行场外非法股票交易和转让活动。

上市公司股份转让具有下列情形之一的，可以向北交所和中国结算申请办理协议转让手续：

（一）与上市公司收购及股东权益变动相关，且单个受让方受让的股份数量不低于公司总股本5%的协议转让；

（二）转让双方存在实际控制关系，或均受同一控制人所控制的；

（三）外国投资者战略投资上市公司所涉及的协议转让；

（四）根据经北交所认可的股东间业绩承诺及补偿等特殊条款，特定投资者之间以事先约定的价格进行的协议转让；

（五）行政划转上市公司股份；

（六）北交所和中国结算认定的其他情形。

10.1.2 非交易过户

根据《中国证券登记结算有限责任公司证券登记规则》规定：

证券因以下原因发生转让的，可以办理非交易过户登记：

（一）股份协议转让；

（二）司法扣划；

（三）行政划拨；

（四）继承、捐赠、依法进行的财产分割；

（五）法人合并、分立，或因解散、破产、被依法责令关闭等原因丧失法人资格；

（六）上市公司的收购；

（七）上市公司回购股份；

（八）上市公司实施股权激励计划；

（九）相关法律、行政法规、中国证监会规章及本公司业务规则规定的其他情形。

10.1.3 相关法规

10.1.3.1 法律

与协议转让和其他非交易过户相关的法律如表 10－1 所示。

表 10－1　相关法律表

法规名称	发文部门	文号	颁布日期	涉及条文
《中华人民共和国证券法（2019 年修订）》	全国人民代表大会常务委员会	主席令第三十七号	2019 年 12 月 28 日	第三十七条、第三十八条、第六十三条、第七十一条、第七十二条、第七十三条

10.1.3.2 部门规章及规范性文件

与协议转让和其他非交易过户相关的部门规章及规范性文件如表 10－2 所示。

表 10－2　　相关部门规章及规范性文件表

法规名称	发文部门	文号	颁布日期	涉及条文
关于《外国投资者对上市公司战略投资管理办法（修订草案公开征求意见稿）》公开征求意见的通知	中华人民共和国商务部、中国证券监督管理委员会、国务院国有资产监督管理委员会、中华人民共和国国家税务总局、国家市场监督管理总局、国家外汇管理局		2020 年 6 月 18 日	第十一条
《上市公司收购管理办法（2020 年修正）》	中国证券监督管理委员会	证监会令第 166 号	2020 年 3 月 20 日	第十四条、第四章“协议收购”
《公开发行证券的公司信息披露内容与格式准则第 15 号——权益变动报告书（2020 年修订）》	中国证券监督管理委员会	证监会公告〔2020〕20 号	2020 年 3 月 20 日	第二十三条、第三十二条
《公开发行证券的公司信息披露内容与格式准则第 16 号——上市公司收购报告书》	中国证券监督管理委员会	证监会公告〔2020〕20 号	2020 年 3 月 20 日	第二十四条
《事业单位国有资产管理暂行办法》	中华人民共和国财政部	财政部令第 100 号	2019 年 3 月 29 日	全文
《上市公司国有股权监督管理办法》	国务院国有资产监督管理委员会、中华人民共和国财政部、中国证券监督管理委员会	国资委、财政部、证监会令第 36 号	2018 年 5 月 16 日	第四章
《上市公司股东、董监高减持股份的若干规定》	中国证券监督管理委员会	证监会公告〔2017〕9 号	2017 年 5 月 26 日	第四条、第十条
《关于实施〈合格境外机构投资者和人民币合格境外机构投资者境内证券期货投资管理办法〉有关问题的规定》	中国证券监督管理委员会	证监会公告〔2020〕63 号	2020 年 9 月 25 日	全文

续表

法规名称	发文部门	文号	颁布日期	涉及条文
《金融企业国有资产转让管理办法》	中华人民共和国财政部	中华人民共和国财政部令第54号	2009年3月17日	全文
《行政单位国有资产管理暂行办法》	中华人民共和国财政部	中华人民共和国财政部令第35号	2006年5月30日	全文
《关于加强对上市公司非流通股协议转让活动规范管理的通知》	中国证券监督管理委员会	证监发〔2001〕119号	2001年9月30日	全文

10.1.3.3 业务规则

上交所、深交所、北交所与协议转让与其他非交易过户相关的业务规则如表10－3、表10－4、表10－5所示。

表10－3　上交所相关业务规则表

法规名称	发文部门	文号	颁布日期	涉及条文
《上海证券交易所上市公司股份协议转让业务办理指南（2021年修订）》	上海证券交易所	上证函〔2021〕1436号	2021年8月20日	全文
《上海证券交易所上市公司股份协议转让业务办理指引（2021年修订）》	上海证券交易所	上证发〔2021〕67号	2021年8月20日	全文
《上海证券交易所上市公司股东及董事、监事、高级管理人员减持股份实施细则》	上海证券交易所	上证发〔2017〕24号	2017年5月27日	第四条、第六条、第十三条、第十四条、第十五条

表10－4　深交所相关业务规则表

法规名称	发文部门	文号	颁布日期	涉及条文
《深圳证券交易所上市公司股份协议转让业务办理指引（2021年修订）》	深圳证券交易所	深证上〔2021〕1004号	2021年10月22日	全文

续表

法规名称	发文部门	文号	颁布日期	涉及条文
《深圳证券交易所上市公司股份协议转让业务办理指南（2021年修订）》	深圳证券交易所	深证上〔2021〕1014号	2021年10月22日	全文
《深圳证券交易所合格境外机构投资者和人民币合格境外机构投资者证券交易实施细则（2020年修订）》	深圳证券交易所	深证会〔2020〕583号	2020年10月30日	第十六条
《深圳证券交易所上市公司股东及董事、监事、高级管理人员减持股份实施细则》	深圳证券交易所	深证上〔2017〕820号	2017年5月27日	第四条、第六条、第十三条、第十四条
《上市公司流通股协议转让业务办理暂行规则》	中国证券登记结算有限责任公司、深圳证券交易所、上海证券交易所		2006年8月14日	全文
《上市公司非流通股股份转让业务办理实施细则》	中国证券登记结算有限责任公司、上海证券交易所、深圳证券交易所	深证上〔2004〕116号	2004年12月31日	全文
《上市公司非流通股股份转让业务办理规则》	中国证券登记结算有限责任公司、上海证券交易所、深圳证券交易所	深证上〔2004〕110号	2004年12月15日	全文

表10－5　　北交所相关业务规则表

法规名称	发文部门	文号	颁布日期	涉及条文
《北京证券交易所上市公司股份协议转让业务办理指引》	北京证券交易所	北证公告〔2021〕19号	2021年11月2日	全文
《北京证券交易所上市公司股份协议转让细则》	北京证券交易所、中国证券登记结算有限责任公司	北证公告〔2021〕18号	2021年11月2日	全文
《北京证券交易所上市公司股份协议转让业务办理指南》	北京证券交易所	北证公告〔2021〕20号	2021年11月2日	全文

10.1.3.4 中国结算业务规则

中国证券登记结算有限责任公司与协议转让和其他非交易过户相关的业务规则及流程如表 10－6 所示。

表 10－6　　中国结算相关业务规则表

法规名称	发文部门	文号	颁布日期	涉及条文
《中国证券登记结算有限责任公司上海分公司营业大厅业务指南（2021 年修订）》	中国证券登记结算有限责任公司上海分公司	中国结算沪业字〔2021〕61号	2021 年 6 月 25 日	全文
《中国证券登记结算有限责任公司深圳分公司证券非交易过户业务指南（2021 年修订）》	中国证券登记结算有限责任公司深圳分公司	中国结算深业字〔2021〕14号	2021 年 6 月 25 日	全文
《证券非交易过户业务实施细则（适用于继承、捐赠等情形）》	中国证券登记结算有限责任公司		2020 年 4 月 30 日	全文
《中国证券登记结算有限责任公司证券登记规则（2019 年修订）》	中国证券登记结算有限责任公司		2019 年 3 月 1 日	全文

10.2 协议转让要点分析

10.2.1 协议转让的转让比例及价格

根据沪深交易所《上市公司股东及董事、监事、高级管理人员减持股份实施细则》第六条的规定：

大股东减持或者特定股东减持，采取协议转让方式的，单个受让方的受让比例不得低于公司股份总数的5%，转让价格下限比照大宗交易的规定执行，法律、行政法规、部门规章、规范性文件及沪深交易所业务规则等另有规定的除外。

根据上交所《上市公司股份协议转让业务办理指引》第六条、深交所《上市公司股份协议转让业务办理指引》第七条、北交所《上市公司股份协议转让业务办理指引》第五条的规定：

上市公司控股股东和持股5%以上股东通过协议转让方式向多个受让方减持股份的，单个受让方的受让比例不得低于5%，转让双方存在实际控制关系、均受同一控制人所控制或者法律法规等另有规定的除外。

专栏10－1 案例：转让双方存在实际控制关系、均受同一控制人所控制的不受限于5%的规定

2019年7月，上市公司LFYL的控股股东LFTZ与股东LFJT签署了《关于LFYL之股份转让协议》，LFTZ拟通过协议转让的方式受让LFJT所持有的公司1319379股无限售条件流通股，占公司总股本的0.14%，本次转让系在同一实际控制人控制的不同主体之间进行，公司实际控制人未发生变化，本次协议转让比例并没有达到总股本的5%，符合“转让双方存在实际控制关系、均受同一控制人所控制及法律、行政法规、部门规章、规范性文件、本所业务规则另有规定的除外”的规定。

根据上交所《上市公司股份协议转让业务办理指引》第十八条的规定：

上市公司总股本是指上市公司境内外发行股份的总数。

根据上交所《上市公司股份协议转让业务办理指引》第六条规定：

股份转让价格不低于转让协议签署日（当日为非交易日的顺延至次一交易日）公司股份大宗交易价格范围的下限，法律、行政法规、部门规章、规范性文件、本所业务规则另有规定的除外。

转让双方就股份转让协议签订补充协议，涉及变更转让主体、转让价格或者转让股份数量等任一情形的，股份转让价格不低于补充协议签署日

（当日为非交易日的顺延至次一交易日）公司股份大宗交易价格范围的下限。

根据深交所《上市公司股份协议转让业务办理指引》第十条的规定：

上市公司股份协议转让应当以协议签署日的前一交易日转让股份二级市场收盘价为定价基准，转让价格范围下限比照大宗交易的规定执行，法律、行政法规、部门规章、规范性文件及本所业务规则等另有规定的除外。

转让双方就股份转让协议签订补充协议，补充协议内容涉及变更转受让主体、转让价格或者转让股份数量的，以补充协议签署日的前一交易日转让股份二级市场收盘价为定价基准。

根据北交所《上市公司股份协议转让业务办理指引》第八条的规定：

属于《协议转让细则》第三条第一项至第三项情形的股份转让，转让价格应当不低于转让协议签署日该股票大宗交易价格范围的下限，法律法规及本所业务规则等另有规定的除外。

转让双方就股份转让协议签订补充协议，涉及变更转让主体、转让价格或者转让股份数量等任一情形的，股份转让价格不低于补充协议签署日该股票大宗交易价格范围的下限。

沪深交易所2020年4月17日发布关于《关于通过协议转让方式进行股票质押式回购交易违约处置相关事项的通知》，明确了可以采用协议转让方式进行股票质押式回购违约处置，对于股票质押处置协议转让的转让比例与转让价格下限有较大幅度的放宽，即将转让比例下限由单个受让方受让比例不低于5%降至2%，同时转让价格下限由不低于协议签署日前一交易日股票收盘价的90%降至70%。具体详见本书11. 股权质押、冻结、拍卖或设定信托。

10.2.2 协议转让的间隔期限

根据《上市公司流通股协议转让业务办理暂行规则》第十五条、《北京证券交易所上市公司股份协议转让细则》第十六条的规定：

股份过户完成后3个月内，同一股份受让人不得就其所受让的股份再次向证券交易所和结算公司提出有关协议转让的申请，法律法规另有规定的除外。

10.2.3 协议转让后仍需遵循的相关规定（仅适用于沪深上市公司）

上交所问题解答（一）及深交所答投资者问（二）进一步明确了大股东减持采取协议转让方式，减持后不再具有大股东身份的，出让方、受让方应当在6个月内共同遵守任意连续90日集中竞价交易减持股份数量合计不得超过公司股份总数1%的规定，即共享该1%的减持额度，并分别履行相应信息披露义务；受让人持股达5%以上或为控股股东或者为董监高的，还应当遵守《实施细则》关于大股东减持、董监高减持的规定。

股东通过协议转让方式减持特定股份的，出让方、受让方应当在6个月内共同遵守任意连续90日集中竞价交易减持股份数量合计不超过公司股份总数1%的规定，即共享该1%的减持额度；减持新规和《实施细则》没有对6个月后受让方的减持行为作出要求，受让人在协议转让6个月后无须继续遵守特定股份减持的相关要求，但应当遵守交易所关于协议转让业务的规则。受让人持股达5%以上或为控股股东或者为董监高的，还应当遵守《实施细则》关于大股东减持、董监高减持的规定。

另外明确了投资者赠与股份的视同于协议转让，比照适用《实施细则》关于协议转让减持的规定，但《实施细则》第六条第一款关于受让比例、转让价格下限的规定除外。

10.2.4 协议转让受让方为外国投资者的情形

根据《外国投资者对上市公司战略投资管理办法（修订草案公开征求意见稿）》第十一条的规定：

战略投资通过协议转让方式实施的，外国投资者取得的股份比例不得低于该上市公司已发行股份的5%，并按以下程序办理：

（一）上市公司按法律法规和公司章程规定履行有关内部程序；

（二）转让方与外国投资者签订股份转让协议；

（三）转让双方向证券登记结算机构申请办理登记过户手续；

（四）外国投资者和上市公司按照有关规定办理手续完成协议转让后，外国投资者或上市公司向商务主管部门报送投资信息。

根据上交所《上市公司股份协议转让业务办理指引》第五条（三）、深交所《上市公司股份协议转让业务办理指引》第六条（三）、北交所《上市公司股份协议转让业务办理指引》第五条（三）规定，外国投资者战略投资上市公司涉及的协议转让，可以向交易所提交股份转让申请。协议转让双方应当按照沪深北交易所《上市公司股份协议转让申请文件清单》要求提供相关文件，外国投资者和上市公司按照有关规定办理手续完成协议转让后，外国投资者或上市公司向商务主管部门报送投资信息。

10.2.5 协议转让主体为国有股东的情形

国有股东转让所持上市公司股份需按照《上市公司国有股权监督管理办法》第四章国有股东所持上市公司股份非公开协议转让的相关要求办理。

协议转让双方应当按照沪深北交易所《上市公司股份协议转让申请文件清单》要求提供相关文件，国有股东与受让方签订协议后，属于《上市公司国有股权监督管理办法》第七条规定情形的，由国家出资企业审核批准，其他情形由国有资产监督管理机构审核批准。

注：《上市公司国有股权监督管理办法》第七条：

国家出资企业负责管理以下事项：

（一）国有股东通过证券交易系统转让所持上市公司股份，未达到本办法第十二条规定的比例或数量的事项；

（二）国有股东所持上市公司股份在本企业集团内部进行的无偿划转、非公开协议转让事项；

（三）国有控股股东所持上市公司股份公开征集转让、发行可交换公司债券及所控股上市公司发行证券，未导致其持股比例低于合理持股比例的事项；国有参股股东所持上市公司股份公开征集转让、发行可交换公司债券事项；

（四）国有股东通过证券交易系统增持、协议受让、认购上市公司发行股票等未导致上市公司控股权转移的事项；

（五）国有股东与所控股上市公司进行资产重组，不属于中国证监会规定的重大资产重组范围的事项。

10.2.6 涉及国家产业政策、行业准入、国有股份转让等事项

根据《上市公司收购管理办法》第四条以及其他相关法律法规的规定：上市公司的收购及相关股份权益变动活动涉及国家产业政策、行业准入、国有股份转让等事项，需要取得国家相关部门批准的，应当在取得批准后进行。

国有股东协议受让上市公司股份应按照《上市公司国有股权监督管理办法》第四章 国有股东所持上市公司股份非公开协议转让规定制作文件，履行审批程序和办理程序。

10.3 协议转让与其他非交易过户操作指南

10.3.1 办理流程

协议转让与其他非交易过户业务的办理程序可参考表 10－7 中的相关规定。相关规定表明了办理各类协议转让与其他非交易过户业务的操作流程，包括办理资料、办理方式、办理人、办理程序等，详细内容不再一一列举，具体办理手续以相关部门文件为准。

关于协议转让的相关流程可参考图 10－1，其中沪深北交易所存在差异的是：沪深交易所出具确认意见书的有效期为 6 个月，申请人逾期未前往中国结算办理过户登记的，应当重新提交申请。北交所协议转让确认函

的有效期为2个月，申请人逾期未前往中国结算办理过户登记的，应当重新提交转让申请。

表10－7　　非交易过户业务的办理程序

<table>
<tr><th>办理事项</th><th>适用范围</th><th>参考法规</th></tr>
<tr><td rowspan="4">流通股协议转让所涉证券过户</td><td rowspan="4">上交所、深交所、北交所</td><td>《上市公司流通股协议转让业务办理暂行规则》</td></tr>
<tr><td>《上海证券交易所上市公司股份协议转让业务办理指引》《上海证券交易所上市公司股份协议转让业务办理指南》《中国证券登记结算有限责任公司上海分公司营业大厅业务指南》之第四章 上市公司股份协议转让业务</td></tr>
<tr><td>《深圳证券交易所上市公司股份协议转让业务办理指引》《深圳证券交易所上市公司股份协议转让业务办理指南》</td></tr>
<tr><td>《北京证券交易所上市公司股份协议转让细则》《北京证券交易所上市公司股份协议转让业务办理指南》《北京证券交易所上市公司股份协议转让业务办理指引》</td></tr>
<tr><td rowspan="2">非流通股协议转让所涉证券过户</td><td rowspan="2">上交所、深交所</td><td>《上市公司非流通股股份转让业务办理规则》《上市公司非流通股份转让业务办理实施细则》</td></tr>
<tr><td>《中国证券登记结算有限责任公司上海分公司营业大厅业务指南》之第四章 上市公司股份协议转让业务</td></tr>
<tr><td rowspan="3">其他非交易过户办理</td><td rowspan="3">上交所、深交所</td><td>《中国证券登记结算有限责任公司上海分公司营业大厅业务指南》之第二章 法人资格丧失所涉证券变更登记业务、第三章 继承\离婚所涉证券变更登记业务等</td></tr>
<tr><td>《中国结算深圳分公司证券非交易过户业务指南》</td></tr>
<tr><td>《证券非交易过户业务实施细则（适用于继承、捐赠等情形）》</td></tr>
</table>

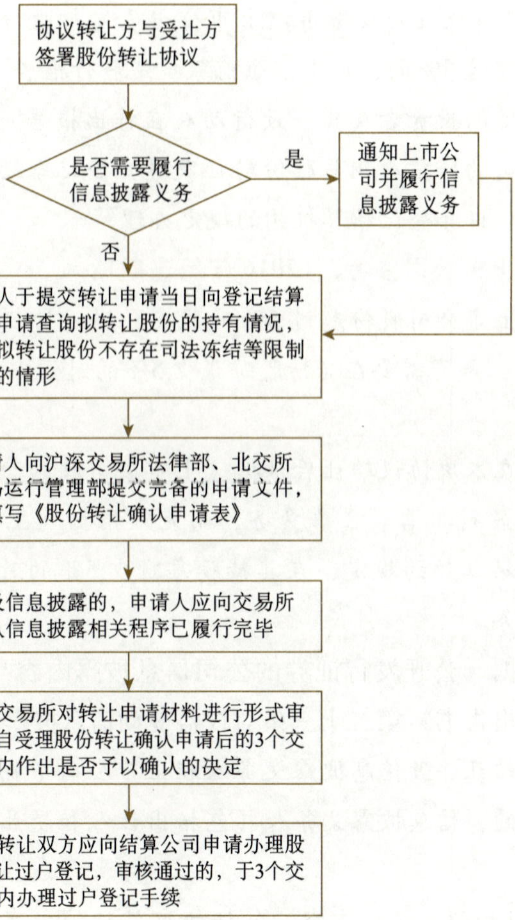

图 10－1　协议转让流程

10.3.2　权益变动信息披露

根据《上市公司收购管理办法》第十四条规定：

通过协议转让方式，投资者及其一致行动人在一个上市公司中拥有权益的股份拟达到或者超过一个上市公司已发行股份的5%时，应当在该事实发生之日起3日内编制权益变动报告书，向中国证监会、证券交易所提交书面报告，通知该上市公司，并予公告。

投资者及其一致行动人拥有权益的股份达到一个上市公司已发行股份

的5%后，其拥有权益的股份占该上市公司已发行股份的比例每增加或者减少达到或者超过5%的，应当依照前款规定履行报告、公告义务。

前两款规定的投资者及其一致行动人在作出报告、公告前，不得再行买卖该上市公司的股票。相关股份转让及过户登记手续按照本办法第四章及证券交易所、证券登记结算机构的规定办理。

深交所《上市公司参考》（2016年第3期）：

问：持有上市公司股份超过5%的股东，通过协议转让的方式转让公司25%的股权，是否需要在其持股每减少5%的时候中止转让，履行报告、公告义务？

答：仅需在本次协议转让后根据《上市公司收购管理办法》第十四条第一款的规定履行报告、公告义务，而无须根据《上市公司收购管理办法》第十四条第二款的规定，在其持股每减少5%的时候中止转让，履行报告、公告义务。

同时，根据《公开发行证券的公司信息披露内容与格式准则第15号——权益变动报告书》第二十三条对权益变动信息披露的内容作出了规定：

通过协议转让导致信息披露义务人在上市公司中拥有权益的股份变动达到法定比例的，信息披露义务人（包括出让人和受让人）应当披露以下基本情况：

（一）转让协议的主要内容，包括协议转让的当事人、转让股份的种类、数量、比例、股份性质及性质变动情况、转让价款、股份转让的支付对价（如现金、资产、债权、股权或其他安排）及其来源、付款安排、协议签订时间、生效时间及条件、特别条款等；

（二）本次拟转让的股份是否存在被限制转让的情况、本次股份转让是否附加特殊条件、是否存在补充协议、协议双方是否就股份表决权的行使存在其他安排、是否就出让人在该上市公司中拥有权益的其余股份存在其他安排；

（三）本次协议转让导致信息披露义务人在上市公司中拥有权益的股份变动的时间及方式；

（四）如本次股份转让须经有关部门批准，应当说明批准部门的名称、批准进展情况。

此外，《公开发行证券的公司信息披露内容与格式准则第 15 号——权益变动报告书》第三十二条还规定：

协议转让股份的出让人或国有股权行政划转的划出方为上市公司控股股东或者实际控制人的，还应当披露以下内容：

（一）本次股权转让或划转后是否失去对上市公司的控制权；在本次转让控制权前，是否对受让人的主体资格、资信情况、受让意图等已进行合理调查和了解，说明相关调查情况；

（二）出让人或者划出方及其关联方是否存在未清偿其对上市公司的负债，未解除上市公司为其负债提供的担保，或者损害上市公司利益的其他情形；如有前述情形，应披露具体的解决方案。

10.3.3 协议收购信息披露

通过协议收购等其他合法方式，在上市公司中拥有权益的股份超过该上市公司已发行股份的30%的投资者及其一致行动人，应当编制和披露上市公司收购报告书。

根据《公开发行证券的公司信息披露内容与格式准则第 16 号——上市公司收购报告书》第二十四条的规定：

通过协议收购方式进行上市公司收购的，收购人应当披露以下基本情况：

（一）转让协议的主要内容，包括协议转让的当事人、转让股份的种类、数量、比例、股份性质及性质变动情况、转让价款、股份转让的支付对价（如现金、资产、债权、股权或其他安排）、付款安排、协议签订时间、生效时间及条件、特别条款等；

（二）本次拟转让的股份是否存在被限制转让的情况、本次股份转让是否附加特殊条件、是否存在补充协议、协议双方是否就股份表决权的行使存在其他安排、是否就出让人在该上市公司中拥有权益的其余股份存在其他安排；

（三）本次协议转让导致信息披露义务人在上市公司中拥有权益的股份变动的时间及方式；

（四）如本次股份转让需要有关部门批准的，应当说明批准部门的名称、批准进展情况。

10.3.4 持股5%以上的股东办理证券非交易过户业务的特别要求

10.3.4.1 上市公司需要发布关于股票权益变动提示性公告

根据《上市公司收购管理办法》第十五条的规定：

投资者及其一致行动人通过行政划转或者变更、执行法院裁定、继承、赠与等方式拥有权益的股份变动达到前条规定比例的，应当按照前条规定履行报告、公告义务，并参照前条规定办理股份过户登记手续。

投资者及其一致行动人作为信息披露义务人，应当及时通知上市公司权益变动情况，上市公司应当在知悉上述收购或者股份权益变动时及时对外发布公告。同时该公告还需要附上相关的备查文件，包括判决书或调解书或财产分割公证书、简式权益变动报告书或详式权益变动报告书等。

10.3.4.2 信息披露义务人需签署权益变动报告书

依据《证券法》《上市公司收购管理办法》《公开发行证券的公司信息披露内容与格式准则第15号——权益变动报告书》《公开发行证券的公司信息披露内容与格式准则第16号——上市公司收购报告书》等法律、法规和规范性文件的规定，因离婚财产分割或继承所涉及的股票的减持人及增持人均为信息披露义务人，信息披露义务人（包括投资者及其一致行动人）应在《详式\简式权益变动报告书》中披露其在该上市公司所拥有权益的股份的情况。

具体权益变动报告书的披露要求详见本书2. 增持。

10.4 违规协议转让与其他非交易过户的监管

10.4.1 证监会行政处罚

根据《上市公司收购管理办法》第七十六条的规定：

上市公司的收购及相关股份权益变动活动中的信息披露义务人在报告、公告等文件中有虚假记载、误导性陈述或者重大遗漏的，中国证监会责令改正，采取监管谈话、出具警示函、责令暂停或者停止收购等监管措施。在改正前，收购人对其持有或者实际支配的股份不得行使表决权。

专栏10－2 案例：深圳市QCDTZ管理有限公司未按规定披露权益变动报告书被责令改正

案例简介：

2017年1月12日，深圳市QCDTZ管理有限公司通过上市公司YJGD披露了《简式权益变动报告书》。公告称，2017年1月11日，QCDTZ与YJGD控股股东及实际控制人荀某签署了《股份转让协议》，受让荀某持有的YJGD 7.59%股权，并说明“截至本报告书签署日，信息披露义务人无继续增持上市公司股份的计划”。

2017年5月26日，YJGD披露《关于控股股东协议转让股份暨实际控制人可能发生变更的提示性公告》。公告显示，“2017年1月10日，QCDTZ、荀某与深圳市QCD集团有限公司签署《深圳市QCDTZ管理有限公司与荀某关于YJGD科技股份有限公司的股份转让协议》”。协议约定，荀某将YJGD20%股权转让给QCDTZ公司，标的股份分两期转让交割。公告提示，“根据《股份转让协议》及其补充协议，本次协议转让完成后，QCDTZ将直接持有235271854股公司股份，占公司总股本的20%，苟某持有公司股份数量将降至10.36%，QCDTZ将成为公司第一大股东，古某明将成为公司实际控制人”。

QCDTZ披露的《简式权益变动报告书》中“无继续增持上市公司股份的计划”与实际情况不符；QCDTZ通过上述协议在YJGD中拥有权益的股份拟达到上市公司已发行股份的20%时，未编制《详式权益变动报告书》。上述情况违反了《上市公司信息披露管理办法(2007年)》第二条、第三十四条和《上市公司收购管理办法》第十四条、第十七条的相关规定。

处理结果：

根据《上市公司信息披露管理办法（2007年）》第五十九条、《上市公司收购管理办法》第七十五条的相关规定，2018年4月27日，宁波监管局决定对QCDTZ采取责令改正的监管措施，QCDTZ应当在收到本决定书之日起5个工作日内，编制并公告《详式权益变动报告书》，并向宁波监管局提交书面报告，详细说明整改落实情况。

专栏10－3　案例：WFGF隐瞒股东代持情况

案例简介：

WFGF股东江苏WFJT有限公司和陆某存在持股情况信息披露违规行为。WFGF在相关临时公告和定期报告中，存在未如实披露股东持股情况的信息披露违规行为。

WFJT于2014年12月22日签署协议，转让其持有的WFGF 11000万股股权（占上市公司总股本的14.88%）给陆某，双方协商确定的转让价款总额为人民币86350万元。

该股权转让实际是以自然人陆某的名义代WFJT持有（以下简称“股份代持”），且陆某受让股权出资实际是以借款的名义，分两次从WFJT的全资子公司处取得，金额分别为43175万元和43125万元，借款期限分别为2015年1月4日至2015年12月31日、2015年1月5日至2015年12月31日，借款利率均为8%。另有转让款50万元，以及转让过户费和手续费16万元系陆某代垫，并已于2015年1月5日通过WFJT财务总监夏某宝账户划还给陆某。

在2014年12月23日WFGF发布的公告、2014年12月24日《简式权益变动报告书》、WFGF2014年年度报告，以及2015年中期报告中均未如实披露股份代持事项。

处理结果：

证监会处罚：根据当事人违法行为的事实、性质、情节与社会危害程度，依据《证券法（2014年修正）》第一百九十三条第一款的规定，2017年1月6日，证监会决定：

（1）对WFGF责令改正，给予警告，并处以40万元罚款；

（2）对WFJT责令改正，给予警告，并处以40万元罚款；

（3）对陆某给予警告，并处以40万元罚款；

（4）对徐某（WFGF/WFJT董事长）给予警告，并处以20万元罚款；

（5）对WFGF其他董监高（含独立董事）分别处以相应金额的处罚。

上交所纪律处分：2017年7月21日，上交所针对上述行为做出纪律处分决定：对WFGF、控股股东WFJT、实际控制人徐某、代持股东陆某予以公开谴责；对时任公司其他董监高予以通报批评。

10.4.2 证券交易所自律监管措施及纪律处分

根据《上市公司收购管理办法》第十四条的要求，协议转让与其他非交易过户导致的权益变动达到披露标准时应及时履行披露义务。

专栏 10－4　案例：权益变动未及时履行信披义务被监管

案例简介：

2021 年 6 月初，JYZY 股东陈某洪、黄某勇、黄某兵（以下简称“三位股东”）与 XNFYL 签署了《股份转让协议》，三位股东拟将其持有的 61985695 股（占总股本的 12.21%）公司股份协议转让给 XNFYL，其中陈某洪拟转让的股份数量为 36280599 股，占公司总股本的比例为 7.15%；黄某勇拟转让的股份数量为 24997848 股，占公司总股本的比例为 4.93%；黄某兵拟转让的股份数量为 707248 股，占公司总股本的比例为 0.14%。陈某洪作为公司持股 5%以上的股东，与 XNFYL 共同作为本次权益变动的信息披露义务人，在协议签署后未及时履行信息披露义务。JYZY 在知悉上述事项后亦未及时履行信息披露义务，直至 2021 年 10 月 14 日才披露上述《股份转让协议》。

处理结果：

2021 年 10 月 26 日，深圳证券交易所上市公司管理二部对 JYZY、XNFYL、陈某洪等发出监管函。

根据《上市公司收购管理办法》第三条的规定：

上市公司的收购及相关股份权益变动活动，必须遵循公开、公平、公正的原则。

上市公司的收购及相关股份权益变动活动中的信息披露义务人，应当充分披露其在上市公司中的权益及变动情况，依法严格履行报告、公告和其他法定义务。在相关信息披露前，负有保密义务。

信息披露义务人报告、公告的信息必须真实、准确、完整，不得有虚假记载、误导性陈述或者重大遗漏。

根据上交所《上市公司股份协议转让业务办理指引》第十七条的规定：

转让双方或者任何一方存在以下情形之一的，本所可以采取口头警示、书面警示等监管措施；情节严重的，给予通报批评、公开谴责、限制证券账户交易、公开认定不适合担任上市公司董事、监事、高级管理人员等纪律处分：

（一）提交的协议转让办理材料不真实、不准确、不完整；

（二）办理的协议转让业务违反法律法规、本所业务规则的相关规定；

（三）办理的协议转让业务违反了转让双方或者任何一方作出的承诺；

（四）通过交易、转让或者其他安排规避本指引的规定；

（五）违反转让双方或者任何一方在办理协议转让业务时作出的承诺；

（六）违反本指引规定的其他情形。

转让双方因前款规定情形被本所给予通报批评、公开谴责或公开认定不适合担任上市公司董事、监事、高级管理人员的纪律处分的，本所在相关纪律处分决定作出之日起12个月内，暂不受理相关当事方的协议转让业务。

根据深交所《上市公司股份协议转让业务办理指引》的规定：

第三条 转让双方应当保证向本所提交的办理材料真实、准确、完整、合法合规，并自行承担协议转让的风险和与之有关的法律责任，如办理材料存在不真实、不准确、不完整或者不合法合规等情形，转让双方须承担由此引起的法律后果。

第十七条 转让双方办理协议转让，如存在违反法律、行政法规、部门规章、规范性文件、本所业务规则的相关规定及转让双方作出的承诺等情形，本所可以对其采取相应的自律监管措施或者纪律处分。

根据北交所《上市公司股份协议转让业务办理指引》的规定：

第十八条 相关主体在办理协议转让过程中，如存在违反本指引或者本所其他业务规则的情形，本所可根据《交易规则》及相关规定对其采取相应自律监管措施或纪律处分。

专栏10－5　案例：SKGF相关当事人签署协议转让事宜未及时披露被通报批评

案例简介：

2020年5月8日，上市公司披露控股权拟发生变更的提示性公告称，公司控股股东JWGJ已于5月4日与HWTZ签订《关于转让公司股份的框架协议》。JWGJ 将向 HWTZ 指定的受让方转让 91153676 股公司股份，占公司总股本的 29.35%，转让对价为人民币 14.775 亿元。转让完成后，袁某清、林某将成为公司的实际控制人。公告称，截至该公告披露日，受让方尚未设立，且交易资金尚在筹集，也未聘请财务顾问，受让方是否符合收购资格条件和收购资金是否合法合规均有待核查。8 月 21 日，HWTZ 指定的受让方 DYHS 和 NBXD 与 JWGJ 正式签订股份转让协议。8 月 29 日，DYHS 和 NBXD 作为公司股权受让方披露了权益变动报告书和财务顾问出具的核查意见。

上市公司控股股东对外转让股权，将导致公司控制权发生变化。HWTZ 作为上市公司股权收购方，在与公司签订股权转让框架协议后，未按照《上市公司收购管理办法》等相关规定及时聘请财务顾问，也未在相关事实发生之日起 3 日内编制并披露权益变动报告书、财务顾问核查意见，而是迟至 8 月 29 日才对外披露。收购方权益变动信息披露不及时，影响了投资者的知情权。

处理结果：

2021 年 3 月 2 日，鉴于上述违规事实和情节，根据《股票上市规则》第 16.2 条和《上海证券交易所纪律处分和监管措施实施办法》《上海证券交易所上市公司自律监管规则适用指引第 2 号——纪律处分实施标准》等有关规定，上海证券交易所作出如下纪律处分决定：对股权收购方 HWTZ 及其实际控制人袁某清、林某予以通报批评。

11. 股权质押、冻结、拍卖或设定信托

11.1 股权质押、冻结、拍卖或设定信托概述

11.1.1 股权质押、冻结、拍卖或设定信托

近年来，随着资本市场交投活跃、资金流动性诉求高，上市公司股东利用股权质押等形式进行融资的情况较为普遍。但是当控股股东质押的股份出现平仓风险，控股股东被冻结、拍卖或设定信托的股份出现可能被强制过户的风险时，就极有可能因此导致上市公司实际控制权发生变更。而实际控制人的变更对于上市公司的影响巨大，特别是对公司的业务、战略将产生重大影响。

本章节包含的内容主要有股权质押、冻结、拍卖或设定信托的要点分析、操作指南，同时对以往违规案例进行了简要分析。

11.1.2 相关法规

11.1.2.1 法律及司法解释

与股权质押、冻结、拍卖或设定信托相关的法律及司法解释如表 11－1 所示。

表 11－1　　相关法律及司法解释表

法规名称	发文部门	文号	颁布日期	涉及条文
《最高人民法院、最高人民检察院、公安部、中国证券监督管理委员会关于进一步规范人民法院冻结上市公司质押股票工作的意见》	中华人民共和国最高人民法院、中华人民共和国最高人民检察院、中华人民共和国公安部、中国证券监督管理委员会	法发〔2021〕9号	2021年3月1日	全文
《中华人民共和国民法典》	全国人民代表大会常务委员会	主席令第四十五号	2020年5月28日	第四百四十条、第四百四十三条
《中华人民共和国证券法（2019年修订）》	全国人民代表大会常务委员会	主席令第三十七号	2019年12月28日	第八十条
《中华人民共和国公司法（2018年修正）》	全国人民代表大会常务委员会	主席令第十五号	2018年10月26日	第一百四十二条、第一百四十三条
《最高人民法院关于适用〈中华人民共和国公司法〉若干问题的规定（三）（2014年修正）》	中华人民共和国最高人民法院	法释〔2014〕2号	2014年2月20日	第二十五条
《关于查询、冻结、扣划证券和证券交易结算资金有关问题的通知》	中华人民共和国最高人民法院、中华人民共和国最高人民检察院、公安部、中国证券监督管理委员会	法发〔2008〕4号	2008年1月10日	全文
《最高人民法院关于人民法院民事执行中拍卖、变卖财产的规定》	中华人民共和国最高人民法院	法释〔2004〕16号	2004年11月15日	全文
《关于冻结、拍卖上市公司国有股和社会法人股若干问题的规定》	中华人民共和国最高人民法院	法释〔2001〕28号	2001年9月21日	全文

11.1.2.2 国务院办公厅文件

与股权质押、冻结、拍卖或设定信托相关的国务院办公厅文件如表11－2所示。

表11－2　相关行政法规及国务院办公厅文件表

法规名称	发文部门	文号	颁布日期	涉及条文
《国务院关于进一步提高上市公司质量的意见》	中华人民共和国国务院	国发〔2020〕14号	2020年10月5日	五（九）

11.1.2.3 部门规章及规范性文件

与股权质押、冻结、拍卖或设定信托相关的部门规章及规范性文件如表11－3所示。

表11－3　相关部门规章及规范性文件表

法规名称	发文部门	文号	颁布日期	涉及条文
《证券公司股权管理规定（2021年修正）》	中国证券监督管理委员会	证监会令第183号	2021年3月18日	第二十五条
《监管规则适用指引——上市类第1号》	中国证券监督管理委员会		2020年7月31日	三
《中国证券监督管理委员会冻结、查封实施办法（2020年修正）》	中国证券监督管理委员会	证监会令第166号	2020年3月20日	全文
《商业银行股权管理暂行办法》	中国银行业监督管理委员会	银监会令2018年第1号	2018年1月5日	第三十六条
《上市公司股东、董监高减持股份的若干规定》	中国证券监督管理委员会	证监会公告〔2017〕9号	2017年5月26日	第十二条
《工商行政管理机关股权出质登记办法（2016年修订）》	中华人民共和国国家工商行政管理总局	工商总局令第86号	2016年4月29日	全文
《中国银监会关于加强商业银行股权质押管理的通知》	中国银行业监督管理委员会	银监发〔2013〕43号	2013年11月14日	全文
《中华人民共和国财政部关于上市公司国有股质押有关问题的通知》	中华人民共和国财政部	财企〔2001〕651号	2001年10月25日	全文

11.1.2.4 业务规则

上交所、深交所、北交所与股权质押、冻结、拍卖或设定信托相关的业务规则如表 11 –4、表 11 –5、表 11 –6 所示。

表 11 –4　上交所相关业务规则表

法规名称	发文部门	文号	颁布日期	涉及条文
《上海证券交易所股票上市规则（2022 年 1 月修订）》	上海证券交易所	上证发〔2022〕1 号	2022 年 1 月 7 日	4.5.4、7.7.8
《上海证券交易所科创板股票上市规则（2020 年 12 月修订）》	上海证券交易所	上证发〔2020〕101 号	2020 年 12 月 31 日	第九章第二节
《上海证券交易所证券交易业务指南第 2 号——股票质押式回购交易业务》	上海证券交易所	上证函〔2020〕2741 号	2020 年 12 月 7 日	全文
《关于通过协议转让方式进行股票质押式回购交易违约处置相关事项的通知（沪市）》	上海证券交易所	上证发〔2020〕28 号	2020 年 4 月 17 日	全文
《关于股票质押式回购交易相关事项的通知（沪市）》	上海证券交易所	上证发〔2019〕6 号	2019 年 1 月 18 日	全文

表 11 –5　深交所相关业务规则表

法规名称	发文部门	文号	颁布日期	涉及条文
《深圳证券交易所股票上市规则（2022 年修订）》	深圳证券交易所	深证上〔2022〕12 号	2022 年 1 月 7 日	4.5.5、7.7.8
《深圳证券交易所证券交易业务指南第 3 号——股票质押式回购交易》	深圳证券交易所	深证会〔2021〕660 号	2021 年 10 月 15 日	全文
《深圳证券交易所创业板股票上市规则（2020 年 12 月修订）》	深圳证券交易所	深证上〔2020〕1292 号	2020 年 12 月 31 日	4.3.3、8.6.4

续表

法规名称	发文部门	文号	颁布日期	涉及条文
《关于通过协议转让方式进行股票质押式回购交易违约处置相关事项的通知（深市）》	深圳证券交易所	深证上〔2020〕303号	2020年4月17日	全文
《关于股票质押式回购交易相关事项的通知（深市）》	深圳证券交易所	深证会〔2019〕41号	2019年1月18日	全文

表11－6 北交所相关业务规则表

法规名称	发文部门	文号	颁布日期	涉及条文
《北京证券交易所股票上市规则（试行）》	北京证券交易所	北证公告〔2021〕13号	2021年10月30日	第八章第二节

11.1.2.5 中国结算业务规则

中国证券登记结算有限责任公司发布的与股权质押、冻结、拍卖或设定信托相关的业务规则如表11－7所示。

表11－7 中国结算相关业务规则表

法规名称	发文部门	文号	颁布日期	涉及条文
《中国证券登记结算有限责任公司上海分公司股票质押式回购交易登记结算业务指南（2021年修订）》	中国证券登记结算有限责任公司上海分公司	中国结算沪业字〔2021〕62号	2021年6月25日	全文
《中国证券登记结算有限责任公司深圳分公司股票质押式回购登记结算业务指南（2021年修订）》	中国证券登记结算有限责任公司深圳分公司	中国结算深业字〔2021〕15号	2021年6月25日	全文
《证券质押登记业务实施细则（2020年修订）》	中国证券登记结算有限责任公司		2020年4月3日	全文

续表

法规名称	发文部门	文号	颁布日期	涉及条文
《股票质押式回购交易及登记结算业务办法（2018年修订）》	上海证券交易所、中国证券登记结算有限责任公司	上证发〔2018〕4号	2018年1月12日	全文
《股票质押式回购交易及登记结算业务办法（2018年修订）》	深圳证券交易所、中国证券登记结算有限责任公司	深证会〔2018〕27号	2018年1月12日	全文

11.2 股权质押、冻结、拍卖或设定信托要点分析

11.2.1 股权质押关注事项

11.2.1.1 股权质押

（1）可以质押的权利

根据《中华人民共和国民法典》第四百四十条的规定：

债务人或者第三人有权处分的下列权利可以出质：

（一）汇票、本票、支票；

（二）债券、存款单；

（三）仓单、提单；

（四）可以转让的基金份额、股权；

（五）可以转让的注册商标专用权、专利权、著作权等知识产权中的财产权；

（六）现有的以及将有的应收账款；

（七）法律、行政法规规定可以出质的其他财产权利。

（2）股权质权的设定及效力

根据《中华人民共和国民法典》第四百四十三条的规定：

以基金份额、股权出质的，质权自办理出质登记时设立。

基金份额、股权出质后，不得转让，但是出质人与质权人协商同意的除外。出质人转让基金份额、股权所得的价款，应当向质权人提前清偿债务或者提存。

11.2.1.2 股权质押关注事项

11.2.1.2.1 股份有限公司股权质押关注要点

（1）根据《上市公司股东、董监高减持股份的若干规定》第十二条的规定：

上市公司大股东的股权被质押的，该股东应当在该事实发生之日起2日内通知上市公司，并予公告。

中国证券登记结算公司应当统一制定上市公司大股东场内场外股权质押登记要素标准，并负责采集相关信息。证券交易所应当明确上市公司大股东办理股权质押登记、发生平仓风险、解除股权质押等信息披露内容。

因执行股权质押协议导致上市公司大股东股份被出售的，应当执行本规定。

根据上述要求，上市公司大股东只要质押，无论数量多少，都应在事实发生之日起2日内通知上市公司并披露，后续有重大进展（如解除质押/平仓风险等）也应及时披露。

专栏11－1 违规案例：股东股权质押信披不及时

案例简介：

经查明，ZHTH、CYHM、CYMC为一致行动人，分别持有CHGF股份2000000股、2900000股、2600000股，合计持有公司股份7500000股，占公司总股本的5.62%。2021年7月28日，公司披露《关于持股5%以上股东部分股份质押的公告》称，公司于7月27日接ZHTH通知，ZHTH于6月22日将持有的2000000股公司股份办理了质押登记，占ZHTH、CYHM、CYMC持股总数的26.67%，占公司总股本的1.50%。

ZHTH作为公司持股5%以上的股东，其股份是否被质押以及质押比例大小，可能对投资者决策产生较大影响。ZHTH 作为持股 5% 以上股东，未按照相关规则要求，就相关股份质押信息及时通知上市公司并进行信息披露。

ZHTH 的上述行为违反了《上市公司股东、董监高减持股份的若干规定》第十二条，《上海证券交易所科创板股票上市规则》（以下简称《科创板上市规则》）第 1.4 条、第 5.1.2 条、第 9.2.5 条，《上海证券交易所上市公司股东及董事、监事、高级管理人员减持股份实施细则》第十六条等有关规定。

处理结果：

2021 年 8 月 18 日，鉴于上述违规事实和情节，根据《科创板上市规则》第 14.2.2 条和《上海证券交易所纪律处分和监管措施实施办法》的有关规定，上海证券交易所科创板公司监管部做出如下监管措施决定：对 ZHTH 予以监管关注。

（2）根据《监管规则适用指引——上市类第 1 号》的规定：

上市公司重大资产重组中，交易对方拟就业绩承诺作出股份补偿安排的，应当确保相关股份能够切实用于履行补偿义务。如业绩承诺方拟在承诺期内质押重组中获得的、约定用于承担业绩补偿义务的股份（以下简称对价股份），重组报告书应当载明业绩承诺方保障业绩补偿实现的具体安排，包括但不限于就以下事项作出承诺：

业绩承诺方保证对价股份优先用于履行业绩补偿承诺，不通过质押股份等方式逃废补偿义务；未来质押对价股份时，将书面告知质权人根据业绩补偿协议上述股份具有潜在业绩承诺补偿义务情况，并在质押协议中就相关股份用于支付业绩补偿事项等与质权人作出明确约定。

上市公司发布股份质押公告时，应当明确披露拟质押股份是否负担业绩补偿义务，质权人知悉相关股份具有潜在业绩补偿义务的情况，以及上市公司与质权人就相关股份在履行业绩补偿义务时处置方式的约定。

独立财务顾问应就前述事项开展专项核查，并在持续督导期间督促履行相关承诺和保障措施。

专栏 11-2　违规案例：股东股权质押违反承诺

案例简介：

2017 年 7 月，ZJXC 以发行股份的方式向刘某等 27 名交易对方购买其合计持有的 SZXC100% 股权，山东 ZJTZ 控股有限公司、王某修、王某东作为 ZJXC 控股股东及实际控制人就保持 ZJXC 控制权承诺："本次交易实施完成后 60 个月内，承诺原则上不将本承诺人直接或间接持有的任何 ZJXC 股票进行质押融资或为第三方提供质押担保。如确因本承诺人或控制企业资金融通需求，需要进行质押，应确保本承诺人、本承诺人控制的企业和本承诺人之一致行动人合计持有的 ZJXC 股票中未质押部分所占股份比例在本次交易实施完成后 60 个月内的任何时候至少较刘某及其一致行动人届时合计持有的 ZJXC 股票所占股份比例高出 5%"。2021 年 3 月 11 日，ZJXC 披露的《关于申请向不特定对象发行可转换公司债券的第二轮审核问询函的回复》显示，2017 年 9 月至 11 月以及 2018 年 2 月至 2020 年 7 月间，山东 ZJTZ 控股有限公司、王某修、王某东及一致行动人合计持有的 ZJXC 股份中未质押部分占比与刘某及其一致行动人所持股份（含质押部分）占比差额低于 5%，违反了上述承诺。

山东 ZJTZ 控股有限公司、王某修、王某东的上述行为违反了深圳证券交易所《创业板股票上市规则（2014 年修订）》第 1.4 条、第 11.11.1 条，《创业板股票上市规则（2020 年 6 月修订）》第 1.4 条、第 8.6.1 条的规定。

处理结果：

2021 年 4 月 22 日，深圳证券交易所创业板公司管理部对山东 ZJTZ 控股有限公司、王某修、王某东发出的监管函。

（3）根据《证券质押登记业务实施细则》以及交易所相关热线问答，对于股份有限公司股权质押的关注总结以下几点：

①上市公司出现任一股东所持公司 5% 以上股份被质押的，应当及时

披露。公司如在股东股份质押手续尚未办完之前披露的，应在公告中说明该待办事宜，并在中国结算办理完毕质押手续后及时公告该进展情况。

②上市公司大股东的股权被质押的，该股东应当在该事实发生之日起2日内通知上市公司，并予以公告。

③上市公司并购重组业绩承诺方应保障业绩补偿义务实现的要求，不得通过质押股份等方式逃废补偿义务。

④根据《证券质押登记业务实施细则》等，质押当事人可以向中国结算申请，将质押登记状态“不可卖出质押登记”调整为“可卖出质押登记”。但仅限于出质证券为无限售流通股或流通债券、基金等流通证券，并以质押证券卖出所得优先偿付质权人，调整证券质押登记状态时须遵守相关法律法规、部门规章及相关业务规则的规定。

（4）根据《国务院关于进一步提高上市公司质量的意见》：

五、（九）积极稳妥化解上市公司股票质押风险。

坚持控制增量、化解存量，建立多部门共同参与的上市公司股票质押风险处置机制，强化场内外一致性监管，加强质押信息共享。强化对金融机构、上市公司大股东及实际控制人的风险约束机制。严格执行分层次、差异化的股票质押信息披露制度。严格控制限售股质押。支持银行、证券、保险、私募股权基金等机构参与上市公司股票质押风险化解（证监会、最高人民法院、人民银行、银保监会、国务院国资委等单位与各省级人民政府负责）。

（5）高比例质押

对于部分上市公司而言，高比例股权质押成为悬在头顶上的“达摩克利斯之剑”，特别是在市场去杠杆的大背景下尤其凸显。2017 年以来市场利率全面上行，考虑到经济预期偏弱，叠加金融机构对企业融资条件收紧，高质押比例股票更易面临流动性风险。当股价下跌触发警戒线和平仓线，引发市场恐慌抛售，又会形成恶性循环，导致更多股票质押触及平仓线。

2019 年 10 月 25 日，沪深交易所同步发布修订后的上市公司股东股份质押公告格式，旨在规范股票质押行为，强化股东信息披露义务，提示控股股东质押风险，切实维护中小投资者权益。根据修订要求，交易所以上市公司控股股东或第一大股东（以下合称控股股东）的质押比例50%和80%为设置质押风险分层的标准，并对不同层次提出了差异化信息披露要求。

其一，控股股东质押比例超过50%：

对于控股股东累计质押股份比例达到或超过50%的，监管要求其本次及后续每笔质押均需予以披露。在达到股份质押基本情况披露要求的基础上，要求详细披露：

①控股股东未来半年和一年内将到期的质押股份情况，并说明还款资金来源及资金偿付能力等安排；

②是否存在侵害上市公司利益的情形，如是则说明具体情况及解决措施及本次股份质押融资是否用于解决上述情形；

③控股股东质押事项对上市公司在生产经营、公司治理、业绩补偿义务履行等方面的影响。

其二，控股股东质押比例超过80%：

上市公司控股股东质押比例超过80%的，在履行前述披露义务的基础上，还需要进一步披露：

①控股股东本次质押所融资金的具体用途及预计还款资金来源；

②控股股东详细的资信情况；

③控股股东与上市公司交易情况，是否存在侵害上市公司利益的情形及解决措施；

④质押风险情况评估，如高比例质押的原因及必要性、拟采取的风险防范措施等信息。

根据2022年1月7日沪深交易所下发的修订后的《股票上市规则》（沪主板4.3.6、深主板4.3.6）：

上市公司董事、监事和高级管理人员应当关注公司控股股东及其一致行动人质押股份情况，按规定审慎核查、评估公司控股股东及其一致行动人的高比例质押行为可能对公司控制权和生产经营稳定性、股权结构、公司治理、业绩补偿义务履行等产生的影响。

11.2.1.2.2 上市公司国有股股权质押关注要点

根据《中华人民共和国财政部关于上市公司国有股质押有关问题的通

知》规定，关于上市公司国有股股权质押关注要点总结如下：

（1）质押股份为国有股东持有的，应遵守国有资产管理部门的有关规定，需提供在国有资产监督管理机构备案的《国有股东所持上市公司股份质押备案表》（如有）。

（2）各省、自治区、直辖市、计划单列市财政厅（局）应于每年1月31日前，将本地区上年度上市公司国有股质押情况上报财政部。具体内容包括：①国有股质押总量；②各国有股东授权代表单位国有股质押情况；③各国有股东授权代表单位国有股解除质押情况；④各国有股东授权代表单位国有股因质押被人民法院冻结、拍卖情况。

（3）国有股用于质押后，国有股东授权代表单位应当按时清偿债务。若国有股东授权代表单位不能按时清偿债务的，应当通过法律、法规规定的方式和程序将国有股变现后清偿，不得将国有股直接过户到债权人名下。

（4）国有股变现清偿时，涉及国有股协议转让的，应按规定报财政部核准；导致上市公司实际控制权发生变化的，质押权人应当同时遵循有关上市公司收购的规定。

（5）国有股东授权代表单位持有的国有股只限于为本单位及其全资或控股子公司提供质押。

（6）国有股东授权代表单位用于质押的国有股数量不得超过其所持该上市公司国有股总额的50%。

（7）国有股东授权代表单位以国有股进行质押，必须事先进行充分的可行性论证，明确资金用途，制订还款计划，并经董事会（不设董事会的由总经理办公会）审议决定。

11.2.1.2.3　证券公司股权质押特殊规定

根据《证券公司股权管理规定（2021年修正）》第二十五条的规定：

证券公司股东在股权锁定期内不得质押所持证券公司股权。股权锁定期满后，证券公司股东质押所持证券公司的股权比例不得超过所持该证券公司股权比例的50%。

股东质押所持证券公司股权的，不得损害其他股东和证券公司的利益，不得约定由质权人或其他第三方行使表决权等股东权利，也不得变相转移证券公司股权的控制权。

上市证券公司以及在股份转让系统挂牌的证券公司持有5%以下股权的股东不适用本条第一款规定。

专栏11－3　案例：证券公司股东质押率100%被责令改正

案例简介：

四川证监局在日常监管中发现，都江堰SDTZ有限责任公司持有上市公司HXZQ的股权5079.48万股，持股比例为1.94%。该部分股权在《证券公司股权管理规定》（证监会令第156号，以下简称《管理规定》）发布后质押到期并继续质押，质押率为100%，不符合《管理规定》第二十六条第一款及《关于实施〈证券公司股权管理规定〉有关问题的规定》（证监会公告〔2019〕16号）第二条第三款关于证券公司股东股权质押的相关规定。

处理结果：

2020年9月29日，根据《管理规定》第三十八条的规定，四川证监局决定对都江堰SDTZ有限责任公司采取责令改正的监督管理措施。

11.2.1.2.4　商业银行股权质押特殊规定

根据《中国银监会关于加强商业银行股权质押管理的通知》第三条的规定：

商业银行要通过完善章程等方式，对股东质押银行股权的行为提出规范要求，落实股东的责任与义务。

商业银行应在章程中明确以下内容：

（一）股东以本行股权出质为自己或他人担保的，应当严格遵守法律法规和监管部门的要求，并事前告知本行董事会。董事会办公室或董事会指定的其他部门，负责承担银行股权质押信息的收集、整理和报送等日常工作。

拥有本行董、监事席位的股东，或直接、间接、共同持有或控制本行

2%以上股份或表决权的股东出质本行股份，事前须向本行董事会申请备案，说明出质的原因、股权数额、质押期限、质押权人等基本情况。凡董事会认定对本行股权稳定、公司治理、风险与关联交易控制等存在重大不利影响的，应不予备案。在董事会审议相关备案事项时，由似出质股东委派的董事应当回避。

（二）股东完成股权质押登记后，应配合本行风险管理和信息披露需要，及时向本行提供涉及质押股权的相关信息。

（三）股东在本行借款余额超过其持有经审计的本行上一年度股权净值的，不得将本行股权进行质押。

（四）股东质押本行股权数量达到或超过其持有本行股权的50%时，应当对其在股东大会和派出董事在董事会上的表决权进行限制。

根据《商业银行股权管理暂行办法》第三十六条的规定：

商业银行主要股东应当及时、准确、完整地向商业银行报告以下信息：（一）自身经营状况、财务信息、股权结构；（二）入股商业银行的资金来源；（三）控股股东、实际控制人、关联方、一致行动人、最终受益人及其变动情况；（四）所持商业银行股权被采取诉讼保全措施或者被强制执行；（五）所持商业银行股权被质押或者解押；（六）名称变更；（七）合并、分立；（八）被采取责令停业整顿、指定托管、接管或撤销等监管措施，或者进入解散、破产、清算程序；（九）其他可能影响股东资质条件变化或导致所持商业银行股权发生变化的情况。

11.2.1.2.5 股权质押与短线交易、内幕交易、敏感期交易的关系

由于股权质押不涉及股票过户，实质上是质押式的担保融资行为。所以股权质押不属于“卖出”行为。故质押股权没有短线交易、内幕交易、敏感期交易的要求，也就是说到期融入方返还资金解除质押登记也不视为“买入”行为。

深交所热线问答（2014年8月18日）：

问：若上市公司董监高及持股5%以上的股东把其股票进行质押融资，质押期限到期后的回购交易是否算作买入行为？质押到期回购交易后6个月内卖出股票，是否构成短线交易？

答：股票质押式回购交易的购回交易是指融入方按约定返还资金，解除质押登记的行为，不视为买入证券。到期购回交易后6个月内卖出股票的，不构成短线交易。

11.2.1.2.6 股权质押其他关注要点

（1）公司不得接受本公司的股票作为质押权的标的。根据《公司法》第一百四十三条的规定：

记名股票被盗、遗失或者灭失，股东可以依照《中华人民共和国民事诉讼法》规定的公示催告程序，请求人民法院宣告该股票失效。人民法院宣告该股票失效后，股东可以向公司申请补发股票。

（2）根据《最高人民法院关于适用〈中华人民共和国公司法〉若干问题的规定（三）》第二十五条的规定：

名义股东将登记于其名下的股权转让、质押或者以其他方式处分，实际出资人以其对于股权享有实际权利为由，请求认定处分股权行为无效的，人民法院可以参照物权法第一百零六条的规定处理。

名义股东处分股权造成实际出资人损失，实际出资人请求名义股东承担赔偿责任的，人民法院应予支持。

11.2.1.3 股票质押式回购

11.2.1.3.1 股票质押式回购的概念

上市公司股票质押可以分为场内、场外两种交易模式。场内交易，又称股票质押式回购交易，是一种标准化的证券交易，根据沪深交易所《股票质押式回购交易及登记结算业务办法》的规定，股票质押回购具体是指融入方将持有的股票质押，向符合条件的登记在交易所的资金融出方（证券公司或其成立的资管计划等）融入资金，未来返还资金、解除质押的交易。通俗而言，除质押式回购交易外，其他在中证登办理、登记的股票质押业务，均属场外交易。

11.2.1.3.2 股票质押式回购的相关要求

沪深交易所《股票质押式回购交易及登记结算业务办法》对资金融入方和资金融出方等相关内容做出了详细要求，如表11－8所示。

表 11－8　　股票质押式回购的一般要求表

相关内容	具体规定
质押回购的标的证券	股票质押回购的标的证券为交易所上市交易的 A 股股票和中国结算认可的证券。 标的证券质押或处置需要获得国家相关主管部门的批准或备案的，融入方应遵守相关法律法规的规定，事先办理相应手续，并由证券公司核查确认。
质押回购的回购期限	股票质押回购的回购期限不超过 3 年（深交所附加规定：回购到期日遇非交易日顺延等情形除外）。
质押回购的交易时间	深交所：股票质押回购的交易时间为每个交易日的 9：15 至 11：30、13：00 至 15：30 上交所：股票质押回购的交易时间为每个交易日的 9：15 至 9：25、9：30 至 11：30、13：00 至 15：00。
股票质押率的上限	股票质押率上限不得超过 60%。质押率是指初始交易金额与质押标的证券市值的比率。
对于融入方相关交易金额额度的确认	《股票质押式回购交易及登记结算业务办法》施行前融入方已参与股票质押式回购交易且任一笔初始交易金额达到 500 万元的，无论该笔交易是否已了结，《股票质押式回购交易及登记结算业务办法》施行后该融入方每笔初始交易金额不得低于 50 万元； 《股票质押式回购交易及登记结算业务办法》施行前融入方已参与股票质押式回购交易且初始交易金额均低于 500 万元的，无论交易是否已了结，《股票质押式回购交易及登记结算业务办法》施行后该融入方首笔初始交易金额不得低于 500 万元，此后每笔初始交易金额不得低于 50 万元。
质押证券不足的情况规定	融入方可用质押证券不足的，不办理该笔交易的资金交收和证券质押或解除质押，对单笔交易不进行部分交收处理。
已质押的证券以及司法冻结的证券相关规定	除违约处置外，融入方不得将已质押登记的标的证券申报卖出或另作他用。 融入方证券账户内相应标的证券已被司法机关冻结的，中国结算公司不进行转托管及质押状态调整。
股票涉及业绩承诺股份补充的情况规定	融入方所持有股票涉及业绩承诺股份补偿协议的，在相关业绩承诺履行完毕前，证券公司不得允许集合资产管理计划或者定向资产管理客户作为融出方参与相应股票质押回购。

11.2.1.3.3 股票质押式回购的关注要点

根据沪深交易所《股票质押式回购交易及登记结算业务办法》的相关规定：

（1）证券公司应当依据标的证券资质、融入方资信、回购期限、第三方担保等因素确定和调整标的证券的质押率上限。

（2）证券公司作为融出方的，单一证券公司接受单只A股股票质押的数量不得超过该股票A股股本的30%。集合资产管理计划或定向资产管理客户作为融出方的，单一集合资产管理计划或定向资产管理客户接受单只A股股票质押的数量不得超过该股票A股股本的15%。因履约保障比例达到或低于约定数值，补充质押标的证券导致超过上述比例的情况除外。

（3）证券公司应当加强标的证券的风险管理，在提交初始交易申报前，应通过中国结算指定渠道查询相关股票市场整体质押比例信息，做好交易前端检查控制，该笔交易不得导致单只A股股票市场整体质押比例超过50%（因履约保障比例达到或低于约定数值，补充质押导致超过上述比例或超过上述比例后继续补充质押的情况除外）。

11.2.1.3.4 违约合约展期安排的相关规定

2019年1月18日，沪深两所同步发布《关于股票质押式回购交易相关事项的通知》，鼓励和帮助市场主体特别民营上市公司主动化解质押风险，为上市公司股东纾解股票质押困境创造良好市场环境。

该项规定优化了违约合约展期安排，以存量延期方式缓解融入方还款压力，融入方违约且确需延期以纾解其信用风险时，若累计回购期限已满或将满3年，经交易双方协商一致，延期后累计的回购期限可以超过3年。

同时，该项规定明确了旨在解决合约违约而新增交易的特别安排，以新增交易方式缓解融入方流动性压力，对于新增股票质押回购融入资金全部用于偿还违约合约债务的，可不适用现行股票质押回购业务办法关于单一融出方及市场整体质押比例上限、资管计划不得作为融出方参与涉及业绩承诺股票质押回购限制及质押率上限等条款。

11.2.1.3.5 通过协议转让方式进行股票质押式回购交易违约处置

2020年4月17日，沪深交易所同步出台《关于通过协议转让方式进行股票质押式回购交易违约处置相关事项的通知》（以下简称《通知》），对通过协议转让方式进行股票质押式回购交易违约处置相关事项予以明确。

（1）适用范围与条件

《通知》明确了可以采用协议转让方式进行股票质押式回购违约处置。其中，符合一定条件的股票质押回购违约处置协议转让，可以向交易所申请依据《通知》规定执行；其余情形的股票质押回购违约处置，也可以采取协议转让的方式进行，具体要求参照交易所协议转让一般规定执行。上述符合条件的股票质押回购违约处置情形指：

①拟转让股票为股票质押式回购交易初始交易或者合并管理的补充质押股票，且拟转让股票质押登记已满 12 个月；

②提交协议转让申请时，该笔交易出质人为对应上市公司持股 2% 以上的股东；

③不存在《深圳证券交易所上市公司股份协议转让业务办理指引》《上海证券交易所上市公司股份协议转让业务办理指引》（以下统称《办理指引》）规定的不予受理情形。

（2）降低转让比例与转让价格下限

本次《通知》对于股票质押处置协议转让的转让比例与转让价格下限都有较大幅度的放宽，即将转让比例下限由单个受让方受让比例不低于 5% 降至 2%，同时转让价格下限由不低于协议签署日前一交易日股票收盘价的 90% 降至 70%。通过协议转让方式进行股票质押式回购交易违约处置的比较如表 11－9 所示。

表 11－9　通过协议转让方式进行股票质押式回购交易违约处置的比较

	可申请适用《通知》办理质押处置协议转让的	一般协议转让规定
适用规则	《关于通过协议转让方式进行股票质押式回购交易违约处置相关事项的通知》	《深圳证券交易所上市公司股份协议转让业务办理指引》《上海证券交易所上市公司股份协议转让业务办理指引》

续表

	可申请适用《通知》办理质押处置协议转让的	一般协议转让规定
转让比例	单个受让方的受让比例不低于公司股份总数的2%，转让双方存在实际控制关系、均受同一控制人所控制及法律法规等另有规定的除外。	《深圳证券交易所上市公司股份协议转让业务办理指引》 第七条 上市公司股东通过协议转让方式转让股份的，单个受让方的受让比例不得低于5%，转让双方存在实际控制关系、均受同一控制人所控制、有权机关认定或者法律法规另有规定的除外。
		《上海证券交易所上市公司股份协议转让业务办理指引》 第六条 转让双方申请办理协议转让，应当符合以下要求：（四）单个受让方的受让比例不低于上市公司总股本的5%，转让双方存在实际控制关系、均受同一控制人所控制及法律法规、本所业务规则另有规定的除外。
转让价格	股票质押回购违约处置协议转让的转让价格，不得低于转让协议签署日前一交易日股票收盘价格的70%。	《深圳证券交易所上市公司股份协议转让业务办理指引》 第十条 上市公司股份协议转让应当以协议签署日的前一交易日转让股份二级市场收盘价为定价基准，转让价格范围下限比照大宗交易的规定执行法律、行政法规、部门规章、规范性文件及本所业务规则等另有规定的除外（《深圳证券交易所交易规则》3.6.4 有价格涨跌幅限制证券的协议大宗交易的成交价格，在该证券当日涨跌幅限制价格范围内确定）。
		《上海证券交易所上市公司股份协议转让业务办理指引》 第六条 转让双方申请办理协议转让，应当符合以下要求：（五）股份转让价格不低于转让协议签署日（当日为非交易日的顺延至次一交易日）公司股份大宗交易价格范围的下限，法律法规、本所业务规则另有规定的除外（《上海证券交易所交易规则》3.7.10 有价格涨跌幅证券的成交申报价格，由买方和卖方在当日价格涨跌幅限制范围内确定）。

11.2.2 股权冻结关注事项

根据《关于查询、冻结、扣划证券和证券交易结算资金有关问题的通知》第12条第1款规定，冻结证券的期限不得超过2年，冻结交易结算资金的期限不得超过 6 个月。

根据《最高人民法院关于适用〈中华人民共和国民事诉讼法〉的解释》第 487 条第 1 款规定，人民法院冻结被执行人的银行存款的期限不得超过 1 年，查封、扣押动产的期限不得超过 2 年，查封不动产、冻结其他财产权的期限不得超过 3 年。

根据《关于冻结、拍卖上市公司国有股和社会法人股若干问题的规定》以及相关热线问答就股权冻结关注事项总结以下几点：

（1）已办理司法冻结的股份不得再申请办理质押登记。

（2）已经办理了股权质押登记的股权，如果法院要求冻结，证券登记结算机构应当协助法院办理冻结手续。

（3）已做质押登记的证券被司法冻结的，需由原司法机关解除司法冻结后，本公司方可为其办理重新质押登记手续。

2021 年 3 月 6 日，最高法院、最高检察院、公安部、证监会联合发布《关于进一步规范人民法院冻结上市公司质押股票工作的意见》，自 2021 年 7 月 1 日起实施。《意见》的主要目的是，在不损害案件债权人合法权益的基础上，使已冻结质押股票的变价方式尽可能回归到市场化运行规则上来，最大限度降低执行措施对质押股票市场产生的影响。允许质权人自行变价股票实现质押债权，不仅有利于质权人及时实现债权，而且在质权人实现质押债权解除质押后，也能为后续人民法院执行已解除质押股票提供便利条件。上市公司依照相关规定披露股票被冻结的情况时，应当如实披露人民法院案件债权额及执行费用、已在系统中被标记股票的数量，以及人民法院需要冻结的股票数量、冻结期限等信息。

专栏 11－4　案例：股权冻结信披不及时

案例简介：

2021 年 12 月 29 日，XXNY 披露的《关于控股股东部分股份解除质押等事项的公告》显示，因 NHSHPTZH、NHWXFH 的合同纠纷，2021 年 1 月 4 日，QCTZ 所持有的上市公司 160000000 股的股票被司法冻结，被冻结股份占上市公司总股本比例达 11.83%。QCTZ 未能及时履行信息披露义务，迟至2021年12月29日才予以披露上述事项。

QCTZ的上述行为违反了《股票上市规则（2020年修订）》第1.4条、第2.3条、第11.11.5条的规定。

处理结果：

2021年12月29日，深圳证券交易所上市公司管理一部对QCTZ发出监管函。

11.2.3 股权拍卖关注事项

根据《关于冻结、拍卖上市公司国有股和社会法人股若干问题的规定》就股权拍卖关注事项总结以下几点：

（1）拍卖股权之前，人民法院应当委托具有证券从业资格的资产评估机构对股权价值进行评估。资产评估机构由债权人和债务人协商选定。

（2）对股权拍卖，人民法院应当委托依法成立的拍卖机构进行。

（3）拍卖机构的选定不能达成一致意见的，由人民法院召集债权人和债务人提出候选评估机构，以抽签方式决定。

（4）股权拍卖过程中，竞买人已经持有的该上市公司股份数额和其竞买的股份数额累计不得超过该上市公司已经发行股份数额的30%。如竞买人累计持有该上市公司股份数额已达到30%仍参与竞买的，须依照《证券法》的相关规定办理，在此期间应当中止拍卖程序。

11.2.4 股权设定信托关注事项

依据《信托法》第七条的规定，设立信托，必须是委托人合法所有的财产，财产包括财产权利。股权系一种由《公司法》明确规定的合法财产权利，委托人可以将股权委托给受托人设立信托。

信托财产既是信托法律关系赖以建立和存续的物质载体，也是信托目的得以实现的物质前提。按照信托法律关系的构造，信托一旦有效设立，信托财产就形成一个独立的、闭合的财产体，它既独立于委托人的财产，也独立于受托人的固有财产，又独立于受益人的财产。除法律规定外，人民法院不得对信托财产强制执行。

上市公司股东将所持有的上市公司股份设立信托时还应注意以下事项：

（1）伞形信托由不同劣后委托人操作，但名义上由信托公司以信托计划的名义持股，此种情况下，如果持有上市公司股票超过5%，根据现行规定，任一投资者及其一致行动人通过直接持股、间接持股或资产管理等方式，在一家上市公司拥有权益（含仅拥有股份表决权）的股份比例达到规定比例的，应当履行信息披露义务，信托公司需要进行信息披露。信托公司虽名义持股却不能具体说明委托人、委托事由、股份表决权行使等受托情况的，应当合并计算其名下所持的上市公司股份。同一信托公司设立的不同信托计划所持同一上市公司股份，如无反证，应当合并计算，履行《上市公司收购管理办法》规定的权益变动披露义务。

（2）上市公司的控股股东作为委托人，将货币资金交付给受托人（信托公司）设立他益信托，由上市公司董监高和大股东作为信托的受益人，受托人按照委托人的意愿对上市公司股票进行买入或卖出，并将买入或卖出所获得的收益部分作为信托收益分配给上市公司董监高及大股东。信托公司按照委托人的意志买卖股票，应视为委托人买卖股票行为，委托人应遵守股份增减持（包括短线交易、敏感期交易限制等）的现行规定。该委托人应当将该股份与自身拥有的上市公司股份合并计算，履行《上市公司收购管理办法》规定的股权收购、权益变动披露义务。

（3）上市公司董监高及大股东在信托中虽仅作为受益人，但可向委托人申请分配信托收益，委托人接受受益人申请后向受托人发送变现指令，由受托人将信托所持上市公司股票全部或部分变现，并将变现的信托资金全部分配给受益人。在此情况下，上市公司董监高及大股东对信托有一定控制权，那么因上市公司董监高及大股东变现申请致使信托所持上市公司股票发生增持或减持的，如受益人可向信托公司发出买卖股票指令的，应视为受益人买卖股票行为，受益人应遵守股份增减持（包括短线交易、敏感期交易限制等）的现行规定。相关受益人应当将该股份与自身拥有的上市公司股份合并计算，履行《上市公司收购管理办法》规定的股权收购、权益变动披露义务。

11.3 股权质押、设定信托操作指南

11.3.1 办理程序

因股份冻结、拍卖为上市公司被动接受的情形，不存在上市公司主动办理的操作指南，上市公司需依照相关信息披露要求进行披露即可。本节主要论述质押、设立信托的办理程序。

11.3.1.1 证券质押登记、解除质押登记业务流程

（1）到结算分公司营业大厅办理（见图 11－1）。

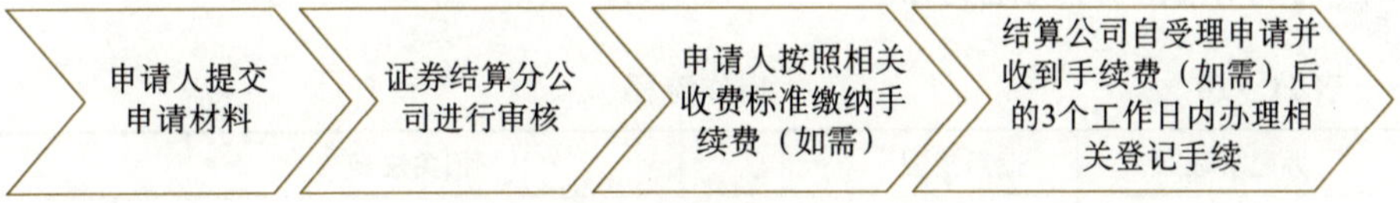

图 11－1　结算分公司营业大厅办理流程

（2）委托证券公司远程办理（见图 11－2）。

图 11－2　委托证券公司远程办理流程

11.3.1.2 股票质押回购业务流程

股票质押回购业务流程如图 11－3 所示。

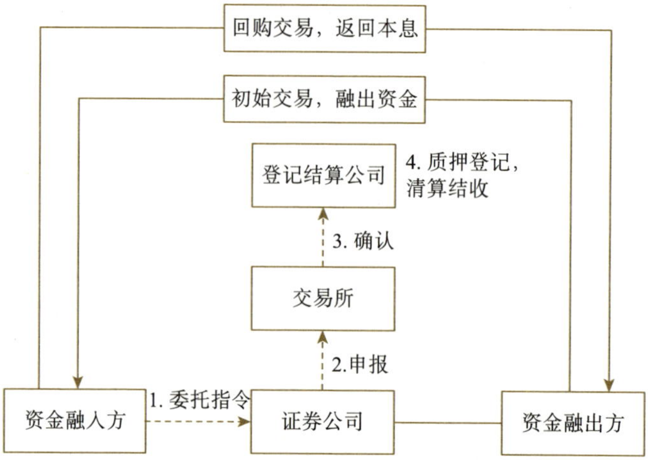

图 11－3　股票质押回购业务流程

表 11－10 中的相关规定表明了办理证券质押/解除质押登记、股票质押回购等业务的操作流程，包括办理资料、办理方式、办理人、办理程序等，详细内容在此不一一列举。具体办理手续以中国证券登记结算有限责任公司的相关文件规定为准。

表 11－10　　操作流程

办理事项	适用范围	相关法规
质押登记、解除质押登记事项	上交所、深交所、北交所	《证券质押登记业务实施细则》 《中国证券登记结算有限责任公司上海分公司营业大厅业务指南》之证券质押登记业务 《中国证券登记结算有限责任公司深圳分公司证券质押业务指南》 《中国证券登记结算有限责任公司北京分公司投资者业务指南》
股权冻结、拍卖事项	上交所、深交所	《关于冻结、拍卖上市公司国有股和社会法人股若干问题的规定》
股票质押回购	上交所、深交所	《股票质押式回购交易及登记结算业务办法》（沪市） 《股票质押式回购交易及登记结算业务办法》（深市）
上市公司国有股质押登记事项	上市公司国有股	《中华人民共和国财政部关于上市公司国有股质押有关问题的通知》

根据沪深交易所《关于通过协议转让方式进行股票质押式回购交易违约处置相关事项的通知》规定，办理股票质押回购违约处置协议转让，应当向交易所提交以下文件：

①转让方（出质人）与质权人、受让方就质押股票的协议转让签订的书面协议；

②证券公司出具的该笔股票质押式回购交易已进入违约处置程序、拟转让股票质押登记已满12个月及相关违约处置安排的说明，并承诺已核查该协议转让符合本通知要求，协议转让申请真实、合法、合规；

③转让双方及质权人出具的书面承诺函，承诺协议转让符合本通知要求，协议转让申请真实、合法、合规；

④其他申请文件。

11.3.1.3 设立信托流程

股权信托具有投资和管理职能，其应用正是其职能的具体发挥。基本的持股股权信托主要有两种，一种是股权管理信托，即委托人把自己合法拥有的公司股权转移给受托人管理和处分，它主要体现在员工持股计划和企业并购以及破产清偿等一些特殊目的项目之中；另一种是股权投资信托，即委托人先把自己合法拥有的资金信托给受托人，然后由受托人将信托资金投资于公司股权并进行管理、运用和处分。

（1）股权管理信托操作流程

①公司原股东作为委托人，将其持有的企业股权，委托给信托公司，设立股权信托；

②委托人在股权信托中指定受益人，受益权份额也由委托人确定；

③信托公司作为持股载体，通过工商登记程序，成为公司股东；

④公司将股权红利分配给信托公司；信托公司代为行使股东权利；

⑤信托公司履行信托合同，按受益人名册记载的受益人、信托受益权份额和比例将信托收益分配至每个受益人的账户，同时负责管理股权。

（2）股权投资信托操作流程

①委托人将自有资金委托给信托公司，并指定受益人；

②信托公司以自己的名义，将聚集的资金出资至新公司或购买原股东

股权；通过办理工商变更登记，信托公司成为公司股东；

③公司分配红利给信托公司；

④在信托收益分配时，信托公司将信托收益分配给受益人。

在这种操作流程中，因交付的信托财产为资金，信托公司在信托资金运用过程中需要增加出资或购买原股东股权的过程，其他与股权管理信托相同。

11.3.2 信息披露要求

（1）根据沪深北交易所《股票上市规则》的规定，任一股东所持上市公司5%以上股份被质押、冻结、司法拍卖、托管、设定信托或者被依法限制表决权时，应当立即通知公司并配合其履行信息披露义务。

专栏 11－5 案例：MYTX 关于股东股权质押的公告

MYTX 大股东 TTD 函告，其所持有的公司股份被质押，具体事项如下：

股东名称	TTD
是否为第一大股东及一致行动人	否
质押股数	70000000 股
质押开始日期	2017 年 12 月 14 日
质押到期日	2019 年 12 月 13 日
质权人	SWHY 证券有限公司
本次质押占 TTD 所持股份比例	100.00%
用途	股票质押式回购交易融入资金归还其他金融机构借款

截至公告披露日，TTD 持有公司股份总数 70000000 股，全部是无限售条件股份，占公司总股本的比例为 11.26%。其持有的公司股份累计被质押的数量为 70000000 股，占公司总股本的 11.26%。

（2）根据《上市公司股东、董监高减持股份的若干规定》第十二条规定，上市公司大股东的股权被质押的，该股东应当在该事实发生之日起 2 日内通知上市公司，并予公告。较多公司从严遵守了上述规定。

专栏 11－6　案例：HNSY 关于公司 5%以上股东股权质押的公告

HNSY 5%以上股东百盛投资函告，其所持有的公司股份被质押，具体事项如下：

一、股东股份质押的基本情况

1. 本次股份质押的基本情况

股东名称	是否为第一大股东及一致行动人	本次质押数量（万股）	占其所持股份比例	占公司总股本比例	是否为限售股	是否为补充质押	质押起始日	质押到期日	质权人	用途
百盛投资	否	260	43.33%	3.06%	首发限售股	否	2020 年 4 月 23 日	至办理解除质押登记之日为止	国金证券股份有限公司	借款给其他公司生产经营

百盛投资本次质押股份不存在负担重大资产重组等业绩补偿义务的情况。

2. 股东股份累计质押的情况

截至公告披露日，百盛投资所持质押股份情况如下：

股东名称	持股数量（万股）	持股比例	本次质押前质押股份数量	本次质押后质押股份数量（万股）	占其所持股份比例	占公司总股本比例	已质押股份情况		未质押股份情况	
							已质押股份限售和冻结数量	占已质押股份比例	未质押股份限售和冻结数量	占未质押股份比例
百盛投资	600	7.07%	0	260	43.33%	3.06%	260	100%	340	100%
合计	600	7.07%	0	260	43.33%	3.06%	260	100%	340	100%

专栏 11－7　案例：控股股东股份质押未及时披露被交易所监管

案例简介：

经查，上海监管局发现朱某存在以下问题：

朱某作为上市公司 QZGF 控股股东兼时任董事长，持有 31.06% 的公司股份。2018 年 10 月，朱某分 6 次合计将所持有的 QZGF 1829 万股质押给国信证券股份有限公司，质押股份占公司总股本的 3.40%。其中，2018 年 10 月 16 日分两笔分别质押 250 万股和 26 万股，同月 18 日分 3 笔分别质押 400 万股、145 万股、353 万股，同月 25 日质押 655 万股。朱某未及时将前述股份质押事项告知公司，导致公司迟至 2019 年 1 月 16 日才披露上述股份质押信息。

朱某的上述行为违反了《上市公司信息披露管理办法（2007 年）》（证监会令第 40 号）第四十六条第一款第四项、《上市公司股东、董监高减持股份的若干规定》（证监会公告〔2017〕9 号）第十二条第一款的相关规定。

处理结果：

2019 年 7 月 19 日，按照《上市公司信息披露管理办法（2007 年）》（证监会令第 40 号）第五十九条第三项的规定，上海监管局对朱某采取出具警示函的行政监管措施。

（3）根据深交所的热线问答：股东单笔质押没超过 5%，但累计质押达到或超过 5% 时，应当公告。达到 5% 之后，无论后续新增单笔质押比例多少，累计质押比例均会超过 5%，故质押比例达到 5% 后的每笔质押都需要披露。如上市公司拒不披露相关信息，股东可以向本所或证监会及其派出机构投诉举报。

专栏 11－8　案例：GDHW 关于控股股东部分股权质押的公告

GDHW 控股股东 GDDQ 将其所持有的公司部分股份进行了股票质押。GDDQ 持有公司 38.32% 的股权，为公司控股股东，黄某持有 GDDQ 97% 的股权，为公司实际控制人，故双方为一致行动人。截至目前，GDDQ 及黄某合计所持公司股份质押的比例已累计达到 5%，具体情况如下：

股东名称	是否为第一大股东及一致行动人	质押股数（股）	质押开始日期	质押到期日	质权人	本次质押占其所持股份比例	用途
GDDQ	是	2650000	2017 年 4 月 27 日	2018 年 4 月 27 日	PAXT 有限责任公司	1.11%	融资
	是	7250000	2017 年 8 月 24 日	2018 年 8 月 24 日	XDZQ 股份有限公司	3.03%	融资
黄某	是	3840000	2016 年 9 月 1 日	2017 年 9 月 1 日	CJZQ（上海）资产管理有限公司	2.16%	融资
	是	3840000	2016 年 11 月 23 日	2017 年 11 月 23 日	CJZQ（上海）资产管理有限公司	2.16%	融资
	是	3840000	2017 年 1 月 19 日	2018 年 1 月 19 日	CJZQ（上海）资产管理有限公司	2.16%	融资
	是	3300000	2017 年 3 月 27 日	2018 年 3 月 27 日	PAXT 有限责任公司	1.85%	融资
	是	5300000	2017 年 4 月 27 日	2018 年 4 月 27 日	PAXT 有限责任公司	2.98%	融资
	是	1500000	2017 年 5 月 17 日	2018 年 5 月 17 日	PAXT 有限责任公司	0.84%	融资
	是	3840000	2017 年 8 月 4 日	2018 年 8 月 4 日	CJZQ（上海）资产管理有限公司	2.16%	融资
合计		35360000	—			18.45%	—

（4）国有股东授权代表单位将其持有的国有股用于银行贷款和发行企业债权质押，应当按照证券市场监管和国有股权管理的有关规定履行信息披露的义务。

（5）根据沪深交易所《关于通过协议转让方式进行股票质押式回购交易违约处置相关事项的通知》的规定，转让双方在申请办理股票质押回购违约处置协议转让前，应当及时通过上市公司披露本次协议转让事项的提示性公告。提示性公告的内容至少应当包括：

①本次协议转让概述，转让双方基本情况，转让协议主要内容；

②本次转让是否违反承诺或法律法规、部门规章、规范性文件等规定；

③本次转让是否存在承诺变更、豁免或承接情况；

④本次转让对公司生产经营和控制权稳定的影响；

⑤当事人认为应当说明的其他事项及本所要求的其他内容。

转让双方因持有上市公司股份的权益发生变动达到《上市公司收购管理办法》或本所相关规定确定的标准的，还应当按照相关规定履行信息披露义务。

11.3.3 公告格式指引

11.3.3.1 股份质押

沪深交易所对于股东股份质押公告的信息披露要求主要包括以下 5 个方面：

11.3.3.1.1 披露要素

以表格形式披露股东股份质押的相关要素，应披露股份质押的基本情况包括股东名称、是否为控股股东、本次质押股数、是否为限售股、是否补充质押、质押起始日、到期日、质权人、质押比例、质押用途等，其中：

（1）如有多名股东、多笔质押的，应逐笔分开披露；

（2）质押用途应明确具体类型，包括但不限于支持上市公司生产经营、个人消费、偿还债务、自身生产经营、股权类投资、债权类投资、不动产投资、二级市场证券投资、委托理财、补充质押、其他（请注明具体类型）等；

（3）对于股东拟质押股份具有潜在业绩补偿义务的情况，需披露质权人知悉情况以及在履行业绩补偿义务时处置方式；

（4）需披露股东及其一致行动人累计质押情况。

11.3.3.1.2 对控股股东或第一大股东及其一致行动人高比例股份质押的信披要求

将控股股东或第一大股东及其一致行动人股份质押比例50%、80%作为质押风险分层标准，设置差异化的披露要求。

（1）控股股东或第一大股东及其一致行动人累计质押股份比例超过50%的，须披露未来半年内和1年内分别到期的质押股份累计数量、占其所持股份比例、占公司总股本比例、对应融资余额，并说明资金偿还能力、还款资金来源等，是否存在侵占公司利益情形，以及对上市公司生产经营、公司治理、业绩补偿义务履行等的影响。

（2）控股股东或第一大股东及其一致行动人累计质押比例超过80%的，还应进一步披露质押融资具体用途及预计还款资金来源，股东资信情况，高比例质押原因及必要性，与上市公司资金往来、关联交易、对外担保等重大利益往来情况。

如果公司的控股股东或第一大股东及其一致行动人质押比例达到或即将达到50%、80%的，需要尤为关注对应情形下的披露要求。

11.3.3.1.3 明确股东股份质押延期的披露要求

（1）明确上市公司股东及其一致行动人所持公司5%以上的质押股份发生延期等变化的，应当说明发生延期等变化的主要原因，是否具备履约能力。

（2）涉及控股股东或第一大股东的（深交所包括一致行动人），还应说明是否存在平仓风险、对上市公司的影响以及拟采取的防范应对措施等。

11.3.3.1.4 解质或解冻披露要素

上交所规定：以表格形式全面细化股东解质或解冻的披露要素，明确要求应披露股东名称、本次解质（解冻）股份、解质（解冻）比例、解质（解冻）时间、持股数量及比例、剩余被质押（被冻结）股份数量及比例等要素。还需说明本次解质（解冻）股份是否用于后续质押及其具体情况。

深交所规定：以表格形式全面细化股东解质、解冻或拍卖的披露要素，明确要求应披露股东名称、是否为控股股东、本次解质（解冻、拍卖）股份、占其所持股份比例、占公司总股本比例、起始时间、解除时间、质权人（申请人）等要素。

11.3.3.1.5 增加股份出现被强制平仓或强制过户风险时的披露要求，并对控股股东或第一大股东及其一致行动人相关风险引入“第三方”核查机制

（1）细化当股东及其一致行动人所持公司5%以上股份出现被强制平仓或强制过户风险时的披露要点；

（2）及时披露平仓风险或被强制过户风险的后续进展情况，包括解除平仓风险或被强制过户风险的情况，被强制平仓或强制过户情况等；

（3）对控股股东或第一大股东及其一致行动人存在股份被强制平仓或强制过户风险的，引入“第三方”核查机制，要求公司董事会、监事会、独立董事及处于持续督导期的保荐机构和财务顾问就上述风险是否可能导致上市公司实际控制权或第一大股东发生变更及可能对上市公司产生的影响，进行核查并发表意见。

北交所的披露要点相对简化：

①说明本次质押的股数及所占公司总股本的比例，质押股份的限售情况，质押的起止期限，质押发生的原因，质押股东名称或姓名，质押权人名称或姓名，质押权人与质押股东是否存在关联关系，在中国结算办理质押登记的情况，并分析质押对公司的影响等情况，说明质押是否可能导致公司控股股东或者实际控制人发生变化。

②质押股东是控股股东、实际控制人及其一致行动人的，应说明股份质押的目的、资金偿还能力、可能引发的风险及应对措施等；押股股份占其所持股份的比例达到50%以上，以及之后质押股份的，还应说明质押股份情况、质押融资款项的最终用途及资金偿还安排。

③持续督导期间，控股股东、实际控制人及其一致行动人质押公司股

份比例超过所持股份 80% 的或者被强制处置的，以及控股股东、实际控制人所持股份被司法冻结且可能导致控制权发生变动的，公司应披露保荐机构、保荐代表人就相关事项对公司控制权稳定和日常经营的影响、是否存在侵害公司利益的情形以及其他未披露重大风险等事项的结论性意见。

11.3.3.2 股份冻结

沪深交易所对于股东股份冻结公告的信息披露要求主要包括以下两个方面：

11.3.3.2.1 披露要素

以表格形式披露股东冻结的相关要素，应披露股份冻结的基本情况包括股东名称、是否为控股股东、冻结股份数量、冻结比例、是否为限售股、冻结起始日、到期日、增加了冻结申请人、冻结原因等披露要素。还需披露股东及其一致行动人累计冻结情况。

根据深交所规定，对于冻结的股份是否为限售股无明确披露要求。同时，与上交所相比，深交所还增加了对拍卖人的披露要求。

11.3.3.2.2 提示控股股东或第一大股东及其一致行动人大比例股份冻结相关风险

对控股股东或第一大股东及其一致行动人涉及以下 3 种冻结情形有更高的信披要求：

（1）股份冻结比例达 50% 以上；

（2）股份冻结数量占公司总股本比例达 30% 以上；

（3）股份冻结可能导致上市公司控制权发生变动。

根据深交所规定，本条规定还适用于上市公司股份拍卖的披露。

北交所的披露要点相对简化：

①说明本次司法冻结的股数及所占公司总股本的比例，冻结股份的限售情况，司法冻结的起止期限、发生原因、在中国结算办理司法冻结登记的情况，并分析司法冻结对公司的影响等情况，说明司法冻结是否可能导致公司控股股东或者实际控制人发生变化。

②被冻结人是控股股东、实际控制人及其一致行动人的，还应当披露以下事项：股份被冻结对公司控制权稳定和日常经营的影响；是否存在侵

害公司利益的情形以及其他未披露重大风险；被冻结人拟采取的应对措施等。

上交所、深交所、北交所公告格式如表11－11所示。

表11－11　沪深北交易所公告格式

板块	公告格式指引	颁布时间
沪主板	上海证券交易所上市公司自律监管指南第1号——公告格式 第四十六号——上市公司股份质押（冻结、解质、解冻）公告	2019年10月25日
科创板	科创板日常信息披露公告格式第十八号——科创板上市公司股份质押（冻结、解质、解冻）公告	2022年1月7日
深主板	深圳证券交易所上市公司自律监管指南第2号——公告格式 其他事项类第9号 上市公司股东股份质押（冻结或拍卖等）的公告格式	2022年1月7日
创业板	创业板信息披露公告格式第37号——上市公司股东股份质押（冻结或拍卖等）的公告格式	2022年1月7日
北交所	北交所上市公司持续监管临时公告格式模板第39号——上市公司股权质押、司法冻结、解除质押、解除冻结公告格式模板	2021年11月12日

11.4　违规股权质押、冻结、拍卖或设定信托的监管

根据《上市公司信息披露管理办法（2021年修订）》第五十二条的规定：

信息披露义务人及其董事、监事、高级管理人员违反本办法的，中国证监会为防范市场风险，维护市场秩序，可以采取以下监管措施：

（一）责令改正；

（二）监管谈话；

（三）出具警示函；

（四）责令公开说明；

（五）责令定期报告；

（六）责令暂停或者终止并购重组活动；

（七）依法可以采取的其他监管措施。

11.4.1 质押信披违规监管

专栏 11－9 案例：股权质押相关进展未及时披露被出具警示函

案例简介：

HQJQ 系持有 HMJT 5%以上股份的大股东，2017 年 10 月至 2018 年 6 月期间，HQJQ 多次质押所持 HMJT 股份，但未将上述股份质押情况及时告知 HMJT 并配合履行临时公告信息披露义务，直至 2018 年 6 月 26 日才予以披露。

HQJQ 上述行为违反了《上市公司信息披露管理办法》（证监会令第 40 号，下同）第四十六条第一款第二项的规定。

处理结果：

2021 年 8 月 10 日，根据《上市公司信息披露管理办法》第五十九条的规定，深圳证监局决定对 HQJQ 采取出具警示函的监管措施。

11.4.2 冻结信披违规监管

专栏 11－10 案例：股份冻结未及时披露被采取行政监管措施

案例简介：

TXGF 控股股东、实际控制人徐某所持公司股份于 2021 年 4 月 27 日、5 月 24 日、7 月 20 日、10 月 13 日被陆续冻结，且冻结比例于 5 月 24 日超过了公司总股份的 5%。公司仅在 2021 年 8 月 28 日披露的《2021 年半年度报告》和 2021 年 10 月 27 日披露的《2021 年三季度报告》中披露了相关冻结情况，未及时履行信息披露义务，徐某未及时配合公司履行信息披露义务。

处理结果：

2021 年 12 月 21 日，根据《上市公司信息披露管理办法》（2007 年）第五十九条和《上市公司信息披露管理办法》（2021 年）第五十二条的规定，北京证监局对 TXGF 及徐某、田某信采取责令改正的行政监管措施，并记入资本市场诚信档案。

11.4.3 拍卖信披违规监管

专栏 11－11 案例：股东股份拍卖信息未及时披露被出具监管函

案例简介：

杨某华、曹某军、陈某顺、王某言作为一致行动人合计持有 FLX 5%以上股份，在 2016 年 6 月 30 日至 2021 年 10 月 21 日期间，合计持有 FLX 股份比例由 26.67%下降至 18.08%，累计变动比例达到 8.59%，其中 3.36%的股份变动为 2021 年 10 月 18 日曹某军、陈某顺、王某言被司法拍卖股份办理完成过户登记手续。你们在累计持股比例变动达到 5%时，未及时向深圳证券交易所提交书面报告并披露权益变动报告书，也未停止卖出 FLX 股份，直至 2021 年 10 月 21 日才披露《简式权益变动报告书》。

杨某华、曹某军、陈某顺、王某言上述行为违反了深圳证券交易所《创业板股票上市规则（2020 年 12 月修订）》第 1.4 条、第 2.3.10 条和《创业板上市公司规范运作指引（2020 年修订）》第 4.1.2 条的规定。请你们充分重视上述问题，吸取教训，及时整改，杜绝上述问题的再次发生。

处理结果：

2021 年 10 月 25 日，深圳证券交易所对杨某华、曹某军、陈某顺、王某言发出监管函。

专栏 11－12　案例：SSWH 股权拍卖案例

案例简介：

2016 年 11 月 23 日，广西壮族自治区柳州市城中区人民法院下达《拍卖通知书》，拟对黄某某持有的上市公司 SSWH 2000 万股股票（占公司总股本的 9.88%）进行拍卖。

2016 年 12 月 8 日，STPS 通过参与公开拍卖，以 46920 万元竞拍取得黄某某持有的上述 2000 万股股票。

2016 年 12 月 22 日，STPS 将 46920 万元黄某某股权拍卖款全额缴纳。

2017 年 1 月 11 日，公司获悉：柳州市城中法院下达《执行裁定书》，主要内容如下：柳州市城中法院在执行 LZYH 与 GXJXRZ、黄某某、丁某、何某、NNXKMY、欧某兵、梁某、甘某宁借款合同纠纷一案中，依法委托 LZJH、GXHC 拍卖被执行人黄某某持有的 SSWH 2000 万股股票。2016 年 12 月 8 日，买受人 STPS 以 469200000.00 元的最高价竞得。现查明，被执行人黄某某持有的 SSWH 2000 万股股票已质押给 QDRZ（为 1500 万元债务提供担保所致，小额债务），质押登记编号为 ZYD140080。

处理结果：

依照《中华人民共和国民事诉讼法》第二百五十一条、《最高人民法院关于人民法院民事执行中拍卖变卖财产的规定》第二十九条、第三十一条的规定，裁定如下：一、解除被执行人黄某某持有的 SSWH 2000 万股股票以质押编号为 ZYD 140080 的质押登记。二、黄某某持有的 SSWH 2000 万股股票归买受人 STPS 所有，所有权及其他财产权自拍卖成交裁定送达买受人时起转移，财产转移时双方的一切税费及其他费用由买受人承担。

后续影响：

因公司 2014 年和 2015 年连续两年亏损，存在暂停上市的风险，公司已按照相关规定及要求，于 2017 年 1 月 26 日发布股票可能被暂停上市的风险提示公告。

11.4.4 设立信托信披违规监管

专栏 11－13 案例：SDJT 股权转让及股权托管的重大事项未及时披露被交易所公开谴责

案例简介：

SDJT 第二大股东中国 FLD 公司曾于 2000 年 10 月和 SDJT 第三大股东北京 SBTZ 有限公司签订股权转让协议，将持有的 SDJT 5151.7818 万股国有法人股以每股 1.75 元人民币的价格转让给北京 SBTZ 有限公司，在北京 SBTZ 支付了 7000 万元股权转让款后将上述股权委托给北京 SBTZ 公司管理后，北京 SBTZ 公司成为 SDJT 的实际控制人。对于上述股权转让及股权托管的重大事项，相关信息披露义务人北京 SBTZ 和中国 FLD 实业公司未根据有关规定履行报批程序和信息披露义务。

2003 年 8 月，北京 SBTZ 公司提出其与 XHXT 公司签订信托合同，委托 XHXT 投资公司代为持有中国 FLD 公司拟出让的上述股权，要求中国 FLD 公司将上述股权转让给 XHXT 公司，并于 2003 年 12 月 8 日签订了股权转让协议。但在此次股权转让的信息披露上，北京 SBTZ 公司、中国 FLD 公司和 XHXT 公司均未披露北京 SBTZ 委托 XHXT 公司代为购买和持有上述股权事宜，造成已披露信息存在重大遗漏。

处理结果：

2005 年 4 月 25 日，上海证券交易所对 SDJT 董事王某、原董事张某某公开谴责。